Anja Schuberth
Peter Schuberth

# MIT DEM WOHNMOBIL NACH OSTFRIESLAND und umzu

Die Anleitung für einen Erlebnisurlaub

WOMO®
DER WOHNMOBIL-VERLAG
D-98634 Mittelsdorf/Rhön

**Bibliografische Information der Deutschen Bibliothek**

Die Deutsche Bibliothek verzeichnet diese Publikation in der Deutschen Nationalbibliografie.
Detaillierte bibliografische Daten sind im Internet über <http://dnb.ddb.de> abrufbar.

Titelbild: Typische Windmühle in Accum

2. komplett überarbeitete und erweiterte Auflage 2016

Druck:
www.schreckhase.de

Vertrieb:
GeoCenter GmbH, 70565 Stuttgart

Herausgeber:
WOMO-Verlag, 98634 Mittelsdorf
Position: N 50° 36' 38.2" E 10° 7' 55.6"
Fon: 0049 (0) 36946-20691
Fax: 0049 (0) 36946-20692
eMail: verlag@womo.de
Internet: www.womo.de

Autoren-eMail: schuberth@womo.de



ISBN 978-3-86903-702-8

# EINLADUNG

Moin!

Woran denken Sie, wenn Sie Ostfriesland hören? Zuerst an die Ostfriesenwitze? Oder an die gelben Regenjacken aus entfernten Kindertagen? Dann an flaches Land, tief hängende Wolken, aus denen oft Regen fällt, Landluft und Menschen, die sich in ihrer eigenen, für Sie als Besucher zunächst ungewohnten Sprache unterhalten, an die raue Nordsee mit einigen kleinen Inseln weit draußen, an einen entfernten Teil Deutschlands weit im Nordwesten? Sie denken, für Sie als Abenteurer wäre Ostfriesland kein Urlaubsziel?

Wir werden Sie vom Gegenteil überzeugen. Wer in Ostfriesland Urlaub macht, muss mehr wollen, die Weite suchen und neugierig darauf sein, wie es hinter dem Horizont weitergeht. Wir wollen Ihnen Ostfriesland zeigen, wie es wirklich ist.

Am Ende unserer Reise werden Sie viele neue Bilder von Ostfriesland im Kopf haben, überall Grün, gelb blühende Rapsfelder im Mai, romantische Sonnenuntergänge im August, bunte Drachen im Herbstwind oder beeindruckende Wolkenbilder, von Winterstürmen gemalt.

Sie werden die herrliche Weite schätzen, die klare, saubere Luft, Sie sehen die mittelalterlichen roten Backsteinkirchen vor sich und die herrschaftlichen Gulfhöfe, die von Möwen umschwärmten Fischkutter in den bunten Häfen an der Küste und die Fähren zu den 7 Inseln.

Sie werden die geschäftigen kleinen Städtchen genauso mögen wie die blitzblanken Fehndörfer, Sie werden die liebenswerte Gastfreundschaft der Einheimischen schätzen, Sie werden wissen, dass die Ostfriesen zu Mädchen „Wichter“ sagen und warum der Kluntje in der Teetasse knistert.

Und Sie werden entdecken: Ostfriesland ist schön, und das nicht nur bei Sonnenlicht betrachtet. Ihnen wird warm ums Herz werden, wenn Sie an Ostfriesland denken, und vielleicht haben Sie sich ein bisschen in diesen Landstrich verliebt.

Wir freuen uns auf eine schöne gemeinsame Zeit und wünschen Ihnen einen interessanten, erlebnisreichen und erholsamen Urlaub. Immer nach Norden, und dann geradeaus …

Ihre

## Sehr geehrter Leser, lieber WOMO-Freund!

Reiseführer sind für einen gelungenen Urlaub unverzichtbar – das beweisen Sie mit dem Kauf dieses Buches. Aber aktuelle Informationen altern schnell, und ein veralteter Reiseführer macht wenig Freude.
Sie können helfen, Aktualität und Qualität dieses Buches zu verbessern, indem Sie uns nach Ihrer Reise mitteilen, welchen unserer Empfehlungen Sie gefolgt sind (freie Stellplätze, Campingplätze, Wanderungen, Gaststätten usw.) und uns darüber berichten (auch wenn sich gegenüber unseren Beschreibungen nichts geändert hat).
Bitte füllen Sie schon während Ihrer Reise das Info-Blatt am Buchende aus und senden Sie es uns unmittelbar nach Ihrer Rückkehr zu (gerne auch formlos per eMail, Brief oder Fax). Dafür gewähren wir Ihnen auch bei späteren Buchbestellungen direkt beim Verlag ein Info-Honorar von 10%.
Aktuelle Korrekturen finden Sie unter: forum.womoverlag.de

Um die freien Übernachtungs- und Campingplätze auf einen Blick erfassen zu können, haben wir diese im Text in einem Kasten nochmals farbig hervorgehoben und, wie auf den Karten, fortlaufend durchnummeriert. Wir nennen dabei wichtige Ausstattungsmerkmale und geben Ihnen eine kurze Zufahrtsbeschreibung. "Max. WOMOs" soll dabei andeuten, wie viele WOMOs dieser Platz maximal verträgt und nicht, wie viele auf ihn passen würden (schließlich gibt es auch Einwohner und andere Urlauber)!
Übernachtungsplätze mit **B**ademöglichkeit sind mit hellblauer Farbe unterlegt. **W**anderparkplätze sind grün gekennzeichnet. **P**icknickplätze erkennen sie an der violetten Farbe. Auf Schlafplätzchen, denen die gerade genannten Merkmale fehlen – also auf einfache **S**tellplätze – weist die Farbe gelb hin. Empfehlenswerte **C**ampingplätze haben olivgrüne Kästchen. Wanderungen, die wir Ihnen besonders ans Herz legen möchten, haben wir hellgrün unterlegt.

**Und hier kommt das Kleingedruckte:**
Jede Tour und jeder Stellplatz sind von uns meist mehrfach überprüft worden, wir können jedoch inhaltliche Fehler nie ganz ausschließen. Bitte achten Sie selbst auf Hochwasser, Brandgefahr, Steinschlag und Erdrutsch!
Verlag und Autoren übernehmen keine Verantwortung für die Legalität der veröffentlichten Stellplätze und aller anderen Angaben. Unsere Haftung ist, soweit ein Schaden nicht an Leben, Körper oder Gesundheit eingetreten ist, ausgeschlossen, es sei denn unsere Verantwortung beruht auf Vorsatz oder grober Fahrlässigkeit.

## INHALTSVERZEICHNIS



**Zeichenerklärungen für die Tourenkarten**

**Touren / abseits der Touren**

Autobahn
4-spurige Straße
Hauptstraße
Nebenstraße
Schotterstraße
Alternativstrecke
Rad-/Wanderweg

**Wohnmobil-Stellplätze**

Übernachtungen nicht möglich:
S W Stellplatz, Wanderparkplatz
P B Picknickplatz, Badeplatz
Übernachtungen möglich:
11 12 Stellplatz, Wanderparkplatz
13 14 Picknickplatz, Badeplatz
16 Campingplatz-Tipp

GPS: N 53° 18' 17.6" E 07° 35' 30.1"

Alle übernachtungsgeeigneten Plätze sind im Text und auf den Tourenkarten fortlaufend durchnummeriert.

Sehenswürdigkeit
Kirche / Kloster
Burg / Schloss
Leuchtturm
Windmühle
Therme / Schwimmbad
archäol. Besonderheit
Aussicht
WC Toilette / Wasserhahn
Ver-/Entsorgung

## Gebrauchsanleitung

Sie sind beruflich stark beansprucht und wollen ein paar Tage dem Alltagsstress entfliehen? Sie haben ein paar Tage frei und wollen einfach nur ausspannen, einmal richtig durchatmen? Oder haben Sie Urlaub und möchten diesen in schöner Natur verbringen, weit ab von Großstadtlärm und Alltagshektik? Und warum nicht einmal Urlaub im eigenen Land? Es gibt viele schöne WOMO-Reiseziele in Deutschland, **Ostfriesland** ist auf jeden Fall eines davon.

Emspassage bei Leer

Dorthin kann man von Süden kommend direkt auf dem schnellsten Weg über die **A 31**, dem sogenannten **„Ostfriesenspieß"**, gelangen. Wir aber möchten Sie schon auf die Schönheiten links und rechts dieses Weges aufmerksam machen und unsere gemeinsame Reise bereits in der **Grafschaft Bentheim** beginnen.

Durch die deutsch-niederländische Grenzregion, durch die **Provinz Drenthe** und das **Emsland** erreichen wir **Ostfriesland**, schlängeln uns über die ostfriesische Halbinsel ostwärts bis Bremerhaven. Wir drehen eine Schleife durch das **Land Wursten** bis Cuxhafen an der Elbe und über Bad Bederkesa wieder zurück an die Weser. Von dort geht es dann in südlicher Richtung durch das **Oldenburger Land** und das **Ammerland** wieder zu unserem Ausgangspunkt zurück.

Selbstverständlich ist eine Anreise in den Nordwesten Deutschlands auch auf anderen Wegen möglich, sodass Sie in unsere Rundreise an verschiedenen Punkten einsteigen können.

Wir möchten mit Ihnen abseits der großen Touristenpfade die kleinen, versteckten Schönheiten dieser Gegenden entdecken. Dabei bevorzugen wir versteckte, **freie Übernachtungsplätze**, machen aber auch auf **offizielle Stellplätze** bzw. **Campingplätze** (vor allem an der Küste) aufmerksam. Gerade in der kalten Jahreszeit werden diese Ihnen mit ihren oft vorhandenen Stromanschlüssen dienlich sein.

Unsere Touren haben wir für diese zweite Auflage mit unserem Wohnmobil im Laufe eines Jahres nachrecherchiert sowie um eine Tour erweitert. Wir können Ihnen versichern, dass jede Jahreszeit in unserem Reisegebiet ihren besonderen Reiz hat. Auch im Herbst und Winter sind herrliche Urlaubstage möglich. Auf die Besonderheiten der einzelnen Jahreszeiten weisen wir noch einmal im Teil **„Wissenswertes von A-Z“** am Ende dieses Buches hin.

Alle Touren wurden von uns mit unserem Alkoven-Wohnmobil, einem Bimobil LBX 365 mit einer Länge von 6,60 m, einer Höhe von 3,40 m und einer Breite von 2,30 m sowie einem zulässigen Gesamtgewicht von 5 t ohne Probleme gefahren. Im Falle von Einschränkungen für besonders große oder schwere WOMOs wird im Text gesondert darauf aufmerksam gemacht. Für unsere lohnenswerten Abstecher in die **Niederlande** beachten Sie bitte ebenfalls die Hinweise im Anhang.

Unsere zwei Töchter im Alter von 12 und 17 Jahren waren zwar nicht mehr immer mit dabei, jedoch sind viele der von uns beschriebenen Aktivitäten „kindertauglich". Und auch die etwas längeren Fahrradtouren waren in früheren Jahren für unsere Kinder kein Problem. Das flache Land ist ideal zum Radfahren, zumal das Radwegenetz flächendeckend vorbildlich ausgebaut ist.

Unsere Reise wurde von uns in **11 Touren** untergliedert. Am Anfang jeder Tourbeschreibung finden Sie eine Übersichtskarte, die Gesamtlänge der jeweiligen Tour und unseren Vorschlag für die Zeit, die Sie dafür einplanen sollten. Einer eigenen Gestaltung und Abwandlung unserer Routenführung steht nichts im Wege. Wir möchten Sie sogar ermutigen, Ihre eigenen Ideen umzusetzen, damit es für Sie ein rundum gelungener Urlaub wird.

Ganz am Ende des Buches, auf dem Inneneinband, befindet sich eine Übersichtskarte über alle Touren mit dem Vermerk der entsprechenden Seitenzahlen dazu. Unsere Karten ersetzen auf keinen Fall eine genaue Straßenkarte und sollen vor allem der Reiseplanung dienen. Alle Übernachtungsplätze sowie Parkplätze und einige besondere Punkte wurden von uns mit den genauen **GPS-Daten im Grad/Minuten/Sekunden-Format** angegeben.

Dieses momentan häufig gebrauchte Format ist auf den meisten GPS-Geräten problemlos anzuwenden. Es soll Ihnen das Auffinden dieser Plätze erleichtern und bietet die Möglichkeit einer individuellen Anreise bzw. Abweichungen von unserer vorgeschlagenen Reiseroute.

Sollten Sie während Ihrer Reise feststellen, dass Sie trotz unserer sehr sorgfältigen Erkundungen veränderte Gegebenheiten vorfinden, schreiben Sie uns bitte. Seien es nicht mehr aktuelle Stellplätze, geänderte Straßenführungen, haben Sie einen neuen, besonders schönen Stellplatz entdeckt oder möchten Sie uns von Ihren persönlichen Urlaubserfahrungen berichten, wir freuen uns über jede Zuschrift.

Sie können dazu auch das Infoblatt am Ende des Buches nutzen und an uns bzw. den Verlag zurücksenden. Für Ihre Mithilfe bedanken wir uns schon einmal im Voraus.

**Anja und Dr. Peter Schuberth**

**Postfach 1120**
**26835 Hesel**

**E-Mail: schuberth@womo.de**

Nun solls aber losgehen. Haben Sie Ihr **WOMO** schon gepackt? Sie sind startklar? Sie sind schon losgefahren? Oh, gut, dann müssen wir uns beeilen. Wir treffen uns auf der **A 31** am Schüttorfer Kreuz, wechseln dann auf die **A 30** Richtung AMSTERDAM und nehmen die Ausfahrt 2 kurz vor der deutsch-niederländischen Grenze nach GILDEHAUS. Hier an der herrlich gelegenen **Westmühle** wird unsere Rundreise beginnen.

Und, merken Sie etwas?
Atmen Sie mal tief durch. Die frische Luft strömt in die Lungen, man fühlt sich wach und befreit. Sie riechen zwar noch nicht die Nähe der Nordsee, das Salz in der Luft, aber vielleicht duftet es nach frisch gemähtem Gras, nach bunten Blumen? Tief durchatmen ist gut für die Seele. Wir werden Sie immer mal wieder daran erinnern. Die viele neue Luft wird Ihnen gut tun. Am Ende des Urlaubs fühlen Sie sich erholt und gestärkt. Versprochen!

# TOUR 1

Emmen
37
402
NL
Schöninghs-
dorf
Meppen
018
Erdöl-
museum
017
Twist
Emsland
Moormuseum
016
Emlichheim
Hoogstede
"Ja-Nicker"
Georgsdorf
31
015
Haftenkamp
013
014
Uelsen
Neuenhaus
011
012
Getelo
009
010
Lage
Lönsberg
Mander
Cirkel
Hesingen
Backspieker
007
Nordhorn
006
008
NL
005
004
30
Bad
Bentheim
003
Schüttorf
1
Gildehaus
001
WC
002
10 km
N
D
31

## TOUR 1 (ca. 170 km / 4-6 Tage)

### Bad Bentheim - Nordhorn - Uelsen - Twist

| | |
|---|---|
| **Freie Übernachtung:** | Therme Bad Bentheim, Tillenberge, Nordhorn, Lage, Getelo, Uelsen, Emlichheim, Hesepe. |
| **Campingplätze:** | Quendorfer See. |
| **Ver-/Entsorgung:** | Gildehaus, Bad Bentheim, Nordhorn, Uelsen, Emlichheim, Twist. |
| **Baden:** | Therme Bad Bentheim, Quendorfer See, Nordhorn, Waldbad Uelsen. |
| **Fahrradtour:** | Kloster Frenswegen. |
| **Essen:** | „Villa Kunterbunt" Gildehaus, „Else am See" Quendorf, „Pier 99" Nordhorn. |

Wir fahren auf der A 30 Richtung AMSTERDAM und verlassen diese an der Ausfahrt 2 nach GILDEHAUS. In Gildehaus angekommen biegen wir an der Kreuzung bei der Ausschilderung zum WOMO-Stellplatz rechts ab, weiter rechts in die Mühlenstraße Richtung Sportplatz. Wir erklimmen die Anhöhe zur **Gildehausener Ostmühle** und schwenken direkt hinter der Mühle nach rechts zu den WOMO-Stellplätzen.

**(001) WOMO-Stellplatz: Gildehaus**

**GPS**: N 52°17'37.0" E 07°06'03.0"; Mühlenberg. **Max. WOMOs:** 2-3.
**Ausstattung/Lage:** gepflasterter Parkplatz in der Nähe der Westmühle, Strom, V+E, Gebühr, Mülleimer, WC, Gastronomie und Spielplatz in der Nähe / Ortsrand.
**Zufahrt:** Ab Ortsdurchfahrt Gildehaus Ausschilderung folgen.

Nun müssen wir uns erst einmal die Beine vertreten und wollen uns umsehen. Während die Kinder sich auf dem angrenzenden Spielplatz so richtig austoben können, verlassen wir den Parkplatz und folgen dem Rad- und Wanderweg nach rechts. Nach 250 m erreichen wir die im Jahr 1747 aus Bentheimer Sandstein erbaute **Gildehauser Westmühle**, heute **Lukasmühle**, in der sich das **Friedrich-Hartmann-Museum** befindet (geöffnet April bis Oktober, samstags 14-17 Uhr).

**Friedrich Hartmann (1912-2000)**

Am 30. Mai 1912 in Siegen geboren, studierte Hartmann nach dem Abitur in Mühlheim/Ruhr an der Kunstakademie in Düsseldorf Architektur und Malerei und war danach als freischaffender Künstler tätig, der vom Verkauf seiner Bilder leben konnte.

Im von ihm gekauften und dadurch vor dem Abriss bewahrten Mühlenstumpf der im Zweiten Weltkrieg in Brand geschossenen Westmühle in Gildehaus richtete der Künstler 1948 sein Atelier ein und wohnte auch bis 1963 mit seiner fünfköpfigen Familie darin.

Das Lebenswerk Hartmanns ist kaum zu überschauen, Ölgemälde, Aquarelle, Kreide, Kollagen, Radierungen, Linolschnitte, Ziegelmosaike, Glasfenster, Bronzeplastiken, Tonfiguren und vieles mehr hat er in den langen Jahren seiner künstlerischen Tätigkeit geschaffen. Ebenso vielfältig waren auch die Themen seiner Gemälde.

Mehr als ein halbes Jahrhundert hat der stets freundliche, meist schwarz gekleidete Mann mit den langen Haaren, dessen Atelier für Besucher immer offen stand, hier in Gildehaus verbracht und nach seinem Tod am 15. Dezember 2000 nicht nur reiche künstlerische Werke, sondern auch bleibende Erinnerungen an einen außergewöhnlichen Menschen mit der Aura des Besonderen hinterlassen.

Mit dem Namen „Lukasmühle" wollte Hartmann auf den Evangelisten Lukas hinweisen, der im Mittelalter als Schutzpatron der Maler verehrt wurde. Der von ihm auf die Außenmauer seiner Mühle gemalte Lukas ist heute verblasst.

Außer in der Lukasmühle (mehr als 100 Gemälde) sind Werke Hartmanns u. a. in der Kapelle des Marienkrankenhauses in Nordhorn und in der Ev.-ref. Kirche in Gildehaus zu besichtigen.

Auf dem Rückweg genießen wir die weite Aussicht auf das Umland. Dabei entdecken wir den **Hochzeitswald**, auf dem alle Bad Bentheimer Hochzeitspaare nach der Trauung einen Baum pflanzen können.

Auf der Wiese gegenüber dem Stellplatz fällt uns ein grünes Metallgestell auf. Wissen Sie vielleicht, was das ist? Auf Nachfrage später im Restaurant erfahren wir, dass daran beim Schützenfest der Königsadler hochgezogen und dann zum Abschuss freigegeben wird. Die Wiese davor ist also der Schützenplatz der Schützengilde.

Neben der gegenüberliegenden Ostmühle, einer holländischen Turmwindmühle aus dem Jahr 1749/1750, gebaut aus Bentheimer Sandstein, befindet sich ein Restaurant mit Biergarten, in das wir zum Mittagessen einkehren wollen.

Die Mühle ist heute noch funktionstüchtig, zu besichtigen während der Saison samstags und jeden ersten Sonntag im Monat, 14-17 Uhr, samstags zusätzliches Brotbacken im Backhaus.

Hier oben sind einige Fahrrad- und Wandertouren ausgeschildert. Zu empfehlen ist die relativ kurze Fahrradtour zum interessanten **Geologischen Freilichtmuseum** (stets geöffnet, Eintritt frei).

Geologisches Freilichtmuseum Gildehaus

Dazu fährt man den Berg an der Mühle hinab bis zur Bundesstraße vor, überquert diese sowie auch die Bahnschienen, hält sich nach diesen geradeaus und folgt dann den etwas unauffälligen grün/gelben Hinweisschildern zum Museum [N 52°18'12.3" E 07°06'00.5"].

Wir waren mit dem WOMO dort, der Parkplatz ist allerdings nur für Pkws erlaubt, es gibt keine Ausweichparkmöglichkeit für WOMOs.

Hier in unmittelbarer Nähe zu den Steinbrüchen am Romberg kann man auf einem ca. 200 m langen Rundweg 16 verschiedene Gesteinsarten aus aller Welt besichtigen. Die Anzahl der Schritte zwischen den einzelnen Exponaten soll die Jahrmillionen der Gesteinsentstehung verdeutlichen. Da kann man mit drei Schritten 100 Mio. Jahre zurücklegen. Es wird die Entstehung der Steine erklärt und die Entwicklung der Sandsteinbearbeitung dargestellt.

Nach einer Stärkung im netten **Restaurant „Villa Kunterbunt“** (www.villa-kunterbunt-an-der-ostmühle.de) ist BAD BENTHEIM unser Ziel.

Dazu fahren wir vom Parkplatz an der Mühle vorbei geradeaus die Bergstraße entlang. Wir passieren die 30er-Zone und die Kirche, halten uns an der ersten Gabelung rechts, an der zweiten Gabelung links und biegen an der Kreuzung Richtung KERKHOFF/SCHÜTTORF/BAD BENTHEIM links ab. Die schmale Straße schlängelt sich um ein paar alte Eichen herum auf einen Reiterhof zu, an dem wir links abbiegen. Wir stoßen, indem wir der Hauptstraße folgen, schließlich auf die Hengeloer Straße, die uns rechts nach Bad Bentheim führt.

Vor uns sehen wir bald die stolze Burg Bentheim, die, auf einem 91 m hohen Felsen erbaut, hoch über der Stadt thront. Ein schöner Anblick.

In BAD BENTHEIM ist der WOMO-Stellplatz ausgeschildert und der Abzweig nach rechts daher nicht zu verfehlen. Es gibt keinen geeigneteren Platz, um sich die Burg anzusehen, durch den Schlossgarten zu bummeln oder den Hochseilklettergarten zu besuchen.

### (002) WOMO-Stellplatz: Bad Bentheim

**GPS:** N 52°18′12.9″ E 07°09′16.8″; Hauptstraße. **Max. WOMOs:** >5.
**Ausstattung/Lage:** gepflasterter Großparkplatz, V+E, Strom, Gebühr, Mülleimer, max. 3 Tage / im Ort.
**Zufahrt:** Aus Richtung Gildehaus rechts in die Funkenstiege einbiegen.
**Sonstiges:** oft gut besucht, ganzjährig nutzbar, Restauration anbei.

### Größte Höhenburg Nordwestdeutschlands

Öffnungszeiten: 1. März bis 1. Nov. 10-18 Uhr, 2. Nov. bis 28. Februar. 10-17 Uhr, Januar, Februar montags und donnerstags geschlossen, Eintritt.
Führungen: samstags 14 Uhr, sonntags 11 Uhr, von März bis Oktober sonntags zusätzlich 14 Uhr, mittwochs 11 Uhr, www.burg-bentheim.de

Wir verlassen den Stellplatz in Richtung Schlosspark, halten uns rechts und umrunden die Burg im Uhrzeigersinn zur Hälfte.

Dem duftenden Angebot mehrerer Bäckereien am Fuße des größten aus Bentheimer Sandstein errichteten Bauwerks können wir heute nicht widerstehen. Jetzt steht der Erkundung der Burg nichts mehr im Wege. Sie wurde im Jahr 1050 erstmals erwähnt und ist seit dieser Zeit im Besitz der Familie der Grafen und Fürsten zu Bentheim und Steinfurt. In der Burg ist ein Rundweg ausgeschildert. Bestimmt haben Sie auch bemerkt, dass die Beschilderungen hier zweisprachig sind. Das liegt an der Nähe zu den Niederlanden und der daher großen Zahl niederländischer Besucher.

Sehr sehenswert sind der Rittersaal, die Bibliothek und der Ernst-August-Salon, in dem regelmäßig standesamtliche Trauungen stattfinden. Falls Sie sich also trauen und hier trauen lassen möchten, ist dies an

Freitagen möglich und muss im Standesamt der Stadt Bad Bentheim angemeldet werden. Vergessen Sie dann aber bitte nicht, in Gildehaus „Ihren" Baum zu pflanzen.
Oben auf dem Pulverturm mit seinem Zugang zum Verlies in 12 m Tiefe genießen wir die prächtige Aussicht auf die Stadt mit Schlosspark und WOMO-Stellplatz. Diesen erreichen wir, indem wir weiter im Uhrzeigersinn um die Burg herumgehen.
Direkt am Sandsteinmuseum stößt die Straße auf den Parkplatz. Das kleine **Sandsteinmuseum** (geöffnet dienstags bis sonntags 14-18 Uhr, November bis März bis 17 Uhr, geringer Eintritt) beherbergt eine Dauerausstellung über die Geologie und Geschichte des Bentheimer Sandsteins (auch „Bentheimer Gold" genannt) und ist eine empfehlenswerte Ergänzung zum Geologischen Freilichtmuseum in Gildehaus.

Inzwischen ist es schon später Nachmittag, und wir freuen uns schon auf ein paar Stunden pure Entspannung, wir fahren zur **Bentheimer Mineraltherme**.
Vom Parkplatz rollen wir wieder vor auf die Hauptstraße, auf der wir von Gildehaus gekommen sind, biegen rechts ab und folgen nach ca. 100 m an der Ampelkreuzung der Ausschilderung nach NORDHORN/KURZENTRUM/BAHNHOF nach links. Nach 500 m gelangen wir kurz nach dem Ortsausgangsschild zu einer Ampelkreuzung, bei der wir rechts in die Einfahrt zum Kurzentrum einbiegen. Dort halten wir uns gleich links, wo wir nach dem Parkhaus einen zeitlich unbegrenzten Parkplatz finden.

### (003) WOMO-Badeplatz: Bentheimer Mineraltherme

**GPS:** N 52°19'00.9" E 07°09'40.1"; Am Bade. **Max. WOMOs:** 5.
**Ausstattung/Lage:** gepflasterter Parkplatz, Mülleimer / außerorts.
**Zufahrt:** Nach der Bahnunterführung Ausschilderung zum Kurzentrum nach rechts folgen, auf dem Parkplatz hinter Parkhaus und Pumpe.

Jetzt haben wir bis 22 Uhr Zeit (am Wochenende und an Feiertagen bis 20 Uhr, www.bentheimer-mineral-therme.de), uns in der wunderbar warmen Sole zu entspannen.

Dass wir an diesem Abend herrlich müde schnell in den Tiefschlaf fallen, versteht sich von selbst, oder?

Am nächsten Morgen verlassen wir diesen Ort der Entspannung, wir sind nun richtig in Urlaubsstimmung. Vorn an der Hauptstraße schwenken wir auf die B 403 nach rechts Richtung NORDHORN. Kurz vor der Autobahn (Achtung Blitzlicht!) geht es dann wieder nach rechts - SCHÜTTORF QUENDORF. Kurz vor Schüttorf, der ältesten Stadt der Grafschaft Bentheim, leuchtet uns ein buntes Feld entgegen. Beim Näherkommen entziffern wir das Schild: Blumen zum Selberpflücken. Nach ca. 15 Minuten setzen wir die Fahrt fort. Die Laune ist bestens, was so ein paar Farbtupfer bewirken können.

Am Kreisverkehr in Schüttorf nehmen wir die 3. Abfahrt SCHÜTTORFER KREUZ/EMSBÜREN. Den Abzweig zum offiziellen Schüttorfer WOMO-Stellplatz lassen wir rechter Hand liegen, das wird der Abschluss- und Verabschiedungsplatz unserer gemeinsamen Reise. Aber daran wollen wir jetzt noch nicht denken, uns steht der Urlaub doch bevor.

Nachdem wir an der nächsten Ampel links in die Quendorfer Straße und bei der Tankstelle auf der linken Seite rechts in die Prievordener Straße zum **Quendorfer See** abgebogen sind, durchqueren wir die 30er Zone, bevor uns eine prächtige alte Lindenallee aus Schüttorf hinausführt.

Kurz hinter dem Parkplatz auf der linken Seite mit Höhenbalken nehmen wir den Abzweig rechts zum WOMO-Stellplatz. Die gepflasterte Straße führt uns nach rund 100 m zum Campingplatz Quendorfer See, der geschotterte WOMO-Stellplatz befindet sich direkt davor.

Dieser Campingplatz begeistert uns immer wieder. Wir versuchen meistens frei zu stehen, lieben Menschenansammlungen auf Großcampingplätzen gar nicht. Aber hier ist es anders, klein, ruhig, freundlich. Da stören uns nicht einmal die bei ungünstigem Wind schon wahrnehmbaren Geräusche der nahen, aber nicht sichtbaren, Autobahn. Unsere Kinder konnten sich immer wieder aufs Neue für den extra eingerichteten Kinder-Sanitär-Bereich begeistern. Die kleinen Duschen, Waschbecken und Toiletten sind aber auch wirklich niedlich. Und die Reinigungszeremonie wird zum Kinderspiel.

### (004) WOMO-Campingplatz-Tipp: Quendorfer See

**GPS:** N 52°20′18.2″ E 07°13′34.8″; Weiße Riete 3.
**Geöffnet:** CP April bis Oktober, Stellplatz ganzjährig, November bis März kostenfrei.
**Kontakt:** www.camping-schuettorf.de.
**Ausstattung/Lage:** kleiner, gepflegter, familiär geführter CP, parzellierte Rasenflächen mit Rasengittersteinen, äußerst ansprechende, kinderfreundliche und saubere Sanitäranlagen, CP wenig Schatten, Stellplatz schön schattig, V+E, Badesee 100 m entfernt / außerorts.
**Zufahrt:** Von Schüttorf Ausschilderungen zum Quendorfer See/CP folgen.
**Sonstiges:** Nachts ist leichter Verkehrslärm von naher Autobahn hörbar.

Der nahe **Quendorfer See** ist ein Baggersee, der infolge des Autobahnbaus entstanden ist und jetzt als Badesee mit Kinderspielplatz und gekennzeichnetem Nichtschwimmerbereich ausgebaut wurde. Direkt am See befindet sich das Restaurant „Else am See“ mit insgesamt 260 Sitzplätzen drinnen und draußen.

### Rundgang um den Quendorfer See (30 Minuten)

Dazu laufen wir zur Hauptstraße vor, überqueren diese und gelangen links durch die Fahrradständer hindurch direkt zum Badestrand mit Liegewiese, Volleyballnetz und abgetrenntem Nichtschwimmerbereich. Wir wissen nicht warum, gehen aber wieder im Uhrzeigersinn. Der Weg leitet uns in einer guten halben Stunde vorbei an Anglern, jungen verliebten Paaren und älteren Spaziergängern, die sich auf einigen der Bänke ausruhen, um den See.

Unser Kreislauf ist in Schwung gebracht. Zeit zum Weiterfahren. An der Hauptstraße gehts rechts entlang auf der Drievordener Straße bis zur Kreuzung, dann kurz vor der Autobahn links in die Straße „Am Kreuzplatz“. Hier entdecken wir auf der linken Straßenseite einen kleinen geschotterten Platz mit Zugang zum See [N 52°20'23.14" E 07°13'13.79"].

Auch hier führt der Rundweg entlang, als Parkplatz für den Spaziergang ist diese Einbuchtung bestens geeignet.
Am Ende der Straße kreuzen wir den Rad- und Fußweg, um dann nach rechts einzuschwenken. Auf der Schüttorfer Straße geht die Fahrt weiter, parallel zur **Vechte**, dem Fluss, der diese Landschaft prägt und uns noch eine ganze Weile begleiten wird. 3,5 km nach der A30-Überquerung folgen wir der Schüttorfer Straße nach links Richtung NORDHORN.
Die Landschaft links und rechts der Straße ist landwirtschaftlich geprägt. Bauernhöfe mit den so typischen roten Backsteinhäusern wechseln sich mit Mais- und Rapsfeldern ab, das Land wird zusehends flacher. Kiefernwälder zeigen einen sandigen Boden an.
Schließlich nach 10,5 km lockt uns ein Picknickplatz für eine Kaffeepause an. Um zu ihm zu gelangen, schwenken wir nach links Richtung BRANDLECHT.

### (005) WOMO-Picknickplatz: Vechtebrücke Engden

**GPS:** N 52°23'21.7" E 07°09'14.9"; Engdenerstraße. **Max. WOMOs:** 2.
**Ausstattung/Lage:** asphaltierter Parkplatz mit Tisch und Bank, straßennah / außerorts.
**Zufahrt:** Links Richtung Brandlecht, 150 m nach der Vechtebrücke links.

Zurück an der Kreuzung biegen wir auf die Nordhorner Straße Richtung NORDHORN. Vorbei an einer Schweinemastanlage, den für diese typischen Geruch in der Nase, rollen wir zum **Rastplatz Tillenberge** in Hesepe.

### (006) WOMO-Picknickplatz: Tillenberge

**GPS:** N 52°24'15.2" E 07°07'57.4"; Emsbürener Straße. **Max. WOMOs:** 2-3.
**Ausstattung/Lage:** Tisch & Bank, Mülleimer, NSG Tillenberge / außerorts.
**Zufahrt:** der Parkplatz ist links an der Nordhorner Straße.

Ein Spaziergang durch diesen Teil des 1936 entstandenen, schönen, inzwischen insgesamt 95 ha großen Naturschutzgebiets entlang der Vechte lohnt sich vor allem im Herbst zur

Blütezeit des Heidekrauts, wenn dieses, von der Sonne angestrahlt, in einem herrlichen Violett leuchtet.
Tillenberge hat seinen Namensursprung in der örtlichen mundartlichen Bezeichnung für junge Eichen (Telgen). Außer diesen und dem Heidekraut findet man hier viele Wacholder- und Ginsterbüsche, Glockenheide, Pfaffengras, Moorlilien, Lungenenzian und Haarsimse. Die Wege sind mit rot beringten Pfosten markiert, festes Schuhwerk ist auf jeden Fall zu empfehlen.
Unser Weg führt weiter nach Nordhorn. Nach 3 km, bei der Ausschilderung nach rechts NORDHORN-ORDE/TIERPARK, verlassen wir die Straße, fahren immer geradeaus und bemerken auf der linken Seite bald die ersten Gebäude des Tierparks, nach weiteren 400 m erreichen wir den von 8 bis 20 Uhr geöffneten Parkplatz [N 52°25'47.5" E 07°05'15.6"].
Der **Tierpark** (geöffnet 9-19 Uhr, November bis Februar bis 17 Uhr, Eintritt) beherbergt interessanterweise viele typische einheimische Haustierrassen, z. B. Bunte Bentheimer Schweine und Bentheimer Landschafe, insgesamt aber auf 100.000 $m^2$ 1000 Tiere 90 verschiedener Arten.
Gern waren wir mit den Kindern auf Entdeckungstour im Tierpark, das Highlight heute - die Schafschur auf dem Vechtehof.
Jetzt dürfen wir Erwachsene das nächste Ziel bestimmen: Die Wahl fällt auf die Nordhorner Innenstadt.
Wir waren schon oft hier, haben immer wieder nach einem schöneren Parkplatz für die Stadterkundung Ausschau gehalten. Leider konnten wir nie etwas WOMO-passenderes für eine „Tasse Kaffee“ in der Innenstadt finden. Daher fahren wir ihn nun an, den WOMO-Stellplatz von Nordhorn.
Keine Angst, hier müssen Sie nicht übernachten, da haben wir einen besseren Vorschlag. Aber für 5 EUR Parkgebühr

können Sie von hier aus am bequemsten zu einem Stadtbummel zu Fuß oder mit dem Rad aufbrechen. Um zum Stellplatz zu gelangen, halten wir uns an der Ausfahrt vom Parkplatz links, verlassen den folgenden Kreisverkehr an der 2. Ausfahrt, überqueren die Bundesstraße und müssen aufpassen, dass wir gleich darauf die Einfahrt in den Heseper Weg nach rechts nicht verpassen. Dieser führt uns entlang des Vechtesees bis zur Kreuzung, die wir nur noch überqueren müssen.

### (007) WOMO-Stellplatz: Nordhorn 1 - Stadt

**GPS:** N 52°24'15.2" E 07°07'57.4"; Heseper Weg. **Max. WOMOs:** >5.
**Ausstattung/Lage:** befestigte Rasenstreifen an Asphaltwegen, V+E, Strom, Gebühr, ganzjährig, Innenstadtnähe / im Ort.
**Zufahrt:** Aus Richtung Innenstadt den Ausschilderungen zum WOMO-Stellplatz folgen, mit unserer Tour - siehe Text.

**Stadtbesichtigung Nordhorn** (mindestens 3 Stunden)

In ca. 10 Minuten kommt man vom Stellplatz aus direkt in die Innenstadt. Dazu überqueren wir die Hauptstraße und finden rechts schnell den Fuß- bzw. Radweg, der uns bequem, bei Dunkelheit beleuchtet, ins Zentrum führt.

Da wir zuerst die Tourist-Information ansteuern wollen, überqueren wir nach ca. fünf Minuten den Verbindungskanal an der Schleuse und stiefeln auf dem gepflasterten Weg weiter. Links sehen wir den riesigen, aber nicht für WOMOs erlaubten Parkplatz „Neumarkt" und geradeaus bereits die **Tourist-Info**, von Weitem schon erkennbar an ihrem auffällig blauen Metallgestellumbau.

Allen, die gern einen geführten Stadtrundgang bevorzugen, möchten wir an dieser Stelle ein tolles Projekt ans Herz legen. Bei den netten Damen der Info konnte man zum Zeitpunkt unserer Recherche kostenlos eine **Audiotour** ausleihen. Es handelt sich hierbei um MP3-Player, auf denen Erklärungen zu zwölf sehenswerten Punkten der Stadt gespeichert sind. Dazu erhält man einen kleinen Übersichtsplan, auf dem die Punkte und die vorgeschlagene Wegstrecke zwischen diesen eingezeichnet sind. Wir nutzten dieses interessante Angebot gern. Aber auch allein lohnt sich eine Erkundung der Stadt, überall ist der Weg zu den Sehenswürdigkeiten ausgeschildert.

Povelturm

Nordhorn hat 53.000 Einwohner. Früher Textilstadt, ist die Stadt heute lebhaftes Zentrum der Grafschaft Bentheim. Die **Vechte** umschließt die Innenstadt wie eine Insel und verleiht ihr dadurch ein besonderes Flair. Mit dem Schaufelradboot „Vechtestromer" und dem solargetriebenen Boot „Vechtesonne" kann man die Innenstadt sogar von der Wasserseite aus genießen.
Schade, dass die Bar oben im 26 m hohen **Povelturm** geschlossen hat, man hätte von hier aus sicher einen schönen Blick über die Dächer der Stadt. Der weithin sichtbare Turm wurde 1906 als Treppenhaus, Wasser- und Schlauchturm für die dreigeschossige Spinnerei der Textilfabrik Ludwig Povel & Co. gebaut und 1993/94 restauriert, um dann als Stadtmuseum (geöffnet dienstags bis samstags 14-18 Uhr, sonntags 11-18 Uhr) genutzt zu werden.
Wenn Sie am **Rathaus** vorbeikommen, achten Sie doch mal auf das Glockenspiel im Türmchen auf dem Dach (täglich 8:00 Uhr, 12:30 Uhr und 18:00 Uhr). Interessant finden wir die Inschrift auf dem Abschlussstein links oben neben der Tür der **Kornmühle** aus dem 17. Jahrhundert, die mittlerweile als Kleinkunstbühne genutzt wird. Sie bedeutet übersetzt so viel wie: Grundlegend renoviert 1792.
Wir können beim Bummel durch die Fußgängerzone nicht widerstehen, ein großes Eis muss sein. Die Sonne scheint schließlich.
Auf dem Rückweg zum WOMO schlagen wir nach der Brücke über den Verbindungskanal den Weg direkt am **Vechtesee** entlang ein. Er endet für uns an der **Gaststätte „Pier 99"**, wo wir draußen, in Strandkörben sitzend, zu Abend essen und den Ausflugsbooten auf dem See nachschauen.

Unser Vorschlag für eine Übernachtung in Nordhorn ist der Parkplatz am **Freibad** bzw. der **Eissporthalle**. Dazu fahren wir vom Stellplatz auf dem Heseper Weg, am „Pier 99" vorbei, bis wir wieder auf die Hauptstraße stoßen, biegen rechts ab, an der nächsten Ampelkreuzung dann links. Ab hier ist der Weg durch Hinweisschilder zur Eissporthalle ausgewiesen.

Kurz vor dem Ziel registrieren wir noch eine **Indoorspielhalle** (Wäre dies nicht für alle, die mit ihren Kindern oder Enkelkindern reisen, eine Alternative bei schlechtem Wetter?).
Rechts ist jetzt das Freibad zu sehen, weiter hinten auf der rechten Seite befindet sich die Eissporthalle. Beide haben nur saisonal geöffnet.
Links auf dem Parkplatz finden wir einen schönen, ruhigen und auf jeden Fall einsameren Übernachtungsplatz, als den offiziellen Stellplatz von Nordhorn.

**(008) WOMO-Stellplatz: Nordhorn 2 - Eishalle**

**GPS:** N 52°25′25.5″ E 07°04′55.2″; Wehrmaate. **Max. WOMOs:** 3-4.
**Ausstattung/Lage:** Freibad und Eishalle in der Nähe, Großparkplatz, meist schattig unter Bäumen / im Ort.
**Zufahrt:** Von der Bentheimer Straße links in die Wehrmaate schwenken, den Schildern zur Eishalle folgen.

Wir haben vorerst genug Stadtluft geschnuppert, uns zieht es jetzt raus in die Natur. Außerdem haben wir Lust auf eine schöne Fahrradtour. Das **Kloster Frenswegen** ist ein perfekter Ausgangspunkt dafür.
Auf dem gleichen Weg, auf dem wir gekommen sind, kehren wir zum Kreisverkehr zurück, fahren dort geradeaus und biegen an der Ampelkreuzung links in den Frensdorfer Ring ab. Ab hier leitet uns die Beschilderung der B 403 nach NEUENHAUS aus der Stadt hinaus, bis uns kurz hinter der Vechtebrücke das Schild zum Parkplatz des Klosters Frenswegen den Weg weist [N 52°27'18.7" E 07°02'19.5"].

Uns zieht es noch mal hinein in die mittelalterlichen Gemäuer des früheren katholischen Augustiner Chorherrenstiftes St. Marienwolde, das es an dieser Stelle seit 1394 gibt. Die ökumenische Stiftung Kloster Frenswegen vereint seit 1974 sechs Kirchen unter einem Dach und ist damit als Lern- und Erlebnisort einmalig in Europa.

Als wir eintreten und leise durch den Kreuzgang schleichen, erklingt klassische Musik aus den Räumen. Es findet gerade die Internationale Sommerakademie für Kammermusik Niedersachsen statt, die Proben sind in vollem Gange. Im Innenhof gesellen wir uns zu den meist jugendlichen Musikanten, die sich hier in der Abendsonne vom anstrengenden Üben entspannen. Wir genießen die herrlichen Töne.

Vom angrenzenden Sonnenblumenfeld mit Kasse des Vertrauens bringen wir den schon sehnsüchtig wartenden Kindern die Sonne in Form einer großen Sonnenblume mit ins WOMO.

Eine Fahrradtour steht auf unserem Programm. Wir starten am **TOP**, einem **Touristischen Orientierungspunkt**, einem von vielen in dieser Region. Sie werden an Sehenswürdigkeiten entlang der TOP-Routen errichtet und sind Knotenpunkte verschiedener Radtouren. Man erkennt sie leicht an den markanten Steinkegeln. An einem weiteren TOP-Punkt sind wir auf unserer Reise schon vorbeigekommen. Erinnern Sie sich? Ja, genau, an der Ostmühle in Gildehaus.

Das Ziel unserer Tour liegt in den Niederlanden. Keine Angst, die Grenze ist gar nicht weit. Wir befinden uns hier nur 3 km Luftlinie von ihr entfernt. Und während der Tour werden Sie den genauen Grenzverlauf nicht mehr bemerken. Europa ist zusammengewachsen.

Unser Ziel heißt **Bakspieker mit Baum**, ein Baumhaus der anderen Art. Durch das Dach des Backhauses auf dem Hof der Familie Scholten am Jonkershoesweg wächst eine mehr als 300 Jahre alte Eiche.

**Fahrradtour zum Bakspieker**

(ca. 20 km, ca. 3 Stunden mit Pause)

Unser Weg führt zuerst vom Parkplatz links herunter, an der nächsten Gabelung rechts in den **Fuchsweg**. Weiter geht die Fahrt geradeaus durch den Wald, der uns bei dem heutigen schönen Sonnenschein ein wenig wohltuenden Schatten spendet. Nach ca. 900 m überqueren wir den Bahnübergang und fahren jetzt auf der anderen Seite der Gleise weiter. Bald ist der Waldweg zu Ende und geht kurz nach dem Kieswerk in eine asphaltierte Straße über. Nach ca. 150 m folgen wir der Ausschilderung des Fahrradweges nach links auf dem schmaler werdenden asphaltierten Weg, der geradewegs auf die niederländische Grenze zu führt, wieder in den Wald hinein.

Nach 1,3 km kreuzt der **Grenzweg** unsere Strecke. Gut 4 km haben wir nun schon zurückgelegt. Zeit für eine Erfrischung aus dem Rucksack. Auf der Bank rasten wir kurz und versuchen, unseren weiteren Routenverlauf auf den vielen Wegweisern an dieser Kreuzung abzulesen. Ein bisschen verwirrt durch die unterschiedlichen Bezeichnungen deutscher und niederländischer Radtouren beschließen wir, zuerst ein Stück den **Grenzweg** nach rechts weiterzufahren. Und wir liegen richtig. Nach 800 m wären wir fast an dem Radwegweiser vorbeigefahren. Er leitet uns nach links und schon sind wir ohne es recht zu bemerken in den Niederlanden.

Ein paar Meter weiter auf der Tafel neben der Picknickbank verschaffen wir uns noch einmal einen Überblick über das toll ausgebaute niederländische Radwegenetz. Unsere Tour führt zuerst weiter auf dem **Noordweg** geradeaus (Achtung, nicht in den Fietspad links abbiegen!). Nach 900 m schwenken wir in den herrlich glatt asphaltierten **Rotmanweg** nach links. Hier könnte man auch toll mit Inlinern fahren. Wir aber sind mit dem Rad da und genießen, während wir strampeln, die frische Luft und den Blick über die weiten Felder. Links am Waldrand verläuft die Grenze, dahinter ist Deutschland.

An der folgenden Kreuzung fahren wir rechts nach **Breklenkamp/ Lattrop** in den **Schabosweg** und folgen diesem 1,8 km (in ca. 500 m geht dieser als **Hoofdstraat** weiter).

An der nächsten Kreuzung erkennen wir auf der rechten Seite das Straßenschild vom **Jonkershoesweg**, in diesen Rundweg biegen wir scharf rechts ein und folgen ihm, vorbei an einem seit 1990 privat bewohnten und leider nicht zu besichtigenden Schloss, das bis 1950 schon einmal Schloss und dann Jugendherberge war. Kurz hinter der nächsten Kurve sind wir am Ziel!

Uns fallen zuerst nur die weißen Kunststoffstühle im Vorgarten auf und das etwas kaputte Schild rechts am Straßenrand. Vorsichtig, aber sehr gespannt, betreten wir das Grundstück, gehen zum Haus und klopfen an das Fenster. Als die Wirtin uns bemerkt, empfängt sie uns sehr freundlich und beginnt in gut verständlichem Deutsch mit vielen Erklärungen zu Haus und Baum und Nachbarschaft und ihrer Familie und... und ... und.

Nachdem wir bei ihrem Mann den geringen Obolus für Eintritt und Fotoerlaubnis bezahlt haben, löst er das Absperrseil und gibt den Weg zur geheimnisvollen Eiche frei. Zugegeben, wir sind schon beeindruckt. Etwas amüsiert studieren wir die deutsche Erläuterung zur Geschichte des **Bakspiekers** und die Einträge im ausgelegten Gästebuch. Noch ein paar Erinnerungsfotos, und die Rückfahrt kann losgehen. Für denjenigen, der länger rasten oder sich erfrischen möchte, hält die Wirtsfamilie noch diverse Getränke im improvisierten Gartencafé bereit. Gäste sind bis auf Sonn- und (niederländische!) Feiertage immer herzlich willkommen.

Bakspieker (NL)

Der Rückweg führt zuerst auf dem **Jonkershoesweg** links weiter bis zur Hoofdstraat, auf die wir nach rechts einschwenken. Hier überholen uns

nun wieder ein paar Autos, die Straße ist aber breit genug. An der Kreuzung vom **Spiekweg** biegen wir links ab und freuen uns über die Ausschilderung NORDHORN/LATTROP. Kurz vor dem Ortseingangsschild von Lattrop nehmen wir den Abzweig nach links in den **Bergvennenweg**, dann in den **Breemorsweg**. Vorbei am Campingplatz „De Rammelbeek" führt uns die weitere Tour. Schade, dass wir unseren Fahrradanhänger nicht dabei haben. Wir hätten ansonsten bestimmt den ein oder anderen der vor den Hoftüren angebotenen Kürbisse mitgenommen. Hm, lecker, Kürbissuppe. Beim Gedanken daran beginnt unser Magen zu knurren. Da freuen wir uns doch über die Bank im **Frensdorfer Weg**, auf den wir an der Weggabelung nach links eingebogen sind. Pause!
Gut gestärkt gehts nun weiter wieder der deutschen Grenze entgegen. Kurz vor dem Wald folgen wir nicht der Asphaltstraße nach rechts, sondern rollen weiter auf dem schmalen Radweg geradeaus. Für Autos ist die Fahrt nach ein paar Metern vorbei - Sackgasse. Der Fahrradweg aber läuft direkt über die Grenze und den bekannten **Grenzweg** hinweg weiter, an einem überdachten Picknickplatz vorbei.
Es folgt auf der linken Seite eine Kleingartenanlage, bevor wir das Ortseingangsschild NORDHORN passieren. Durch die 30er Zone erreichen wir die Hauptstraße, auf deren linker Seite wir zuerst ein Stück auf dem Radweg fahren, die Bahnschienen und bei der Ampel auch die Straße überqueren. Auf der anderen Straßenseite folgen wir auf dem Radweg der Ausschilderung Kloster Frenswegen nach links. Von hier ab kann man nun weiter nach Beschilderung radeln, immer mehr oder weniger dicht an der **Euregiostraße** entlang.
Wir aber, vor allem die Kinder, mögen Radtouren an viel befahrenen Straßen nicht so gern und wählen einen anderen Weg. An der ersten Möglichkeit wechseln wir die Straßenseite. Dazu überqueren wir zuerst den Zebrastreifen, dann bei der Ampel die Straße und schließlich die Bahnschienen am unbeschrankten Überweg. Der Weg führt geradeaus nach **Frensdorf**. An der ersten Weggabelung biegen wir nach rechts in den **Vogelpool** ein, halten uns dann auf diesem links und folgen dessem kurvigen Verlauf 450 m. Wir stoßen auf den **Poolweg** und fahren auf diesem nach rechts. Nach der Überquerung der Gleise geht es parallel zu diesen links weiter auf dem **Postdamm** bis zum Abzweig rechts in den Paradiesweg. Am Ende des Paradiesweges radeln wir rechts in den **Fuchsweg**, auf dem unsere Fahrradtour vor ca. 3 Stunden begann. Diesem können wir nun 300 m folgen und sehen nach ca. 20 gefahrenen Kilometern vor uns das **Kloster Frenswegen** liegen.

Weiter geht es auf vier Rädern. Wieder links auf die B 403 abgebogen, halten wir uns links nach GRASDORF/LAGE.
Schade, dass die herrlichen Sonnenblumen auf den Feldern entlang der Straße von den Landwirten meist nur für ihre Biogasanlagen angebaut werden.
Die Straße führt direkt an der deutsch-niederländischen Grenze entlang. Unmittelbar hinter dem Ortseingangsschild von Lage biegen wir rechts zu den Sportplätzen und der Feuerwehr ab. Auf dem Parkplatz davor lassen wir das WOMO stehen und rüsten uns für einen Spaziergang zur **Wassermühle**. Der kleine 1000-Einwohner-Ort Lage hat eine wirklich besondere Geschichte, denn zwischen 1648 und 1806 war er eine **„Herrlichkeit"**. Das heißt, das Dorf war ein eigenständiges

staatliches Gebilde, welches weder zur Grafschaft Bentheim, noch zu den Niederlanden gehörte. Lage gehörte damals zum Besitz der Herren auf Schloss Twickel. Diese bestanden hartnäckig auf der Selbstständigkeit ihres Ländchens. Spuren aus dieser Zeit kann man heute noch im Ortsbild finden, Kirche, Mühle, Herrenhaus, Burgruine, Forsthaus und Eichenallee, alles ist sehenswert.

### (009) Womo-Stellplatz: Lage

**GPS:** N 52°28′02.7″ E 06°57′48.6″; Am Sportplatz. **Max. WOMOs:** 2-3.
**Ausstattung/Lage:** gepflasterter Parkplatz, Picknickbänke, Mülleimer / im Ort.
**Zufahrt:** Nach dem Ortseingangsschild Lage gleich rechts abbiegen.

### Rundgang zur Wassermühle (ca. 2 Stunden)

Vom hinteren Ende des Parkplatzes schwenken wir links in den Weg ein, halten uns immer rechts, an der Bank dann links und spazieren weiter entlang des Kanals, der die Burgruine und den Garten des Herrenhauses umgibt.
Bald hören wir schon in der Ferne das Rauschen der **Wassermühle**. Eine Mühle hat es in Lage schon seit mindestens 1270 gegeben. 1761 wurde die Kornmühle um eine Ölmühle erweitert, die bis 1920 in Betrieb war. Die Kornmühle arbeitete noch bis 1957, dann starb der letzte Müller Jan Hoedt. Heute kümmert sich der Verein Dorf-, Burg- und Mühlenfreunde Lage e. V. um die Wassermühle und bietet auch Führungen an (Herr van den Bosch, Tel.: 05941-5584).
Das ehemalige **Müllerhaus** zwischen der Ev.-ref. Kirche und der Mühle (geöffnet Mai bis Oktober jeden zweiten Samstag 14-17 Uhr, manchmal wird noch Leinöl geschlagen und verkauft) beherbergt inzwischen eine **Teestube** (geöffnet mittwochs bis samstags 14-22 Uhr, Mai bis September ab 12 Uhr, sonntags 10-20 Uhr), von deren Garten aus man einen schönen Blick auf das Rad der Wassermühle und den Fluss Dinkel hat. Und auf eine Leine, die knapp über den Fluss gespannt ist. Man würde nie auf den Gedanken kommen, dass diese ein Kunstwerk darstellt. Seit dem Sommer 2000 gibt es das **Projekt „kunstwegen"**. Auf einer Strecke von ca. 140 km zwischen Nordhorn und Zwolle bilden mehr als 60 Skulpturobjekte eines der größten offenen Museen Europas. Die Leine ist ein Überbleibsel davon, fragen Sie doch mal in der Teestube nach der Geschichte.

Zwei weitere Objekte des „kunstwegen" werden wir noch im Verlauf dieses Spaziergangs entdecken. Das erste Gebäude links hinter der Mühle ist das ehemalige **Forsthaus**, wir folgen der Ausschilderung der Fahrradtour nach rechts und flanieren die Eichenallee entlang.
Die **„Kommiesenhüser"** hier sind zwischen 1850 und 1853 entstanden. Ursprünglich als Bauernhäuser gebaut, wurden einige zeitweise an Kommiesen (Zöllner) vermietet. Achten Sie doch mal auf die Brunnen zwischen den Häusern. Jeweils zwei Häuser teilten sich früher einen Brunnen. Heute werden die Häuser vermietet.
Die letzte Herrin von Lage, Baronin Marie Amalie van Heeckeren van Wassenaer, starb 1975 auf Schloss Twickel (in Holland). Aber schon 1953 hatte sie große Teile des Grundbesitzes, darunter auch den Besitz in Lage, auf eine Stiftung übertragen, die **Stichting Twickel**. Diese Stiftung verfügt noch heute hier über 250 ha Grund und Boden, das sind ca. 40 % der Gemeindefläche, und verwaltet und vermietet die Häuser an der Eichenallee sowie das Herrenhaus.
An der Weggabelung folgen wir wieder den Radwegeschildern Richtung Nordhorn rechts und gleich darauf wieder links. Ein kurzes Stück führt der Weg durch den Wald, dann können wir mitten auf dem vor uns liegenden Feld ein weiteres Kunstwerk erkennen, wenn auch nur die Rückseite davon. Es heißt **„No Peep Hole"** und wurde von Marin Kasimir geschaffen. Aus der Nähe betrachtet wurden hier eine Panoramaaufnahme der historischen Burgruine und ein Foto eines modernen Neubauviertels miteinander in Beziehung gesetzt. „Die Vergangenheit soll ... ausstrahlen auf die Gestaltung neuer Lebensräume zwischen Geschichtsbewusstsein und Freude am Neuen." Über Kunst lässt sich ja bekanntlich streiten, interessant ist dieses Objekt allemal.

Auf dem Eschweg gehen wir am linken Feldrand bis zu dieser Fotowand, dahinter (Achtung, die Kunstwerke sind sehr unscheinbar beschriftet durch ca. 50 cm hohe Edelstahlsäulen am Wegesrand mit blauem Deckel und gelber Punkte-Wellenlinie an der Seite) verläuft ein Pfad quer über das Feld zu einem kleinen Wäldchen.
Hier erwartet uns ein nächstes Kunstwerk. **„Caprimoon 99"** besteht aus einer hellen Betonbank unter einer alten Eiche, in deren Geäst eine kugelförmige Lampe leuchtet, die an den Mond von Capri erinnern soll. Der Künstler Thomas Rehberger will Träume von fernen Reisen und unbeschwerten Urlaubstagen wach rufen. Vielleicht beginnen auch Sie hier

von fernen Zielen zu träumen - bis Sie entdecken, dass Sie sich selbst mitten in einer wunderschönen Landschaft bewegen.
Wir kehren um und schwenken diesmal nicht wieder in die Eichenallee ein, sondern halten uns links und gelangen auf dem Waldweg an den Sportplatz, den wir etwas weiträumig links umrunden und an ihm vorbei, links ist das Gebäude der Feuerwehr, den Parkplatz mit unserem WOMO erreichen. Geschafft!
Obwohl das Wetter schön war, sind wir froh, festes Schuhwerk zu tragen, der Waldboden war noch nass und aufgeweicht und das Feld weich und ein bisschen rutschig.

Langsam rollen wir vom Parkplatz in Richtung Ortsmitte, schwenken aber nach ca. 150 m gleich wieder links Richtung OTMARSUM ab. Nach 2 km parallel zur niederländischen Grenze nehmen wir den rechten Abzweig nach UELSEN und fahren auf dieser Straße Richtung GETELO. An der Strecke liegen viele Bauernhöfe, Reiterhöfe, Kuhweiden und Felder, die landwirtschaftliche Nutzung ist deutlich erkennbar.
Rechts erspähen wir den **Hesinger Aussichtsturm**. Haben Sie Lust, mal wieder kräftig durchzuatmen? Dann besteigen Sie mit uns den 120,80 m hohen Turm. Sie werden merken, es tut Ihnen gut.
Das WOMO lassen wir auf dem Parkplatz der angrenzenden Gaststätte stehen. Der Turm versteckt sich ein bisschen hinter Bäumen rechts neben dem Spielplatz. **„Aussichtsturm Lönsberg“** steht auf einem Schild. Nachdem wir die 108 Stufen erklommen haben, laden uns drei Bänke zum Verschnaufen ein. Die Aussicht ist herrlich. Ein paar Mal tief Luft geholt, wir fühlen uns sofort wach und frei. Die Sicht ist heute gut, viele Kirchturmspitzen sind zu erkennen, auch das Lingener Kraftwerk, auffallend viel Grün. Man blickt weit über das Heidegebiet Halle/Hesing bis in die Niederlande hinüber. Einige Heißluftballons schweben lautlos über die Landschaft.

Auf der Hesinger Straße rollen wir weiter geradeaus nach GETELO. Langsam sinkt die Sonne und taucht die Landschaft in ein berauschend warmes Licht. Die Straße, in die wir an der Kreuzung in Getelo links nach TUBBERGEN einschwenken, bringt uns direkt an die niederländische Grenze.
Kurz vor dem ehemaligen Grenzhäuschen auf der rechten Seite führt rechts der Weg „die Broeke“ durch den Wald auf eine Sandkuhle zu. Wenn man an der Weggabelung rechts abbiegt, findet man auf der linken Seite nach ca. 250 m einen

und ca. 50 m weiter noch einen besseren Übernachtungsplatz. Unweit von hier gibt es etwas Außergewöhnliches zu entdecken. Aus der Luft würde man sofort darauf aufmerksam, am Boden muss man darauf hingewiesen werden.

**(010) WOMO-Wanderparkplatz: Mander Cirkel**

**GPS:** N 52°27'47.9" E 06°49'53.9"; De Broeke. **Max. WOMOs:** 1.
**Ausstattung/Lage:** keine / einsam, außerorts.
**Zufahrt:** Von Straße nach Tubbergen kurz vor der Grenze rechts in den Waldweg einbiegen, dann weiter rechts 250 m in die Broeke. 50 m weiter zweites Plätzchen.

**De Mandercirkels**

Die Mander Cirkel sind zwei kreisförmige Felder mit einem Querschnitt von 340 m und 380 m, die um 1920 von der Familie Jannik angelegt wurden. Herr Jannik hatte in Amerika ähnliche Felder gesehen und war von ihren Vorteilen für die Bearbeitung mit Traktoren überzeugt.
In den Jahren 1999 bis 2000 wurde diese Fläche vom Künstler Paul de Kort umgestaltet und neu bepflanzt. Vom Übernachtungsplatz aus erreicht man diese Felder, indem man wieder bis zur Weggabelung zurück und noch ein Stück geradeaus weitergeht. Direkt hinter dem Grenzweg sieht man schon den ersten der beiden Kreise mit seiner Erhebung in der Mitte. Beide Kreise kann man auf Spazierwegen umrunden, wobei man an der Berührungsstelle eine Erläuterungstafel (niederländisch) mit einer interessanten Luftaufnahme findet.

Nachdem wir am nächsten Morgen viele prächtige Birkenpilze und Maronen gefunden und für ein leckeres Mittagessen im Kühlschrank verstaut haben, verlassen wir wehmütig diesen Platz. Die Broeke fahren wir weiter bis sie den gepflasterten Grenzweg bei der Picknickbank kreuzt. Über diesen erreichen wir die Hauptstraße, auf die wir nach rechts auffahren. An der folgenden Kreuzung biegen wir links Richtung UELSEN ab. Kurz vor Uelsen fällt uns der Wegweiser rechts zum Feriengebiet ins Auge. Wir folgen ihm, später dann der Ausschilderung zum **Bronzezeithof**.
Große Begeisterung hinten im WOMO - ein Abenteuerspielplatz ist in Sicht. Der Parkplatz für den Spielplatz ist kurz hinter diesem auf der linken Seite.

**(011) WOMO-Stellplatz: Uelsen 1 - Abenteuerspielplatz**

**GPS:** N 52°27'47.9" E 06°49'53.9"; Linnenbachweg. **Max. WOMOs:** 3.
**Ausstattung/Lage:** Mülleimer, feste Sandfläche / im Ort.
**Zufahrt:** Nach dem Abenteuerspielplatz ist der Parkplatz links der Straße.

Hier geht es rechts zum Campingplatz der Gemeinde Uelsen, wir aber folgen weiter der Bronzezeithof-Ausschilderung.

Der **Bronzezeithof** (geöffnet von April bis Oktober, sonntags 13-17 Uhr, im Juli und August zusätzlich dienstags bis freitags 14-17 Uhr, Eintritt, www.bronzezeithof.de) ist ein lebendiges archäologisches Freilichtmuseum. Hier wird gezeigt, wie die Wissenschaftler sich heute die Lebensumstände der Menschen vor rund 3000 Jahren vorstellen.

Der Hof ist vollständig mit einem Wohn- und Stallhaus mit weiteren Nebengebäuden ausgestattet. Schulklassen aus dem ganzen Bundesgebiet sind regelmäßig hier zu Gast.

Am jeweils 1. Sonntag im Monat wird von Mitgliedern des ehrenamtlichen Vereins zum Erhalt und der Pflege des Hofes Brot im alten Lehmbackofen gebacken, Fisch geräuchert und so manche lehrreiche Führung veranstaltet.

Wohn- und Stallhaus im Bronzezeithof

Schräg gegenüber befindet sich **Blekker's Hofcafé** (www.gemeinsam-leben-und-wohnen.de), in dessen Obergeschoss eine archäologische Ausstellung untergebracht ist und ein Videofilm über das Leben der Menschen in der Bronzezeit vor mehr als 100 Generationen angesehen werden kann. Das im ehemaligen Stallgebäude eingerichtete kleine Café (geöffnet mittwochs bis sonntags 14-18 Uhr, von Mai bis August jeden 1. Sonntag im Monat Frühstücksbuffet) gehört zum denkmalgeschützten ehemaligen Hof Blekker, der vom Verein „gemeinsam leben und wohnen e. V." 1998 ersteigert und zu einem Wohnheim und einer Werkstatt für Menschen mit Behinderung umgebaut wurde.

Seit dem Jahr 2005 arbeiten und wohnen hier 16 Menschen mit Behinderungen. Sie sind in der Landwirtschaft tätig, betreuen eine Herde Bentheimer Landschafe, halten Schweine und Hühner, bedienen im Café, backen Kuchen für dieses, stellen

in der Kreativwerkstatt Dinge her, die dann im Café verkauft werden und bereiten in der Küche ihre eigenen Mahlzeiten zu. Hut ab, es ist ein tolles Projekt!
Die Straße, die zwischen Café und Bronzezeithof hindurch und an Ferienhäusern vorbei zieht, bringt uns in ein paar Minuten zum **Hallen- und Waldfreibad**. Dazu biegen wir bei der nächsten Gelegenheit rechts in eine Asphaltstraße ein, die mitten durch zwei Felder führt. Gegenüber dem Hallenbad muss man zuletzt scharf rechts einschwenken.
Die Zeit für unsere schmackhafte Pilzmahlzeit nehmen wir uns nach einem erfrischendem Bad und jeder Menge Spaß auf der 74 m langen Riesenrutsche des Freibads.

### (012) WOMO-Badeplatz: Uelsen 2 - Waldbad

**GPS:** N 52°29′09.9″ E 06°53′06.9″; Zum Waldbad. **Max. WOMOs:** 3-5.

**Ausstattung/Lage:** Wiesenparkplätze, am Freibad, schattig, teilweise beleuchtet durch nahen Fußweg bzw. Waldlehrpfad / Ortsrand.
**Zufahrt:** Siehe Text, beim Hallenbad.

Nach der Ausfahrt vom Waldbadparkplatz verläuft unser Weg zuerst geradeaus. Auf der Hauptstraße gelangen wir bis zur Kreuzung, biegen links in die Höcklenkamper Straße Richtung ORTSMITTE UELSEN ein. An der Kreuzung schwenken wir nach rechts zur Kirche. Um zum Stellplatz von Uelsen zu gelangen, müssen wir bei der nächsten Gelegenheit an der Kreuzung bei der Volksbank links abbiegen, die B 403 überqueren und der Straße danach ca. 100 m folgen. Auf der linken Seite ist der 1993 angelegte Festplatz, an dessen hinterer Seite wir die WOMO-Plätze finden, nachdem wir in die Straße nach dem Festplatz eingebogen sind.

### (013) WOMO-Stellplatz: Uelsen 3 - Festplatz

**GPS:** N 52°29′09.9″ E 06°53′06.9″; Am Festplatz. **Max. WOMOs:** 5.
**Ausstattung/Lage:** V+E am Festplatz, parzelliert, kostenfrei / im Ort.
**Zufahrt:** 100 m nach der Ampelkreuzung in Uelsen links.

Erleichtert von Abwasser, Toilettentankinhalt und Altglas können wir unsere Fahrt Richtung Gölenkamp fortsetzen.

Wir bleiben auf der Hauptstraße, genießen den Blick nach links über die **Wilsener Berge**, registrieren auf der rechten Seite einen Wanderparkplatz und hätten 2 km nach diesem fast in der lang gezogenen Rechtskurve die Einfahrt rechts in einen Waldweg verpasst. Man kann sich an den Birken auf der linken Straßenseite orientieren, die Einfahrt ist genau gegenüber. An der Gabelung halten wir uns rechts, denn links liegt ein Privatgrundstück. Auf dem ein wenig aufgeweichten und zerfahrenen, geschotterten Waldweg holpert unser WOMO langsam dahin. Aber es hat sich gelohnt, auf der rechten Seite tut sich uns ein ruhiger Stellplatz im Grünen auf. Für die Mutigen gibt es nach 100 m noch ein zweites Plätzchen. Bei Regenwetter oder mit großen, schweren WOMOs sollte man auf diese Übernachtungsplätze besser verzichten.

### (014) WOMO-Stellplatz: Waldweg

**GPS:** N 52°31'36.1" E 06°54'25.3". **Max. WOMOs:** 1.
**Ausstattung/Lage:** keine, einsam im Wald / außerorts.
**Zufahrt:** 4 km nach der Ampel in Uelsen rechts in einen Waldweg, an der Gabelung rechts, nach 150 m rechts kleine Nische.
**Sonstiges:** 2. Plätzchen für kleine WOMOs nach weiteren 100 m.

Weiter rollen wir auf der Uelsener Straße bis zur Stoppschild-Kreuzung. Hier geht es links nach EMLICHHEIM. Kurz vor dieser Kreuzung ist auf der linken Seite der Sportplatz Haftenkamp, dessen kleiner Parkplatz neben dem Dorfgemeinschaftshaus sich durchaus als alternativer Übernachtungsplatz eignet.

Auf der **Dr.-Picardt-Route** rauschen wir links bis zum Kreisverkehr in 3,5 km und nehmen die 2. Abfahrt Richtung Emlichheim. In Emlichheim wenden wir uns rechts Richtung HOOGSTEDE, ab dem Kreisverkehr folgen wir den Ausschilderungen zum WOMO-Stellplatz Emlichheim.

### (015) WOMO-Stellplatz: Sportplatz Haftenkamp

**GPS:** N 52°32'18.7" E 06°56'05.1". **Max. WOMOs:** 2-3.
**Ausstattung/Lage:** Rasengittersteine, straßennah / im Ort.
**Zufahrt:** Von der Uelsener Straße, kurz vor Kreuzung nach Emlichheim zum Sportplatz abbiegen.
**Sonstiges:** Eventuell bei Sportveranstaltungen belegt.

### Dr. Picardt

Dr. Johan Picardt (1600-1670) war ein niederländischer Moorkolonisator, von Haus aus auch Pastor, Doktor der Medizin und Schriftsteller. Außerdem beschäftigte er sich mit der Landwirtschaft. Um diese zu verbessern, versuchte er im Jahr 1645, einen Kanal in der Grafschaft zu bauen. Erst im 20. Jh. wurde dieses Vorhaben verwirklicht und der Kanal sowie eine Straßenroute an diesem entlang zu Picardts Ehren nach ihm benannt.

### (016) WOMO-Stellplatz: Emlichheim

**GPS:** N 52°36'24.6" E 06°50'58.7"; Dorfstraße. **Max. WOMOs:** 4.
**Ausstattung/Lage:** gebührenfrei, gepflastert, V+E, Strom, Mülleimer, Info-Tafel, öffentliche Toiletten bei Tourist-Info in der Nähe / Ortsmitte.
**Zufahrt:** Ab Ortsmitte Emlichheim ausgeschildert.

Zurück am Kreisverkehr in der Ortsmitte fahren wir nun die 2. Ausfahrt Richtung Hoogstede. Dort angekommen durchqueren wir den Ort. Die große **Ev.-ref. Kirche** am Ortseingang wurde im Jahr 1150, wie übrigens auch das Amsterdamer Rathaus, aus Bentheimer Sandstein gebaut.
In SCHEERHORN können wir links schon eine Ölpumpe entdecken, davon sollen wir gleich noch viel mehr sehen.
Erdöl hier im Norden? Ja, und es wird sogar noch gefördert. Kommen Sie mit, es wird interessant. Nach 2,8 km biegen wir links in die Straße Scherhorner Diek ein. Bald sind rechts und links der Straße weitere Erdölpumpen zu sehen, manche bewegen sich auf und ab, weshalb sie im Volksmund auch **„Ja-Nicker“** genannt werden.

Erdölpumpe („Ja-Nicker")

Fast alle sind noch in Betrieb, seitdem man bei Bohrungen im Jahr 1942 erstmalig auf Erdöl gestoßen ist.
An der nächsten Kreuzung fahren wir rechts in den Osterwalder Weg, dann links in die Deilmannstraße Wir halten uns rechts, an der nächsten Gabelung lohnt aber ein kurzer Abstecher nach links zu der stillgelegten Pumpe direkt an der Straße, an die man herangehen und sie genau anschauen kann. Originelle Technik.
Wir folgen nun der **Ölradwanderroute**. An der Abzweigung zu den Ölspeichern halten wir für einen Augenblick und studieren die sehr interessante Erläuterungstafel zur Erschließung dieser Erdöllagerstätte, seiner Nutzung und der 23 km langen Radwanderroute.
Bis 2003 wurden hier insgesamt 8,3 Mio. t Reinöl gefördert, jetzt täglich immer noch 1000 m³. Auf Schildern wird vor der Explosionsgefahr bei offenem Feuer rund um die Pumpen gewarnt, als Stellplätze für uns WOMO-Fahrer eignen sich diese Plätze deswegen nicht.
Langsam rollen wir geradeaus, vorbei an Ölpumpen und -sonden, die soweit das Auge reicht, verstreut zwischen den Kühen auf den grünen Feldern stehen. Wir wenden uns nach rechts in die Ölstraße. Auf der linken Seite sind die riesigen Firmenanlagen nicht zu übersehen. Sie gehören zu einer Konzerngesellschaft mit Sitz in Lingen, Teil einer international tätigen Gruppe mit 200.600 Mitarbeitern, welche an der Aufsuchung, Förderung und Vermarktung von Erdöl und Erdgas arbeitet.
Am Ende der Ölstraße schwenken wir nach links, überqueren den **Coevorden-Piccardie-Kanal** und biegen danach Richtung GEORGSDORF ab.
In Georgsdorf, an der Einmündung des Süd-Nord-Kanals in den Coevorden-Piccardie-Kanal, entscheiden wir uns für den

Abzweig nach links in Richtung TWIST. Vorbei an den Torfwerken BRILL schwenken wir am Kreisverkehr in Adorf Richtung Autobahn. Nun können wir Gas geben. Mit der Sonne im Rücken gleiten wir unserem nächsten Übernachtungsziel entgegen.
500 m nach der Überquerung der Torfbahnschienen lenken wir links in die Kolpingstraße und folgen dann der Ausschilderung zum Moormuseum. Der runde Hügel, den wir kurz darauf rechts hinten sehen, ist keine Sternwarte, sondern natürlich eine Biogasanlage. Riechen Sie es auch?
Vor dieser Anlage folgen wir der Kolpingstraße nach rechts. Auf der rechten Straßenseite legen Tausende glückliche Hühner ihre Eier für glückliche Menschen.
Vor der Autobahn fahren wir links in den Geestmoorweg und achten darauf, dass wir nicht die unscheinbare Einfahrt zum empfehlenswerten **Emsland Moormuseum** in Groß Hesepe (geöffnet März bis Oktober 10-18 Uhr, montags geschlossen, Eintritt, www.moormuseum.de) auf der linken Seite verpassen. Den Hinweis auf einem großen Stein am linken Fahrbahnrand hätten wir bestimmt besser gesehen, wenn wir aus der Gegenrichtung gekommen wären.

### (017) WOMO-Stellplatz: Emsland Moormuseum

**GPS:** N 52°37'21.8" E 07°11'06.7"; Geestmoorweg. **Max. WOMOs:** >5.
**Ausstattung/Lage:** gepflasterter Museumsparkplatz, Mülleimer, Bank, leider (oder praktisch?) Autobahnnähe / Ortsrand.
**Zufahrt:** Siehe Text.

Jetzt sollte man sich wirklich genügend Zeit nehmen. Es gibt in den zwei großen Ausstellungshallen dieses Museums und auf dem 30 ha großen Außengelände mit einer renaturierten Hochmoorfläche erstaunlich viel Informatives zu entdecken. Besser könnte man die mühselige Arbeit im Moor, die früheren Lebensbedingungen, aber auch den stetigen technischen Fortschritt nicht verdeutlichen. Ob im kleinen Kino in der ersten Ausstellungshalle, in der zweiten Halle, in der der berühmte **Ottomeyer-Pflug „Mammut“** steht und in der sich alles um den **Emsland-Plan** dreht oder bei der Besichtigung der

Ottomeyer-Pflug

Siedlerstelle aus den Dreißigerjahren, wir erfahren viel Neues, aber auch schon Bekanntes wird uns wieder in Erinnerung gerufen. Für unseren Urlaub in dieser Gegend, unser Verständnis für die Bewohner dieser Region und ihren Umgang mit Natur und Landschaft ist der Besuch hier eigentlich ein Muss.

### Emsland-Plan (1950-1990)

Die Bundesregierung beschloss am 5. Mai 1950 den Emsland-Plan, mit dessen Hilfe sich das rückständige Emsland dem Lebensstandard der Bundesrepublik angleichen sollte. Zu seiner Umsetzung wurde u. a. mit erheblichen Fördermitteln aus den USA am 7. März 1951 die Emsland GmbH von Vertretern des Bundes, des Landes Niedersachsen und den Landräten der im Erschließungsgebiet gelegenen Landkreise in Hannover gegründet. Ziel war eine agrarische Landwirtschaftsentwicklung in Verbindung mit einer gesunden gewerblichen bis industriellen Wirtschaftsstruktur nach niederländischem Vorbild. Dazu gehörten wasserwirtschaftliche Maßnahmen (Entwässerung, Kanalisation, zentrales Wasserversorgungsnetz, Begradigung der Flüsse), Kultivierung landeseigener Flächen, Zuerkennung von Hofstellen, auch für die vielen Vertriebenen aus den deutschen Ostgebieten, Ausbau des Straßen- und Wegenetzes (Verkehrsanbindung), Elektrifizierung, neue Kartierung (Ödlandflächen waren nicht katalogisiert) u. v. m., Arbeitsplätze mussten geschaffen werden, es wurden Industrie- und Gewerbegebiete erschlossen. Behindert wurden diese Maßnahmen durch das schlechte Image des Emslandes. Imagewerbung wurde begangen. Großindustrie wollte sich trotzdem nicht so richtig ansiedeln. Konjunktur ist von der Technik und neuen Erfindungen (Basisinnovation) abhängig, diese gab es hier nicht. Nun investierte man in die Forschung und Entwicklung, z. B. in den Bau der Transrapid-Magnetschwebebahn. Inzwischen ist die Entwicklung abgeschlossen, die Emsland GmbH wurde 1989 aufgelöst.

Wir verlassen den Parkplatz und setzen unsere Fahrt in Richtung TWIST fort. Bei der Tankstelle in Twist biegen wir rechts ab, auf unserer linken Seite verläuft parallel zur Straße wieder der Süd-Nord-Kanal. Weiter geradeaus geht es an schönen gepflegten Vorgärten vorbei, wir bewundern akkurat geschnittene Hecken und saubere Gehwege. Bei der Ausschilderung zum Wohnmobilstellplatz biegen wir links über die Brücke ab. Nachdem wir wieder diesen Ortsteil von Twist verlassen haben, sehen wir kurz darauf auf der rechten Seite, nach dem hübsch angelegten See, die Einfahrt zum Stellplatz am Schul- und Sportzentrum. Von hier aus kann man bequem auf einem beleuchteten Geh- und Radweg am See entlang bis direkt zum **Erdöl-Erdgas-Museum** gelangen.

**(018) WOMO-Stellplatz: Twist**

**GPS:** N 52°38'47.7" E 07°05'21.2"; Am Hallenbad. **Max. WOMOs:** >5.
**Ausstattung/Lage:** gepflastert, parzelliert, kostenfrei, V+E, Strom, Mülleimer, Picknickbank, Infotafel, Einkaufsmöglichkeiten gegenüber / im Ort.
**Zufahrt:** In Twist Ausschilderung zum WOMO-Stellplatz folgen.
**Sonstiges:** Schwimmhalle im Sportzentrum, Barfußpfad.

Wir haben heute Abend keine Lust zum Spazierengehen und fahren ganz faul mit dem WOMO hin. Dazu biegen wir links auf die Hauptstraße ein, fahren nach Twist zurück und folgen noch vor dem Kanal der Ausschilderung zum Museum. Auf der linken Seite sehen wir das Museumsgebäude sofort, können aber wegen der großen Bushaltestelle schlecht parken. Also weichen wir auf einen der großen Supermarktparkplätze gegenüber aus. Das relativ kleine aber anschauliche Museum (geöffnet dienstags bis sonntags 14-18 Uhr, Eintritt) informiert uns über die Entstehung von Erdöl und Erdgas, über die Suche danach und seine Förderung bis in die heutige Zeit.
Wir freuen uns über diese super Ergänzung zu unseren Erkundungen der letzten Tage. Mit dem wohltuenden Gefühl, unser Wissen über diese vielleicht unbekannte, aber gar nicht langweilige Region Nordwestdeutschlands erweitert zu haben, genießen wir auf einer Bank am See die letzten Sonnenstrahlen dieses Tages. Hier, wo das Land so flach ist, kann man die Abendsonne lange sehen. Kurz bevor sie untergeht, taucht sie alles in ein herrlich warmes Licht, das einem so manches Mal einen wohligen Schauer über den Rücken kriechen lässt. Bestimmt geht es Ihnen da genau wie uns. Eine prima Gelegenheit, mal wieder richtig durchzuatmen, stimmts?

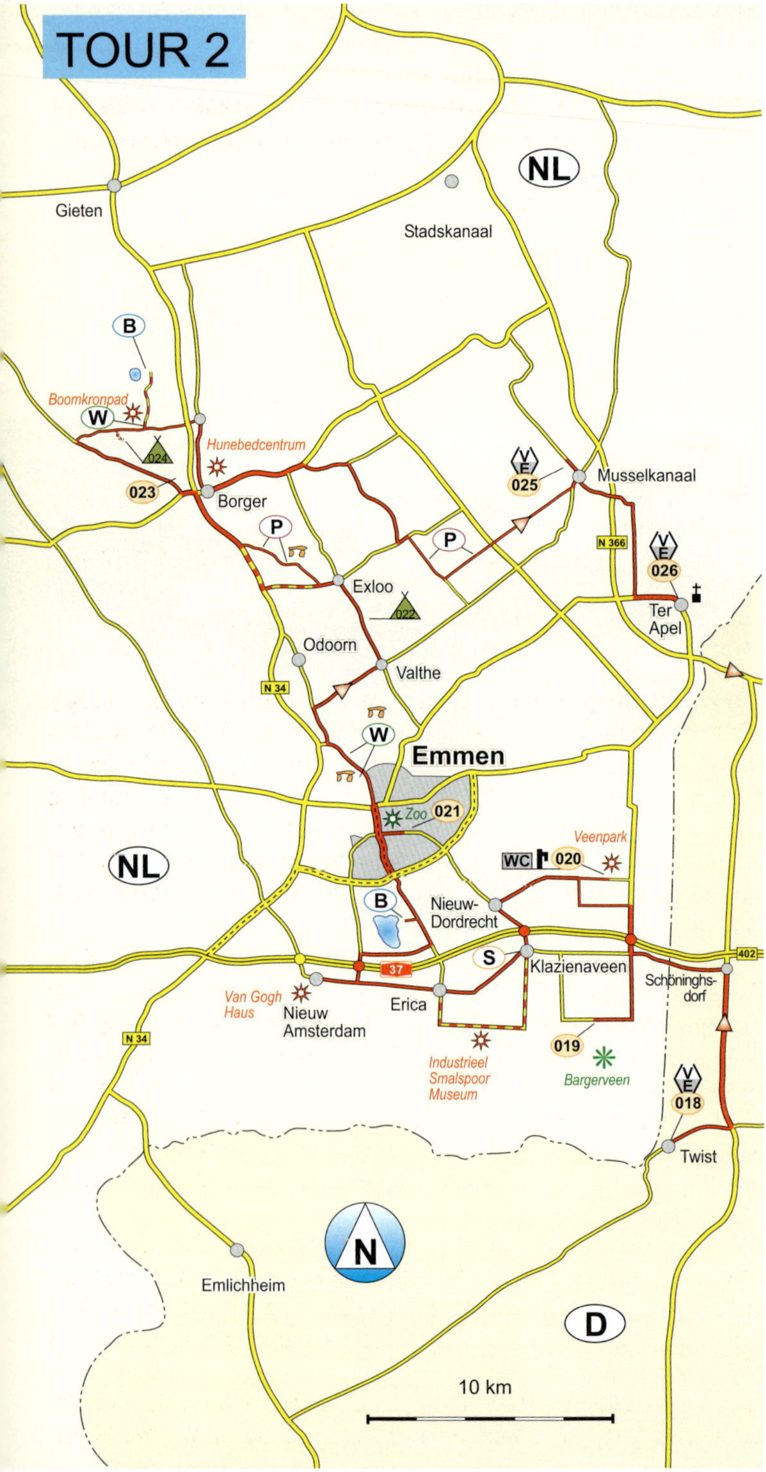

TOUR 2
NL
Gieten
Stadskanaal
B
Boomkronpad
W
024
023
Hunebedcentrum
Borger
025
Musselkanaal
N 366
026
P
P
Exloo
022
Ter Apel
Odoorn
Valthe
N 34
W
Emmen
Zoo
021
Veenpark
WC
020
NL
B
Nieuw-Dordrecht
S
Klazienaveen
402
Schöninghs-dorf
37
Van Gogh Haus
Nieuw Amsterdam
Erica
N 34
Industrieel Smalspoor Museum
019
Bargerveen
018
Twist
N
Emlichheim
D
10 km

## TOUR 2 (ca. 150 km / 4-6 Tage)

### Twist - Barger Compascuum - Klazienaveen - Nieuw Amsterdam - Emmen - Exloo - Borger - Musselkanaal - Ter Apel

| | |
|---|---|
| **Freie Übernachtung:** | Bargerveen, Emmen, Marina Musselkanaal, Marina Ter Apel. |
| **Campingplätze:** | „Camping Exloo", „Naturcamperterrein" bei Borger. |
| **Ver-/Entsorgung:** | Nuuverstee, Musselkanaal, Ter Apel. |
| **Baden:** | Rietplaats. |
| **Besichtigen:** | Veenpark, Smalspoor Museum, Van-Gogh-Haus, ZOO Emmen, Hunebed Het Langgraf, Boomkroonpad, Hunebedcentrum Borger, Kloster Ter Apel. |
| **Wandern:** | Hochmoor Bargerveen, Hunebedroute. |

Am **Erdöl-Erdgas-Museum** vorbei und rechts auf die Hauptstraße abgebogen, halten wir uns links nach SCHÖNINGHSDORF. Nun geht es 7 km gen Norden entlang des Süd-Nord-Kanals parallel zur A 31. Auf der rechten Seite ist ein großes ehemaliges Torfabbaufeld zu sehen, links viele Windkraftanlagen, danach ein Torfwerk. Von hier könnte der Gartentorf kommen, den Sie Jahr für Jahr für Ihre Rhododendren im heimischen Garten vom Baumarkt holen.
In Schöninghsdorf biegen wir vor dem Kanal links in die Zollstraße ein. Schöne Brücken führen über den Kanal zu den Anwesen auf der anderen Seite, feine Radwege entlang der Straße laden zu Touren ein, Picknickbänke zum Rasten. Die Häuser sind meist rot verblendet, die Dächer ebenfalls mit roten Ziegeln eingedeckt, typisch für diesen Landstrich, typisch für Deutschland. In den Niederlanden, und das werden wir gleich feststellen, sehen die Häuser anders aus. Achten Sie mal darauf.
Wir verlassen Schöninghsdorf in Richtung ZWARTEMEER und passieren auf dem Weg dorthin die Grenze zu den Niederlanden. Hier beginnt die Provinz Drenthe. Die Häuser sind nicht mehr nur rot, die Dächer meist schwarz und die Autos haben gelbe Nummernschilder.
In ZWARTEMEER, bevor die Straße den Kanal überquert, lassen wir uns von einem Fahrradweg-Schild nach links Rich-

tung BARGERVEEN führen. Ganz am Ende der Straße entdecken wir eine Tourist-Info für den 14.000 ha großen Naturpark Bourtanger Moor-Bargerveen mit einem kleinen Parkplatz davor. Biegt man kurz vorher bei der Kirche rechts ab, erreicht man den Parkplatz für das **Natuurreservaat Bargerveen**, der sich prima als Ausgangspunkt für Touren in das deutsch-niederländische Naturparkgebiet anbietet. Das Radkartenset und ein Wanderführer sind in der Naturpark Touristinformation erhältlich. Neben den ausgewiesenen Wander- und Fahrradrouten gibt es im Naturparkgebiet auch Lehr- und Erlebnispfade, auf denen man sich interaktiv mit Themen rund um das Moor auseinandersetzen, die ganze Familie spielerisch auf Entdeckungstour gehen und viel Wissenswertes erfahren kann.

### (019) WOMO-Wanderparkplatz: Bargerveen

**GPS:** N 52°42'09.9" E 07°01'38.6". **Max. WOMOs:** 1-2.
**Ausstattung/Lage:** Grasfläche links und rechts der Zufahrt, Picknickbänke, Infotafel, kein Schatten, windanfällig, gebührenfrei / außerorts.
**Zufahrt:** Siehe Text.
**Sonstiges:** Ausgangspunkt für zahlreiche Wanderungen und Fahrradtouren ins Natuurreservaat.

## Hochmoor

Das ehemalige Bourtanger Moor war einstmals mit 1.200 $km^2$ das größte zusammenhängende Hochmoor Europas.
Hochmoor ist ein Moor, welches keine Verbindung zum Grundwasser hat. Es wird ausschließlich vom Niederschlagswasser gespeist. Die Niederschlagsmenge muss größer als die Menge Wasser sein, welche verdunstet. Da das Niederschlagswasser keine Mineralien enthält, außer natürlich den Schadstoffen aus der Luft, können sich nur spezielle angepasste Pflanzenarten entwickeln. Vorherrschend sind dabei Torfmoosarten, die im Laufe der Zeit dicke Schichten bilden, die sich über die übrige Landschaft aufwölben.

Ein Hochmoor wächst jedes Jahr um 1 mm, Torfmoose wachsen nur an ihren Spitzen, sie benötigen keine Wurzeln. Sie können das 20fache ihres Trockengewichtes an Wasser speichern.
Hochmoore sind verhältnismäßig junge Moore, sie entstanden vor 6000-7000 Jahren und könnten sich immer weiter entwickeln, wenn sie nicht durch den Torfabbau zerstört werden würden. Ursprünglich gab es in der Norddeutschen Tiefebene 250.000 ha Hochmoor, heute sind nur noch 10 % vorhanden. Und auch die Reste mit ihren Tier- und Pflanzenbeständen sind durch die Entwässerungsmaßnahmen gefährdet.

Zurück auf der Hauptstraße in ZWARTEMEER setzen wir unsere Fahrt nach BARGER COMPASCUUM fort. Dort befindet sich der **Veenpark**, ein Museum, welches für uns WOMO-Fahrer einen extra Stellplatz bereithält. Kurz vor Barger Compascuum nehmen wir am 2. Kreisverkehr nach der Autobahnunterführung die 3. Ausfahrt, und am Ende der Straße fahren wir rechts, vorbei an großen Gewächshäusern mit Strelitzien, Paprika, Gurken, Tomaten und vielen anderen bunten Sachen. Am Ende der J. Kuntzelstraat, die in den Oude Zwarte Weg übergeht, leitet uns der Postweg nach rechts bis zum Veenpark auf der linken Seite.

### (020) WOMO-Stellplatz: Veenpark Barger Compascuum

**GPS:** N 52°45'19.1" E 07°01'24.8"; Postweg. **Max. WOMOs:** >5.

**Ausstattung/Lage:** Wasserhahn, Strom, WC-Schlüssel gegen Kaution an der Kasse, Gebühr (wird ab zwei Übernachtungen mit Eintritt in den Veenpark verrechnet), Mülleimer, Bänke / Ortsrand.
**Zufahrt:** Ausschilderung Veenpark folgen. Der WOMO-Stellplatz ist hinter den Pkw-Stellplätzen.
**Sonstiges:** Wiesenplätze.

## Veenpark

Öffnungszeiten: April bis Oktober 10-17 Uhr, Juli und August 10-18 Uhr, www.veenpark.nl.

Die Kinder haben sofort den großen Spielplatz entdeckt, und nichts hält sie nun mehr im WOMO. Auch wir sind neugierig und marschieren hinterher. Als wir im Eingangsgebäude eintreffen, sind unsere Kinder schon in lebhafte Gesprächen mit den Mitarbeiterinnen an der Kasse vertieft. In (wieder einmal fast perfektem!) Deutsch wird ihnen das Wichtigste zu den einzelnen Häusern dieses weitläufigen Freilichtmuseumsparks erläutert, die **Fahrten mit Torfkahn und Eisenbahn** schmackhaft gemacht und das Prinzip des **elektronischen Kinder-Quiz'** erklärt. Wir ahnen schon, dass es etwas länger dauern wird, dass wir aber fast einen ganzen Tag hier zubringen werden, wussten wir zu diesem Zeitpunkt noch nicht.

Dieser 160 ha große Outdoor-Themenpark bietet Platz für Nostalgie: ein **Hüttendorf** auf federndem Torfboden, ein **Dorf im Torf** am Kanal aus dem Jahr 1920 mit Kirche, Kneipe und Schule, mit Müller, Bäcker, Schmied und Holzschuhmacher. Technikfreaks können eine **Stärkefabrik** besichtigen, die Kinder auf dem **Spielplatz** toben und Interessierte sich im **Torfstechen** versuchen. Ebenfalls beherbergt der Veenpark das weltgrößte Harmonium-Museum mit über 150 Exponaten.

Ja, ein gelungener Tag in diesem typisch niederländischen Park! Der relativ hohe Eintrittspreis hat sich gelohnt.

Holzschuhmacherei im Veenpark

Falls Sie auch hier übernachten, machen Sie doch abends, wenn es dunkel wird, noch einen kleinen Spaziergang. Wir wunderten uns über die ungewöhnliche Helligkeit zu später Stunde, alles war in eigenartiges gelbes Licht getaucht. Nach ein paar Schritten vom Parkplatz entfernt hatten wir die Lösung: Für die Pflanzen in den Gewächshäusern gibt es keine Nacht, sie werden, sobald es draußen dunkel wird, mit künstlichem Licht beleuchtet. Falsche Sonne für höhere und schnellere Erträge. Wir verlassen den Parkplatz rechter Hand, und vorn am Postweg biegen wir wieder nach rechts Richtung EMMEN ab. Kurz vor Nieuw Dodrecht werden wir auf ein Gebäude mit der Aufschrift **„Collectie Brands"** aufmerksam und legen neugierig einen Stopp ein.

Was wir vorfinden, ist eigentlich kein Museum, es ist eine Sammlung verschiedenster Objekte, Bücher und Zeitschriften eines Herrn Jans Brands, welche er in 65 Jahren zusammengetragen hat. Er fand diese auf Flohmärkten, in Antiquitätenläden, bei Auktionen oder einfach nur bei Privatleuten. Alles, was er zu schade zum Wegwerfen hielt, sammelte er auf seinem Hof. Inzwischen ist nicht nur der materielle Wert dieser rund 70.000 Exponate gestiegen, sie dienen nun, verwaltet von einer Stiftung, als Kulturerbe, Bibliothek und historisches Archiv. Staunen Sie und amüsieren Sie sich, verbunden mit einer Tasse Kaffee im kleinen Museumscafé!

In NIEUW DODRECHT geht es am Kreisverkehr geradeaus, nach dem Ortsausgangsschild an der Ampelkreuzung links Richtung KLAZIENAVEEN. Nachdem wir unter der Autobahn hindurchgetaucht sind, nehmen wir am 2. Kreisverkehr die Ausfahrt Richtung Zentrum.

Am nächsten Kreisverkehr fällt uns ein ovales Gebäude auf, oben schöne Wohnungen mit verglasten Balkons und unten ein paar Geschäfte und ein Restaurant. Prima, hier wollen wir zum Bäcker und etwas frisches Obst und Gemüse kaufen.

Parken kann man auf dem ausgeschilderten, zentralen Parkplatz dieser Stadt. Dazu umrundet man das ovale Haus linksseitig, biegt in die erste Querstraße rechts ein und fährt auf ein College-Gebäude, welches ein wenig wie eine Kirche aussieht,

zu. Davor ist ein großer, gepflasterter, gebührenfreier Parkplatz [N 52°43'23.0" E 06°59'22.4"].
Es geht weiter, am Zentrum vorbei, zurück zur Hauptstraße. Haben Sie vorhin während des Bummels die Figur gesehen, die kopfüber auf einem überdimensional hohen Hocker hängt? Jetzt haben Sie noch einmal die Gelegenheit dazu, vor dem Oval links. Kunst.
Am Kreisverkehr fahren wir geradeaus weiter, für Eisenbahnfreunde haben wir hier aber noch einen Tipp. Nehmen Sie im Kreisverkehr die 3. Ausfahrt nach Nieuw Schoonebeek/ Barger-Oosterveen. Wenn Sie dann in WEITEVEEN gleich rechts abbiegen, gelangen Sie zum **Industrieel Smalspoor Museum** [N 52°40'39.4" E 06°56'57.4"(geöffnet Mai bis Oktober, mittwochs, donnerstags und samstags 13-16:30 Uhr, sonntags ab 11 Uhr, Eintritt, www.smalspoorcentrum.nl/deutsch/).

Wenn Sie bei der Ausfahrt des Museums rechts fahren, der Straße am Golfplatz vorbei am Kanal entlang folgen und bei der nächsten Möglichkeit rechts über den Kanal Richtung ERICA abbiegen, stoßen Sie wieder auf unsere Route und können auf ihr links bis nach NIEUW AMSTERDAM rollen.
Wir sind am Kreisverkehr in KLAZIENAVEEN geradeaus gefahren und nun auf der Straße Richtung NIEUW AMSTERDAM. Sie führt uns am Kanal mit den typischen niederländischen Ein- bzw. Zweifamilienhäuschen entlang. Die Häuser sind viel kleiner als in Deutschland, und es fehlen oft die Gardinen. Man

ist versucht, ein paar Blicke in die zur Straße liegenden Wohnzimmer zu werfen. Bei den Niederländern ist dies verpönt, sie tun es nicht - sagen sie. Hartnäckig hält sich das Gerücht von der **Gardinensteuer**, welches allerdings falsch ist.

**Gardinensteuer?**

Eine Gardinensteuer hat es in den Niederlanden nie gegeben, lediglich eine Fenstersteuer in den Jahren 1821-1896. Diese war Teil der „Personalsteuer", welche den Mietwert, Fenster, Kamine, Mobiliar, Diener und Pferde besteuerte. Die Höhe richtete sich nicht nach der Größe der Fenster und Türen, sondern nach der Größe der jeweiligen Gemeinde. Mit der Tradition der „offenen" Fenster und der Ausrichtung der Wohnzimmer gen Straße zeigen die Niederländer wohl die ihnen eigene typische Offenheit und bringen damit zum Ausdruck, dass sie nichts zu verbergen haben.

Über ERICA (hier müssen Sie nur anhalten für ein Foto mit Ortsschild, wenn Ihre liebste Ehefrau von allen mitreist, und diese Erica heißt, oder aber Sie selbst diesen Namen tragen) geht unsere Fahrt immer geradeaus weiter. Links hinter dem Kanal drehen sich die Flügel einer Windmühle, vorn eine Zugbrücke über das Wasser, ja, so stellen wir uns die Niederlande vor. Ein schönes Fotomotiv.

Van-Gogh-Haus am Kanal in Nieuw Amsterdam

Die erste Kreuzung in NIEUW AMSTERDAM, kurz vor der Kirche, merken wir uns. Dort werden wir später nach Emmen abbiegen. Jetzt aber ziehen wir weiter am Kanal entlang geradeaus. Auf der anderen Seite ist eine Marina. Leider dürfen WOMOs hier nicht übernachten, die Wasserhähne aber könnten durchaus interessant sein, falls gerade das Frischwasser zur Neige geht.

Hinter der amigo-Tankstelle passieren wir die Zugbrücke und sehen direkt vor uns ein unscheinbares weißes Haus, das

**Van-Gogh-Haus** (geöffnet dienstags bis sonntags 13-17 Uhr, im Winter mittwochs bis sonntags 13-16 Uhr, Eintritt), [N 52° 42'57.0" E 06°50'58.9"]. Einen bequemen WOMO-Parkplatz suchen wir uns links am Kanal und laufen zum Museum zurück.

### Vincent van Gogh (1853-1890) in der Provinz Drenthe

In dieser ehemaligen Pension lebte der berühmte niederländische Maler **Vincent van Gogh** von September bis Dezember 1883.
Er zog sich nach der Trennung von seiner Freundin Sien, einer schwangeren Gelegenheitsprostituierten, hierher in diese malerische Heide- und Moorlandschaft zurück, um Abstand zu gewinnen und zu sich selbst zu finden. Trotz der inspirierenden Atmosphäre, die auch schon von Künstlern wie z. B. Max Liebermann geschätzt wurde, litt van Gogh unter der Einsamkeit, er kam trotz intensiver Bemühungen nicht so recht mit den Einheimischen in Kontakt, bekam Depressionen und kehrte schon nach drei Monaten zu seinen Eltern nach Nuenen zurück.
Wir sehen uns einen sehr guten Film (in Deutsch, 20 Minuten) über van Goghs Briefe von hier an seinen Bruder Theo an und besichtigen sein ehemaliges für frühere Zeiten luxuriöses Zimmer mit Balkon und Ofen und die Gaststube, die heute noch ein kleines Restaurant beherbergt.
„Die Natur hier ist von solch einer Anmut, sie atmet so viel Würde und Ernst, dass sie mit Besonnenheit und Geduld und langwieriger Arbeit behandelt werden muss ... Am Abend kann die Heide unglaublich schön sein. Der Himmel ist dann in ein unsagbar zartes Lila/Weiß getaucht. Am Horizont ein leuchtender roter Streif und darunter die erstaunlich dunkle Erde mit blauer Heide ... Einfach wunderbar. In diesen Gefilden scheint die Zeit stehen geblieben zu sein ... Diese Natur erweckt Dinge in dir, die dir ansonsten verborgen geblieben wären ... Dieses Land gibt mir Ruhe, Glaube und Mut. Die hiesigen Menschen sind eins mit der Natur, sie sind stur und schwer zu durchschauen ... Auf den Gehsteigen der Stadt verdorrt ein Mensch. Will man wachsen, muss man in die Erde fallen. Und erst in einer Landschaft wie Drenthe kann man keimen."
Diese schönen Worte van Goghs klingen uns noch im Ohr, als wir schon längst wieder im WOMO sitzen. Und sie treffen zu, damals wie heute.

Haben Sie sich den Abzweig nach Emmen gemerkt? Nachdem wir dorthin zurückgekehrt sind, fahren wir jetzt auf der

Straße nach EMMEN. Wir folgen den Ausschilderungen EMMEN ZUID und RIETPLAS. Nach einigen Kreisverkehren erreichen wir einen schönen großen Parkplatz am See [N 52°44'21.2" E 6°54'22.9"]. Was wäre das doch für ein schöner Übernachtungsplatz!

Leider ist heute kein Badewetter, der Sandstrand ist leer und auch den Parkplatz haben wir für uns allein. Mit dem Fahrrad kann man von hier aus die 6 km auf ausgeschilderten Radwegen bis Emmen fahren. Dazu folgt man zuerst der Fietspad-Ausschilderung rechts um den See.

**Fietspad**

Sie werden es schon längst bemerkt haben: **Fietspad** heißt Fahrradweg und ist auch nur für Fahrräder gedacht. Steht man als Fußgänger, vor allem in den Städten, mal aus Versehen auf einem solchen, wird man fast umgefahren, oder, wenn man Glück hat, vorher mit lauten und verärgerten Zurufen gewarnt.
Die Fahrradwege sind meist für beide Richtungen auf einer Straßenseite und ein gestrichelter Mittelstreifen trennt den Verkehr vom Gegenverkehr.

Wir sind auf dem Weg zu unserem nächsten Übernachtungsplatz, dem offiziellen Stellplatz in der Nähe der Emmener Innenstadt.
Am ersten Kreisverkehr nach der Parkplatzausfahrt nehmen wir die zweite Ausfahrt. Jetzt geht es weiter geradeaus entlang der Ausschilderung EMMEN. An der nächsten Ampel fahren wir geradeaus, dazu muss man an der nächsten Kreuzung kurz links und dann gleich wieder rechts einschwenken. Am folgenden Kreisverkehr ist die Ausfahrt NOORDER DIERENPARK ausgezeichnet. Dieser Ausschilderung folgen wir auch noch durch den zweiten Kreisverkehr. Sollten sie an der zweiten nun folgenden Ampelkreuzung bei Rot warten müssen, werfen Sie mal einen Blick nach rechts. Das blaue Gebilde am Fahrradweg ist ein Mülleimer für Fahrradfahrer, in den diese bei voller Fahrt ihre leeren Getränkeflaschen oder sonstigen Abfall entsorgen können. Man findet so etwas sehr häufig an niederländischen Fahrradwegen. Wir finden: Eine gute Idee!

Bei der Ausschilderung zum Großparkplatz **Dierenpark** nach links biegen wir die 2. Straße rechts in den Van-Schaik-Weg ab. Ab hier ist der Parkplatz Oost ausgeschildert, an dem sich auch der WOMO-Stellplatz befindet. Bewegung kommt ins Wohnmobil, die Werbe-Wegweiser zum Tierpark haben ihre Pflicht getan.

## (021) WOMO-Stellplatz: Emmen

**GPS:** N 52°46′51.4″ E 06°54′10.8″. **Max. WOMOs:** >10.
**Ausstattung/Lage:** gebührenfrei, V+E bei Tankstelle gegenüber, Mülleimer, Schotterfläche, zentrumsnah / im Ort.
**Zufahrt:** Aus allen Richtungen Ausschilderungen zum Noorder Dierenpark folgen, dann laut Text.

### Tierpark Emmen

Im **Emmener ZOO** waren wir schon oft, damals, als die Kinder noch klein waren, als Ausflug mit der Familie, als Treffpunkt mit Bekannten, im Sommer und im Winter. Es war immer schön hier.
Uns beeindruckt besonders die gitterlose Gestaltung der artgerechten Gehege, die große Anzahl Tiere, die in Großgruppen hier zusammenleben. Nicht umsonst zählt der Emmener Zoo zu den schönsten Tierparks der Niederlande. Der Weg zum Tierpark, dessen Hauptteil mitten in der Stadt liegt (der neue viel kleinere Erweiterungsteil ist etwas außerhalb, gut ausgeschildert einmal quer durch die Stadt), ist kurz, der Beginn etwas schwer zu finden. Hinter dem Betonklotzgebäude auf dem Parkplatz gelangt man über den Fußgängerüberweg auf

die andere Straßenseite, geht dann nach links. Nun muss man nur noch den Bärentatzen auf dem Gehweg folgen, die leider schon etwas abgetreten und daher auf den ersten Blick schlecht zu erkennen sind. Nach der Überquerung des Bahnübergangs führt der Weg rechts entlang bis zum Stadtzentrum. Dort hält man sich rechts und steht nach einem kurzen Gang durch die Fußgängerzone vor dem Eingang des Tierparks. Wir gucken uns noch kurz in der Tourist-Info (links daneben) um, bezahlen die stattlichen 92 EUR (Stand 2015) für die ganze Familie und dem Vergnügen für Groß und Klein steht nichts mehr im Weg.
Öffnungszeiten: 10 Uhr bis je nach Jahreszeit zwischen 16:30 Uhr und 18 Uhr, Hunde verboten, www.zoo-emmen.de.

Natürlich wollten unsere Kinder nach einigen Stunden Tierbeobachtung, davon mindestens eine Stunde vor dem Gehege der größten Elefantenherde Europas, und Wissenserweiterung (wussten Sie schon, dass fast alle Papageien „Linkshänder“ sind?) auch noch in den Erweiterungsteil. Nicht wegen der Pinguine, die dort untergebracht sind, nicht wegen der Ausstellung „Wasserwerk“, die vor allem für Schulklassen sehr interessant sein dürfte, nein, wegen **Yucatán**.
Auf diesem originell gestalteten Indoorspielplatz können sie sich mal so richtig austoben. Werden Kinder eigentlich nie müde?

Beim Bummel zurück in die Fußgängerzone stellen wir wie jedes Mal fest, dass man hier eigentlich auch gut shoppen könnte, wir aber nie dazu kommen, da wir immer die gesamte Zeit im ZOO verbringen. Vielleicht schaffen Sie ja beides. Für uns gibt es heute in einem der schönen Straßencafés in der Fußgängerzone bei der **Großen Kirche** aus dem Jahr 1855 mit ihrem Turm aus dem 12. Jh. ein frisch gezapftes Bier zum Tagesausklang.
Auf dem Weg zum WOMO zurück, biegen wir nicht am **Kantonsgericht** links in die Straße ein, über die wir hergekommen sind, sondern folgen noch ein Stück der Fußgängerzone. An der nächsten Ecke ist eine italienische Eisdiele, daran erinnern wir uns jedes Mal. Hier kann man wieder links abbiegen und kommt, wenn man

sich immer geradeaus hält, den Fußweg vor dem zweiten ovalen Hochhaus rechts entlanggeht und dann der Straße links hinunter folgt, auch wieder zum WOMO-Stellplatz zurück.
Wir verlassen den Stellplatz, lenken das WOMO nach rechts, folgen der Ausschilderung EMMEN CENTRUM und biegen an der letzten Kreuzung nach rechts ab. Weiter geht die Fahrt auf der Hauptstraße. Ein kleiner Wegweiser (mit den symbolischen drei Steinen) nach links zum „Hunebed Het Langgraf“ führt uns kurz nach einem Café auf einen sehr engen Parkplatz für höchstens ein WOMO [N 52°48'40.7" E 06°52'28.7"].
Ein paar Schritte entfernt kann man ein riesiges, 40 m langes Hunebed unter hohen Eichen besichtigen, imposant. Innerhalb eines Steinkreises von 52 Steinen liegen zwei Grabkammern.

**Hunebed**

In den Niederlanden gibt es 53 Hunebedden (deutsch: Hünenbetten bzw. Hünengräber = verschieden große Ganggräber), 52 von ihnen liegen in der Provinz Drenthe, das größte in Borger, aber dazu später mehr. Die zum Teil noch relativ gut erhaltenen Hünengräber entstanden in der Jungsteinzeit (4000 v. Chr.-1700 v. Chr.) und bestehen aus Steinkammern mit Decksteinen.
Früher konnte man sich den Bau solcher monumentalen Gräber nur schwer vorstellen, man glaubte, Riesen (Hünen) hätten diese erschaffen. Waren Ganggräber urgeschichtliche Friedhöfe? Ritualplätze oder mystische Orte? Man kann sich schlaumachen in verschiedenen Museen, viel Literatur darüber lesen, im Internet googeln oder Experten unterschiedlicher Länder befragen. Es gibt viele Theorien, man lernt vieles hinzu, aber richtig schlau wird man aus den vielen Aussagen wohl nie.

Nach ca. 1 km hinter dem Ortsausgangsschild folgen wir der Ausschilderung zum Valtherbos nach rechts bis zu einem kleinen Parkplatz am Waldrand [N 52°48'40.7" E 06°52'28.7"]. Von hier aus werden wir eine kurze Wanderung zu den hiesigen Hünengräbern machen.

**Wanderung auf der Hunebedroute** (ca. 2 Stunden)

Der Valtherbos ist ein 450 ha großer Wald, ein Erholungsgebiet für Wanderer und Fahrradfahrer, es gibt viele Spielflächen und eben vier Hunebedden.

Auf einer Info-Tafel um die Ecke ist der Weg für die Hunebedroute **rot** gepunktet eingezeichnet. Im Gänsemarsch stiefeln wir links vom Schild in den Wald hinein. Sollten Sie auch im Herbst unterwegs sein, vergessen Sie auf gar keinen Fall einen Korb für die Pilze!

Wir folgen immer aufmerksam den Markierungen (Holzpfosten mit rotem Kopf in Laufrichtung abgeschrägt). Alle drei Schritte knien wir nieder, um dicht am Weg die schönsten Maronen, Butter-, Birken- und Steinpilze zu sammeln. Achtung gegenüber der Speelweide geht der Weg rechts weiter in den Wald!

Die Markierungen geradeaus vorn zeigen schon den Rückweg an. Der Pfad schlängelt sich durch Wald und Heide, um schließlich am Hunebed anzukommen. Hier folgen wir dem Pfad zu den Steinen, müssen uns aber dahinter wieder auf dem Fahrradweg links halten, um unserer roten Markierung rechts in den Wald folgen zu können. Danach führt sie uns kreuz und quer durch den Wald, an unzähligen Pilzen vorbei wieder zurück zur Speelweide, von der ab wir schwer beladen immer geradeaus auf dem Hauptweg zum WOMO gelangen.

Wir wollen weiter, auf der großen Straße vorn geht es zuerst nach rechts, nach nur 900 m biegen wir erneut rechts in den Hoofdweg ab, Hauptrichtung ODOORN.

Am 1. Kreisverkehr nehmen wir die 2., am 2. Kreisverkehr die 2. und am 3. Kreisverkehr die 3. Ausfahrt. Ab hier ist EXLOO ausgeschildert. Auf der rechten Seite zeigt uns ein kleines Schild nach 2 km die unscheinbare Einfahrt zum **Camping Exloo** an. Vorbei an einer großen Halle kommen wir durch das Tor auf die große Campingplatzwiese. Ja, hier lässt es sich aushalten, hier werden wir übernachten. Der Hausherr Chris empfängt uns ausgesprochen nett, und als er uns von Oma Dorie tatsächlich Zwiebeln und Margarine für unsere Pilze bringt, haben wir ihn richtig in unser Herz geschlossen.

**(022) Campingplatz-Tipp: Camping Exloo**

**GPS:** N 52°51′56.5″ E 06°53′24.6″; Valtherweg 37. **Geöffnet:** ganzjährig.
**Ausstattung/Lage:** kleiner, privat geführter CP, Wiesenfläche, V+E, gebührenpflichtig / Ortsrand, außerhalb.
**Zufahrt:** Im Valtherweg auf Ausschilderung achten.
**Sonstiges:** Nach Ankunft bei Chris und Oma Dorie Scheven unter Tel.: +31(0)591-549147 (Festnetz) oder 06-27218271 (Mobil) anmelden, auch für Reservierungen.

Am nächsten Morgen klärt uns Chris über das Pilzwunder auf. Niederländer lernen schon in der Schule, dass Pilze giftig sind. Demzufolge sammeln sie keine. Prima für uns.

Fliegenpilze (giftig!)

Weiter geht unsere Tour nach EXLOO. Dort an der Kreuzung biegen wir nach links Richtung ODOORN/BORGER ab.

Der Ort Exloo ist hübsch, bei schönem Wetter lohnt sich auf jeden Fall ein Spaziergang. Ein kleines grün/weißes Schild an der rechten Seite weist uns den Weg nach rechts zum **„Hunebed“**. Die Straße Boslaan führt uns in den Wald hinein. Das Begrenzungsschild für die Breite der Fahrzeuge (2,20 m) legen wir großzügig aus. Sollten Sie ein sehr großes WOMO fahren, oder einfach keine Lust mehr auf „alte Steine“ haben, fahren Sie weiter bis zur Kreuzung, an der Sie dann nach rechts Richtung BORGER abbiegen müssen.

Um die Hunebedden zu erreichen, brauchen wir nur immer der Straße zu folgen. Nach der Linkskurve an einer Fahrradwegekreuzung kann man sie nicht verfehlen. Auch ein ausreichend großer Parkplatz [N 52°53'28.5" E 06°50'44.3"] gegenüber ist vorhanden. Die Beschriftungsschilder sind leider nur auf Niederländisch, aber falls man sich die Mühe macht und sie versucht zu übersetzen, sehr interessant. Glücklicherweise erfährt man auch alles dazu im **Hunebedcentrum in Borger**, wo man außerdem das größte Hunebed der Niederlande besichtigen kann.

Vorher steht aber erst der **Boomkroonpad** (Baumkronenpfad, geöffnet April bis Oktober täglich 10-17 Uhr, Januar bis März sonntags 10-16 Uhr, Eintritt) auf unserem Programm.

Dazu folgen wir der Straße weiter, die uns zu einem weiteren schönen Picknickplatz [N 52°53'53.1" E 06°49'29.8"] und dann aus dem Wald hinaus auf die Hauptstraße nach BORGER bringt. Auf dieser stoßen Sie dann wieder zu uns, wenn Sie an der Kreuzung auf die N 34 rechts abgebogen und nicht unserem Abstecher durch den Wald gefolgt sind.

Auf der gut ausgebauten N 34 gleiten wir zügig dahin, um nach 3 km an der Ausfahrt nach BORGER schon wieder abzufahren. Wir halten uns am 1. Kreisverkehr links, am 2. geradeaus, und schon nach 300 m ist der Boomkroonpad am 3. Kreisverkehr nach rechts ausgeschildert. Direkt an der Straße finden wir noch einen schönen WOMO-Stellplatz.

## (023) WOMO-Stellplatz: Nuuverstee

**GPS:** N 52°55'35.6" E 06°46'29.1"; Rolderstraat 4. **Max. WOMOs:** 9.

**Ausstattung/Lage:** ganzjährig, Gebühr, V+E, geschottert in Rasenfläche, Tische, Bänke, hübsche Teichanlage / Ortsrand.
**Zufahrt:** Auf der N 34 Richtung Borger nach dem 3. Kreisverkehr rechts.

5,2 km nach dem letzten Kreisverkehr ist ein Abzweig nach rechts, der außer zum Baumkronenpfad noch zu einem Naturcampingplatz führt.

Interessiert Sie dieser herrlich gelegene kleine Campingplatz auch, dann kommen Sie mit uns. Dazu nehmen wir den Abzweig in den Weg rechts, an dem nur das kleine Schild **„Natuurkamperterrein"** verrät, dass sich ca. 600 m weiter ein lauschiges Übernachtungsplätzchen finden lässt. Wir fühlen uns an unsere wunderschönen Stellplätze während diverser Skandinavienreisen erinnert. Herrlich!

## (024) WOMO-Campingplatz-Tipp: Naturcamping Borger

**GPS:** N 52°56'43.5" E 06°44'18.9"; Drouwenersand.

**Geöffnet:** 1. April bis 1. November.
**Ausstattung/Lage:** einfache Dusche, WC, Strom, Wasser, Kasse des Vertrauens / außerorts.
**Zufahrt:** Vom Steenhoper Weg rechts ab, der Ausschilderung „Natuurkamperterrein" folgen.

Zum Baumkronenpfad-Parkplatz [N 52°56'58.9" E 06°44'42.5"] gelangen wir, wenn wir den Abzweig rechts liegen lassen, geradeaus weiterfahren und der Ausschilderung zum Boomkroonpad folgen.

### Boomkroonpad

Im Eingangsgebäude angekommen werden wir durch eine kleine Ausstellung, ein Stück Weg am Spielplatz vorbei und dann lustigerweise unter der Erde durch die Wurzel und den Stamm eines Baumes bis in die Krone geführt. Nach dem kurzen Rundgang durch die Baumwipfel endet der Spaß am Startpunkt zu drei ausgeschilderten, unterschiedlich langen Wanderwegen. Karten dazu gibt es gegen eine kleine Spende in die Kasse des Vertrauens direkt neben der Übersichtstafel. Wir entscheiden uns für die weiße Route, die uns nach 3 km wieder zum Parkplatz zurückbringt.

Über die ausgeschilderte Ausfahrt verlassen wir den Parkplatz und schwenken links auf den Hauptweg. Wieder an der Einfahrt zum Baumkronenpfad vorbei schaukeln wir auf dem Waldweg vorwärts.

Wer nun Lust auf ein erfrischendes Bad im See hat, biegt mit dem Weg links ab, folgt dem Asphaltband und gelangt an einen **Badesee**, zu dem man nach ca. 3 km links in die Sackgasse schwenken muss. Von einer Parkfläche kommt man direkt zum See.

Wir aber rumpeln an der Kurve geradeaus auf dem Kopfsteinpflasterweg mit 20 km/h weiter, bis wir endlich in Höhe eines Rollrasenbetriebes wieder Asphalt unter den Rädern haben und nach der Unterführung rechts erneut ein **Hunebed** entdecken. Jetzt wird es aber wirklich Zeit für das Hunebedcentrum. Wir wollen endlich mehr über diese geheimnisvollen Steine erfahren. Auf nach Borger.

An der T-Kreuzung in Drouwen fahren wir Richtung BORGER nach rechts. In Borger weist das uns Schild links zum **Hunebedcentrum** (geöffnet täglich 10-17 Uhr, an Wochenend- und Feiertagen ab 11 Uhr, Eintritt, www.hunebedcentrum.eu [N 52°55'49.5" E 06°48'06.7"]) den Weg. Dort fast angekommen nehmen wir an der Gabelung rechts den Abzweig zum Pkw-Parkplatz und finden genug Platz für das WOMO.

Größtes niederländisches Hunebed in Borger

Der Gang durch das Museum beginnt mit einem Film zur Einstimmung in die Prähistorie. Das Museum selbst ist ansprechend gestaltet, alles ist sehr verständlich beschrieben und die Erklärungen sind zusätzlich auch in deutscher und englischer Sprache. Nachdem die Kinder glücklich mit ihren im Museumsshop neu erworbenen Edelstein-Glücksarmbändern strahlen, besichtigen wir das **größte niederländische Hunebed** unmittelbar neben dem Museumsgebäude und schlendern zum WOMO zurück.

Wir fahren wieder vor bis zur Drouwener Straat und biegen links Richtung Ortsmitte ab. Am ersten Kreisverkehr nehmen wir die dritte Ausfahrt und verlassen Borger auf der N 374 Richtung BUINEN/STADSKANAAL. Nach 4,3 km nehmen wir den Abzweig nach BUINERVEEN. An der ersten Kreuzung in Buinerveen halten wir uns rechts Richtung EXLOO, an der T-Kreuzung nach 4,7 km links Richtung MUSSELKANAAL und an der nächsten Kreuzung gleich wieder rechts Richtung VALTHERMOND. Auf der linken Seite freuen wir uns nach 1,6 km über einen schönen, grünen Picknickplatz am See [N 52°53'29.8" E 06°55'42.9"]. Bei dem Ortsausgangsschild von Exloermond biegen wir direkt links ab. Auf einer schmalen Asphaltstraße rollen wir schnurgeradeaus. Felder so weit das Auge reicht. Wie schön, wenn auf diesen im Frühjahr die Tulpen blühen! Flaches Land, hier kann man wirklich schon heute sehen, wer übermorgen zu Besuch kommt.

Auf halber Strecke ungefähr entdecken wir auf der rechten Seite am Rand des großen Feldes neben einer Bank den **Modderman** [N 52°53'45.1" E 06°57'30.0"]. Dieser wurde von der niederländischen Künstlerin **Krien Clevis** geschaffen, zuerst aus Torf, später in Bronze gegossen. Der Modderman schaut über die Felder, auf denen seine Vorfahren schwer gearbeitet haben, um das Land zu entwässern und den Torf abzubauen.

Wir setzen die Fahrt fort, überqueren eine Straße und biegen ganz am Ende der Straße links ab auf die Straße „Kavelingen" nach MUSSELKANAAL. Dort fahren wir an der nächsten Kreuzung links, überqueren den Kanal und biegen gleich hinter diesem wieder links ab. Hier in der Marktstraat gibt es einige Geschäfte, sie ist die Einkaufsstraße des Ortes. Ab der zweiten Brücke über den Kanal folgen wir der Ausschilderung zum WOMO-Stellplatz an der **Marina**. Der Steinkegel der **TOP-Route** zeigt wieder eine besondere Sehenswürdigkeit an - hier endet ein Streckenast der Museumsbahn der **STAR** (Stichting Stadskanaal Rail), der mit 26 km längsten Normalspur-Museumsbahnstrecke der Niederlande.

**(025) WOMO-Stellplatz: Spoordok Musselkanaal**

**GPS:** N 52°55'38.1" E 07°00'49.6". **Max. WOMOs:** >5.

**Geöffnet:** 01. April bis 01. November, max. 3 x 24 h.

**Ausstattung/Lage:** Wiesenplätze, V+E, Strom, Dusche, gebührenpflichtig, Picknickbänke, Mülleimer / im Ort.

**Zufahrt:** Siehe Text.

Weiter geht es wieder auf der Marktstraat am Kanal durch den Ort, zurück zur Kreuzung, bei der wir der Ausschilderung TER APELKANAAL (rechts) folgen. Über die Brücke müssen wir auf die andere Kanalseite wechseln, um nach TER APEL zu gelangen und dort auf den Stellplatz an der **Marina** zu fahren. Von hier aus können wir bequem zu Fuß zum **Kloster Ter Apel** (geöffnet montags bis samstags 10-18 Uhr, Sonn- und Feiertage 13-18 Uhr, Eintritt, www.kloosterterapel.nl) laufen, um dieses zu besichtigen. Die Parkplatzsituation direkt am Kloster ist für Wohnmobile äußerst schwierig, nur wenige, kleine Parkflächen auf engstem Raum gibt es. Wenn Sie es trotzdem versuchen möchten, fahren Sie am Kreisverkehr links weg und folgen ab dort den Ausschilderungen. Wir aber folgen weiterhin immer dem Lauf des Kanals entlang geradeaus, überqueren nicht an der nächsten Brücke den Kanal, sondern folgen der Geschäftsstraße in die Stadt. An deren Ende überqueren wir den Kanal auf der grün/weißen Brücke, fahren danach links weiter und erreichen den Jachthafen.

### (026) WOMO-Stellplatz: „De Runde"

**GPS:** N 52°52′17.0″ E 07°00′49.6″; Oosterkade 5. **Max. WOMOs:** 3.
**Ausstattung/Lage:** Wiesenplätze auf dem Gelände des Jachthafens, V+E, Strom, gebührenpflichtig, Restaurant / im Ort.
**Zufahrt:** Siehe Text.
**Sonstiges:** ganzjährig geöffnet, Anmeldung bei Hafenmeister Tel.: +31(0)599-850953 (Festnetz) oder 06-50261373 (Mobil), www.jachthaventerapel.nl.

### Kloster Ter Apel

Vorn an der Straße sehen wir schon die Fußgängerbrücke aus Holz, über die wir auf die andere Kanalseite kommen. Dort halten wir uns rechts bis zum Wegweiser zum **„Klooster"**. Wir flanieren die uralte Buchenallee entlang, die im Wald am Kloster endet. Für den Rundgang durch das Kloster erhalten wir an der Kasse leihweise eine Erläuterung in deutscher Sprache, wir werden damit sehr informativ auf einen Rundgang durch den Konvent geleitet und mit der Geschichte des Klosters vertraut gemacht.
Das **Kloster Ter Apel** ist das einzige heute noch existierende mittelalterliche Landkloster in Nordeuropa. Von den Kreuzherren errichtet, wurde es am 22. Juni 1465 vom Bischof von Osnabrück eingeweiht. 1472 zerstörte ein Feuer die Kapelle, den Speiseraum, den Schlafsaal und die Küche. Der Wiederaufbau dauerte bis 1473. Dann folgten Umbauten und Vergrößerungen, die erst 1501 abgeschlossen wurden.
Der Standort war zu damaliger Zeit ideal, auf dem bewaldeten Sandrücken entlang des jahrhundertealten Handelsweges von Münster nach Groningen.
Domus Novae Lucis - Haus des neuen Lichtes. Der Name des Klosters Ter Apel beeinflusste offensichtlich die Renovierungsmaßnahmen in den Jahren 2000 und 2001. Der dänische Architekt John Exner leitete den Bau des neuen Westflügels, der lichtdurchflutet Raum für Ausstellungen bietet und den Blick in den einzigartigen Heilkräutergarten freigibt. Altes Gemäuer und moderne Architektur, Geschichte und Zukunft harmonisch vereint, finden wir.

Neben dem Kloster liegt das **Hotel Boschhuis**. Dieses Gebäude diente einst dem Kloster als Bier- und Brauhaus. Falls Sie im Sommer hier sind, ist es nur zu empfehlen, sich auf der schattigen Terrasse mit einem leckeren Stück Apfelkuchen mit Schlag etwas Gutes zu tun. Genießen Sie die herrliche Aussicht!
Für den Fall, dass das Wetter nicht zum Draußensitzen oder für Wanderungen in die Umgebung einlädt, haben wir für Sie, besonders wenn Sie mit Kindern unterwegs sind, noch einen Tipp: Dazu gehen Sie nach der Holzbrücke von der Marina über den Kanal nach rechts und biegen an der nächsten Kreuzung links in die Straße Ruiten A Kanaal Noord ein. Hier befindet sich die **Wonderwereld**, eine Fantasie- und Tierwelt mit Naturentdeckerzentrum, Drachengrotte, Rattenkeller, Spielwiese mit Abenteuerbaumpfad, Eulenburg und Raubvogelmonster. Der gutmütige Riese Greurt und seine Freundin, die Hexe Tante Beppie heißen Sie herzlich willkommen. Vielleicht schaffen Sie es ja, das magische Schwert Excalibur aus dem Stein zu ziehen. Öffnungszeiten: April mittwochs, samstags und sonntags 10-17 Uhr, Mai, Juni und September dienstags bis sonntags 10-17 Uhr, Juli und August montags bis sonntags 10-18 Uhr, Eintritt. Und bei richtigem Sommerwetter gibts nur eines -
Baden im Badesee mitten in der Stadt.

Wir lassen den Tag bei einem frisch gezapften Heineken-Bier gemütlich auf der Terrasse des kleinen Restaurants in der Marina direkt am Wasser ausklingen und genießen die angenehme Wärme der untergehenden Sonne.Hier fällt uns das Durchatmen nicht schwer, schön müde und mit vielen unvergesslichen Erinnerungen an unsere zweite Tour gehen wir ins Bett und schlafen, das beruhigende Plätschern des Wassers in den Ohren, zufrieden ein.

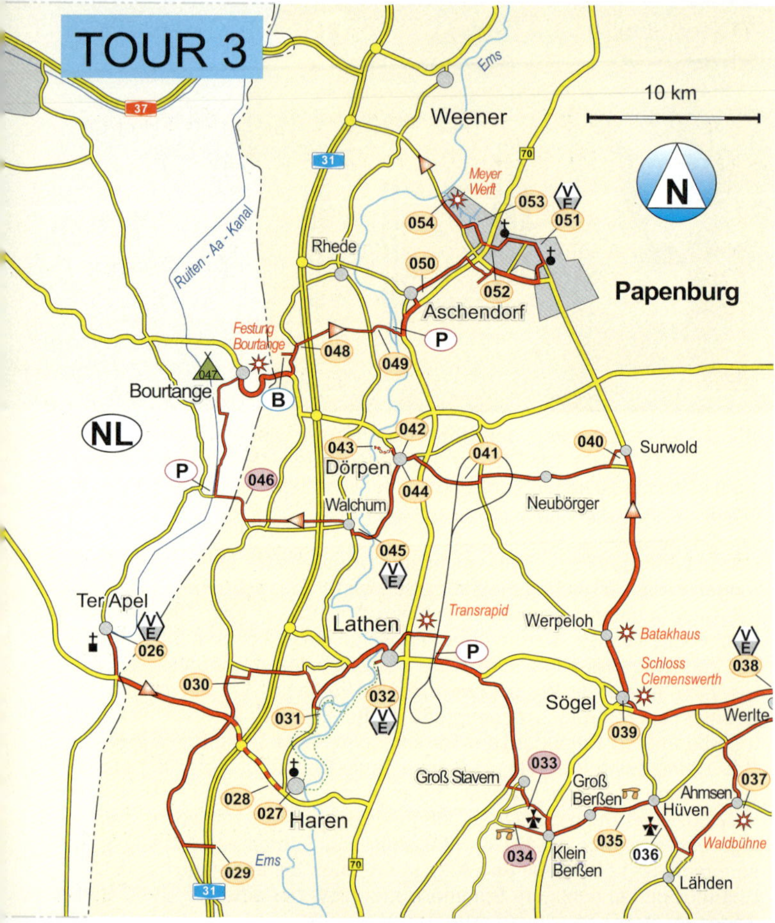
TOUR 3
10 km
N
Weener
Ems
Meyer Werft
053
054
051
Rhede
050
052
Papenburg
Aschendorf
Ruiten-Aa-Kanal
Festung Bourtange
048
049
047
Bourtange
B
NL
042
043
Dörpen
041
040
Surwold
P
046
044
Neubörger
Walchum
045
Ter Apel
Transrapid
Lathen
Werpeloh
Batakhaus
026
Schloss Clemenswerth
038
030
032
Sögel
Werlte
031
039
033
Groß Stavern
Groß Berßen
037
Ahmsen
Hüven
028
027
Haren
035
034
036
Klein Berßen
Waldbühne
029
Ems
Lähden
37
31
70

## TOUR 3 (ca. 220 km / 4-6 Tage)

### Ter Apel - Lathen - Ahmsen - Sögel - Surwold - Dörpen - Bourtange - Papenburg

| | |
|---|---|
| **Freie Übernachtung:** | Haren, Oberlangen, „Emseck", Bruneforth, Klein Berßen, Hüvener Großsteingrab, Ahmsen, Sögel, Dörpen, Neurhede, Gut Altenkamp, Papenburg. |
| **Campingplätze:** | „t' Plathuis" in Bourtange (NL). |
| **Ver-/Entsorgung:** | Dankern, Lathen, Werlte, Marina Walchum, Bourtange, Hotel Hilling Papenburg. |
| **Baden:** | Badesee bei Neurhede. |
| **Besichtigen:** | ehemalige Transrapidtrasse, Wassermühle Bruneforth, Grabhügelfeld Klein Berßen, Großsteingrab Hüven, Hüvener Mühle, Waldbühne Ahmsen, Schloss Clemenswerth, Papierwelt Dörpen, Festung Bourtange, Gut Altenkamp, Zeitspeicher und Meyer-Werft Papenburg. |
| **Fahrradtour:** | Von Lathen nach Haren und zurück. |
| **Essen:** | „Hotel Lathener Marsch", Hüvener Mühle, Marina Walchum, „Hotel Hilling" Papenburg. |

Nun wollen wir die Niederlande vorerst verlassen. Die Straße nach HAREN führt uns über die Grenze.
Wieder in Deutschland gelangen Sie, wenn sie geradewegs nach Haren hineinfahren, zum **WOMO-Stellplatz in Haren**, oder aber auch zum Stellplatz am **Ferienpark Schloss Dankern**.

**(027) WOMO-Stellplatz: Haren**
**GPS:** N 52°47'22.2" E 07°14'50.5"; Schleusenstraße. **Max. WOMOs:** >5.
**Ausstattung/Lage:** Wiese mit Rasengittersteinen, direkt am Emsufer, kostenfrei / im Ort.
**Zufahrt:** Durch Haren hindurch, vor der Emsbrücke rechts in die Schleusenstraße einbiegen.

**(028) WOMO-Stellplatz: Schloss Dankern**

**GPS:** N 52°47'47.2" E 07°12'18.1". **Max. WOMOs:** >10.
**Ausstattung/Lage:** Schotterfläche, V+E, Strom, Mülleimer, Mitte März bis Oktober Gebühr, Ferienpark nebenan / außerorts.
**Zufahrt:** Von der Straße nach Haren rechts abbiegen und den Ausschilderungen zum Ferienpark folgen.

Das historische **Wasserschloss Dankern** stammt aus dem Jahre 1680. Es liegt jetzt im Mittelpunkt eines 200 ha großen Abenteuer- und Ferienparadieses am Dankernsee mit dem längsten Sandstrand des Emslandes.
Gerade Familien wird ein riesiges Freizeitvergnügen geboten. Ob Vergnügungspark, Indoor Erlebniswelt, Spaßfreibad Hochseilgarten, Wasserski, Indoor Soccer, Adventure Golf, Kartbahn oder Ponyreiten, hier findet jeder die passende Urlaubsbeschäftigung. Öffnungszeiten: Mitte März bis Oktober täglich 10-18 Uhr, Eintritt, www.schloss-dankern.de.
Wir biegen vorher, 7 km nach der Grenze nach NIEDERLANGEN-SIEDLUNG links ab.
Würde man hier gegenüber, also rechts abbiegen und Richtung Wesuwe Siedlung fahren, erreicht man nach 8,5 km die Einfahrt links in die Wittenberger Straße, auf welcher der **Bagger-Park Emsland** ausgeschildert ist. Geöffnet April bis Oktober täglich 11-18 Uhr, www.bagger-park.de.
Was für ein Spaß, vor allem für männliche WOMO-Fahrer! Nach einer Einweisung schaut die übrige Familie amüsiert ihrem männlichen Oberhaupt beim Baggern mit den verschieden großen und schweren Baggern zu. Nach bestandenem Baggerdiplom, wo außer Erde-Hin-und-her-Bewegen noch Geschicklichkeitsaufgaben mit der Baggerschaufel bewältigt werden müssen, dürfen auch die Kinder mal an die kleinen Minibagger ran. Erstaunlich, wie schnell und geschickt sie mit der ungewohnten Technik zurechtkommen. Ja, irgendwann werden auch sie einmal ein WOMO lenken können, hoffentlich dann genauso gern wie wir!

**(029) WOMO-Stellplatz: Bagger-Park Emsland**
**GPS:** N 52°46'08.5" E 07°10'01.8"; Wittenberger Straße **Max. WOMOs:** 8.
**Ausstattung/Lage:** Schotterfläche/Wiese im Gelände des Baggerparks, April bis Oktober Gebühr / außerorts.
**Zufahrt:** Siehe Text.

Nach 2,6 km auf der Straße nach NIEDERLANGEN-SIEDLUNG folgen wir der unscheinbaren Ausschilderung nach rechts auf den Rütenweg zur Kriegsgräberstätte auf der rechten Seite. Hier auf diesem gepflegten Friedhof finden 2000 bis 4000 sowjetische, an Epidemien und Unterernährung gestorbene Kriegsgefangene ihre letzte Ruhe.

**(030) WOMO-Stellplatz: Kriegsgräberstätte Oberlangen**
**GPS:** N 52°50'56.6" E 07°11'39.4"; Rütenweg. **Max. WOMOs:** 1.
**Ausstattung/Lage:** gepflasterte Parknische / außerorts.
**Zufahrt:** Von der Nord-Süd-Straße rechts 1 km in den Rütenweg fahren, dann rechts.

Wenn man den Parkplatz verlässt, die Kreuzung überquert und der Forsthausstraße folgt, stößt man nach 600 m auf die Lagerstraße, die rechts nach LATHEN führt.
Zuerst aber wollen wir Ihnen noch einen schönen Stellplatz außerhalb von Lathen zeigen, der sehr idyllisch an der Ems liegt. Nach der Autobahnüberquerung und der Fahrt entlang großer Thuja-Felder verlassen wir an der ersten Gabelung die Hauptstraße und fahren geradeaus weiter nach OBERLANGEN

in die Straße „Am Tannenkamp“, überqueren die Waldstraße, passieren den schmalen Dalenweg (5 t-Begrenzung) vorsichtig und wenden uns an der nächsten T-Kreuzung nach rechts. Nach 700 m biegen wir wieder links ab und sind kurz vor der Holzbrücke am Ziel. Vom nahen Aussichtsturm hat man eine weite Sicht über die Ems.

### (031) WOMO-Wanderparkplatz: Emseck

**GPS:** N 52°49'59.9" E 07°15'28.5". **Max. WOMOs:** 1-2.
**Ausstattung/Lage:** Grasfläche, Aussichtsturm / außerorts.
**Zufahrt:** Von der Hauptstraße am Aussichtsturm zur Ems abbiegen, Parkfläche vor kleiner Holzbrücke.

Hier befinden Sie sich im **Landschaftsschutzgebiet „Emstal“**. Dieses 270 km² große Gebiet entlang des Emsverlaufs wurde unter Schutz gestellt, um die Vielfalt, Eigenart und Schönheit, sowie die Erholungsfunktion der Landschaft zu erhalten. Das Zelten und Aufstellen von Wohnwagen ist nicht erlaubt, Ordnungswidrigkeiten werden mit hohen Bußgeldern bestraft. Das Angeln mit Angelkarten ist erlaubt.

An der Hauptstraße wenden wir uns nach rechts und fahren entlang der auffallend vielen Weiden, auf denen prächtige Pferde zu bewundern sind, bis NIEDERLANGEN, wo wir an der alten Schule rechts nach LATHEN abbiegen müssen.
Nachdem wir auf der Vitus-Brücke die Ems überquert haben, entdecken wir in Lathen gleich die Hinweisschilder, welche uns zum Campingplatz „Lathener Marsch“ an der Marschstraße und dem zugehörigen WOMO-Stellplatz direkt davor führen.

### (032) WOMO-Stellplatz: Lathen

**GPS:** N 52°51'30.2" E 07°18'18.1"; Marschstraße. **Max. WOMOs:** >10.
**Ausstattung/Lage:** Rasengittersteine, V+E, Strom, ganzjährig, Gebühr, vor CP „Lathener Marsch" / im Ort.
**Zufahrt:** In Lathen der Ausschilderung „Lathener Marsch" folgen.

Hier an den Ufern von Badesee und Angelteich, fern ab von lauten Straßen, können Sie die Ruhe genießen und sich im angrenzenden Hotel-Restaurant die typisch Emsländische Brotsuppe und Buchweizenpfannkuchen schmecken lassen. Das Haus, in dem das Hotel beherbergt ist, war ursprünglich ein Bauernhaus, welches 1365 gebaut, 1992 Stein für Stein abgetragen und originalgetreu wieder aufgebaut wurde.
Da Lathen direkt an einem Zusammenfluss der Ems mit dem Dortmund-Ems-Kanal liegt, ist dieser Stellplatz ein idealer Ausgangspunkt für Fahrradtouren entlang dieser Wasserstraßen. Unser Vorschlag: von Lathen nach Haren und zurück.

## Fahrradtour nach Haren

Wir biegen, nachdem wir den Stellplatz verlassen haben nicht wieder in Richtung der Ortsmitte ab, sondern folgen der Ausschilderung Fahrradweg Hilter (Ems) nach rechts, erreichen schon bald die Ems und folgen auf derer linken Seite dem Fahrradweg bis zur **Hilter Schleuse**.
Wer den Schotterweg vermeiden möchte, kann auch teilweise die asphaltierte Straße nutzen. Bald teilen sich Ems und Dortmund-Ems-Kanal wieder. Kurz danach, an der Schleusenbrücke, überqueren wir den Kanal und folgen dem Verlauf der Straße nach links.
Wir erreichen einen Reiterhof, die Straße und mit ihr der Radweg führen mitten hindurch. Vielleicht haben Sie Glück und reisen allein. Wir hingegen sind mit unseren zwei Töchtern unterwegs und müssen hier zwangsläufig einen längeren Halt einplanen. Der **Ferienhof Junkern-Beel** ist der Mädchentraum schlechthin. Auf zwei Emsinseln gelegen, inmitten unberührter Natur, frei von jedem Straßenverkehr, bietet er alles, was das Mädchenherz begehrt.
Auf dem weiterhin ausgeschilderten Radweg gelangt man nun zu dem **Aussichtsturm** direkt an der Ems, neben dem wir schon unseren tollen Stellplatz vermerkt hatten.
An der Hauptstraße geht die Tour weiter Richtung Haren. Zuerst verläuft der Radweg links entlang der Straße, später müssen wir mit ihm die Straße überqueren. Kurz vor **Landegge** weist uns ein Wegweiser zum **Historischen Weg**. Neugierig biegen wir hier rechts ab und gelangen an einen zum Informationspavillon umgebauten alten Stall, in welchem die 800-jährige Dorfgeschichte des 250-Einwohner-Ortes erläutert wird. Auf dem historischen Dorfweg mit einigen Info-Tafeln erreichen wir die **St.-Laurentius-Kapelle**. Nach der Besichtigung des 1960 renovierten Bauwerkes aus dem 12. Jh. fahren wir wieder zurück zur Hauptstraße und dem ausgeschilderten Radweg nach Haren.
In Haren angekommen, wenden wir uns an der Kreuzung vor der Mühle nach links Richtung Haren/Ems Info-Point. In der Mühle sind ein **Mühlenmuseum** und ein **Mühlencafé** untergebracht (Öffnungszeiten: von Mai bis Oktober dienstags bis donnerstags 14:30-17 Uhr, freitags und samstags 14:30-16 Uhr und sonntags 14:00-17:00 Uhr).
Auf der folgenden Strecke ist der Radweg einige Male kurz unterbrochen, sodass wir auf die Straße ausweichen müssen. Hinter der Reederei Draxl biegt der Radweg nach rechts ab, verläuft dann entlang der Werftanlagen. Bald schon ist das Zentrum Harens ausgeschildert. Folgen Sie uns die letzten 500 m bis in die Ortsmitte. Sie liegt links der Hauptstraße.
Jetzt kann man sich Zeit nehmen durch die Stadt zu bummeln, das **Freilicht-Schifffahrtsmuseum** (geöffnet von Mai bis Oktober jeweils dienstags bis samstags 14-17 Uhr, mittwochs zusätzlich 10-12 Uhr und

sonntags 14:00-17:00 Uhr) oder die **St.-Martinus-Kirche** zu besichtigen. Die in den Jahren 1908-1911 unter Beibehaltung des Turmes von 1854 erbaute St.-Martinus-Kirche ist mit einer Gesamtlänge von 58 m und einer Kuppelhöhe von ca. 55 m eine der größten Kirchen des Emslandes und wird daher auch der **„Emslanddom"** genannt, obwohl, will man einiger Literatur Glauben schenken, auch die St.-Nikolaus-Kirche in Rhede diesen Namen beansprucht.

Am Emslanddom rechts vorbei führt uns die Emsstraße und dann die Mittelstraße wieder in nördlicher Richtung aus der Stadt hinaus. Beim Überqueren der Emsbrücke entdecken wir rechts den am Ufer der Ems (am Anleger des Ausflugsschiffes) gelegenen WOMO-Stellplatz von Haren. Unmittelbar am Ende der Brücke zweigt auf der linken Seite „unser" Radweg ab, den Wegweiser hätten wir beinahe übersehen. Ab hier folgen wir der weiteren Ausschilderung zuerst durch den Wald bis zur großen Brücke über die Ems. Endlich ist wieder **Lathen** als Fahrradweg ausgeschildert. Auf unserer Strecke passieren wir das Kalksandsteinwerk. Der „Weiße Emsländer" ist vielleicht dem einen oder anderen Häuslebauer ein Begriff.
Auf der nun rechten Emsseite laden Picknickplätze zum Verweilen ein. Ein besonderer Tipp für eine Rast ist der Besuch des **Melkhüsken**, bei dem man sich mit allerlei leckeren Milchprodukten stärken kann.

Solche Einrichtungen gibt es hier im Emsland viele, aber auch in Ostfriesland, wo sie Melkhuskes genannt werden. Meist ehrenamtlich geführt, an Bauernhöfen mit Milchviehwirtschaft gelegen, sind sie eine nicht nur von Touristen gern angenommene Alternative zu sonstigen Imbissrestaurationen. Die Besucher sollen auf die vielfältigen Produkte aufmerksam gemacht werden, die aus frischer, gesunder Bauernhofmilch hergestellt werden können. Gute Werbung in eigener Sache sozusagen.
Der Radweg verläuft nun noch einmal kurz auf der schmalen und sehr ruhigen Straße, die kleine, aber doch recht lange Steigung meistern wir mit der Gewissheit im Kopf, dass auf jede Steigung auch immer eine Abfahrt folgt. An der Picknickhütte trifft der Fahrradweg wieder auf den Dortmund-Ems-Kanal und wir sehen schon die **Hiltener Schleuse** vor uns, von der aus es auf dem von der Hintour bekannten Weg Richtung WOMO geht. Einen kleinen Abstecher kurz vor dem Ziel machen wir dann aber doch noch. Wir bleiben auf dem Radweg bis zur **Marina**, fahren durch diese hindurch Richtung Lathen und kehren am Campingplatz vorbei zum WOMO-Stellplatz zurück.

Wir verlassen den Stellplatz Richtung Ortsmitte und lassen uns von den Beschilderungen „Versuchszentrum" bzw. „Transrapid" leiten. Achtung, an einer Kreuzung fehlt die Beschilderung, dort rechts über die Bahnschienen und dann weiter unter der B 70 hindurch geradeaus fahren. Wir tauchen schließlich, kurz hinter den Gebäuden des **ehemaligen Besucherzentrums an der Versuchsstrecke der Transrapid-Magnetschwebebahn** unter der alten Schiene der Magnetschwebebahn hindurch.

## Transrapid Versuchsanlage Emsland (TVE)

Die TVE, die sich zwischen Dörpen im Norden und Lathen im Süden erstreckte, war die größte Testanlage für Magnetschwebefahrzeuge weltweit. Ihre Gesamtstrecke betrug 31,8 km, sie bestand aus einem geraden Teil von 12 km und zwei Wendeschleifen, welche durch Stahlbiegeweichen mit ihm verbunden waren. Der Radius der Südschleife betrug 1000 m, der der Nordschleife 1690 m. Die Magnetschwebebahn wurde auf einer Führungsschiene berührungsfrei durch elektronisch gesteuerte

Magnete bewegt. Auf der Geraden konnten Geschwindigkeiten von über 400 km/h erreicht werden.
Der Bau dieser Versuchsanlage im Emsland begann 1980, 1983 ging hier als erstes Fahrzeug der Transrapid 06 in den Testbetrieb. Die Vermarktung dieses schnellen, umweltschonenden aber auch sehr teuren Fortbewegungsmittels gestaltete sich als schwierig. Bis heute ist die 2002 in Betrieb genommene Verbindung zwischen der Stadt Shanghai und dem Flughafen Pudong die erste und einzige kommerzielle Anwendung des deutschen Systems.

Von 1983-2006 gab es auf der TVE fast 600.000 Besuchermitfahrten. Am 22.09.2006 stieß ein Transrapid 08 bei 162 km/h auf gerader Strecke mit einem Werkstattwagen zusammen. Bei diesem tragischen Unglück starben 23 Menschen.
Nach einer nun folgenden zeitweiligen Schließung der Anlage und Untersuchung des Unfalls wurde der Testbetrieb ab 2008 wieder genehmigt, allerdings mit einigen Auflagen, wie. z. B. der Untersagung von Besuchermitfahrten.
Zwischen 1970 und 2008 wurden ca. 800 Mio. EUR aus Bundesmitteln in die Entwicklung und den Bau dieser Versuchsanlage investiert. Da 2010 die wirtschaftliche Entwicklung verhalten war und die beteiligte Industrie keine kommerzielle Zukunft für diese Technologie sah, demnach sich auch nicht weiter in großem Maße finanziell beteiligen wollte, wurde das Ende der Förderung dieser Anlage durch den Bund beschlossen. Es entbrannte eine lebhafte Diskussion.
Der Rückbau kostet nun geschätzte 40 Mio. EUR. Mit diesem Geld hätte aber ebenso ein Umbau in ein Forschungszentrum erfolgen und somit der noch hohe technologische Vorsprung Deutschlands zu einer internationalen Vermarktung führen können. Auch ein Weiterbetrieb der Strecke durch Finanzierungen des Landkreises und der Industrie wurde diskutiert.

Wenn Sie dem gepflasterten Weg geradeaus folgen und bei der nächsten Möglichkeit scharf rechts abbiegen, gelangen Sie an einem **Picknickplatz** [N 52°51'39.9" E 07°20'46.2"] wieder zur ehemaligen Teststrecke zurück. Anlieger, wie wir, können auch die direkte Straße entlang der Strecke nehmen. Nachdem wir links Richtung SÖGEL abgebogen sind, bemerken wir nach 3,4 km einen Abzweig nach STAVERN, der durch Ampeln und eine Schranke geschlossen werden kann. Die toll ausgebaute Straße führt durch eine schöne Heideland-

schaft, welche gleichzeitig ein Schießplatzgelände und Erprobungsgebiet der wehrtechnischen Dienststelle für Waffen und Munition ist. Sie wird während der Tests gesperrt. Ansonsten ist sie frei befahrbar, lediglich das Anhalten und Aussteigen ist gefährlich und deshalb verboten.
Durch eine zweite und dritte Schranke verlassen wir das Erprobungsgelände und gelangen kurz vor der vierten Schranke nach links zur Ortsmitte in Stavern. Dort überqueren wir die Hauptstraße und setzen unsere Fahrt nach GROß STAVERN auf der Schützenstraße fort. Wir halten uns rechts und folgen den Ausschilderungen nach KLEIN BERßEN. An der Kreuzung in Klein Berßen ist gleich auf der rechten Seite ein kleiner Parkplatz direkt an der **Wassermühle Bruneforth**. Zeit für eine Pause!

**(033) WOMO-Picknickplatz: Wassermühle Bruneforth**
**GPS:** N 52°46'59.8" E 07°26'28.0". **Max. WOMOs:** 1.
**Ausstattung/Lage:** Picknickbänke, Mülleimer, straßennah / außerorts.
**Zufahrt:** Parkplatz liegt gegenüber der Kreuzung in Klein Berßen.

Ursprünglich eine Windmühle, wurde diese, da sie an einer alten Furt der Nordradde steht, zur Wassermühle umgebaut, die 1860 zu einer Öl- und Walkmühle sowie Sägemühle erweitert wurde. Durch ein Arbeitsbeschaffungsmaßnahmen (ABM) -Projekt, in dem vorwiegend Jugendliche beschäftigt wurden, renovierte man 1985 aufwendig die Mühle und das dazugehörige Sägewerk.

Unser Weg führt uns nun weiter über die Nordradde Richtung MEPPEN/HASELÜNNE, dann am EMSKRAFT-Silo rechts zum ausgeschilderten **Grabhügelfeld**.
Das WOMO wird am Wegesrand in der Nähe der Schutzhütte geparkt, wir gehen auf Entdeckungstour. Das Info-Schild gibt Auskunft über die nahe Grabgruppe aus der Jung-

steinzeit (2300-1800 v. Chr.) bei der ehemaligen Deimanns (Wasser-) Mühle und dem 300 m entfernten Grabhügelfeld mit 20 Grabhügeln aus der Bronzezeit (1800 v. Chr.).
Wir möchten Sie ermuntern, mit uns die 300 m bis zu den Grabhügeln zurückzulegen. Nehmen Sie sich bei schönem Wetter etwas zum Picknicken oder eine Decke zum Ausruhen mit. Hier inmitten einer schönen Heidefläche unter Kiefern ist es herrlich ruhig, hier ist der ideale Platz um mal wieder durchzuatmen und der entspannenden Musik der Natur zu lauschen.

### (034) WOMO-Picknickplatz: Grabhügelfeld

**GPS:** N 52°46'23.2" E 07°25'47.1". **Max. WOMOs:** 1.
**Ausstattung/Lage:** Picknickhütte, am Wirtschaftsweg / außerorts.
**Zufahrt:** Ausschilderungen zum Grabhügelfeld folgen.

Nachdem wir wieder zurück nach Klein Berßen gefahren sind, setzen wir unsere Fahrt Richtung WERLTE fort. Nach dem Kreisverkehr passieren wir einige der neun Steingräber entlang dieser Straße und biegen auf den nun folgenden Parkplatz ein.

### (035) WOMO-Stellplatz: Hüvener Großsteingrab

**GPS:** N 52°46'50.3" E 07°30'47.9".
**Max. WOMOs:** 1-2.
**Ausstattung/Lage:** Mülleimer, Infotafeln mit Erläuterungen zu den Großsteingräbern / außerorts.
**Zufahrt:** Parkplatz an der Bundesstraße nach Werlte.

Dies soll die letzte unserer Großsteingrab-Besichtigungen sein - versprochen. Aber dafür eine sehr interessante.
Nach unserem kleinen Spaziergang, der uns vorbei an einem weiteren Großsteingrab und einer Schutzhütte auf die andere Straßenseite zum wohl bekanntesten Großsteingrab des Hümmlings, dem **Königsgrab** sowie einer eindrucksvollen, begehbaren Rekonstruktion eines Grabes führt, treibt uns der Hunger weiter.
Auf der Straße der Megalithkultur an der Kreuzung bei der katholischen St.-Bonifatius-Kirche in HÜVEN werden wir auf die Ausschilderung nach rechts zum **Gasthof „Hüvener Mühle"** aufmerksam. Auf dem Parkplatz dieses Restaurants waren Wohnmobile ganzjährig immer herzlich willkommen. Zum Zeitpunkt unserer Recherche war der Gasthof leider in Ermangelung eines Pächters geschlossen, wir hoffen, nur vorübergehend.

**(036) WOMO-Stellplatz: Hüvener Mühle**

**GPS:** N 52°46'20.7" E 07°33'49.8"; Hüvener Mühle 8. **Max. WOMOs:** >5.
**Ausstattung/Lage:** trotzdem geöffnet: Gartencafé, Mühlenführungen, Mahl- und Backtage, Besucherzentrum (montags und November bis März geschlossen), Ausflüge und Vorträge zur Megalithkultur / außerorts.
**Zufahrt:** Ausschilderungen zur „Hüvener Mühle" folgen.
**Sonstiges:** www.restaurant-huevener-muehle.de für Infos über eine eventuelle Wiedereröffnung des Restaurants.

Hinter dem Gasthof befindet sich die **Hüvener Mühle**, die letzte erhaltene, kombinierte Wind- und Wassermühle Europas. Im 16. Jh. wurde sie als Wassermühle gebaut, 1850/51 erhielt sie einen Aufsatz in Form einer Windmühle. Nachdem die Mühle in den Zwanzigerjahren stillgelegt wurde, entschloss sich der hiesige Heimatverein, die zunehmend marode Mühle 1955 anzukaufen und damit vor dem Verfall zu retten. Durch eine Spendenaktion konnte sie im Jahr 1957 renoviert werden.
Das nächste Ziel ist AHMSEN, die Wegweiser zu den Steingräbern ignorieren wir wie versprochen. Nach 1,5 km verlassen wir die Straße der Megalithkultur Richtung HOLTE/LASTRUP.

Nachdem wir kurz darauf das riesige Turniergelände der PferdeSportGemeinschaft Lähden e. V. im Vorbeifahren bewundert haben, auf dem viele nationale und internationale Meisterschaften im Reit- und Fahrsport ausgetragen werden (für Interessenten: www.psg-laehden.de), wenden wir uns am nächsten Kreisverkehr Richtung AHMSEN.
Dort können wir schließlich der Ausschilderung zur Waldbühne folgen, die uns vorher noch an der Alten Schule (gebaut 1817, älteste noch an ihrem ursprünglichen Standort erhaltene Schule Niedersachsens und jetzt Bücherei) und dem Maristenkloster (gebaut 1922, jetzt „Haus der Begegnungen") vorbeiführt. Hier auf dem Parkplatz der Waldbühne soll unser nächster Übernachtungsplatz sein.

### (037) WOMO-Stellplatz: Waldbühne Ahmsen

**GPS:** N 52°46'31.9" E 07°38'47.2"; Zur Waldbühne. **Max. WOMOs:** 3-4.
**Ausstattung/Lage:** Schotterfläche / außerorts.
**Zufahrt:** In Ahmsen den Ausschilderungen zur Waldbühne folgen.
**Sonstiges:** Bühnenprogramm beachten.

### Waldbühne Ahmsen

Auf dieser Freilichtbühne wird seit 1949 jährlich je ein meist religiöses Schauspiel und seit 1964 zusätzlich ein Familienmusical von ausschließlich ehrenamtlichen Schauspielern und vielen anderen Helfern einstudiert und zwischen Mai und September aufgeführt. Die 2000 Besucher jeder Vorstellung finden im 2007 neu gebauten überdachten Zuschauerraum Platz. Jährlich werden ca. 60.000 Karten (5-9 EUR) verkauft. Auch Führungen durch das Bühnengelände sind möglich.
Anmeldungen unter Tel.: 05964/1027,
Infos und Kartenbestellungen unter: www.waldbuehne-ahmsen.de.

Von der Waldbühne geht unsere Fahrt zuerst zurück nach Ahmsen, vorbei an der Freilichtgalerie „In der Dorfmitte" des Kunstforums Waldbühne Ahmsen auf der rechten Seite, bevor wir den Ort auf der Hauptstraße verlassen.
In LAHN kann man einen Abstecher nach WERLTE zum dortigen WOMO-Stellplatz machen.

### (038) WOMO-Stellplatz: Werlte

**GPS:** N 52°51′16.4″ E 07°40′53.9″; Kirchstraße.
**Max. WOMOs:** 8.
**Ausstattung/Lage:** gebührenfrei, gepflastert, V+E, Strom, straßennah / im Ort.
**Zufahrt:** Mitten im Ort bei Kreutzmanns Mühle und Heimathaus.

Uns aber leiten die Ausschilderungen nach SÖGEL. Wir erreichen das **Schloss Clemenswerth**, indem wir kurz vor Sögel die Gleise der Hümmlinger Kreisbahn überqueren, die schon eine ganze Weile parallel zur Straße verlaufen.

### Schloss Clemenswerth

Dieses Jagdschloss des Kurfürsten und Erzbischofs von Köln, Clemens August, wurde in den Jahren 1737-1749 nach Plänen des Barockarchitekten Schlaun errichtet und ist heute eines der sehenswertesten Kulturdenkmäler Niedersachsens.
Mittelpunkt dieser einzigen noch erhaltenen Alleesternanlage weltweit ist das Jagdschloss, welches von acht Pavillons, darunter die Schlosskapelle mit Kloster, umringt wird. Zwischen ihnen führen acht prächtige Lindenalleen zum Mittelpunkt. Die umschließende 42 ha große Parkanlage eignet sich für ausgedehnte Spaziergänge.
Geöffnet: März 11-16 Uhr, April bis Oktober 10-18 Uhr, montags geschlossen, Eintritt (beinhaltet Einführungsfilm, Schlossbesichtigung und Zugang in die Ausstellungen), Führungen möglich gegen Gebühr, Restaurant und Café „Schlosskeller", www.clemenswerth.de, Tel.: 05952/9323-25

Zu dem offiziellen WOMO-Stellplatz gelangt man, indem man im Ort der Ausschilderung zum Sportzentrum folgt. In dieser Richtung gelangt man auch aus Sögel heraus auf die Straße nach PAPENBURG, der Hauptrichtung unserer weiteren Fahrt.

**(039) WOMO-Stellplatz: Sögel**

**GPS:** N 52°50′46.4″ E 07°31′27.6″; Sigiltrastraße. **Max. WOMOs:** >5.
**Ausstattung/Lage:** gebührenfrei, Freibad, während der Saison Schlüssel für Toilette 10-20 Uhr im Freibad erhältlich, Wiese / im Ort.
**Zufahrt:** „Sportcentrum" ist in Sögel ausgeschildert.

In WERPELOH gibt es eine weitere kleine Sehenswürdigkeit, die wir Ihnen zeigen möchten. Dazu parken Sie auf dem Parkplatz der katholischen St.-Franziskus-Kirche, gehen an dieser vorbei und entdecken dahinter das **Batakhaus**, das vielleicht exotischste Haus Niedersachsens (geöffnet von Ostern bis September sonntags 15-18 Uhr, 1 EUR Eintritt).

**Batakhaus**

Das Batakhaus ist eine Nachbildung eines indonesischen Wohnhauses (Bataks = indonesischer Volksstamm auf Sumatra). Es wurde 1978 auf Initiative des damaligen Ortsgeistlichen Pater Matthäus erbaut, dessen Bruder Missionar bei den Bataks war. Heute dient es als Missionsmuseum.
Das Batakhaus wurde, wie sein indonesisches Vorbild, auf Pfählen gebaut, allerdings fanden hier als Baumaterialien nicht Bambus und Palmen, sondern Eiche und Reet Verwendung.
Das Haus ist dreigeschossig, unten war der Platz für die Tiere, darüber wohnte in einem Raum die Familie und im Dachgeschoss war der Platz für die Geister der Ahnen. Von den reichen Verzierungen fallen besonders die Schnitzereien der Figuren ins Auge. Ihre großen Augen sollten übrigens die Gefahr für die im Haus wohnende Familie früh erkennen und abwenden.

Zum **Werpeloher Steinkreis** führen wir Sie nicht, versprochen ist versprochen. Falls Sie ihn aber doch besichtigen wollen - er ist ab der Ortsmitte ausgeschildert.
Weiter geht unsere Fahrt durch den Hümmling, die waldreiche Grundmoränenlandschaft (Geest) im nördlichen Emsland. Die höchste Erhebung ist der Windberg östlich von Werpeloh mit 73 m über NN.
In BÖRGER fällt uns die katholische **St.-Jodokus-Kirche** auf, die dominant im Mittelpunkt des Dorfes steht. Der neugotische Bau wurde 1858 eingeweiht. Die interessanten und ungewöhnlich gestalteten Fenster zeigen Szenen aus der Bibel.
In SURWOLD angekommen, bestehen unsere Kinder auf einen Abstecher in das **„Erholungsgebiet Surwolds Wald“**, nachdem sie die Wegweiser dorthin entdeckt haben.
Auf dem Rasenparkplatz davor sind WOMO-Stellplätze ausgewiesen.

### (040) WOMO-Stellplatz: Surwold

**GPS:** N 52°58'02.9" E 07°31'04.0"; Waldstraße. **Max. WOMOs:** >5.
**Ausstattung/Lage:** Gebühr: 8 EUR/Nacht ohne Nutzung des Sanitärgebäudes (CP: 15 EUR), Wasser, Strom, Wiese leicht schräg, Mülleimer, ganzjährig / Ortsrand.
**Zufahrt:** In Sögel den Wegweisern „Erholungsgebiet Surwolds Wald" folgen.
**Sonstiges:** Surwolds Wald: März, April und Oktober Sonn- und Feiertage 10-18 Uhr, Osterferien, von Mai bis September und Herbstferien täglich 10-18 Uhr, Eintritt, beinhaltet Märchenschau, Sommerrodelbahn, Aussichtsturm mit Riesenrutsche, Minigolf, Waldmuseum, Aqua Park Freibad. Kletterwald: von März bis Oktober täglich 10-19 Uhr, von Mitte April bis Mitte Mai und September bis Anfang Oktober montags, dienstags und mittwochs geschlossen, Eintritt.
Zum Zeitpunkt der Recherche war der Bau einer Westernstadt geplant.

Wir hatten unseren Spaß, obwohl die Belustigungen schon eher etwas für die jüngeren Kinder sind. Mit der Ankündigung, heute eventuell noch eine Papierfabrik zu besichtigen, konnten wir die Kinder einfacher als erwartet zum baldigen Weiterfahren bewegen.
Zuerst aber geht es weiter durch Surwold, ab dem Kreisverkehr an der Kirche immer Richtung NEUBÖRGER. An der Kirche in Neubörger schwenken wir nach rechts Richtung NEUDÖRPEN, wobei unser Blick auf dem **„Historischen Dorf"** hängen bleibt, einem kleinen sehr hübschen Heimat-Freilichtmuseum mit Parkplatz hinter dem Heimathus.

### (041) WOMO-Stellplatz: Neubörger

**GPS:** N 52°57'21.5" E 07°26'47.9"; Hermann-Zurlage-Straße 51.
**Max. WOMOs:** 1.
**Ausstattung/Lage:** gebührenfrei, Bänke, Kinderspielplatz, Heimathus und Heimatmuseum / im Ort.
**Zufahrt:** Siehe Text.

Wieder auf der Hauptstraße entdecken wir bald darauf die ehemalige Transrapidstrecke, diesmal ihre Nordkehre, die wir unterqueren. In Neudörpen am Ende der Straße müssen wir links und danach gleich wieder rechts abbiegen. Unser eigentliches

Ziel heute heißt **Papierfabrik Dörpen**. Dazu folgen wir der Ausschilderung bis DÖRPEN, nehmen dort am Kreisverkehr die 3. Ausfahrt, die uns in die Ortsmitte leitet. Der WOMO-Stellplatz am Schützenplatz ist von hier aus ausgewiesen.

**(042) WOMO-Stellplatz: Dörpen 1 - Schützenplatz**

**GPS:** N 52°58'16.1" E 07°20'01.2"; Festplatz. **Max. WOMOs:** >5.
**Ausstattung/Lage:** teils Wiese, teils gepflastert, Strom, ganzjährig, gebührenfrei, Infotafel / Ortsrand.
**Zufahrt:** In Dörpen der Ausschilderungzum WOMO-Stellplatz folgen.

Wir aber fahren weiter geradeaus bis zur Kirche. Der Parkplatz gegenüber ist durchaus für Übernachtungen im WOMO geeignet. Achten Sie auf die Figurengruppe auf dem Markt. Hier wird gerade ein Viehhandel abgeschlossen, mit Handschlag.
Einen viel ruhigeren Übernachtungsplatz findet man, wenn man auf der Brücke den Küstenkanal überquert, unmittelbar nach der Brücke links abbiegt, ca. 550 m weiter geradeaus fährt, an der ersten Möglichkeit rechts und nach 300 m auf dem Sandweg links abbiegt. Der Weg führt an einem kleinen Naturlehrpfad vorbei und endet an der Ems an einem schönen Angelparkplatz mit Feuerstelle.

**(043) WOMO-Stellplatz: Dörpen 2 - Ems**

**GPS:** N 52°58'01.6" E 07°18'10.3". **Max. WOMOs:** 1.
**Ausstattung/Lage:** Bank, Feuerstelle / außerorts.
**Zufahrt:** Nach dem Küstenkanal links in den Feldweg abbiegen, nach 550 m rechts, nach weiteren 300 m links bis zur Ems.

Doch nun zur Papierfabrik. Dazu biegen wir vor der Kirche links ab und sind nach 200 m am Ziel, der **Papierwelt Dörpen**. Hier kann man viel Wissenswertes über die Papierherstellung, den Druck und die Kalligrafie erfahren, selbst Büttenpapier schöpfen oder das Druckpatent erwerben. Wirklich interessant, nicht nur für Kinder!

### (044) WOMO-Stellplatz: Dörpen 3 - Papierwelt

**GPS:** N 52°57'49.2" E 07°19'25.8"; Ahlener Straße. **Max. WOMOs:** 1-2.
**Ausstattung/Lage:** gepflastert, gebührenfrei / im Ort.
**Zufahrt:** Gegenüber dem Marktplatz vor der Kirche links, Parkplatz links neben der Papierwelt.
**Sonstiges:** naher Bürgerpark, See, Ausgangspunkt für Wander-, Rad- und Boßeltouren, Übersichtskarte dazu am Parkplatz, Naturkundehaus, Backhaus, Heimathaus, Sägewerk, Landarbeiterhaus, Remise, Bolzplätze, Volleyballanlage, Rodelberg auf dem Gelände, öffentliche Toiletten.
Öffnungszeiten der Papierwelt: montags, mittwochs und donnerstags 9-12 Uhr, freitags 13-17 Uhr, Juni bis August samstags 10-14 Uhr.

Von hier geht unsere Fahrt weiter rechts an der Papierwelt vorbei aus Dörpen heraus. An der Gabelung in STEINBILD müssen wir uns rechts halten. Vor uns sehen wir die Kirche. Wir schwenken nach rechts in die Emsstraße, überqueren die Ems und setzen unsere Fahrt nach WALCHUM fort. In Walchum befindet sich auf der rechten Seite die **Marina**, unser nächster Übernachtungsplatz. Wir wollen „Schiffe gucken".

### (045) WOMO-Stellplatz: Marina Walchum

**GPS:** N 52°55'36.2" E 07°17'47.8"; Steinbilder Str. 80. **Max. WOMOs:** 6.
**Ausstattung/Lage:** V+E, Strom, geringe Gebühr, Duschen gegen Gebühr, Restaurant in der Marina / im Ort.
**Zufahrt:** Nach der Emsbrücke rechts zum Reisemobilhafen abbiegen.
**Sonstiges:** Angeln verboten!
Reservierung möglich unter Tel.: 04963-910810.

Heute wird uns unsere Tour wieder ein Stück in die Niederlande führen. Zuerst aber fahren wir aus der Marina nach rechts, fahren an der Kreuzung Richtung DERSUM, verlassen diese Straße aber gleich wieder links nach HASSELBROCK.

Bischof am Bischofsweg

Nach 50 m schwenken wir rechts in den Bischofsweg, wo wir auf der linken Seite am Heimathaus ein schönes Picknickplätzchen finden [N 52°55'58.0" E 07°16'38.2"] (Ausstattung: Mülleimer, Garten, Teich mit Springbrunnen, Esel, Schafe, Ziegen). Bei der Weiterfahrt auf dem Bischofsweg kommt man an einer Rasthütte, der **Bischofskate**, vorbei. Davor steht ein Bischof mit Gefolge, auf einer Tafel wird die Herkunft des Straßennamens „Bischofsweg" erklärt. Wir lassen Walchum hinter uns (Straße auf 5 t begrenzt) und lenken das WOMO der Sonne entgegen, auf der Autobahnüberquerung haben wir das Gefühl, ihr ein wenig näher zu kommen.

Als uns auf dem Feld links noch ein großes Rudel Rehe begleitet, ist die ländliche Idylle nahezu perfekt. Unser Gleiten über das endlose Asphaltband unterbrechen wir nur, um uns an einem Hühner-Hof auf der linken Seite (Ist das bei Ihnen auch die Chef-Seite?) mit frischen Eiern aus dem 24-h-Eierautomaten zu versorgen, eine geniale Einrichtung!
Am Straßenende wenden wir uns nach rechts und rollen der niederländischen Grenze entgegen. Vor der kleinen Kanalbrücke erspähen wir auf der Beifahrerseite eine Picknickhütte mit Entensee dahinter und WOMO-geeigneter Wiese davor.

### (046) WOMO-Picknickplatz: Hasselberg

**GPS:** N 52°56'28.5" E 07°11'16.3". **Max. WOMOs:** 2.
**Ausstattung/Lage:** Picknicktische, Schutzhütte / außerorts.
**Zufahrt:** Rechts an der Hasselbergstraße vor der Schutzhütte. Kleine, agile WOMOs können direkt hinten am See stehen.

Als wir durch die schöne, halbe Birkenallee gleiten, stellen wir fest, dass wir die Grenze zu den Niederlanden bereits passiert haben. Vor der Zugbrücke über den Ruiten Aa-Kanaal biegen wir rechts ab und fahren am Kanal entlang. Gegenüber auf der anderen Kanalseite an der **Schleuse Sellingen** ist ein schöner Picknickplatz [N 52°56'43.7" E 07°09'48.5"]. Der TOP mit großer Übersichtskarte zeigt wieder einen Kreuzungspunkt von Fahrrad- oder Autotouren an, die an bestimmten Sehenswürdigkeiten vorbeiführen. Große WOMOs müssen rückwärts einschwenken, da keine Wendemöglichkeit besteht.

Lange Birkenreihen säumen den Kanal. Als die Asphaltstraße endet, schwenken wir links in den Hogebrugweg ein und lassen uns von der Ausschilderung nach BOURTANGE leiten. Schon am Ortseingangsschild sehen wir die Wegweiser zum Campingplatz „´t Plathuis“.

### (047) WOMO-Campingplatz-Tipp: Bourtange „´t Plathuis”

**GPS:** N 53°00'34.7" E 07°10'58.7"; Bourtangerkanaal Noord 1.
**Geöffnet:** 1. April bis 1. November.
**Ausstattung/Lage:** WOMO-Wiese (teils gepflastert) sonnig, Stellplätze teilweise schattig, Gebühr, kleine Gastronomie, WiFi, Paddel- und Pedalstation, Anlegesteg (Paddeltour um die Festung ca. 1 Stunde) / im Ort.
**Kontakt:** Fam. Huismann, Tel.: +31(0)599-354383, www.plathuis.nl.
**Zufahrt:** In Bourtange der Ausschilderung folgen.

Wer nicht die kurze Strecke zur Festung Bourtange zu Fuß gehen möchte, folgt uns mit dem WOMO oder dem Fahrrad. Dazu biegen wir vom CP rechts auf die Willem-Lodewijk-Straat und folgen den Schildern „Vestling Bourtange“. Die Straße endet auf dem Festungsparkplatz.

## Festung Bourtange

Bis Mitte des 19. Jh. hatte die 1580-1593 errichtete Festung eine militärische Bedeutung. Im 16. Jh. war das umliegende Gebiet zum größten Teil Moorfläche, die nur an wenigen Stellen passiert werden konnte, z. B. auf dem Sandrücken (Tange), auf dem sich jetzt die Festung befindet. Prinz Willem von Oranien erteilte seinerzeit den Auftrag zum Bau der Festungsanlage, um einen eventuellen Weg für spanische Besatzungstruppen sperren zu können und damit Groningen von der Versorgung abzuschneiden. Die Festung wurde übrigens nie von Feinden eingenommen. Im Jahr 1851 wurde die Festung aufgegeben (das Land war kultiviert und teilweise entwässert worden), und ein Dorf entstand auf dem Gelände.

In den Sechzigerjahren, das Dorf war fast verlassen worden, begann man mit der Rekonstruktion, die bis 1992 andauerte. Jetzt ist die Festung Bourtange ein Museums- und Freizeitort. Das regelmäßige Fünfeck mit den Bastionen an den Ecken, der Verteidigungsanlage, der Mühle und den wassergefüllten Gräben drumherum, wurde hauptsächlich aus Erde und Holz gebaut. Im Innern befindet sich das Museumsdorf mit zeitgenössischen Wohnhäusern, Kirche, Synagoge und einem Marktplatz mit Geschäften und Restaurants, der von sechzehn 350-jährigen Linden umgeben ist und an dem alle Straßen sternförmig enden.
Die Festung ist für Besucher ganzjährig geöffnet, der Eintritt ist frei. Für den Besuch der fünf Museen allerdings wird Eintritt erhoben.
Ihre Öffnungszeiten: April bis Oktober täglich 10-17 Uhr, sonst samstags und sonntags 11-16 Uhr.
Vor allem im Sommerhalbjahr finden auf dem Gelände viele Veranstaltungen statt, am 1. Maiwochenende zum Beispiel wird immer eine der Schlachten von Bourtange nachgespielt. Während der Veranstaltungen ist der Parkplatz gebührenpflichtig. Haben Sie bei Ihrem Rundgang das rote Pferd gefunden? Es ist ein Folterwerkzeug der damaligen Zeit. Sträflinge wurden auf das Pferd gesetzt, festgebunden und an ihre Füßen Gewichte gehängt.

Um unsere Tour fortzusetzen, müssen wir im Ort den Ausschilderungen Richtung DÖRPEN folgen und werden über die Grenze nach Deutschland geleitet, von wo aus wir uns nach 700 m an der Ausschilderung nach RHEDE orientieren. Kurz vor NEURHEDE können Sie in die Eichenstraße zu einem kleinen **Badesee** links abbiegen. Die Parkmöglichkeiten auf dem Seitenstreifen der Straße sind allerdings begrenzt.
In Neurhede biegen wir nach dem Sportplatz rechts in den Mühlenweg. Der Parkplatz hinter dem Sportlerheim lädt zum Übernachten ein.

### (048) WOMO-Stellplatz: Neurhede

**GPS:** N 53°01'26.7" E 07°14'03.8"; Mühlenweg. **Max. WOMOs:** 1-2.
**Ausstattung/Lage:** gebührenfrei, geschottert bzw. gepflastert, teilweise beleuchtet, Badesee in der Nähe / Ortsrand.
**Zufahrt:** Von der K 166 nach dem Sportplatz rechts hinter dem Sportlerheim in den Mühlenweg einbiegen.
**Sonstiges:** Leise Geräusche von naher Autobahn wahrnehmbar. Reservierung möglich unter Tel.: 04963-910810.

Nach der Überquerung des Ostfriesenspieks (A 31) auf dem Mühlenweg wenden wir uns an der nächsten Kreuzung nach rechts Richtung HEEDE, folgen dem Straßenverlauf bis zur Kreuzung der Autobahnparallele von Weener nach Haren, überqueren diese und gelangen zum **Segelflugplatz** des Segelflugvereins Aschendorf-Herbrum und dem Rastplatz anbei.

### (049) WOMO-Stellplatz: Segelflugplatz „Alte Ems"

**GPS:** N 53°01'59.7" E 07°18'01.1"; Borsumer Straße. **Max. WOMOs:** >5.
**Ausstattung/Lage:** Wiesenfläche, Mülleimer / außerorts.
**Zufahrt:** Ca 400 m nach der Kreuzung über die K 156 rechts fahren.
**Sonstiges:** Mitfliegemöglichkeit bei gutem Wetter im Segelflugzeug oder Motorsegler, Tel.: 04946-1299, April bis Oktober jeden Samstag, Sonntag und Feiertag.

Weiter geht die Fahrt über die Brücke des Ems-Dortmund-Kanals nach HERBRUM. An der ersten Kreuzung biegen wir links ab und folgen der Straße „Zum Wehr" bis zur B 70, auf die wir nach links auffahren. Nach 2,5 km verlassen wir die B 70 wieder und lassen uns von den Ausschilderungen zum **Gut Altenkamp** führen.
Das Gut Altenkamp wurde 1728-1732 als Sitz für den emsländischen Drosten im Niederstift Münster errichtet. Sein Lustgarten mit den hohen Taxushecken zeigt holländisch-norddeutsche barocke Gartenkunst.

### (050a) WOMO-Stellplatz: Gut Altenkamp 1

**GPS:** N 53°03'06.8" E 07°20'22.0"; Altenkamp. **Max. WOMOs:** 1.
**Ausstattung/Lage:** Schotterfläche / im Ort.
**Zufahrt:** Der Ausschilderung zum Parkplatz „Gut Altenkamp" folgen.

## (050b) WOMO-Stellplatz: Gut Altenkamp 2

**GPS:** N 53°03'15.6" E 07°20'20.9"; Raiffeisenstraße. **Max. WOMOs:** 2-3.
**Ausstattung/Lage:** Schotterplatz, Lärmbelästigung durch Nähe zu
**Zufahrt:** Ausweichparkplatz ausgeschildert, hinter Netto-Markt.
**Sonstiges:** Öffnungszeiten der Ausstellung und des Cafés im Gewölbekeller: Ende April bis Mitte Oktober dienstags bis sonntags 10-17 Uhr, Garten stets geöffnet.

Vom ersten Parkplatz kommend, lenken wir an der Kreuzung nach rechts. Nach 2,9 km achten wir auf die Rechtsabbiegespur in den Burenweg, auf die wir uns einordnen müssen, um auf die B 70 zu gelangen. Am Stoppschild fahren wir links, an der nächsten Ampel gleich wieder rechts.
Einen kleinen Tipp haben wir an dieser Stelle noch für Sie: Wenn Sie am Stoppschild nach rechts abschwenken, gelangen Sie nach ca. 2 km zur **Orchideenfarm Kasten**, wo auf einer Fläche von 8000 m² verschiedenste Orchideenarten gezüchtet werden. Das Ausstellungs- und Besuchergewächshaus mit Verkauf der eigenen Produkte sowie die Tropen-Oase sind montags bis freitags 9-13 Uhr und 14-18 Uhr und samstags 9-13 Uhr geöffnet, www.orchideen-kasten.de.
Unsere 3. Tour hat bald ihr Ziel erreicht. Es geht geradeaus Richtung PAPENBURG, so lange, bis der WOMO-Platz nach links ausgeschildert ist (Achtung, nicht vorher zum Campingplatz abbiegen!). Bei der **Sternwarte** schwenken wir links in die Straße „Bethlehem rechts" ein, rollen am Kanal entlang zuerst in den Papenburger Stadtteil, der auch als das Obenende bezeichnet wird.

### Papenburg

Papenburg (gegründet 1631) ist die längste und älteste Fehnkolonie Deutschlands. Die 35.000-Einwohner-Stadt ist die nördlichste Stadt des Emslandes und grenzt an Ostfriesland. Aufgrund der ca. 40 km Kanäle, die diese Stadt durchziehen und der vielen romantischen Klapp- und

Drehbrücken wird Papenburg auch das „Venedig des Nordens“ genannt. Nicht nur der Tourismus ist ein wichtiger Wirtschaftszweig, vor allem die Meyer-Werft samt ihrer Zulieferbetriebe und viele Gartenbaubetriebe sind die wichtigsten und größten Arbeitgeber.
Haben Sie gewusst, dass pro Jahr ca. 40 Mio. Salatgurken, das heißt jede dritte deutsche Gurke, aus Papenburg kommen? Die GBZ (Gartenbauzentrale) Papenburg ist ein Zusammenschluss von über 60 Gartenbaubetrieben der Region und somit z. B. Europas größter Vermarkter für Topfkräuter. Jedes Jahr verlassen 70 Mio. Kräutertöpfe die GBZ, das entspricht ca. 1 Topf pro Bundesbürger bzw. 70 % aller Topfkräuter der Bundesrepublik!
Bei einem Aufenthalt in Papenburg gibt es viele Sehenswürdigkeiten zu besichtigen, die Tourist-Info im Zeitspeicher und im Sommer auch auf dem Museumsschiff (der Brigg „Friederike von Papenburg“) vor dem 1913 erbauten Rathaus hält die vielfältigsten Angebote bereit.
Wir möchten Ihnen die Auswahl ein wenig erleichtern und Ihnen ein paar Tipps dazu geben.
Im **Zeitspeicher** können Sie sich sehr anschaulich über die Entstehungsgeschichte Papenburgs bzw. über die Entwicklung des Stahlschiffbaus informieren. Täglich geöffnet montags bis samstags 9-17 Uhr, sonntags 9-14 Uhr, November bis März sonntags geschlossen, Eintritt.
Gleich nebenan befindet sich das **Forum Alte Werft**. Früher Produktionsstätte der Meyer-Werft ist es heute ein Kultur- und Veranstaltungszentrum.
Das kleine Freilichtmuseum **„Von-Velen-Anlage“** zeigt das ursprüngliche Gesicht Papenburgs. Es ist nach dem Stadtgründer Dietrich von Velen benannt. Geöffnet von Mitte April bis Mitte Oktober täglich 10-17 Uhr.
Einen Überblick über die Stadt, vor allem das Obenende, können sie sich vom **„Alten Turm“** verschaffen. Er ist eine Nachbildung des Rigaer Leuchtturms (den es im Original allerdings nicht mehr gibt), beherbergt im unteren Teil eine Gedenkstätte für die Opfer des Zweiten Weltkriegs und ist vom 15. April bis 15. Oktober immer sonn- und feiertags 15-17 Uhr zum Aufstieg geöffnet.

Das **Heimatmuseum** ist im ältesten Gebäude der Stadt untergebracht und dienstags bis sonntags 14-17:30 Uhr zu besichtigen. Beim Durchfahren von Papenburg werden Ihnen einige der sechs in Originalgröße nachgebauten Papenburger Segelschiffe aus dem 19. Jh. aufgefallen sein. Sie sind als Freiluftschifffahrtsmuseum Bestandteil des Heimatmuseums. Mehr über die Entwicklung des Schiffbaus und den Bau von modernsten Luxuslinern heute erfahren Sie während einer Besichtigung der **Schiffswerft Jos. L. Meyer**. Die sehr informativen Führungen (ca. 2 Stunden inklusive Bustransfer), während derer Sie u. a. von zwei Besuchergalerien aus die gerade im Bau befindlichen Schiffe im weltgrößten

überdachten Trockendock bewundern können, sind nur über die Tourist-Information buchbar, Tel.: 04961-8396-0.
Ob Sie nun außerdem neugierig auf den **Demonstrationswald** sind, der Sie über die historische Entwicklung des Waldes im nordwestdeutschen Tiefland informiert, eine der insgesamt elf Kirchen besuchen möchten, im **DIZ** (Dokumentations- und Informationszentrum) Emslandlager sich für die Dokumentation über die Geschichte der 15 nationalsozialistischen Emslandlager 1933-1945 interessieren, oder einfach nur entlang des Hauptkanals durch die Papenburger Innenstadt flanieren möchten, Langeweile wird bestimmt nicht aufkommen in Papenburg, ein mehrtägiger Besuch lohnt sich auf jeden Fall.

An der nächsten T-Kreuzung schwenken wir nach links, schräg rechts kann man den Eingang der Von-Velen-Anlage erkennen. Vorbei an der katholischen Kirche St. Michael und dem Alten Turm erreichen wir nach ca. 1 km das Hotel Hilling auf der rechten Seite mit dem WOMO-Stellplatz dahinter.

### (051) WOMO-Stellplatz: Papenburg 1 - Hotel Hilling

**GPS:** N 53°04′43.6″ E 07°26′21.3″; Mittelkanal links.
**Max. WOMOs:** 22 auf gepflasterten Plätzen, weitere 150 auf Wiesenfläche.
**Ausstattung/Lage:** V+E, Strom, Gebühr, ganzjährig, Hotelrestaurant / im Ort.
**Zufahrt:** Siehe Text.
**Sonstiges:** www.hotelhilling.de.

### (052) WOMO-Stellplatz: Papenburg 2 - Festwiese

**GPS:** N 53°04′32.3″ E 07°23′33.4″; Rathausstraße. **Max. WOMOs:** >10.
**Ausstattung/Lage:** Wiesenplätze, gebührenfrei / im Ort.
**Zufahrt:** Wenn man vom Hotel Hilling der Straße entlang des Mittelkanals und dann der Ausschilderung INFO/Rathaus nach links folgt, erreicht man, vorbei am DIZ, einer alten Bockwindmühle und einem Museums-Schiff, kurz nach dem DRK auf der linken Seite die Festwiese, unseren empfohlenen Stellplatz für die Besichtigung der Innenstadt.

### (053) WOMO-Stellplatz: Papenburg 3 - Forum Alte Werft

**GPS:** N 53°05'13.4" E 07°23'08.3"; Ölmühlenweg. **Max. WOMOs:** 5.
**Ausstattung/Lage:** gepflasterter, kostenfreier Großparkplatz am Forum Alte Werft, Zeitspeicher mit Tourist-Information und Einkaufsmöglichkeiten in der Nähe, Mülleimer, öffentliche Toilette / im Ort.
**Zufahrt:** Von der Festwiese kommend überqueren wir an der Ampelkreuzung die B 70, fahren geradeaus die Straße „Am Stadtpark" entlang zum Forum Alte Werft. Unseren Stellplatz finden wir direkt am Jachthafen, hinter dem Kran, auf dem Parkplatz des Forums.

Am großen Kreisverkehr am Forum Alte Werft nehmen wir die erste Abfahrt in den Deverweg, der uns am „Imbiss mit dem goldenen M" vorbei vom Stellplatz weg Richtung Meyer-Werft/ WEENER (ausgeschildert) führt. Die riesigen Werfthallen sind schon von Weitem zu sehen.

### (054) WOMO-Stellplatz: Papenburg 4 - Meyer Werft

**GPS:** N 53°06'01.3" E 07°21'17.8"; Vellager Straße. **Max. WOMOs:** >50.
**Ausstattung/Lage:** keine / Ortsrand.
**Zufahrt:** Aus Richtung Papenburg Ausschilderung zur Meyer-Werft folgen, an den Werfthallen vorbei, Einfahrt rechts vor der Emsbrücke.

Der Parkplatz am Hafenbecken hinter der Werfthalle rechts kann arbeitsbedingt zeitweise geschlossen werden, ist aber immer während der Ausdockungen und Ausschleusungen zur Emsüberführung der Kreuzfahrtriesen geöffnet und für Pkws und WOMOs nutzbar. Wir empfehlen Ihnen eine rechtzeitige Anreise mindestens einen Tag zuvor, da hier immer ein mächtiger Andrang Schaulustiger herrscht, die sich dieses imposante Spektakel nicht entgehen lassen wollen.

**Die Meyer-Werft**

Sie wurde 1795 als Holzschiffswerft gegründet und befindet sich heute in 6. Generation im Besitz der Familie Meyer. Sie ist die einzige der 23 ehemaligen Papenburger Werften, die durch eine frühzeitige Spezialisierung überleben konnte.

Heute fertigen die ca. 3100 Beschäftigten neben den Kreuzfahrtschiffen auch Fähren, RoRo-Schiffe und Tanker. Im Schwesterunternehmen Meyer Neptun in Rostock werden Flusskreuzfahrtschiffe gebaut. Seit 2015 gehört auch Meyer Turku mit 1350 Beschäftigten zum Unternehmen.

Haben Sie gewusst, dass die Meyer-Werft Deutschlands größter Theaterbauer ist? Jeder der inzwischen über 40 Luxusliner wurde mit einem riesigen Theater ausgestattet.

Mit einem Blick auf das gerade neu gebaute Luxus-Kreuzfahrtschiff und den Gedanken an ein Sonnenbad an Deck möchten wir hier unsere 3. Tour beenden.

Wenn Sie, wie wir jetzt, die Augen schließen, richtig tief durchatmen und dem Geschrei der Möwen lauschen, werden Sie merken, dass wir dem Meer schon ein ganzes Stück näher gekommen sind.

TOUR 4
Emden
Leer
Papenburg
D
Ems
Weener
Stapelmoor
Bunde
Ditzum
Dollart
Punt van Reide
Nieuwe-schans
De Lethe
Oudeschans
Beerta
Blauwestad
Ennemaborg
Termunten
Oterdum
Delfzijl
Winschoten
Zuidbroek
Veendam
Appingedam
Hängende Küchen
Slochteren
Fraeylemaborg
Eemskanaal
Groningen
NL
10 km
N
31
N 362
N33
N 366
N 360
N46
A7
054
055
056
057
058
059
060
061
062
063
064
065
066
067
068
069
070
071
072
073
074
075
076
WC
V E
B
P

## TOUR 4 (ca. 240 km / 5-7 Tage)

### Bunde - Weener - Winschoten - Veendam - Slochteren - Groningen - Delfzijl - Appingedam - Bad Nieuweschans

| | |
|---|---|
| **Freie Übernachtung:** | Stapelmoor, Bunderneuland, Blauwestad, Zuidbroek, Groningen, Delfzijl, Appingedam, Nieuwe Staatenzijl, Nieuweschans. |
| **Campingplätze:** | „Borgerswold" in Veendam, „Camping ´t Hofje" in Slochteren, „Stadspark" in Groningen, „Camping Zeestrand" in Termunterzijl. |
| **Ver-/Entsorgung:** | Weener, Bunde, Blauwestad, Winschoten, Turfstee, Veendam, Zuidbroek, Slochteren, Appingedam. |
| **Baden:** | Mölenbad Bunde, Beerta, Blauwestad, Borgerswold (Veendam), Kardinge (Groningen), Termunterzijl, Fontana Bad Nieuweschans. |
| **Besichtigen:** | Mühle Stapelmoor, Organeum und Georgskirche Weener, Steinhaus Bunderhee, Oudeschans, Blauwestad, Dampfschöpfwerk und Rosarium Winschoten, Ennemaborg, Veenkoloniaalmuseum Veendam, Fraeylemaborg, Groningen, Appingedam, Zeeaquarium Delfzijl, Friedhof von Oterdum, Kirche Termunten. |
| **Wandern:** | Schanzen im Naturschutzgebiet De Lethe, Punt van Rheide. |
| **Fahrradtour:** | Blauwestad, Fraeylemaborg und um die drei Mühlen in Slochteren. |
| **Essen:** | „Teescheune" Stapelmoor, „Klabautermann" Weener, „In den Stallen" Winschoten, Pannekoekenhuis „D'Olle Smidse" Midwolda, Groninger Markt, „Brasserie Nicolaas" (in Kirche) Appingedam, Eemshotel und „Die kleine Seejungfrau" Delfzijl, „Vispalais", „Teetid" und „Landmann" Termunten. |

Freuen Sie sich darauf, dass es jetzt weiter gen Norden geht? Freuen Sie sich auf Ostfriesland?
Hoffentlich sind Sie nun nicht allzu enttäuscht, dass wir Sie vorher noch zu einem (und diesmal wirklich letzten) Abstecher in die Niederlande entführen möchten. Lassen Sie sich überreden, es gefällt Ihnen bestimmt.

Zuerst aber verläuft diese 4. Tour noch ein Stück weit in Deutschland, bevor es westwärts bis in die Stadt Groningen geht. Wir folgen ab Papenburg den Ausschilderungen nach WEENER.

In STAPELMOOR schwenken wir links in den Möhlenweg, um, wie der Name schon verrät, zur **Mühle** (gebaut 1909) zu gelangen. Dazu müssen wir die zweite Straße links einbiegen (Ringstraße) und danach gleich wieder bei der ersten Möglichkeit links. Nur noch um die Mühle herum, und wir finden einen hübschen kleinen Parkplatz mitten in Stapelmoor.

### (055) WOMO-Stellplatz: Stapelmoor

**GPS:** N 53°08′15.1″ E 07°19′08.2″; Torfweg. **Max. WOMOs:** 1-2.
**Ausstattung/Lage:** gepflastert, Mülleimer, Bänke / im Ort.
**Zufahrt:** Links in den Möhlenweg einbiegen, danach die Ringstraße um die Mühle fahren.
**Sonstiges:** Teescheune im ehemaligen Kuhstall neben der Mühle sonntags 14-18 Uhr, selbst gebackene Kuchen, Führungen durch die Mühle auf Anfrage während der Teezeit, in der Mühle Landhandel.
Die vier Töchter des ehemaligen Müllers Wichers haben eine Ausbildung zum Freizeitmüller gemacht und führen diesen Familienbetrieb mit viel Engagement.
**Tipp:** Probieren Sie doch einmal das beliebte Drei-Soller-Getränk!

Unser nächstes Ziel ist die über 100 Jahre alte Stadt Weener. Dahin führt uns weiter die Hauptstraße.

In WEENER biegen wir hinter der Tankstelle rechts ab in die Rathausstraße, dann links in die Süderstraße. Nach 250 m geht es rechts in die Osterstraße und nach weiteren 700 m links in die Straße „Am Erholungsgebiet“.

Wenn man von hier aus der Beschilderung folgt, erreicht man schnell den WOMO-Stellplatz.

**(056) WOMO-Stellplatz: Weener 1 - Sportboothafen**

**GPS:** N 53°09′56.6″ E 07°21′52.9″; Am Marinapark. **Max. WOMOs:** >10.
**Ausstattung/Lage:** gebührenpflichtig, ganzjährig, Strom, Müllentsorgung, V+E am Stellplatz „Am Alten Hafen" gegenüber, kleine Mengen Wasser vom Wasserhahn am blauen Holzhaus während der Kassierzeit, Schlüssel für Duschen gegen Gebühr beim Hafenmeister, Freibad in der Nähe / im Ort.
**Zufahrt:** In Weener Richtung Erholungsgebiet, Stellplatz ausgeschildert.
**Sonstiges:** Die Stellplatzgebühr kassiert das Ehepaar Oltmanns täglich zwischen 17:30 und 18 Uhr.

In Ostfriesland findet man die reichste Orgellandschaft der Welt, in der rund 150 Originalinstrumente aus sieben Jahrhunderten zu finden sind. Darauf werden wir im weiteren Verlauf unserer gemeinsamen Reise durch Ostfriesland noch eingehen. In einem „klingenden" Museum in Weener können Sie sich perfekt auf die Bekanntschaft mit der Orgelkultur einstimmen.

Das **Organeum** (geöffnet: dienstags bis freitags 10-12 Uhr, dienstags bis donnerstags 15-17 Uhr, Eintritt frei, gern gegen kleine Spende in Spendenbox), ist in einer prunkvollen Villa aus dem Jahr 1870 untergebracht. Man findet darin eine sehr wertvolle Sammlung historischer Tasteninstrumente. Von hier aus werden außerdem geführte Bustouren zu verschiedenen Orgeln angeboten (Termine und Konzertprogramm: www.organeum-orgelakademie.de). Das Organeum in der Stadtmitte erreicht man sehr einfach per Fahrrad oder zu Fuß von den Stellplätzen aus, man kann aber auch versuchen, einen Platz für das WOMO auf dem Parkstreifen rund um das Rathaus zu ergattern.

Organeum in Weener

Schräg gegenüber in der **Georgskirche** ist passend dazu eine wundervolle Orgel des Orgelbauers **Arp Schnitger** (1648-1719) zu bewundern.
Er baute etwa 105 Orgeln in höchster Qualität und war schon zu Lebzeiten eine Legende. Alle heute noch existierenden Orgeln von ihm wurden restauriert und sind weltweit zu finden. Auf unseren Touren können Sie Arp-Schnitger-Orgeln in Norden (St.-Ludgeri-Kirche), Groningen (Martinikerk, Pelstergasthuiskerk, Aa-Kerk), und Weener (St.-Georgskirche) finden. Bei unserem letzten Besuch waren die insgesamt neun Türen der Kirche leider verschlossen, trotz des Hinweises auf die „Offene Kirche". Hoffentlich haben Sie mehr Glück!
Wenn man in der Norderstraße am markanten Turm der Organeums-Villa vorbeifährt, ist bald auf der rechten Seite schon der **Alte Hafen** sichtbar. Kurz darauf bemerken wir die Ausschilderung zum WOMO-Stellplatz nach rechts und erreichen diesen über die Pannenborgstraße.

## (057) WOMO-Stellplatz: Weener 2 - Am Alten Hafen

**GPS:** N 53°10'07.5" E 07°21'52.1"; Zum Schöpfwerk. **Max. WOMOs:** >10.
**Ausstattung/Lage:** gebührenpflichtig, ganzjährig, Strom, Müllentsorgung, V+E, Gasflaschentausch möglich, Asphaltplätze mit Blick auf den Hafen, beleuchtet, Bänke, WC Dusche, Waschmaschine, Trockner gegen Gebühr, Ems und Schleuse in der Nähe, ideal bei Überführungen der Meyer-Schiffe über die Ems, dann allerdings sehr voll / im Ort.
**Zufahrt:** In Weener Ausschilderungen folgen, mit Navi - Pannenborgstraße eingeben.
**Sonstiges:** Platzwarte Johanna und Bernhard Oltmanns kassieren täglich zwischen 18 Uhr und 18:30 Uhr die Gebühr, Tel.:04951-955971.

Wieder rechts auf die Norderstraße geschwenkt, biegen wir an der nächsten Kreuzung links ab. Fährt man am folgenden Kreisverkehr rechts zum Einkaufszentrum, ist rechts hinten ein alter Uhrturm einer ehemaligen Baumschule zu sehen, der **Hesseturm**. Er ist ein Überbleibsel der Hesse-Baumschule, die im Jahr 1879 gegründet wurde und 1993 pleiteging.

Der 33 ha große, landschaftlich schöne Privatbesitz mit vielen botanischen Kostbarkeiten aus dem Bestand der ehemaligen Baumschule, aber auch Brach- und Freiflächen, ist heute der Lebensraum einer Wildpferdeherde der Rasse Koniks. Dieser geschützte Landschaftsbestandteil ist für Fußgänger frei zugänglich. Ein Naturlehrpfad mit Schautafeln erläutert den Spaziergängern die Besonderheiten dieses Parks. Auch das im Park gelegene **Kunsthaus Weener** hält die Ateliertüren für Besucher offen.

Wir bleiben an der Ampel auf der Hauptstraße und rollen am Kreisverkehr Richtung BUNDE weiter auf der Bunder Straße hinaus aus Weener, überqueren die A 31 und erreichen BUNDE. Den ersten Stellplatz finden wir schnell, indem wir uns von den Wegweisern zum **Mölenland-Bad** (montags geschlossen) und Café rechts leiten lassen. Durch die 30er Zone der Ahornstraße erreichen wir den Parkplatz auf der rechten Seite, neben dem Schwimmbad und dem Sportplatz.

### (058) WOMO-Badeplatz: Bunde 1 - Mölenland-Bad

**GPS:** N 53°11'11.0" E 07°16'30.4". **Max. WOMOs:** >5.
**Ausstattung/Lage:** gebührenpflichtig, gepflasterter Parkplatz für das Schwimmbad / im Ort.
**Zufahrt:** In Bunde Ausschilderung zum Möhlenland-Bad folgen.
**Sonstiges:** Ausweichparkplatz 100 m weiter vor der Schule, besonders an Wochenenden und während der Ferien, kostenfrei.

Haben Sie Lust auf eine kleine Fahrradtour? Wir möchten Ihnen das **Steinhaus Bunderhee**, die älteste erhaltene Burg Ostfrieslands, aus dem 14. Jh. zeigen, vor der es bisher leider keinen geeigneten Parkplatz für WOMOs gibt.

### Steinhaus Bunderhee

Von den Stellplätzen kommend biegen wir an der Hauptstraße rechts ab und radeln auf der Mühlenstraße vorbei am Melkhuske nach

Bunderhee. Ab dort geht es weiter geradeaus, nun auf der Steinhausstraße, vorbei an beeindruckend schönen Bauernhöfen bis zum Steinhaus auf der rechten Seite. Diese Burg stand ursprünglich am weit ins Inland vorgerückten Dollart und hatte somit Zugang zur Ems und zur Nordsee und war ein Zufluchts- und Verteidigungsort.

Mit dem WOMO biegen wir an der Hauptstraße links ab und orientieren uns an der Hauptrichtung GRONINGEN. Ein weiterer Bunder WOMO-Stellplatz ist rechts (in den Kirchring) ausgeschildert.

### (059) WOMO-Stellplatz: Bunde 2 - Am Friedhof

**GPS:** N 53°11'06.5" E 07°16'01.1"; Friedhofsweg. **Max. WOMOs:** >5.
**Ausstattung/Lage:** gebührenpflichtig, ganzjährig, V+E, Strom, Rasengittersteine, leicht schief, Picknickbank, Mülleimer / im Ort.
**Zufahrt:** Von Hauptstraße rechts in den Kirchring einbiegen.

Wir verlassen Bunde auf der Neuschanzer Straße und kurz darauf die Hauptstraße links nach BUNDERNEULAND.
Im tollen Bio-Laden der Familie Vermue können Sie sich mit besten und frischesten Erzeugnissen aus eigenem Anbau bevorraten. Wir kommen einfach nicht daran vorbei. Spargel, Erdbeeren, Rhabarber, Gurken, Spinat, Kartoffeln und Eier - unser Mittagessen für die nächsten Tage ist gesichert.

Über die Autobahn hinweg geht die Fahrt ins Rheiderland. Wir bleiben auf der Hauptstraße, teilweise verläuft sie parallel zur E 22 (A 280 bzw. A 7) nach Groningen.
Die Straße leitet uns durch weite Felder, vereinzelt entdecken wir Höfe mit großen Bauernhäusern. Wir haben das Gefühl, hier könnten sich tatsächlich Fuchs und Hase Gute Nacht sagen!
**Beobachtungsturm Wymeer** - der Wegweiser zeigt uns den Weg zu einem unserer Lieblingsplätze.

**(060) WOMO-Stellplatz: Bunderneuland**

**GPS:** N 53°09'08.7" E 07°12'35.0". **Max. WOMOs:** 2.
**Ausstattung/Lage:** Wiesenparkplatz, neben Kanal, sehr ruhig, Beobachtungsturm des NABU zur Beobachtung der Wildgänse und Schwäne (vor allem im Winter), Rundweg um den See hinter dem Turm 2,2 km, ca. 40 Minuten, Picknickwiesengelände / außerorts.
**Zufahrt:** Siehe Text.

Nach einer sehr ruhigen Nacht soll es heute zügig in die Niederlande gehen.
Am Swartweg vorn schwenken wir nach links und bleiben auf diesem bis BUNDERNEULAND. Um nach BELLINGWOLDE zu gelangen, müssen wir an der T-Kreuzung in die Straße Dünebroek rechts abbiegen. Unmittelbar vor der Grenze zu den Niederlanden sind auf der linken Seite wiesenbewachsene Hügel zu sehen, wir werden neugierig.
Kurz vor der Zugbrücke über den Kanal biegen wir mit dem WOMO links in den Sandweg ein und suchen uns am rechten Rand einen Parkplatz. Wir haben vor, die geheimnisvollen Hügel zu Fuß zu erkunden. Sie können uns gern begleiten.

**Wanderung zu den Schanzen im Naturschutzgebiet De Lethe** (ca. 1 Stunde, festes Schuhwerk, bei Regenwetter nicht zu empfehlen)

Zuerst gehen wir zurück zur Hauptstraße und diese dann ein kleines Stück zurück, bis wir den Beginn eines Wanderweges auf der rechten Seite erspähen. Diesem Wiesenpfad folgen wir. Er führt uns vorbei an der Flèche, die pfeilförmige der beiden Schanzen, die 1797 der französische General van Hoff erbauen ließ, um hier die englischen Truppen abzufangen. Die Schanzen wurden 1870 abgerissen, jedoch in den letzten Jahren rekonstruiert.

Redoute

Wir gelangen im weiteren Verlauf des weiß-rot markierten Weges an eine Übersichtskarte und schließlich an die Redoute, die trapezförmige zweiten Schanze, in die man etwas abweichend vom Weg hineingehen kann. An den Picknickbänken vorbei umwandern wir die Redoute rechts und halten uns während der nun folgenden Wegstrecke durch den Wald immer links, wobei wir aufpassen, auf dem dicht an der Grenze zu Deutschland verlaufenden Pfad nicht hinüber nach Deutschland zu gelangen. Später stoßen wir auf eine Straße, von der einige Meter weiter der Drentslaan nach rechts abzweigt, hier beginnt der Rückmarsch. Wenn man jetzt immer geradeaus spaziert, stößt man schließlich auf den Sandweg am Kanal, auf dem das WOMO geparkt wurde.

Wieder im WOMO überqueren wir den Kanal und sind schon in den Niederlanden. Die unscheinbare (aufpassen, kleine Schilder!) Ausschilderung führt uns später durch eine herrliche Lindenallee nach OUDESCHANS und den Besucher-Parkplatz am Ortsende direkt am Toeristisch Overstappunt (TOP) [N 53°08'28.5" E 07°08'33.7"]. An dieser Stelle kreuzte damals die Westerwoldsche Aa den ehemaligen Dollart-Deich (!). Die dort gebaute Schleuse war ein wichtiger strategischer Punkt, den Graf Wilhelm Ludwig von Nassau während des 80-jährigen Krieges nutzte, um auf dem Deich an der Grenze zu Bellingwolde 1593 eine Festung zu bauen. Diese hieß zuerst Bellingwolderschans, nach dem Bau der Nieuweschans (neuen Schanze), wurde sie die Oudeschans (alte Schanze) genannt.

**Oudeschans**

Unser Vorschlag für eine Besichtigung dieses malerischen Ortes: Gehen Sie vom Parkplatz gleich rechts den kleinen Weg zur Zugbrücke und dem Paddelanleger und von dort aus links in den nur 100 Einwohner zählenden Ort hinein. Im Ort findet man einige kleine Läden mit typischen Dekorationsartikeln für Haus und Garten, eine alte Stellmacherei, ein Festungsmuseum, Galerien und Cafés. Neben dem Meer von gelben

Winteracconiten und weißen Schneeglöckchen (falls Sie im Frühjahr hier sind) in der Ortsmitte befindet sich die Garnisonskirche aus dem Jahr 1626. Nach Ihrem gemütlichen Bummel gelangen Sie durch den Ort wieder zur Hauptstraße und zum Parkplatz zurück.

Weiter geht unsere Fahrt Richtung WINSCHOTEN/BEERTA. In Beerta rollen wir geradeaus über die blaue Brücke, vorbei an der 1506 erbauten reformierten Kirche mit ihrem frei stehenden Glockenturm und nach dem Ortsausgangsschild nach 1,2 km in die Straße „de Horst“. Sie führt an einen Badesee. Die besten Parkplätzchen fürs WOMO findet man weit hinten an der Ringstraße um den See [N 53°09'21.7" E 07°05'05.0"]. Bleibt man auf der Straße aus Beerta hinaus erreicht man WINSCHOTEN.
Die breiten Radfahrwege links neben der Straße beeindrucken uns sehr, wir bekommen richtig Lust auf eine Fahrradtour. Eine Tour um die **Blauwestad (Blaue Stadt)** bei Winschoten steht kurz darauf auf unserer Wunschliste. Doch zuvor müssen wir uns einen geeigneten Stellplatz für die nächsten zwei Tage suchen, denn Winschoten selbst hat auch einiges zu bieten.

**(061) WOMO-Stellplatz: Winschoten 1 - „In den Stallen”**
**GPS:** N 53°09′11.3″ E 07°03′52.5″. **Max. WOMOs:** >5.
**Kontakt:** +31(0)597414073
**Ausstattung/Lage:** Strom, Wasser, gepflastert, beleuchtet, straßennah Ausgangspunkt für Fahrradtouren um die Blaue Stadt und nach Winschoten hinein, Fahrradkarten im Hotel erhältlich, Routenvorschläge inklusive, Bowlingbahn,Fahrrad- und Bootsverleih / Ortsrand.
**Zufahrt:** Ca. 1 km nach der Abfahrt vom Badeplatz kurz nach der Brücke über den Kanal links schwenken.
**Sonstiges:** Übernachtung im WOMO kostenfrei bei Besuch des Hotelrestaurants am Abend, in der Nähe über die Brücke Museum Dampfschöpfwerk (Stoomgemaal), in Europa einzigartige Dampfschöpfanlage in Kombination mit einer Archimedischen Schraube, geöffnet Juli und August sonntags 13-17 Uhr, interessante Außenbesichtigung auch außerhalb der Öffnungszeiten möglich.

## (062a) WOMO-Stellplatz: Blauwestad 1 - Strand Zuid

**GPS:** N 53°09'53.8" E 07°02'19.2"; Elfenbank. **Max. WOMOs:** 10.
**Ausstattung/Lage:** gebührenfrei, Wasser und Strom gegen Gebühr (in Info zu bezahlen), asphaltiert, beleuchtet / im Ort.
**Zufahrt:** Vom Stellplatz „In den Stallen" kommend am 1. Kreisverkehr die 1. Ausfahrt zur Blauwestad nehmen, kurz danach ist der Stellplatz auf einer Übersichtskarte ausgeschildert.
**Sonstiges:** Badeplatz anbei, Fußgängerbrücke zur Info im Hafenpavillon mit Aussichtsturm.

## (062b) WOMO-Stellplatz: Blauwestad 2 - Nordrand

**GPS:** N 53°11'47.0" E 07°01'50.1". **Max. WOMOs:** 5.
**Ausstattung/Lage:** gebührenpflichtig, im Jachthaven Midwolda, Wiesenplätze, Gebühr, Strom, Wasser, V+E, Duschen, WiFi, Mülleimer, Picknickbank, Restaurant, Bootsverleih, Segelschule, Sandstrand in der Nähe, direkt am Fahrradweg „Internationale Dollart-Route" / im Ort.
**Zufahrt:** Vom Stellplatz „In den Stallen" kommend am 1. Kreisverkehr die 1. Ausfahrt zur Blauwestad nehmen, kurz danach ist der Stellplatz auf einer Übersichtskarte ausgeschildert. Durch das Tor zum Marina-Gebäude fahren, beim Hafenmeister melden.
**Sonstiges:** Geöffnet April bis Oktober, www.jachthavenmidwolda.nl.

## (063) WOMO-Stellplatz: Winschoten 2 -Jachthaven „de Rensel"

**GPS:** N 53°08'37.1" E 07°02'55.5"; Hellingbaan 4. **Max. WOMOs:** 10.
**Ausstattung/Lage:** Gebühr, V+E, Strom inklusive, Duschen, befestigt, beleuchtet, Einkaufsmöglichkeiten in der Nähe / im Ort.
**Zufahrt:** Vom Stellplatz „In den Stallen" kommend am 3. Kreisverkehr nach dem Kanal die 3. Ausfahrt nehmen, der Straße „Hellingbaan" folgen. Jachthaven ist ausgeschildert.
**Sonstiges:** Nachts ist das Tor der Marina für Fahrzeuge geschlossen.

## Blauwestad

Die Blaue Stadt ist ein neues Wohngebiet in der Gemeinde Oldambt, welches einmal aus 1500 exklusiven Häusern bestehen soll, aufgeteilt auf verschieden gestaltete Wohnbereiche. Diese liegen am bzw. auf Inseln im Oldambtmeer, einem künstlich angelegten See mit einer Fläche von 8 $km^2$ grenzen fast alle ans Wasser und werden damit über das Oldambtmeer an verschiedene Wasserstraßen angebunden.
Schon 1989 entstand die revolutionäre Idee, landwirtschaftlich genutzte Flächen im ehemaligen Bereich des Dollarts unter Wasser zu setzen, um somit dort, wo früher schon einmal Wasser war, einen neuartigen Lebens- und Arbeitsraum für die Menschen zu schaffen und der strukturschwachen Region somit zu einem notwendigen Aufschwung zu verhelfen.
Erst am 12. Mai 2005 waren die Entwicklungen und Vorarbeiten soweit abgeschlossen, dass Königin Beatrix der Niederlande den symbolischen Wasserhahn zur Befüllung des Meeres aufdrehen konnte. Symbolisch deshalb, weil das Grundwasser das knapp unterhalb des Meeresspiegels gelegene Gelände befüllte, ganz ohne technische Hilfe. Der endgültige Wasserstand wurde 2006 erreicht, seit Herbst 2006 leben die ersten Einwohner in der Blauen Stadt.
Inzwischen entwickelt sich auch die Umgebung der Blauen Stadt zusehends, es entsteht ein Naherholungsgebiet mit vielen Freizeiteinrichtungen, aber immer mit dem Bestreben, Erholung, Wohnen und Natur in Einklang zu bringen.

## Fahrradtour zur Blauen Stadt

Für eine Fahrradtour um und durch die Blaue Stadt gibt es unzählige Variationen. Je nachdem, ob Sie nur eine kurze Übersichtstour machen möchten, oder einen ganzen Tag für die Besichtigung eingeplant haben, können Sie sich verschiedene Strecken zusammenstellen. Das Radwegenetz ist vorzüglich ausgebaut und ausgeschildert. Wir empfehlen Ihnen, an der Information des Hotels/Restaurants „In den Stallen" oder im Hafenpavillon in der Blauen Stadt nach der kostenlosen Freizeitkarte Oldambt sowie der deutschsprachigen Broschüre „Es gibt mehr in Oldambt" zu fragen. In der Freizeitkarte sind sämtliche Radwege eingezeichnet, ebenso die wichtigsten Sehenswürdigkeiten der Region um das Oldambtmeer.
Unsere Unbedingt-Tipps:
**Projectbureau Blauwestad** im Hafenpavillon (blauer Aussichtsturm)
Hier gibt es alle Infos zu der Entstehung und weiteren Planung bzw. Vermarktung der Blauen Stadt, außerdem auch die besagte Fahrradkarte und viele Flyer über Sehenswürdigkeiten.
Öffnungszeiten 2015: montags bis freitags 9-17 Uhr
**Glockengießereimuseum** (Klokkengieterijmuseum) und **Schlacht bei Heiligerlee-Museum** (Slag bij Heiligerlee) in Heiligerlee, geöffnet April bis Oktober 13-17 Uhr, montags geschlossen, Eintritt.

**Ennemaborg**

Zu Besuch bei Maya Wildevuur

Die Künstlerin Maya Wildevuur hat ihre Burg aus dem Jahr 1700 freitags bis sonntags von 14-17 Uhr für Interessenten und Käufer geöffnet. Nach einer sehr freundlichen Begrüßung besichtigen wir staunend mit klassischer musikalischer Untermalung die Räume mit den Werken der Künstlerin und deren eindrucksvolles Atelier. Völlig berauscht von leuchtenden Farben durchstreifen wir auch noch die Kellerräume, wo die Künstlerin sogar ihren späteren Sarg zur Schau stellt, bunt bemalt natürlich. Das Gebäude, in dessen Obergeschoss die Künstlerin selbst zu Hause ist, ist wie geschaffen für diese Kunst, immer wieder genießen wir abwechselnd die romantischen Ausblicke in den Park und auf die großflächigen, sehr bunten Kunstwerke, von denen Frau Wildevuur etliche während ihrer vielen Auslandsreisen geschaffen hat. www.mayawildevuur.eu.

**Pannekoekenhuis „D' Olle Smidse"**
in Midwolda. Über 50 leckere Sorten Pfannkuchen werden in diesem Haus serviert, welches seinen Namen dem ehemaligen Dorfschmied Uffen verdankt. Geöffnet freitags 16-20 Uhr. Samstags und sonntags 12-20 Uhr.

**Holzpavillon am Oldambtmeer-Strand in Midwolda**
Halten Sie an, wenn Sie ihn entdecken. Nach Meinung unserer Kinder wird hier das leckerste Eis der Blauen Stadt angeboten.

## Winschoten

Winschoten ist heute das „Kaufzentrum" der näheren Umgebung. Bei einem Bummel durch die 4 km lange Fußgängerzone findet man viele Geschäfte und Restaurants.

Winschoten wird auch die Mühlenstadt genannt, es befinden sich hier drei Mühlen (Berg, Edens und Dijkstra) in unmittelbarer Nachbarschaft im Stadtzentrum.

Weitere Sehenswürdigkeiten sind das Rathaus, das größte Rosarium der Niederlande und die St.-Veits-Kirche aus dem 19. Jh. in neugotischem Stil, sowie das Noordelijk Busmuseum.

Und Arie Haan wurde 1948 hier geboren - die Männer werden es wissen, ein niederländischer Fußballnationalspieler und späterer Trainer.

Am 3. Kreisverkehr nach der Kanalüberquerung bei der Autobahn nehmen wir die Ausfahrt zum **Rosarium**, auf dem dortigen Parkplatz findet man meist noch einen Platz für das WOMO. Von hier aus kann man das stets geöffnete Rosarium besichtigen, in welchem in den Sommermonaten bis zu 320 verschiedene Rosenarten blühen. Um von hier aus zu Fuß in die Innenstadt zu gelangen, muss man die Straße überqueren,

die Fußgängerzone befindet sich links der Hauptstraße. Am Rosarium vorbei rollen wir weiter auf die Mühle zu. Den 1. Kreisverkehr verlassen wir an der 2. Ausfahrt, vorbei an der Tierklinik und der zweiten Mühle auf der rechten Seite, den 2. Kreisverkehr an der 3. Ausfahrt bei der dritten Mühle Richtung Pekela's. Bei Kreisverkehr 3 und 4 ist PEKELA'S ausgeschildert.
Wenn man hier am 4. Kreisverkehr die 3. Ausfahrt wählt, erreicht man kurz hinter dem Ortsausgangsschild von Oude Pekela den Camperpark „Turfstee" in Blijham.

### (064) WOMO-Stellplatz: Turfstee

**GPS:** N 53°06'39.3" E 07°01'43.8"; Turfweg 28. **Max. WOMOs:** >10.
**Ausstattung/Lage:** ganzjährig, Gebühr, Strom, Wasser, V+E, Sanitärgebäude mit Duschen und Toiletten, Waschmaschine, Trockner gegen Gebühr, Bistro / außerorts.
**Zufahrt:** Siehe Text.
**Sonstiges:** www.turfstee.nl.

Für uns aber geht es geradeaus weiter. Durch eine schöne Eichenallee ziehen wir zum Kreisverkehr 5, vorbei an einem großen WOMO-Händler mit Werkstatt (www.ronhazenberg.nl) und nach weiteren 3,3 km sind wir bei Kreisverkehr 6. An beiden richten wir uns nach den Ausschilderungen VEENDAM bzw. CENTRUM. Schließlich müssen wir nach Veendam rechts auf die Schnellstraße N 366 auffahren. Nach sechs weiteren Kreisverkehren und einer Ampelkreuzung sind wir unserem Ziel schon sehr nahe. Orientieren Sie sich an den Ausschilderungen **Borgerswold** und WOMO-Stellplatz. Das letzte Stück führt uns auf der Briklaan am Kanal entlang bis zum Freizeitzentrum Borgerswold.
Außer dem Freizeitcentrum hat Veendam noch eine moderne Innenstadt zu bieten, auf dem Marktplatz findet 2x in der Woche ein Markt statt.

Wir empfehlen, die kurze Strecke bis in die Stadt mit dem Fahrrad oder zu Fuß zurückzulegen, Parkplätze für WOMOs haben wir nur sehr wenige mögliche gefunden.
Wenn Sie einmal in der Stadt sind, besuchen Sie auf jeden Fall das 1939 gegründete, sehr anschauliche Veenkoloniaal-Museum direkt am Marktplatz (geöffnet: dienstags bis donnerstags 11-17 Uhr, freitags bis montags 13-17 Uhr, Eintritt, www.veenkoloniaalmuseum.nl).

### (065) WOMO-Stellplatz: Borgerswold

**GPS:** N 53°06'23.0" E 06°51'01.9". **Max. WOMOs:** 60.
**Ausstattung/Lage:** ganzjährig, Gebühr, Strom, V+E, WiFi, oft recht voll, Badesee, Wasserski, großer Park, Fahrradwege, Mountainbikeroute / Ortsrand.
**Zufahrt:** In Veendam der Ausschilderung „Borgerswold" folgen, WOMO-Stellplatz ist dort ausgewiesen.
**Sonstiges:** Tel.: +31(0)598625190, www.borgerswoldhoeve.nl.

Unsere Tourstrecke führt uns zuerst wieder zurück Richtung Centrum, dann orientieren wir uns an der Ausschilderung nach MUNTENDAM. Ist Ihnen dabei auch das „Schlumpfhaus" an einer Kreuzung aufgefallen? In Muntendam rollen wir geradeaus durch die 30er Zone, auch dann noch, als die Hauptstraße rechts abbiegt, Richtung ZUIDBROEK. Streng nach Norden ziehen wir, bis gleich zu Beginn des Ortes Zuidbroek ein Camper Parkeerplaats nach links angezeigt ist.

### (066) WOMO-Stellplatz: Zuidbroek

**GPS:** N 53°09'40.4" E 06°51'37.7". **Max. WOMOs:** 2.
**Ausstattung/Lage:** V+E, WC und Waschmaschine(Jetons beim Hafenmeister) in der Marina nebenan (va. 50 m), am Kanal / im Ort.
**Zufahrt:** In Zuidbroek der Ausschilderung folgen.
**Sonstiges:** Freitagsvormittags nicht als Stellplatz nutzbar (Markt), Hafenmeister in kleiner, grüner Holzhütte in Marina, über Brücke in Marina empfehlenswerter chinesisch-indisch-holländischer Imbiss „Gouden Brug" (täglich geöffnet, reichliche Portionen).

Marina Zuidbroek

Wieder auf der Hauptstraße schaukeln wir über die Kanalbrücke geradeaus durch den Ort hindurch und an den zwei Kreisverkehren geradeaus. Bei der ersten Kreuzung biegen wir rechts ab und folgen der Hauptstraße und der Ausschilderung für den Durchgangsverkehr. In NOORDBROEK, lenken wir das WOMO links in die Havenstraat. Nach 2,2 km schwenken wir nach rechts und auf den Slochterenweg links ein. Nach dem Ortseingangsschild SLOCHTEREN ist der WOMO-Stellplatz nach links ausgeschildert. Um die Fraeylemaborg zu besichtigen, parken wir allerdings erst einmal auf dem Pkw-Besucherparkplatz.

**Fraeylemaborg**

Diese im Mittelalter als Steinhaus gegründete Burg steht auf einem Landgut aus dem 19. Jh., der dazugehörige Park ist im englischen Landschaftsstil angelegt worden. 1972 verkauften die damaligen Besitzer die Burg an die Gerrit-van-Houten-Stiftung, nach der Restauration ist dort nun ein Museum unter-gebracht, (Museum geöffnet: dienstags bis freitags 10-17 Uhr, samstags und sonntags 13-17 Uhr, Eintritt, Führungen, Park stets geöffnet, Eintritt frei).

## (067) WOMO-Stellplatz: Duurswoldje

**GPS:** N 53°12'01.9" E 06°47'24.3"; Edsersweg. **Max. WOMOs:** 7.
**Ausstattung/Lage:** gebührenpflichtig, Wiese, gleich rechts kleine Hütte mit Tel.-Nr. des Betreiberehepaars Kettler, Prospekten, Karten, Fahrradluftpumpe, leihweise Urlaubslektüre und Kinderspielen Gästebuch, kleine Picknickhütte mit Grill, Trampolin für Kinder / Ortsrand.
**Zufahrt:** Von der Ausfahrt des Parkplatzes an der Fraeylemaborg nach 2 km links in den Edersweg, Hinweisschild zum WOMO-Stellplatz.

Nur ein paar Meter weiter finden wir rechts noch einen tollen Campingplatz. Fast wären wir auch daran vorbei gefahren, aber das Hineinschwenken in die Auffahrt für Museum und Camping hat sich gelohnt. Am Wohnhaus des netten und sehr gastfreundlichen Ehepaars ter Veer vorbei und durch die Tenne hindurch gelangen wir in ein überraschend weitläufiges Gelände, auf mehreren Wiesen und einem befestigten Platz stehen vereinzelt WOMOs, Wohnwagen und Zelte.

## (068) WOMO-Campingplatz-Tipp: Camping ´t Hofje

**GPS:** N 53°12'01.7" E 06°47'11.8"; Hoofdweg. **Max. WOMOs:** >10.
**Geöffnet:** ganzjährig.
**Ausstattung/Lage:** V+E, großzügiger Sanitärtrakt, dort auch viel Infomaterial, Karten und Flyer von Sehenswürdigkeiten der Umgebung, Pferde, Bauernhofmuseum mit vielen alten landwirtschaftlichen Geräten und Treckern / Ortsrand.
**Kontakt:** Familie ter Veer, Tel.: +31(0)598-41573.
**Zufahrt:** In Slochteren aus Richtung der Fraeylemaborg kommend auf der rechten Seite der Hauptstraße.

### Fahrradtour zu den drei Mühlen

Von hieraus kann man bequem auf dem Radweg entlang der Straße zur Fraeylemaborg gelangen. Wenn Sie nach der Besichtigung noch Lust auf eine längere Fahrradtour haben, können wir Ihnen die Runde an den drei Mühlen vorbei empfehlen.

Dazu biegen Sie am Tor der Fraeylemaborg rechts ab, folgen der Hauptstraße nach links, biegen in den Slochterdiep links ab und radeln weiter über die Brücke über den Kanal in den Gronediek. Jetzt sollten Sie immer auf der Hauptstraße bleiben, alle drei Mühlen liegen links an der Strecke. Wenn Sie nach der dritten Mühle links in den Boerweg einschwenken, kommen Sie nach FROOMBOSCH, biegen links in den Hoofdweg ein und erreichen so nach ca. 8 km ihren WOMO-Stellplatz.

Wir fahren weiter auf dem Hoofdweg, nach der Unterführung müssen wir links abbiegen Richtung HOOGEZAND, dann geht

die Fahrt auf der A 7 Richtung GRONINGEN weiter.

Bei der Auffahrt auf die Autobahn können Sie scharf links oder spätestens im Rückspiegel die riesige Skulptur entdecken. Sie stellt ein Erdgasmolekül $CH_4$ dar und soll die Autofahrer aufmerksam machen auf die reiche Erdgasförderung in dieser Region (wichtigster Industriezweig der Provinz Groningen). Für Ihren Aufenthalt in Groningen haben wir drei Übernachtungsmöglichkeiten für Sie herausgesucht.

### (069) WOMO-Stellplatz: Groningen 1 - Kardinge

**GPS:** N 53°14'25.4" E 06°35'54.1". **Max. WOMOs:** >10.

**Ausstattung/Lage:** gebührenfrei, max. 72 h, ganzjährig, beleuchtet, Rasenstreifen, Badesee, Sportzentrum mit Schwimmhalle, Kletterturm („Excalibur", 37 m, höchster, freistehender Kletterturm der Welt), Pitch-and-Putt-Platz, Downhill-Mountainbikestrecke, Aussichtsturm mit tollem Blick über Groningen, Kinderspielland, Busverbindung in die City (Haltestelle an der Einfahrt des Platzes, Linien 3 und 6 nach 5 min Fahrzeit Ankunft am Grote Markt, bis zu 5 Personen Hin- und Rückfahrt 2015: 5 EUR, zu zahlen mit Karte am Automaten an der Haltestelle), mit dem Fahrrad auf gut ausgeschilderten Fahrradwegen 5 km (ca. 20 min) bis in die City, ab 2016 geplante Straßenbahnverbindung von Haltestelle „Groninger Forum" / im Ort.

**Zufahrt:** Auf der A 7 nach Groningen, weiter auf der A 7 bleiben, Abfahrt TransFerium (Sportzentrum)/Kardinge (Erholungsgebiet) nehmen, rechts auf den P+R Parkplatz, WOMO-Stellplätze hinten links bei Kletterturm.

## (070) WOMO-Campingplatz-Tipp: Groningen 2 - Stadspark

**GPS:** N 53°12'01.6" E 06°32'08.7"; Campinglaan 6. **Max. WOMOs:** >10.
**Geöffnet:** März bis Oktober (siehe Kontakt).
**Ausstattung/Lage:** V+E, Strom, direkt am weitläufigen, schön angelegten Stadtpark, Brötchenservice, Fahrradverleih, Restaurant, Campingplatzschranke 22-8 Uhr für Autos geschlossen, Buslinie Richtung City (halbstündlich, sonntags stündlich), mit dem Fahrrad knapp 3 km in 10 min auf ausgeschilderten Wegen in die City / im Ort.
**Kontakt, Buchung und Infos über Öffnungszeiten und Preise:** www.campingstadspark.nl, möglichst vorher anmelden.
**Zufahrt:** Auf der A 7 Richtung Groningen, dann weiter auf der A 7 /N 7 Richtung Amsterdam, Ausfahrt 36**a** Martini nehmen, Ausschilderung Stadspark folgen, im Park links halten, CP ist ausgeschildert.

Gertruiden-Hofje (Pepergasthuis)

## (071) WOMO-Stellplatz: Groningen 3 - Jachtstalling

**GPS:** N 53°12'58.6" E 06°35'46.8"; Stockholmstraat 3. **Max. WOMOs:** 5.
**Ausstattung/Lage:** gebührenpflichtig, gepflastert, Strom, Wasser, nachts abgeschlossen, Blick auf Schiffe, Bus von Hauptstraße in die City, Fahrradweg in die City / im Ort.
**Zufahrt:** Auf der A 7 Richtung Groningen, dann weiter auf der A 7 /N 7 Richtung Amsterdam, Ausfahrt 38 Groningen-Zuidoost nehmen, im 1. Kreisverkehr die 2. Ausfahrt, im 2. Kreisverkehr die 1. Ausfahrt nehmen, vor der Fa. Lasaulec in Stockholmstraat (Finse Haven) einbiegen, rechts hinter weißer Halle von JSG (Jachtstalling Erik Jansen) zu den WOMO-Stellplätzen einschwenken.
**Sonstiges:** Tel.: +31(0)620639392.

## Groningen

Die Hansestadt Groningen ist aufgrund der über 50.000 Studenten der Fachhochschule und Universität die (Einwohner-) jüngste Stadt der Niederlande mit einer langen und bewegten Geschichte.

Seit die Ergebnisse einer europaweiten Zufriedenheitsstudie veröffentlicht wurden, die zeigten, dass in ganz Europa niemand so zufrieden mit seinem Wohnort ist wie die Einwohner von Groningen, erlebt diese Stadt einen regelrechten Besucher-Boom.

**Unsere Empfehlung für einen gelungenen Groningenbesuch:**

Nehmen Sie sich mindestens zwei Tage Zeit für diese in den letzten Jahren stark gewachsene, schöne und moderne Stadt. Einen Tag sollten Sie für die Besichtigung der Sehenswürdigkeiten einplanen. Am **Grote Markt** halten die Busse, bei der Haltestelle ist die VVV (Tourist-Information). Wir haben dort ein deutschsprachiges Heftchen erworben (1,50 EUR), in welchem ein idealer, ca. 3-stündiger Stadtrundgang mit kurzen Erläuterungen zu den einzelnen sehenswerten Punkten beschrieben steht. Dieses können wir Ihnen nur ans Herz legen.

Auf gar keinen Fall sollte eine Turmbesteigung des 96 m hohen **Martiniturms** (1469-1482 aus Bentheimer Sandstein erbaut, herrliche Aussicht über die Stadt, Eintrittskarten in der VVV), der dazugehörigen **Martinikerk** mit der bedeutenden Arp-Schnitger-Orgel, ein Besuch eines **Gasthuis** (mittelalterliche Kranken- bzw. Armenhäuser bzw. Pilgerunterkünfte, seit den Renovierungen in den Achtzigerjahren Wohnungen für meist ältere Menschen, herrliche Innenhöfe), ein Blick in die im Jahr 1614 gegründete **Universität** und die Besichtigung des **Hauptbahnhofes** (um die Jahrhundertwende gebaut) auf Ihrem Rundgang fehlen.

Viele interessante Museen warten darauf besichtigt zu werden - wir können Ihnen das **Groninger Museum** und das **Universitätsmuseum** ans Herz legen.

Am zweiten Tag empfehlen wir den Besuch des **Groninger Marktes** (dienstags, freitags und samstags 9-17 Uhr), auf dem sie nicht nur Unmengen von frischem Obst und Gemüse, sondern auch herrlich frischen Fisch und die schönsten Blumen und Pflanzen kaufen können. Probieren Sie unbedingt Kibbelinge mit Knoblauchsoße und als Nachtisch frisch gebackene Stroopwaffeln! Lecker.

Auch ein Bummel durch die lebendige Fußgängerzone mit den unterschiedlichsten Geschäften gefällt Ihnen bestimmt. Unser Lieblingskäseladen V. d. Leij ist in der Oosterstraat, schon das Auge ist begeistert.

Um unsere Tour fortzusetzen, fahren Sie, wenn Sie auf den Campingplätzen übernachtet haben, zurück Richtung HOOGEZAND, dann weiter Richtung DELFZIJL. Sie bleiben dabei zuerst kurz auf der N 7, dann auf der N 46 (Ring Groningen). An der Ausfahrt DELFZIJL fahren Sie ab.
Falls Sie den Stellplatz Kardinge genutzt haben, lassen Sie sich von den Ausschilderungen nach DELFZIJL leiten.
Die N 360 bringt uns direkt nach Delfzijl. Bei APPINGEDAM werden wir auf die Hinweisschilder zum **Museum Møhlmann** aufmerksam. Folgt man diesen, erreicht man das private Museum für zeitgenössischen niederländischen Realismus, untergebracht in einem monumentalen Bauernhof mit idyllischem Garten, in dem ca. 400 Werke zu besichtigen sind (geöffnet freitags bis sonntags 13-17 Uhr, Anfang Dezember bis Anfang April geschlossen, Eintritt).
In Delfzijl am Bahnhof wenden wir uns nach links Richtung Centrum, an der nächsten Ampel wieder links zum **AquariOm**. Achtung, nehmen Sie gleich rechts die Einfahrt zum Eemshotel (steht auf Pfählen hinter dem Deich direkt im Wasser). Links hinter dem **Muzeeaquarium** sind die die WOMO-Stellplätze zu finden.

**(072) WOMO-Stellplatz: Delfzijl**

**GPS:** N 53°20'09.2" E 06°55'34.4"; Zeebadweg. **Max. WOMOs:** 8.
**Ausstattung/Lage:** max. 48 h, gepflastert, Strom, Entsorgung, Mülleimer, neben Aquarium, Bushaltestelle direkt am Stellplatz (Linie 140 nach Groningen über Appingedam), Restaurant im Eemshotel hinter dem Deich / im Ort.
**Zufahrt:** In Delfzijl Ausschilderung „AquariOm" folgen, siehe Text.

Delfzijl hat, außer einer Windmühle aus dem Jahr 1875 auf dem Marktplatz, eigentlich nicht viel zu bieten. Die Fußgängerzone ist eher nüchtern und ohne architektonische Highlights. Interessant ist der Besuch des **Muzeeaquariums**, das in einem Bunker aus dem Zweiten Weltkrieg untergebracht ist, und in welchem außer Meerestieren auch das nördlichste Hunebed der Niederlande zu besichtigen ist, (geöffnet täglich 10-16:30 Uhr, Eintritt, www.muzeeaquarium.nl) und natürlich der Blick über den Deich.
Wir haben den Abend bei einem gemütlichen Essen in der Gaststätte des **Eemshotels** hoch über der Eems ausklingen lassen. Falls Ihnen hier der Sinn nach frischem Fisch steht, machen sie doch einen kleinen Spaziergang vom Eemshotel nach rechts am Deich entlang. So kommen Sie an die kleine Stelzenbude **„De Kleine Zeemeermin“** (Die Kleine Seejungfrau, geöffnet mittwochs bis sonntags 11-18 bzw. 19 Uhr) über dem Wasser, hier gibts z. B. leckere Kibbelinge (Kabeljaufiletwürfel, mit Backteig überzogen und frittiert).
Der eigentliche Grund unserer Station in Delfzijl ist aber die Busverbindung nach APPINGEDAM. Diese hübsche Stadt mit ihren Sehenswürdigkeiten hat uns angelockt. Inzwischen kann man dort sogar mit dem WOMO übernachten, der leider etwas ungemütliche Stellplatz hinter dem Busbahnhof sei daher auf der folgenden Seite erwähnt.
Kommen Sie mit auf unseren Ausflug zu den **„Hängenden Küchen von Appingedam“**!

## (073) WOMO-Stellplatz: Appingedam

**GPS:** N 53°19'16.3" E 06°52'04.3"; Farmsumer Weg 105. **Max. WOMOs:** 10.
**Ausstattung/Lage:** gebührenfrei, V+E, Strom, auf dem Gelände des Busbahnhofs / im Ort.
**Zufahrt:** Von n 360 nach Appingedam Centrum abbiegen, 2. Kreisverkehr rechts, hinter Busbahnhof durch das Tor fahren (Einfahrtsverbot außer Busse, dort auch WOMOs erlaubt).

## Rundgang durch Appingedam

Vom Stellplatz in Delfzijl sind es nur ein paar Schritte zur Bushaltestelle Zeebadweg (Richtung Groningen) an der Hauptstraße. Mit der Linie 140 erreicht man in ca. 15 Minuten (Erwachsene 2 EUR, Kinder frei) Appingedam und steigt an der Haltestelle „Busstation", dem Busbahnhof, aus. Hier beginnt auch für Sie, falls Sie auf dem Stellplatz in Appingedam übernachtet haben, der Rundgang.
Wir halten uns rechts und erreichen über die Zugbrücke das Stadtzentrum sowie über die Nieuwe Kerkstraat den zentralen Platz mit der reformierten **Nicolaïkirche** aus dem Jahr 1225 und ihrem Turm aus dem Jahr 1835 (wunderschöne Orgel von A. A. Hinsz aus dem Jahr 1744 und Kanzel aus dem Jahr 1665), dem **Alten Rathaus** von 1630 und der ehemaligen französischen Schule.
Das sehenswerte **Museum Stadt Appingedam** (geöffnet dienstags bis freitags 11-17 Uhr, samstags, sonntags und feiertags 13-17 Uhr, Eintritt) befindet sich genau gegenüber hinter dem Garten mit den zwei Teehäuschen aus dem 19. Jh. Hinter der Kirche ist die kleine **Marina**, ein idyllischer Platz zum Innehalten. Durch die schmale Fußgängergasse gegenüber der Kirche (Oude Kerkstraat) erreichen wir die Fußgängerzone, überqueren diese und gelangen auf die Vrouwenbrug über das Damsterdiep. Das **Damsterdiep** (früher Delft) hatte eine offene Verbindung zur Nordsee. Noch heute kann man die Lade- und Löschplätze für die Schiffe deutlich sehen.
In der Oude Kerkstraat ist links oben ein mittelalterlicher Backsteingiebel eines ehemaligen herrschaftlichen Wohnhauses. Von der Vrouenbrug kann man sie sehen, die **Hängenden Küchen**. Die ursprünglichen Lagerhäuser wurden, als Appingedam seine Bedeutung als Seehafen verlor, zu Wohnhäusern umgebaut.
Wenn Sie nun nach der Brücke nach links einschwenken, achten Sie mal auf die schiefen Häuserwände. Am Ende der Straße, das letzte Haus rechts war die alte Apotheke, gehen wir schräg rechts gegenüber in die Albertstraat und bei der nächsten Möglichkeit schräg rechts in die Straße „De Wierde". Nun geht es gleich rechts in den Monnikenpfad.

Hängende Küchen von Appingedam

Links ist die **Wierde** (Warft). Auf dieser Anhöhe standen früher das Augustinerkloster und die Broerkirche. Einige alte Grabsteine sind heute noch anzuschauen.

Durch den Gang rechts gelangen wir auf die Nieuwstraat, laufen auf dieser ein paar Schritte nach links, um dann gleich wieder rechts in die Broerstraat einzuschwenken, auf deren linker Seite die **Synagoge** und das **ehemalige Frauenkloster** zu finden sind. Falls man jetzt die nächste Straße überquert, gelangt man wieder in die Fußgängerzone zurück. Wir aber spähen zuerst in den Hof hinter dem Haus Nr. 12 (schöne Hinteransicht der renovierten Häuser) und an der nächsten Ecke biegen wir nach links ab. In dieser Straße kann man die in den Siebziger- und Achtzigerjahren toll restaurierten ehemaligen Handels- und Lagerhäuser bewundern, durch deren Doppeltüren wurden früher die Kutschen in den Innenhöfen abgestellt.

Hinten links kommen wir zur ehemaligen **Katholischen Kirche**, die jetzt die **Brasserie Nicolas** mit Café und einem kleinen Shop beherbergt, dessen Spezialität Apfelkuchen mit Feigen und Schlagsahne Sie sich auf keinen Fall entgehen lassen sollten. Im Café werden Sie von Mitarbeitern mit geistiger Behinderung bedient, die durch diese Arbeit die Möglichkeit bekommen, ihren Beitrag zur Gestaltung der Gesellschaft zu leisten. Dies steigert enorm ihr Selbstwertgefühl und bildet durch die erfahrene Wertschätzung eine der Grundlagen für ihr glückliches Leben. Solch ein Projekt unterstützen wir gern!

Ein paar Schritte weiter erreicht man über die Brücke rechts wieder die Fußgängerzone. Um zum Busbahnhof zu gelangen, wendet man sich von hier aus nach links und geht über die Zugbrücke weiter links bis zur Haltestelle, unserem Ausgangspunkt für diesen Rundgang.

Wenn Sie jetzt noch 300 m den Farmsumer Weg geradeaus weiterlaufen, finden Sie auf der linken Seite das **Bronsmotorenmuseum**, eine Ausstellung alter Verbrennungsmotoren mit Archiv in der ehemaligen Bronzeguß-Motorenfabrik.

Wir verlassen Delfzijl Richtung WINSCHOTEN. Nach der Brücke über den Eemskanaal biegen wir links ins Gewerbegebiet ein und folgen zunächst der Ausschilderung 3200-3400, dann 3300-3400. Vorbei am riesigen Chemie-Industriekomplex entdecken wir links eine Kirche, **Hevekes Klooster**, ein Überbleibsel des Dorfes, welches hier früher stand und das dem Ausbau des Industriegebietes zum Opfer fallen musste. Eine Sackgasse führt bis neben die Kirche und zu einem kleinen Parkplatz für Besucher, ideal für eine Verschnaufpause, aber nur, wenn der Wind nicht gerade den Geruch nach Chemie von den Industrieanlagen herüberträgt.
Von hier stammt interessanterweise das nördlichste Hunebed der Niederlande, jetzt ausgestellt im Delfzijler Aquarium. Erinnern Sie sich? Man hat es bei Ausgrabungen gefunden.

Weiter geht es in Richtung TERMUNTEN. Die Schlängelei durch die hässlichen Industrieanlagen lohnt sich, wir kommen an einen schönen Picknickplatz (mit Bänken, Mülleimer und Info-Tafel) an der Eems. Hier wundern wir uns über einen kleinen Friedhof links auf dem Deich, rechts an der Straße ist wieder eine kleine Parkbucht.

Wir stehen vor dem **Friedhof von Oterdum**, einem kleinen 200-Einwohner-Ort, der um 1900 ebenfalls der Industrie weichen musste. Nachdem der Seedeich erhöht wurde, verschwand die kleine Kirche, deren Kirchturm knapp über den Deich ragte. Die Grabsteine wurden entfernt, dann der neue Deich gebaut und danach die Grabsteine wieder an die alten Stellen auf den Deich gelegt.
Wir fahren weiter und gelangen mit der Ausschilderung zum Campingplatz „Camping Zeestrand" in TERMUNTERZIJL. Diesen CP empfehlen wir Ihnen, wenn Sie die interessante Gegend hier mit dem Fahrrad oder per Bus erkunden bzw. an einem schönen Strand baden gehen wollen.

**(074) WOMO-Campingplatz-Tipp: Camping Zeestrand**
**GPS:** N 53°18'05.6" E 07°01'46.1"; Schepperbuurt 4A. **Max. WOMOs:** >10.
**Geöffnet:** April bis Oktober, ausschließlich Übernachtungen außerhalb dieses Zeitraums nach Absprache möglich.
**Ausstattung/Lage:** V+E, WOMO-Wiese, Badestrand gleich hinter dem Deich, Gaststätte / Ortsrand.
**Kontakt:** Familie Collé, www.campingzeestrand.nl.
**Zufahrt:** In Termunterzijl den Ausschilderungen folgen.

Beim Durchfahren des Ortes über die zwei Brücken kommen wir am Westernhuis und am Teetid-Café vorbei, zwei Restaurationen, die wir Ihnen empfehlen können. Auch das leider nur sonntags geöffnete **Schöpfwerksmuseum** (Museumgemaal Cremer) liegt an unserem Weg.

In TERMUNTEN gibt es noch ein sehr gutes Restaurant, das Visrestaurant Landman, es wurde uns von anderen WOMO-Urlaubern empfohlen. Vor dem Mühlenkopf in Termunten schwenken wir nach links, noch einmal nach links in den Zr.-Dijkemaweg und schlängeln uns bis zur **romanisch-gotischen Kirche** auf der Warft durch.

Die Backsteinkirche aus dem 13. Jh. wurde in den Vierzigerjahren nach dem Krieg renoviert und dabei ihr alter Ursprung entdeckt. Sehenswert ist der romanische Taufstein aus Bentheimer Sandstein.

Zurück auf der Straße setzen wir unsere Fahrt fort. Wir halten uns links an der Ausschilderung zum Reidehoeve (Dallingweersterweg), fahren vor bis zum Deich und dann rechts an ihm entlang. In der nächsten Rechtskurve lassen wir das WOMO am Stichweg stehen und rüsten uns für einen kleinen Fußmarsch. Die Parkplätze am Besucherzentrum sind für WOMOs leider gesperrt.

**Punt van Reide**

Diese Halbinsel im Dollart (niederländisch = Dollard) bildet die natürliche Grenze zwischen Dollart und Ems (niederländisch = Eems). Bis noch zum 16. Jh. gab es dort zwei Dörfer und ein Kloster, heute sind kaum noch Überreste davon erhalten.

Schutzhütte für Wanderer bei Nieuwe Staatenzijl

Während des 80-jährigen Krieges war Reide von strategischer Bedeutung, von dort aus konnte die Bewegung auf der Eems kontrolliert werden. Auch die Deutschen Truppen hatten im Zweiten Weltkrieg dort eine Flakstellung, um Emden vor Fliegerangriffen zu beschützen. Die Bunker, die man heute dort noch sehen kann, waren deutsche Munitionsbunker. Jetzt ist der Punt van Reide Teil des großen Naturschutzgebietes Dollart. Oft kann man hier bei Ebbe bis zu 100 Seehunde auf dem Watt mit bloßem Auge beobachten. Aber auch Tausende von Zugvögeln machen hier Rast.

Zunächst folgen wir der Straße rechts um die Ecke und erreichen nach 200 m das **Besucherzentrum**, welches samstags und sonntags nachmittags geöffnet ist. Auf einer Übersichtskarte davor sind einige Rundwege eingezeichnet. Auf diesen Wegen passiert man verschiedene Tierbeobachtungspunkte für die Seehunde und Wildgänse. Wir freuen uns über diese Lenkung des Besucherstroms der Naturfreunde und genießen beste Ausblicke auf die Tierwelt dieses Gebietes.

Mit dem WOMO fahren wir am Besucherzentrum vorbei bis zum Ende dieser Straße, biegen dann links in den Joh. -Kerkhovenpolder (eingedeichtes Land) ein und rollen auf schmaler Straße scheinbar endlos geradeaus, vorbei an einzelnen Gehöften, durch Wiesen, soweit das Auge reicht. Links neben uns ist der Deich, dahinter der Dollart, rechts neben uns ist ebenfalls ein Deich, dahinter wieder Wiesen und weit dahinter - die Blaue Stadt, die wir zu Beginn dieser Tour besichtigt haben.
Am Ende biegen wir links ab nach Nieuwe Statenzijl, danach rechts nach BAD NIEUWESCHANS.
Hier ist ein Abstecher geradeaus in die Sackgasse zu empfehlen. Dort hinten an der Schleuse der Westerwoldschen Aa (früher ein Veenbach, der vor der Entstehung des Dollarts nach Westen abbog und in die Landzunge Punt von Reide strömte) ist ein schöner Picknickplatz, den die Niederländer oft als Übernachtungsplatz nutzen.

### (075) WOMO-Picknickplatz: Nieuwe Staatenzijl

**GPS:** N 53°13'50.7" E 07°12'26.1". **Max. WOMOs:** 1-2.
**Ausstattung/Lage:** gepflaster, Mülleimer, Bänke, schöne Aussicht vom Deich, Möglichkeit zur Wanderung an den Kiekkast (Siehe Tour 6) / außerorts.
**Zufahrt:** In die Sackgasse bis zur Schleuse fahren.
**Sonstiges:** Das Haus neben der Schleuse ist die Schleusenwärterwohnung aus dem Jahr 1907.

In Nieuweschans angekommen finden wir gleich links den ehemaligen Rangierbahnhof. Wir halten uns im Ort rechts und lassen uns von den Ausschilderungen zum **Thermalbad „Fontana“** (täglich 9-23 Uhr bis auf eine Reinigungs-Woche im Juli geöffnet, relativ hoher Eintritt, nicht für Kinder unter 11 Jahren, www.fontananieuweschans.nl) leiten.
Auf dem Parkplatz war die WOMO-Übernachtung in Verbindung mit einem Besuch der Therme, dem ersten Kurzentrum der Niederlande überhaupt, bislang erlaubt. Zum Zeitpunkt der Recherche konnten wir die Etablierung eines neuen Stellplatzes

in Sichtweite des Parkplatzes beobachten, in deren Folge eine Sperrung des allgemeinen Parkplatzes für WOMOs denkbar wäre. Der Vollständigkeit halber führen wir hier beide Plätze an.

### (076a) WOMO-Stellplatz: Bad Nieuweschans 1

**GPS:** N 53°10'49.8" E 07°12'10.7"; Naar de Bron. **Max. WOMOs:** >5.
**Ausstattung/Lage:** gepflastert, beleuchtet, Parkplatz auch für Pkw, direkt am Thermalbad / im Ort.
**Zufahrt:** In Nieuweschans der Ausschilderung zum Fontana folgen.
**Sonstiges:** Übernachtung nur für Besucher des Bades.

### (076b) WOMO-Stellplatz: Bad Nieuweschans 2

**GPS:** N 53°10'49.2" E 07°12'19.6"; Molenbastion. **Max. WOMOs:** 10.
**Ausstattung/Lage:** gebührenfrei, befestigt, Fußweg über eine kleine Brücke zum Thermalbad / im Ort.
**Zufahrt:** Am „Fontana" vorbei, erste Möglichkeit links, gleich wieder links in die Molenstraat, dann nach ca. 125 m links.
**Sonstiges:** Campingverhalten nicht erlaubt.

Lange haben wir uns darauf gefreut und die Badesachen schon am Vormittag im WOMO bereitgestellt. Schon oft haben wir uns hier in der Saunalandschaft und im 36 °C warmen Quellwasser-Außenbecken entspannt, im Winter bei Schnee, am Abend bei Dunkelheit, wenn das blau beleuchtete Wasser so eine schöne Stimmung aufkommen lässt und am Tag bei Regen oder Sonnenschein.
Das Programm beim Einstieg ins Wasserbecken verspricht Gutes. Und dann sitzen wir im Lavendelzimmer und genießen mit heißem Umschlag auf der Stirn und Lavendeltrunk die Lavendelzeremonie mit Aufguss und Klangschale, bis uns der Gong sanft aus unseren fantasievollen Träumen weckt.
Ein wahrlich traumhaftes Ende für unsere vierte Tour.

TOUR 5
Aurich
Emden
Leer
Wiesmoor
Ihlow
Großefehn
Timmel
Petkum
Oldersum
Ditzum
Hesel
Ditzumerverlaat
Nieuweschans
Bunde
Detern
Dollart
Ems
Leda
Jümme
EEZ
Kletterwald
Upstalsboom
Kloster Ihlow
Sperrwerk
Ziegeleimuseum
WC
10 km

Kiekkaaste

## TOUR 5 (ca. 180 km / 5-6 Tage)

### Ditzum - Leer - Detern - Hesel - Timmel - Aurich - Ihlow - Oldersum - Petkum

| | |
|---|---|
| **Freie Übernachtung:** | Ditzumerverlaat, Pogum, Midlum, Jemgum, Leer, Hasselt, Timmel, Holtrop, Aurich, Ihlow, Oldersum, Petkum. |
| **Ver-/Entsorgung:** | Ditzumerverlaat, Ditzum, Leer, Detern, Hesel, Aurich, Ihlow, Rorichum. |
| **Baden:** | Badesee Soltborger Kolk, Timmeler Meer, Freibad Holtrop, „De Baalje" Aurich, Ihlow. |
| **Besichtigen:** | Ziegeleimuseum Midlum, Leeraner Miniaturland, Leer, Wasserwerk Hasselt, Aurich, EEZ, Klosterstätte Ihlow, Seilereimuseum und Emssperrwerk Oldersum. |
| **Wandern/Fahrradtour:** | Kiekkaaste, Radtour „Zweistromland". |
| **Essen:** | Fischrestaurants Ditzum, „Pünte" Wiltshausen, „Fehnhof" Südgeorgsfehn, „Ostfriesenbräu" Bagband, Aalräucherei Janssen Ihlow, „Bei Cassi" Rorichum. |

In Aurich ists schaurig, in Leer noch viel mehr. Diese Ortsneckerei aus vergangenen Zeiten hört man hier immer wieder einmal, meist im Spaß und immer von den Ostfriesen selbst. Wie alt dieser Spruch ist, wissen wir nicht, dass er längst überholt ist, davon werden wir uns während der nächsten Tour überzeugen. Ab durch die Mitte Ostfrieslands!

Vom Fontana-Bad in Nieuweschans fahren wir links wieder durch den Ort, am COOP-Markt vorbei bis zur Brücke und kurz davor rechts in den Europaweg. Wir passieren die Grenze und halten uns in Deutschland zunächst Richtung DITZUMERVERLAAT. Nachdem wir den Bahnübergang überquert haben, biegen wir am folgenden Wegweiser nach Ditzumerverlaat aber nicht mehr ab, sondern folgen der K 40

weiter geradeaus. Wenn man beim Wegweiser zum Beobachtungsturm **„Kiekkaaste"** einschwenkt, findet man ganz am Ende der Straße, noch hinter dem Parkplatz für den Kiekkaaste, einen Platz für das WOMO gleich hinter dem Deich.

**(077) WOMO-Stellplatz: Kiekkaaste**

**GPS:** N 53°13'57.7" E 07°12'42.9". **Max. WOMOs:** 2.
**Ausstattung/Lage:** Betonfläche / außerorts.
**Zufahrt:** Ausschilderung zum Kiekkaaste folgen.
**Sonstiges:** direkt am Deich, einsam.

Der **Kiekkaaste** (niederländisch: Kiekkast von Nieuwe Statenzijl) ist ein hölzerner Beobachtungsturm, der am Rand des Dollartwatts sicher vor Sturmfluten auf Stelzen steht. Von hier oben hat man einen herrlichen Rundblick auf das Watt, den Reetgürtel, die Salzwiesen und Deiche. Man kann Watvögel und Enten beobachten, im Winter wimmelt es von Wildgänsen. Wenn man zu Fuß vom Pkw-Parkplatz aus den Deich überquert, kann man den Kiekkaaste hinter dem Schilfgürtel bereits sehen, das Schnattern der Enten und Gänse oft schon hören.
Man erreicht den Turm über einen 700 m langen Holzbohlensteg (Marcelluspfad), der bei Flut überschwemmt werden kann. Informieren Sie sich deshalb vorher über die Hochwasserzeiten. Aber auch bei Ebbe sind Gummistiefel unbedingt zu empfehlen. Vergessen Sie auf keinen Fall Ihr Fernglas!

Fährt man weiter geradeaus auf der K 40, führt nach 4,4 km ein Weg (Buttje-Pad) nach links zum Deich. Hier an diesem einsamen Ort haben wir ein weiteres Übernachtungsplätzchen gefunden.

**(078) WOMO-Picknickplatz: Buttje-Pad**

**GPS:** N 53°15'39.1" E 07°14'08.4". **Max. WOMOs:** 1.
**Ausstattung/Lage:** Betonfläche, Bänke, Mülleimer / im Ort.
**Zufahrt:** Von K 40 links abbiegen zum Buttje-Pad.
**Sonstiges:** Treppe auf den Dollartdeich.

Von der K 40 kann man nach ein paar Metern rechts nach Ditzumerverlaat abbiegen. Zum Stellplatz gelangt man, wenn man im Ort rechts schwenkt und der Ausschilderung folgt.

## (079) WOMO-Stellplatz: Ditzumerverlaat

**GPS:** N 53°15'37.4" E 07°16'05.7"; Denkmalstraße. **Max. WOMOs:** 8.
**Ausstattung/Lage:** gepflastert, V+E, Strom, Gebühr, Mülleimer, ganzjährig / im Ort.
**Zufahrt:** Ca. 1 km nach 1. Kreuzung in Ditzumerverlaat in Denkmalstraße einbiegen.
**Sonstiges:** Paddel- und Pedalstation am Picknickplatz vorbei über Holzbrücke.

Um unserer Tour weiter zu folgen, biegen Sie im Ort nach DITZUM ab. Nach 1,9 km, in der Ortschaft DOLLART, gelangt man rechts über eine wackelige Holzbrücke zur **Wasserschöpfmühle Wynhamster Kolk**. Dieser 1804 gebaute Erdholländer dient der Entwässerung des Wynhamster Kolks, einem Gebiet von 160 ha, welches beim Dollartdeich-Bruch 1715 und der daraus folgenden Sturmflut entstanden ist. Das hinter dem Deich liegende Weideland wurde überschwemmt. Später, als der Deich erneuert wurde, entstand dort ein 72 ha großer See (Kolk), der jetzt durch die Entwässerung wieder verschwunden ist. An dieser Stelle befindet sich der **tiefste Punkt Niedersachsens** mit 2,51 m unter NN.

Die Flügel der Windmühle treiben über Zahnräder eine archimedische Schraube an, die das Wasser in das Sieltief, einen höher gelegenen Kanal, transportiert.
Hier finden wir wieder eine Paddel- und Pedal-Station. Vielleicht haben Sie Lust, eine Paddeltour vom Stellplatz in

Ditzumerverlaat hierher zu machen? Es lohnt sich wirklich, abseits vom Trubel, vom Wasser der zahlreichen Tiefs aus die absolute Weite der puren Landschaft zu genießen.
In DITZUMERHAMMRICH geht unsere Fahrt weiter nach POGUM zur **Bohrinsel** bei Dyksterhusen [N 53°17'36.5" E 07°13'47.11"]. Wir überqueren wir den Deich und fahren direkt bis auf die Bohrinsel (22-9 Uhr verboten!). Ja, ein perfekter Picknickplatz für uns. Übernachten können wir auch noch vor dem Deich auf dem Rasengitterstein-Parkplatz.

### (080) WOMO-Stellplatz: Pogum 1 - Bohrinsel

**GPS:** N 53°17′35.6″ E 07°14′25.8″; Dollartstraße. **Max. WOMOs:** 1-2.
**Ausstattung/Lage:** Rasengittersteine / außerorts, vor dem Deich.
**Zufahrt:** Siehe Text.
**Sonstiges:** An der Zufahrt zur Bohrinsel, welche von 22-9 Uhr für Fahrzeuge gesperrt ist. Von dort aus bei Ebbe guter Zugang zum Watt, Picknickbänke, großartiger Blick über den Dollart.

Von dieser Bohrinsel aus wurden 1964 Probebohrungen nach Erdgas durchgeführt. Heute liegt sie in einem Landschaftsschutzgebiet, bei Flut kann man hier sogar baden gehen. Im Sommer finden an der Bohrinsel die Schlickschlittenmeisterschaften statt (=Kreierrennen, Kreier sind die schlittenartigen Holzgefährte, mit denen früher die Fischer über das Watt zu ihren Reusen hinaus auf das Meer gefahren sind).

Zurück zur Hauptstraße nach POGUM gelangen wir, indem wir einfach weiter der Straße folgen. Das Warftendorf Pogum liegt direkt am Übergang von der Ems zum Dollart. Hier an der nördlichsten Stelle der Ems endete früher die Straße, man nannte deshalb Pogum im Volksmund das **„Endje van de Wereld"** (das Ende der Welt).
In der Ev.-luth. Kirche aus dem Jahr 1776 befinden sich die wohl ältesten zwei Grabplatten Ostfrieslands aus dem 11. Jh. In Pogum gleich links beim Schöpfwerk am Dörphuus entdecken wir diesen schönen Picknickplatz.

### (081) WOMO-Picknickplatz: Pogum 2 - Schöpfwerk

**GPS:** N 53°19'05.5" E 07°15'23.0"; Pogumer Straße. **Max. WOMOs:** 2.
**Ausstattung/Lage:** Picknickbänke / im Ort.
**Zufahrt:** Von der Pogumer Straße links zum Schöpfwerk abbiegen.
**Sonstiges:** schöner Blick über die Ems, Pegelhäuschen.

Ditzumer Hafen

Weiter geht es auf der K 43 bis kurz vor DITZUM. Links am EDEKA-Markt befindet sich der erste Ditzumer WOMO-Stellplatz, den zweiten und größeren finden wir kurz vor dem Ortsende.

### (082) WOMO-Stellplatz: Ditzum 1

**GPS:** N 53°18′54.3″ E 07°16′33.6″; Pogumer Straße. **Max. WOMOs:** 4.
**Ausstattung/Lage:** V+E, Strom, Gebühr, gepflastert, Mülleimer / Ortsrand.
**Zufahrt:** An der K 43 kurz vor dem Ortseingang links am EDEKA-Markt.
**Sonstiges:** Einkaufsmöglichkeit, belebt, im Ort viele Fischrestaurants, sehr gut: „Altes Haus am Siel", preiswerter: „Fischhaus am Hafen", dort schöner Blick von der Terrasse auf Bootswerft, Hafen und Emssperrwerk.

### (083) WOMO-Stellplatz: Ditzum 2

**GPS:** N 53°18′54.8″ E 07°17′10.5″. **Max. WOMOs:** >10.
**Ausstattung/Lage:** Gebühr inklusive einem Müllsack, der an der Einfahrt abgelegt werden kann, Schotterstreifen, Picknickbänke / Ortsrand.
**Zufahrt:** Bei der Ausfahrt aus Ditzum Richtung Leer auf der linken Seite.
**Sonstiges:** ruhig, angrenzender Pkw-Parkplatz, Weg am Deich entlang zum Hafen und in den Ort.

Ditzum, das im 8. Jh. gegründete Fischerdorf, ist ein malerischer Ort, dessen Mittelpunkt das noch funktionstüchtige Sielbauwerk und der Hafen bilden. Hier ist auch der Fähranleger der Pkw- und Personenfähre nach Petkum auf der anderen Seite der Ems. Die Figur **Tant' Dientje** des Bildhauers Uwe Hantke erinnert vor dem Siel-tor an die Fischfrauen, die bis in die Mitte des 20. Jh. Fisch aus dem Dollart in Stadt und Land brachten.
Der Straße am Deich entlang kann man bis nach LEER folgen.
In MIDLUM fallen uns links hinter dem Deich die beiden Schornsteine der alten **Ziegeleien Leding und Cramer** ins Auge.

## Ziegeleimuseum Midlum

Auf dem Gelände der 1972 geschlossenen Ziegelei Cramer befindet sich jetzt das einzige Ziegeleimuseum Europas, welches die Verarbeitung von Klei (aus Feinsand und Ton, ähnlich Lehm) zeigt. 1998 begann man hier, einen akzeptablen Zustand des maroden Gebäudes herzustellen. Der 1891 gebaute Hoffmann'sche Ringofen, eine Erfindung aus dem Jahr 1858, wurde mit Reststeinen teilweise wieder aufgebaut, sodass man das Prinzip und die Funktionsweise des Ofens nachvollziehen kann. Zur damaligen Zeit produzierten die Arbeiter in der Ziegelei in jeweils 10 Tagen bis zu 160.000 Steine.
Das jetzige Museum gibt Einblicke in die Ziegeleigeschichte an der Ems, die verschiedenen Produktionsverfahren, die Kleigewinnung und nicht zuletzt in die Lebens- und Arbeitsverhältnisse der damals hier beschäftigten Menschen. Es ist immer noch im Aufbau befindlich und kann daher nur nach Anmeldung besichtigt werden (Tel.: 04958-882 oder 04958-699).

Hoffmann'scher Ringofen

Wir haben die informative Führung sehr genossen. Die ist zwar kostenfrei, jedoch war es uns ein Bedürfnis, dieses engagierte Projekt mit einer Spende zu unterstützen. Zum Museum gelangt man, wenn man knapp vor dem Ortsausgangsschild Midlum gleich links auf den Deich zufährt und dann immer der Straße zur Ziegelei folgt. Gegenüber der Treppe auf den Deich gibt es einen Parkplatz für ein WOMO.

### (084) WOMO-Stellplatz: Ziegeleimuseum Midlum

**GPS:** N 53°17'15.5" E 07°22'35.9". **Max. WOMOs:** 1-2.
**Ausstattung/Lage:** Schotterfläche am Ziegeleimuseum und der benachbarten kleinen Marina / außerorts.
**Zufahrt:** Siehe Text.
**Sonstiges:** Besichtigung des Ziegeleimuseums nach vorheriger Anmeldung möglich (siehe Text), gelegentlich Veranstaltungen, Eintritt gegen kleine Spende.

Weiter geht es wieder auf der Straße nach Leer.
Noch einen schönen Picknickplatz findet man, wenn man in Jemgum die Ziegeleistraße links, an der ehemaligen Ziegelei Reins vorbei, bis zum Hafen fährt.

### (085) WOMO-Picknickplatz: Jemgum Hafen

**GPS:** N 53°15'54.3" E 07°23'30.5". **Max. WOMOs:** 1-2.
**Ausstattung/Lage:** gepflastert, Picknickbänke, Mülleimer, Blick auf kleinen Hafen, Restaurant anbei / im Ort.
**Zufahrt:** Siehe Text, durch das Sieltor links vor den Picknickbänken.

An der Straße Richtung Leer ist die Gasspeicheranlage nicht zu übersehen. Die vier Kavernen haben eine Kapazität von 320 Mio. $m^3$ und befinden sich im gleichen Salzstock, den auch das Wasser der Therme in Nieuweschans durchläuft.
Kurz vor der Autobahn ist auf der rechten Seite ein Parkplatz für die Vogelbeobachtungshütte am Vogelparadies Soltborger Kolk hinter dem alten Sieltor, über dessen Auffahrt man

**(086) WOMO-Badeplatz: Soltborger Kolk**

**GPS:** N 53°13'39.0" E 07°23'25.3"; Deepen Daal. **Max. WOMOs:** >5.
**Ausstattung/Lage:** große, weiträumige Liegewiese am See, Spielplatz, Picknickbänke, Wiesenparzellen, WC-Häuschen, Kiosk, Gebühr (beim Kiosk zu bezahlen) / außerorts.
**Zufahrt:** Straße parallel zur Auffahrt auf die A 28 nehmen.
**Sonstiges:** Autobahnlärm, Hundeverbot am See.

parallel zur Autobahnauffahrt zum WOMO-Badeplatz am 7 ha großen Badesee Holtgaste rollen kann.
Nach einem erfrischenden Bad sind wir neugierig auf das Tor Ostfrieslands, die nahe Stadt Leer. Dazu fahren wir auf die Autobahn Richtung Oldenburg, durchqueren den an seiner tiefsten Stelle 15,4 m unter NN gelegenen **Emstunnel** und verlassen die Autobahn kurz darauf an der Abfahrt Leer West wieder. Am Deich entlang führt uns die Straße nach Leer hinein.

Einfahrt in den Emstunnel während der Ems-Überführung der AIDAsol

Die Stadt Leer hat mehrere WOMO-Stellplätze zu bieten, vier davon haben wir für Sie herausgesucht. Um zum Stellplatz 1 zu gelangen, fahren wir nach dem Ortseingangsschild geradeaus und dann nach Ausschilderung des Wohnmobilstellplatzes auf der Großen Bleiche.

Dabei kommen wir am **Leeraner Miniaturland** auf der linken Seite vorbei, das in einer 1200 m² großen Halle eine Ausstellung beherbergt, in der bekannte Orte und Sehenswürdigkeiten Ostfrieslands und der angrenzenden Niederlande originalgetreu nachgebildet, im Maßstab 1:87, zu bewundern sind. Bestimmt finden Sie schon Bekanntes wieder, und vielleicht werden Sie neugierig auf die noch unbekannten Originale. Zum Zeitpunkt unserer Recherche ist der Plan, die Anlagenfläche des Leeraner Miniaturlands auf das Dreifache zu erweitern. Dann würde hier die größte Miniaturanlage Deutschlands vor Hamburg und Berlin entstehen. Lassen wir uns überraschen! Das Miniaturland sowie das angrenzende Café und der 5000 m² große Park sind täglich 10-18 Uhr geöffnet, Eintritt, www.leeraner-miniaturland.de.

### (087) WOMO-Stellplatz: Leer 1 - Große Bleiche

**GPS:** N 53°13'34.3" E 07°26'49.9"; Große Bleiche. **Max. WOMOs:** >5.
**Ausstattung/Lage:** gebührenfrei (max. 3 Übernachtungen), V+E, Strom, Mülltonnen vor Kunstschule, Infotafel mit Stadtplan, Altstadtnähe / im Ort.
**Zufahrt:** In Leer an erster Ampel rechts, an Haneburg vorbei und am Ende der Straße schräg links auf großen Parkplatz fahren, hinten sind die Stellplätze für WOMOs.

Um zum Stellplatz 2 zu gelangen, biegen wir nach der Miniaturwelt links Richtung Weener ab und fahren weiter auf der Emsstraße. Die Parkplätze der Berufsbildenden Schulen linkerhand bieten sich an den Wochenenden durchaus als WOMO-Übernachtungsplätze an.
Wir schwenken links in die Straße „An der Seeschleuse" Richtung Leerort und überqueren die Seeschleuse. Sie ist 192 m lang und 26 m breit und trennt den Hafen von der Leda, die wiederum in Leerort in die Ems mündet.
Wenn man nun immer dem Straßenverlauf folgt und bei der Ölmühle geradeaus auf die Hauptstraße Richtung Hafen (Nesse) fährt, erreicht man eine Ampelkreuzung, an der man links zum Hafen (Nesse) abbiegen muss, um zum WOMO-Stellplatz in der Nessestraße zu kommen. Im letzten Stück ist er ausgeschildert.
Die **Nessehalbinsel** (kurz: Nesse) ist ein Leeraner Stadtteil zwischen Industrie- und Freizeithafen, inmitten der alten Flussschleife der Leda, aus dem in den letzten Jahren ein modernes Stadtquartier mit Hafenpromenade und Fußgängerbrücke direkt in die Fußgängerzone entstanden ist. Auf der Nesse haben viele Leeraner Reedereien ihren Sitz, im Industriehafen werden u. a. Pflanzenöle, Getreide, Dünger sowie Eisen und Stahl(-schrott) umgeschlagen.

### (088) WOMO-Stellplatz: Leer 2 - Nesse

**GPS:** N 53°13'32.4" E 07°27'16.3"; Nessestraße. **Max. WOMOs:** 8.
**Ausstattung/Lage:** gebührenfrei (max. 3 Übernachtungen), Infotafel, Picknickbank, Schotter, sehr zentral, 500 m bis in die Altstadt, Blick auf Rathaus und historische Altstadt / im Ort.
**Zufahrt:** Siehe Text.
**Sonstiges:** WC und Dusche 200 m entfernt im Hafenhaus (über Brücke rechts) nutzbar, Brücke in Altstadt 3 t-Begrenzung.

### Leer

Die relativ junge Stadt (erst seit 1823 Stadtrecht) an der Mündung der Leda in die Ems ist die drittgrößte Ostfrieslands, rund 36.000 Einwohner leben hier. Leer ist das Grüne Tor Ostfrieslands, viele Wiesen, Wallhecken, Gärten und Parks, vor allem rund um die vier Burgen **Harderwykenburg** (gebaut im 15. Jh., heute in Privatbesitz), **Haneburg** (gebaut 1621, heute Sitz der Kreisvolkshochschule), **Evenburg** (gebaut 1650, heute Sitz der Berufsakademie Ostfriesland und der Kreismusikschule) und **Philippsburg** (gebaut um 1730, heute in Privatbesitz) sowie die gute Verkehrsanbindung über Straßen, Schienen und Flüsse geben der Stadt diesen Namen.
Die Seehafenstadt Leer mit ihrem zentral gelegenen **Binnen- und Sportboothafen** ist nach Hamburg der zweitgrößte deutsche Reederei-Standort. Mitte der Achtzigerjahre bis 2007 entstanden hier 16 neue Reedereien. Im Jahr 2014 wurden über 1000 Seeschiffe von 18 Reedereien bewirtschaftet.
In der wertvollen **historischen Altstadt** stehen 365 Gebäude unter Denkmalschutz. Bei unserem Stadtrundgang durch die malerischen Gassen,

vorbei an alten Bürgerhäusern, werden wir einigen von ihnen begegnen. Seit 1508 findet im Herbst in Leer der **Gallimarkt** statt, heute einer der größten Jahrmärkte Norddeutschlands. In dieser Zeit ist auch der WOMO-Stellplatz auf der Großen Bleiche gesperrt, diverse Fahrgeschäfte und Imbissbuden kann man dann hier finden. Der dazugehörige Galli-Viehmarkt wird in der Ostfrieslandhalle abgehalten und ist nicht nur für Städter unbedingt einen Besuch wert.
Es gibt so viel Sehenswertes in dieser sympathischen Stadt, Sie sollten sich für deren Erkundung ruhig ein paar Tage Zeit nehmen. Vielleicht starten Sie Ihre Stadtbesichtigung mit unserem kleinen Stadtrundgang.

Blick vom Rathausturm auf die Nesse-Halbinsel

## Stadtrundgang Leer

Vom WOMO-Stellplatz an der Bleiche schlendern wir zunächst durch den „Lutherischen Schulgang" an der **Lutherkirche** (mit dem Schwan als Wetterfahne) und der **katholischen Kirche St. Michael** (Wetterfahne ist ein Hahn) entlang. Beim Überqueren der Kirchstraße freuen wir uns über die kleinen, geputzten Häuschen rechts und links. Durch den Reformierten Schulgang und den Reformierten Kirchgang laufen wir um die **Große reformierte Kirche** mit dem Schiff als Wetterfahne (Führungen in der Saison montags bis freitags 15-17 Uhr, samstags 10-12 Uhr) herum und biegen links in die Brunnenstraße. Achten Sie dabei einmal auf die beiden Löwen an der Ecke.
Ein paar Häuser weiter wartet auf der linken Seite das **Bünting Teemuseum** auf uns (geöffnet montags bis samstags 10-18 Uhr, April bis Oktober sonntags 14-17 Uhr, Eintritt, Führungen und Teeverkostungen werden angeboten, Einlass ist bis eine halbe Stunde vor Schließung). Das 1806 gegründete Teehandelshaus kann auf eine über 200 Jahre alte Tradition zurückblicken. Beim Rundgang durch das Museum tauchen wir ein in die Geschichte des Tees seit dem 17. Jh., Anbau und Verarbeitung des Tees und die Ostfriesische Teekultur. Wir wissen nun genau, wie in Ostfriesland Tee zubereitet wird und warum er hier so besonders gut schmeckt. Für diesen Museumsbesuch sollten Sie mindestens eine Stunde einplanen (www.buenting-teemuseum.de).

Schweren Herzens verzichten wir hier auf unser „Stövchen" und halten uns Richtung Mühlenstraße. Schon vom Museum aus können wir die **„Teelke"** erspähen, eine Bronzestatue des Leeraner Künstlers

Karl-Ludwig Böke (1927-1996), die eine junge Frau darstellt, welche die Utensilien der Teetied trägt, Teetasse und Teekessel. Der Name Teelke stammt nicht von „Tee" ab, er ist ein typisch ostfriesischer Mädchenname.

Schauen Sie, kurz nachdem die Norderstraße in die Mühlenstraße mündet, einmal auf die Häusergiebel auf der linken Seite. Entdecken Sie den Fisch mit dem Ring im Maul, der auf den Namen der einstigen **Besitzerfamilie Vissering**, die erstmals 1643 nach Leer kam, hinweist? Er ist noch an anderen Häusern der Stadt zu finden.
Sind Sie auf die Täuschung am Haus in der Mühlenstraße 33 hereingefallen? Bei genauem Betrachten haben wir gemerkt, dass sich hinter der obersten Fensterfront gar keine Etage, sondern schon der Hausgiebel, verbirgt. Da wollte wohl schon damals jemand wohlhabender erscheinen, als er es war.
Wir schlendern jetzt weiter die Fußgängerzone entlang, an hübschen Geschäften und einladenden Eisdielen vorbei Richtung **Denkmalsplatz**. Das Denkmal auf diesem wurde schon 1874 zur Erinnerung an die Gefallenen des Krieges 1870/71 errichtet. Der Findling davor mahnt zum Gedenken an alle Opfer des Nationalsozialismus. Hier halten wir uns rechts und passieren die Straße Vaderkeborg in Richtung Freizeithafen. Am Restaurant „Schöne Aussichten" neben der Tourist-Information steigen wir über die neue Treppe zum Hafenbecken hinab und freuen uns über die zahlreichen Schiffe auf dem Wasser. Am gegenüberliegenden Ufer, der sogenannten **Nesse-Halbinsel**, ist in den letzten Jahren ein modernes Stadtquartier entstanden. Man erreicht es von hier aus über die Fußgängerbrücke über den Hafen.
Wir aber schlendern nach rechts entlang der Uferpromenade, bis der Gehweg in einen Holzsteg übergeht. Dort biegen wir rechts in die Faldernstraße, um gleich darauf nach der turmlosen, 1825 im klassizistischen Stil gebauten Mennonitenkirche wieder nach links zu schwenken. Wir halten uns links und wundern uns über die abgerundeten Häuserecken. Die Wagenspuren im Straßenpflaster verraten uns die Ursache dieser Abrasion. Fuhrwerke und Wagen haben früher die Hausecken regelrecht abgewetzt. Da waren die Bewohner des folgenden Hauses auf der linken Seite schon schlauer, ein sogenannter Prellstein sollte verhindern, dass die Gefährte zu dicht an die Mauern kamen.

Das 1570 in niederländischem Barock erbaute **Haus Samson** an der Ecke zur Rathausstraße imponiert uns durch seinen tollen Giebel aus mit Muschelkalk gefugten Ziegelsteinen und einer Krönung aus gehauenem Sandstein, welche von Mönchen des Klosters Thedinga bei Leer gefertigt wurde.
Diese Giebel werden auch „Perückengiebel" genannt, da sie an herabwallende, weiß gepuderte Barockperücken erinnern. Den Namen Samson erhielt das Haus schon beim Richtfest von seinem niederländischen Architekten Vingboom, denn früher wurden den Häusern statt Hausnummern Namen verliehen.

Heute ist das Haus Samson das Stammhaus der **Weinhandlung und Spirituosenfabrik I. W. Wolff GmbH & Co. KG** und beherbergt ein Privatmuseum der Wohnkultur Ostfrieslands des 18. und 19. Jh. sowie die Verwaltung der Firma und eine Weinhandlung. Die zum Teil 400 Jahre alten Gewölbekeller bieten mit die besten Voraussetzungen für die Lagerung der Weine in ganz Norddeutschland.
Mit einigen ostfriesischen Spirituosen-Spezialitäten der Firma Wolff haben Sie bestimmt schon Bekanntschaft gemacht, wie z. B. dem Ostfreeske Brantwien mit Rum, dem Ostfriesischen Teelikör, dem Kruiden, oder aber der Bontjesoop, einem Getränk, für das Rosinen in Branntwein eingelegt werden, in dem zuerst weißer Kandiszucker (Kluntje) aufgelöst wurde. Oft auch eigens hergestellt, wird dieses Getränk als Kinnertön (wörtlich: Kinderzeh) in Ostfriesland anlässlich der Geburt eines Kindes serviert. Wenn Sie noch einen Blick auf das linke untere Kellerfenster des Hauses Samson werfen, können Sie wieder den Fisch mit Ring entdecken. Durch die Rathausstraße gelangen wir zum **Rathaus**. Es wurde vom Aachener Baumeister Henrici entworfen und 1894 im Niederländischen Renaissancestil erbaut. Mit der benachbarten **Historischen Waage** (gebaut 1714 im Stil des Niederländischen Hochbarocks) bildet das Rathaus ein eindrucksvolles Ensemble. Nach einer sehr interessanten Rathausführung (dienstags 15:00 Uhr, donnerstags 11:00 Uhr, Stadtführungen Ostern bis Ende September sonntags 11:00 Uhr, jeweils Treffpunkt Rathaustreppe, keine Anmeldung erforderlich) haben wir noch Glück und hören schon die klangvollen Melodien des Glockenspiels im Rathausturm, welches tagsüber immer drei Minuten vor jeder vollen Stunde erklingt. Die historische Uhr aus dem Alten Postamt von 1886 im Foyer des Rathauses mahnt uns zum Weitergehen. Nu is Teetied. In der Ostfriesischen Teestube gegenüber gönnen wir uns jetzt die Teezeremonie mit „Stövchen“ und Krintstuut (Rosinenweißbrot) mit Butter, serviert von den Damen in ostfriesischer Tracht.

An dieser Stelle kommen wir nicht umhin, Ihnen die strengen **Regeln der ostfriesischen Teezubereitung** zu verraten. Auf Ihrer weiteren Reise durch Ostfrieslands Mitte können Sie immer wieder darauf zurückgreifen, ob bei Einladungen Einheimischer, in Teestuben oder aber im eigenen WOMO.

Vorher ist es interessant zu wissen, dass 25 % des gesamten deutschen Teeimports von den Ostfriesen verbraucht werden, pro Kopf sind das 3,5 kg im Jahr. Normalerweise gibt es an einem „ostfriesischen" Tag vier Teepausen, in denen jeweils mindestens drei Tassen getrunken werden (3-mal ist Ostfriesenrecht!). Das macht in einem „ostfriesischen" Leben schon mal 300.000 Tassen. „Hebben wi keen Tee, mutten wi starven." Da erübrigt sich die Übersetzung.

Der Tee wird serviert in kleinen hauchdünnen Tässchen mit Unterteller im Dekor der roten ostfriesischen Rose und kleinen, ca. 10 cm kurzen Teelöffeln.

Die Kanne wird vorgewärmt und mit einem Teelöffel Tee pro Tassenzahl und einem Löffel zusätzlich für die Kanne befüllt. Kochendes Wasser wird aufgegossen, bis die Teeblätter bedeckt sind. 3-4 Minuten ziehen lassen. Danach die Kanne mit heißem Wasser auffüllen und gleich einschenken. Die Teeblätter müssen immer von Wasser bedeckt sein, man kann durchaus ein zweites Mal aufgießen. Die Teekanne wird zum Warmhalten des Tees auf ein Stövchen gestellt.

Nun gibt man in die Teetasse einen Kluntje (weißen Kandis). Beim Einschenken des Tees hört man das unverwechselbare Knistern. Schließlich wird mit dem speziellen Sahnelöffel noch frischer Rahm (Sahne) auf den Tee gelegt. Auf keinen Fall dürfen Sie den Tee nun umrühren. Die Sahne sinkt nach unten und bildet beim anschließenden Aufsteigen die sogenannten Wolkjes. Den Löffel benutzt man nur, um nach mindestens drei getrunkenen Tassen anzuzeigen, dass nicht mehr nachgeschenkt werden soll. Dazu wird er in die Tasse gestellt.

Trinken Sie den Tee in drei Schlucken, den ersten Schluck mit der oben schwimmenden Sahne, beim zweiten Schluck schmecken Sie den herben Tee und beim dritten Schluck genießen Sie die Süße des Kandis. Teezeit bei den Ostfriesen, auch das sollten Sie beherzigen, ist immer Zeit zum Klönen, zum Ausruhen und Entspannen.

Gut gestärkt wandeln wir vorbei an der Alten Waage und dem Museumshafen zu der scheinbar dahindösenden, doppelschwänzigen Nymphe, der **Meerwiefke**, einer weiteren Statue von Karl-Ludwig Böke. Das sehenswerte, aber von außen unscheinbare **Böke-Museum** finden wir hinter dem Skulpturengarten auf der linken Seite. Sollten Sie noch Lust haben, uns die Neue Straße einige Meter weiter zu folgen, stoßen Sie auf ein altes Haus mit rot verputztem Giebel. Die Verschnörkelungen oben am Haus, die zuerst aussehen wie Meeresungeheuer, erweisen sich bei genauer Betrachtung wiederum als Fisch mit Ring im Maul. Die Visserings waren offensichtlich eine sehr wohlhabende Familie.
Wenn wir am Böke-Museum gleich rechts abbiegen, gelangen wir zurück zum WOMO-Stellplatz auf der Großen Bleiche.

Sie haben recht, wir sind Ihnen noch unseren 3. und 4. Übernachtungsplatz schuldig. Sie liegen an unserer weiteren Tourstrecke, sozusagen auf dem Weg.
Dazu fahren Sie nach dem Ortseingangsschild von Leer auf die Schnellstraße B 70 nach Aurich, biegen an der ersten Kreuzung auch wieder Richtung Aurich links in den Stadtteil Loga ab. An der zweiten Ampelkreuzung folgen Sie bitte für den 3. Übernachtungsplatz den Ausschilderungen zum **Schloss Evenburg** nach rechts.
Auf dem von Buchenhecken umgebenen Parkplatz der Evenburg, gegenüber der evangelisch-reformierten Kirche Loga, haben wir ein ruhiges Plätzchen mit Schloss-Blick gefunden. In der Vorburg der Evenburg ist die Leeraner Kreismusikschule zu Hause und ein nettes Café lädt zum Verweilen ein. Das, Mitte des 17. Jh. durch Oberst Erhard von Ehrentreuter, Kommandant einer Garnison der holländischen Generalstaaten in Emden, gebaute Wasserschloss wurde nach seiner Frau Eva benannt. Im 19. Jh. folgten Umbauten des einst klassizistischen Gebäudes im neugotischen Stil, im Jahr 2006 wurden umfangreiche Restaurationsarbeiten abgeschlossen.

Öffentliche Führungen durch den Evenburgpark im Stil eines englischen Landschaftsgartens sowie das Schloss, welches nicht eingerichtet ist und heute die Berufsakademie Ostfriesland beherbergt, finden jeden Sonntag 11 und 14:30 Uhr, Eintritt, (Treffpunkt am Torbogen der Vorburg) statt. Vom Dach des Schlosses hat man einen wundervollen Blick über das große Gelände bis hin zum Ledadeich.

### (089) WOMO-Stellplatz: Leer 3 - Evenburg

**GPS:** N 53°13′53.7″ E 07°29′32.7″; Am Schlosspark. **Max. WOMOs:** 2-3.
**Ausstattung/Lage:** gepflastert / im Ort.
**Zufahrt:** ruhig, am Wochenende Schlossbesucher, bitte nicht mit WOMOs über 6,50 m Länge hier parken, kein campingähnliches Verhalten, da sonst dieser herrliche Platz bald der Vergangenheit angehören wird, Nähe zu Paddel- und Pedalstation, Paddeltouren auf der Leda und Jümme nach Stickhausen.

Für den 4. Übernachtungsplatz in Leer biegen sie nicht von der Straße durch Loga zur Evenburg ab. Folgen sie dem Straßenverlauf bis zur dritten Ampel, an der Sie bitte links in die Straße „Hohe Loga“ einschwenken. Ab hier ist der WOMO-Stellplatz an der **Mühle Logabirum** ausgeschildert.

Hierher müssen Sie auch wieder zurückkehren, um unserem weiteren Tourenverlauf zu folgen.

## (090) WOMO-Stellplatz: Leer 4 - Mühle Eiklenborg

**GPS:** N 53°14'50.1" E 07°30'56.6". **Max. WOMOs:** 4.
**Ausstattung/Lage:** Wiese, Strom, überdachte Picknickbänke, Toiletten, Dusche gegen Gebühr, ruhig / Ortsrand, nicht zentrumsnah.
**Zufahrt:** Siehe Text, links an Mühle vorbei auf die Wiese fahren.
**Sonstiges:** Landwirtschaft, Eierverkauf aus eigener Hühnerhaltung, an Hauswand Kasten für Abrechnungsquittungen, www.eiklenborg.de.

Um nun unserer Tour weiter zu folgen, fahren Sie, vom Stellplatz kommend, über die in der Anfahrt genannte Kreuzung geradeaus hinüber in die 30er Zone Richtung Pünte.
Verlassen wir den Parkplatz an der Evenburg nach rechts und halten uns immer geradeaus aus Leer hinaus, erreichen wir auf derselben Straße rasch die **„Pünte" in Wiltshausen**.
Seinen Namen verdankt dieser Landgasthof der kleinen handbetriebenen Grundseilfähre über die Jümme, die erstmals 1562 urkundlich erwähnt wurde und heute unter Denkmalsschutz steht. Sie verbindet die Orte Amdorf und Wiltshausen miteinander und ist die älteste handgezogene Fähre Nordeuropas. „Fährmann, hol över!" Es können auf ihr bis zu drei Autos, sogar mal ein Wohnmobil und 30 Passagiere transportiert werden, von Mai bis September mittwochs bis sonntags ist sie in Betrieb.

## (091) WOMO-Stellplatz: Pünte

**GPS:** N 53°13'25.8" E 07°31'35.7". **Max. WOMOs:** 10.
**Ausstattung/Lage:** Strom und Wasser auf Anfrage beim Wirt gratis, kostenfreie Übernachtung bei Verzehr in der Gaststätte (montags geschlossen, geöffnet Mai bis September 11-22 Uhr, Oktober bis April dienstags bis freitags 18-22 Uhr, samstags und sonntags 11-22 Uhr) / außerorts.
**Ansprechpartner:** Herr Balzen, Tel.: 0491-71866, www.puente-leer.de.
**Zufahrt:** Siehe Text.
**Sonstiges:** Ausgangspunkt für Fahrradtouren entlang der Jümme.

### Fahrradtour durch das ostfriesische Zweistromland

Auf der kurzen Fährüberfahrt, bei der wir im wahrsten Sinne des Wortes kräftig mitziehen, können wir interessante Tipps von den beiden Fährmännern zum weiteren Verlauf unserer heutigen Fahrradtour einheimsen, auch eine Karte gibt es dazu.

Wir entschließen uns, nicht auf dem kürzesten Weg an der Jümme entlang nach Stickhausen zu radeln, wir wollen mehr von der Umgebung sehen. So treten wir kräftig in die Pedale, wählen den Weg geradeaus und erreichen bald Amdorf. Auf dem Weg dorthin, schon nach der ersten Kurve, entdecken wir rechts die **schmalste Autobrücke Deutschlands**.

Auch wenn wir nicht mit dem Auto hier sind, einmal über die Stahlbogenbrücke mit ihrer 1,85 m schmalen Fahrspur wollen wir trotzdem fahren. Wir halten uns hinter der Amdorfer Kirche rechts, strampeln einmal hinüber und zurück und sind wieder im Ort.

Ab hier radeln wir geradeaus Richtung Barßel. 500 m nach dem Ortsausgangsschild geht es rechts in die Altfehnstraße und danach immer entlang der Fahrradweg-Ausschilderung nach Barßel, auf herrlich glatt asphaltierten Wegen, lange Zeit entlang des Ledadeichs. An der weißen Klappbrücke über die Leda überqueren wir die Straße und setzen unsere Fahrt geradeaus fort, bis wir bei der Brücke über den Dreyschloot nicht nach Roggenberg abbiegen, sondern uns ab hier von der Ausschilderung nach Stickhausen leiten lassen. Auf der folgenden Strecke, im sogenannten **Zweistromland** zwischen Leda und Jümme, genießen wir die Ausblicke.

Saftig grüne Wiesen mit schwarz-weißen Kühen, blauer Himmel und die für Ostfriesland so typischen Wolken. Ostfriesland, sagt man, besteht höchstens zu einem Fünftel aus Land. Vier Fünftel sind Himmel. Man erlebt hier keine Landschaft, sondern „Himmelschaft", sagte einst Henri Nannen, der Stern-Gründer und gebürtige Emder. Achtet man darauf, wird man feststellen: Es stimmt!

Wir gelangen an die Straße, überqueren auf ihr die Jümme-Brücke, wechseln die Straßenseite und rollen nach Detern hinein. Hinter dem Kindergarten schwenken wir in den Alten Heerweg. Dieser bringt uns direkt zum

Wohnmobilstellplatz mit seinen sehr gepflegten öffentlichen Toiletten. Hier in Detern/Stickhausen in der Alten Heerstr. 6 befindet sich ein TOP-Wohnmobilstellplatz für 40 Mobile, der vielen Reisemobilisten auch über die Grenzen Ostfrieslands hinaus schon bekannt ist. Die Anfahrtsmöglichkeit mit dem WOMO dahin ist im weiteren Tourenverlauf auf der rechten Buchseite beschrieben.

Wir fahren am Stellplatz vorbei auf der Hauptstraße bis zur nächsten Kreuzung und an dieser einige Meter rechts, bis wir den Eingang zur kleinen Burg auf der linken Seite entdecken. Die **Burg Stickhausen** am Ufer der Jümme wurde 1345 von der Hansestadt Hamburg errichtet, um ihre Handelswege nach Westen zu schützen. Heute ist die Burg noch in Privatbesitz, es befindet sich in ihr ein kleines Heimat- und Volkskundemuseum (geöffnet Mai bis September dienstags bis samstags 14-16 Uhr, sonn- und feiertags 14-18 Uhr, Eintritt, jährlich am Wochenende der 22. KW großes Gartenfest).
Die Besichtigung dauerte nicht allzu lange, und wir rollen hinaus aus Stickhausen über die Brücke. Gleich dahinter biegen wir in den Fahrradweg am Jümmedeich entlang links ein. Wenn wir dem Fahrradweg weiter geradeaus folgen, erreichen wir nach insgesamt 34 Radkilometern unser WOMO an der Pünte.

Wollten Sie als Kind auch immer einmal Bahnschrankenwärter sein? Da haben wir etwas für Sie.
Von der „Pünte" kehren wir zuerst ein Stück Richtung Leer zurück, biegen aber nach 800 m rechts in den Asphaltweg ein. Nach kurzer Strecke über weites Land wird unsere Fahrt durch eine geschlossene Schranke gestoppt. Über Knopfdruck und Wechselsprechanlage können wir die Schranke wie von Geisterhand öffnen und nach unserer Durchfahrt wieder schließen. Am Ende der Straße schwenken wir rechts und rollen weiter bis nach FILSUM.
In Filsum, dem Ort, in dem der aus Funk und Fernsehen bekannte „Pferdeflüsterer" Tamme Hanken zu Hause ist und seinen Pferde-REHA-Hof betreibt, besteht die Möglichkeit, nach dem SPAR-Markt rechts nach Detern abzubiegen, um zum weithin bekannten WOMO-Stellplatz nach STICKHAUSEN zu gelangen.

## (092) WOMO-Stellplatz: Detern/Stickhausen

**GPS:** N 53°12'56.0" E 07°38'45.9"; Alte Heerstraße. **Max. WOMOs:** 30.
**Ausstattung/Lage:** V+E, Strom, Dusche, WC, Waschmaschine, Trockner, Küche, ganzjährig, Gebühr, Brötchen- und Zeitungsservice, Fahrrad- und Bootsverleih, zentrale aber ruhige Lage / im Ort.
**Ansprechpartner:** Herr Bleeker, sehr freundliche Beratung und Organisation von WOMO-Treffen u. ä., Stellplatz-Reservierung, Tel. (Touristik-Info): 04957-711.
**Zufahrt:** In Filsum nach Detern abbiegen, dort nach Ausschilderung zum WOMO-Stellplatz fahren.
**Sonstiges:** Gästehaus, für Veranstaltungen, wie Klub-Treffen, zu mieten, Tourist-Info nebenan, Paddel- und Pedalstation, Jümmesee, im Winter bei Frost Eislaufbahn auf einem Teil des Stellplatzes.

In Filsum geht unsere Tour Richtung AMMERSUM weiter. Wir lassen es uns aber nie nehmen, einen Abstecher zur **Milchtankstelle** am Bauernhof der Familie de Riese zu machen und möchten Ihnen diesen auch empfehlen. Dazu orientieren Sie sich in Filsum Richtung SELVERDE, überqueren die Autobahn und schwenken gleich dahinter zum ersten Hof auf der linken Seite ein. Außer Rohmilch aus dem SB-Zapfautomaten gibt es hier rund um die Uhr vorbereitete Flaschen für Milchshakes, frische Bio-Eier sowie je nach Jahreszeit eine kleine Auswahl an Obst und Gemüse.

Weiter geht unsere Tour von Filsum über Ammersum zu unserem absoluten Gaststättentipp, dem **„Fehnhof"** in SÜDGEORGSFEHN. Die Brücke in BRÜCKENFEHN merken wir uns, hier setzen wir unsere Tour nach dem kulinarischen Abstecher später weiter fort.
Vorbei an der 1896 eingeweihten neugotischen **Hollener Christuskirche** (geöffnet Ostern bis Ende Oktober 10-18 Uhr) mit ihrer aus der alten Kirche übernommenen Kanzel aus dem Jahr 1655 erreichen wir nach der Südgeorgsfehner Mühle, einem zweistöckigen Galerieholländer, links hinter dem **Ostfriesischen Fehnhof** der Familie Peters den Parkplatz und unseren WOMO-Stellplatz.

**(093) WOMO-Stellplatz: „Fehnhof" Südgeorgsfehn**

**GPS:** N 53°14'31.6" E 07°44'06.0"; Südgeorgsfehner Str. 85.
**Max. WOMOs:** >5.
**Ausstattung/Lage:** großer Parkplatz hinter dem Haus, teilweise unter Bäumen, Strom und Toilette auf Anfrage, Biergarten / im Ort.
**Ansprechpartner:** Herr und Frau Peters, Tel.: 04489-2779, www.fehnhof.de.
**Zufahrt:** Von Hollen kommend auf der Südgeorgsfehner Straße (L 827) nach Südgeorgsfehn fahren. Der Fehnhof ist an der Ecke zur Straße Südobenende auf der linken Seite.

Gönnen Sie sich den Genuss! Der Küchenchef Ayelt Peters und seine Frau Helma verwöhnen Sie mittwochs bis freitags ab 17:30 Uhr und am Wochenende ab 11:00 Uhr mit den leckersten traditionellen Gerichten, wie Snirtjebraten, Pökelfleisch und Labskaus, auch Grünkohl und Updrögt-Bohnen, aus frischen Produkten und Zutaten der Region.
In der gemütlichen Atmosphäre der Gaststuben, die seit 100 Jahren bereits im Familienbesitz und typisch ostfriesisch eingerichtet sind, im Winter am offenen Kamin, in Gesellschaft mit Freunden in der Upkamer oder separat im kleinen Backhaus verweilen wir immer gern. Versuchen Sie sich doch einmal im ostfriesischen Nationalsport, dem Boßeln.
Familie Peters ist Ihnen bei der Planung behilflich und stellt das Zubehör zur Verfügung.
Beim abschließenden obligatorischen Grünkohl mit Pinkel (geräucherte grobkörnige Grützwurst) gibt der sympathische Hausherr bestimmt den einen oder anderen Döntje (plattdeutsch; heitere Anekdote, die nicht immer wahr sein muss) zum Besten. Mehr über das Boßeln können Sie im Kapitel „Wissenswertes von A bis Z" am Ende unseres Buches erfahren.

**Rezept-Tipp**

Hat Ihnen der **Grünkohl mit Pinkel** geschmeckt? Fürs Nachkochen im Winter zu Hause verraten wir hier Ihnen unser Grünkohl-Rezept:

**4-5 Pfund Grünkohl** werden von den Stielen befreit, gewaschen und für 5 Minuten in kochendes Salzwasser gelegt. Dann drückt man den Kohl aus und schneidet ihn sehr klein.
**100 g Schmalz oder Butter** werden in einem Topf zerlassen, dazu kommen **3 klein gewürfelte Zwiebeln**. Wenn die Zwiebeln etwas angeröstet sind, gibt man den Kohl dazu. Ein paar Mal umrühren, danach salzen (1 TL) und mit einem guten halben Liter Wasser auffüllen.
**500 g Bauchspeck**, **500 g Kassler** und **6 Esslöffel Hafergrütze** hinzugeben und das Ganze nun 1 bis 1,5 Stunden bei mittlerer Hitze kochen. In der letzten halben Stunde gibt man die **Pinkelwurst (500 g)** hinzu. Diese gibt es geräuchert und ungeräuchert. Sie besteht aus Schweinsflomen und Hafergrütze und ist in der Grünkohlzeit überall zwischen Bremen und Emden erhältlich. Das plattdeutsche Wort „Pink" steht für „kleiner Finger" und im übertragenen Sinn hier für „kleine Wurst".
Vor dem Servieren können Sie das Gericht noch einmal mit Salz, Pfeffer und etwas Zucker abschmecken. Dazu passen Salzkartoffeln.
Zum Abschluss des nicht ganz fettarmen Essens, als Verdauungshilfe, wird meist ein „Kohlschluck", ein Klarer, ausgeschenkt.
Guten Appetit!

Zurück in Brückenfehn überqueren wir die weiße Klappbrücke und fahren an der Westseite des Kanals entlang. Gut zu erkennen ist hier die Anlage einer typischen **Fehnsiedlung**. Fehn ist abgeleitet vom niederländischen Veen und heißt immer in Verbindung mit einem weiteren Wortteil „Moor …".
Der Ausdruck „up´t (auf dem) Fehn" bedeutet in Ostfriesland so viel wie „in der Moorsiedlung" und wird manchmal für bestimmte Ortschaften mit den Endungen -fehn oder -veen gebraucht. Eine Fehnsiedlung besteht aus einem Hauptkanal

(Hauptwieke) und meist mehreren Nebenkanälen, die früher zur Entwässerung des Moores, zum Abtransport des gestochenen Torfs und zur Anfuhr von z. B. Baumaterial mit Torfschiffen (Torf- bzw. Törfmutjes) genutzt wurden. Beiderseits der Kanäle reihen sich die (Fehn-) Häuser wie an einer Perlenschnur auf.
Wir nehmen den etwas unscheinbaren Abzweig nach LAMMERTSFEHN. Die Birkenallee, auf der wir gen Westen schaukeln, sieht schon fast unwirklich schön aus.

Auch die gepflegten Anwesen beiderseits der Straße lassen in uns ein kleines schlechtes Gewissen aufkeimen, wenn wir an unseren heimischen Gartenwildwuchs denken.
Wir erreichen anhand der Beschilderung den Parkplatz des Wasserparks am Hasselter Wasserwerk.

### (094) WOMO-Stellplatz: Wasserwerk Hasselt

**GPS:** N 53°16'31.1" E 07°37'37.7"; Am Wasserwerk. **Max. WOMOs:** 2-3.
**Ausstattung/Lage:** gepflastert, Trinkwasserpumpe, Toilette und Picknickhütte im angrenzenden Wasserpark / außerorts.
**Zufahrt:** Von Lammertsfehn aus den Ausschilderungen zum Wasserwerk folgen.
**Sonstiges:** Wasserpark, freier Eintritt.

Auf dem 7000 m² großen Gelände des Wasserparks verschaffen wir uns einen Überblick über die Geschichte und Technik der Wasserversorgung. Begreifen durch

Anfassen, nicht nur für die Kinder ein Erlebnis der Sinne. Das um das hiesige Wasserwerk aus bis zu 100 m Tiefe für die umliegenden Gemeinden geförderte Wasser ist von allerbester Qualität, es ist sehr weich (Härtebereich 1) und keimfrei, d. h., es braucht nicht gechlort zu werden. Es erklärt sich von selbst, dass die hier beheimateten Ostfriesen nicht ohne einen Kanister mit „ihrem" Wasser auf Reisen gehen, für die Zubereitung ihres Tees natürlich.
Vom Parkplatz aus erst links, dann rechts, holpern wir (sehr langsam bitte!) den alten Ziegelweg bis zur B 72, der wir nach rechts bis zur nächsten Ampelkreuzung folgen. Hier biegen wir rechts ab und erreichen HESEL, in dessen Ortsmitte der WOMO-Stellplatz ausgeschildert ist.

### (095) WOMO-Stellplatz: Hesel 1 - Dorfplatz

**GPS:** N 53°18'17.6" E 07°35'30.1"; Kirchstraße. **Max. WOMOs:** 12.
**Ausstattung/Lage:** V+E, Strom, Gebühr, gepflasterte Parzellen, Picknickbänke, Infotafel, Schwimmhalle in der Nähe, Einkaufsmöglichkeiten, Restaurant anbei / im Ort.
**Zufahrt:** Von B 72 in Hesel ausgeschildert.
**Sonstiges:** Liegt direkt am 97 km langen Ostfrieslandwanderweg, der streckenweise auf der ehemaligen Kleinbahnstrecke „Jan Klein" von Papenburg nach Bensersiel verläuft und zum größten Teil auch mit dem Fahrrad befahrbar ist. Auf diesem können Sie auch im Nachbarort Holtland das Mühlencafé (geöffnet Mai bis September sonntagsnachmittags) erreichen.

Sollten Sie länger in Hesel verweilen, empfehlen wir Ihnen einen Spaziergang durch den **Heseler Wald**, dem mit ca. 600 ha größten zusammenhängenden Waldgebiet Ostfrieslands mit Reiterpfad, Trimmpfad, Waldlehrpfad, Abenteuerspielplatz und Wüstung „Kloster Barthe" mit der Nachgestaltung des Grundrisses des ehemaligen Klosters durch Heckenanpflanzungen.
Von Hesel aus besteht die Möglichkeit, unsere Tour bis Großefehn oder sogar bis Aurich abzukürzen. Dazu bleiben Sie

auf der B 72, die Sie über Großefehn direkt nach Aurich führt. In Bagband ist ein Abstecher zur Historischen Landbrauerei mit Brauhaus „Ostfriesenbräu“ empfehlenswert, wo sie dem Braumeister beim Bierbrauen über die Schulter schauen, das dunkle Landbier verkosten, aber auch zünftig essen können. Das Brauereimuseum informiert Sie über die Bierbrauerei.

### (096) WOMO-Stellplatz: „Ostfriesenbräu" Bagband

**GPS:** N 53°21′01.5″ E 07°36′42.0″; Voerstad 8. **Max. WOMOs:** 2-3.
**Ausstattung/Lage:** Strom, Wasser, WC, bei Verzehr in Gaststätte kostenlos (täglich geöffnet) / im Ort.
**Ansprechpartner:** Herr Krischer, Tel.: 04946-203, www.ostfriesenbraeu.de.
**Zufahrt:** Von der B 72 nach Wiesmoor abbiegen, das Brauhaus ist in Bagband auf der rechten Seite, WOMO-Stellplätze hinter dem Haus.
**Sonstiges:** Bei Weiterfahrt erreichen Sie nach 11 km WIESMOOR, die Blumenstadt, wo Sie einen im wahrsten Sinne des Wortes bunten Tag mit Gärtnereibesichtigungen, Besuchen der Blumenhalle, des Gartenparks oder des Torf- und Siedlungsmuseums verbringen können.

Mühle in Bagband

Fahren Sie weiter auf der B 72, ist kurz vor Aurich, in Schirum, eine V+E im Gewerbegebiet ausgeschildert [N 53°26'24.16" E 07°31'00.18"].
Ein weiteres Übernachtungsplätzchen unweit von Hesel finden wir, wenn wir in der Ortsmitte Richtung JHERINGSFEHN fahren, nach ca. 3 km nach dem Ortsausgangsschild rechts auf dem Parkplatz vom **Gut Stikelkamp**.
Im angrenzenden 59 ha großen Waldgebiet, umgeben von einem Park mit seltenem Baumbestand, liegt das Gut Stikelkamp, ein ehemaliges Vorwerk des Johanniterklosters Hasselt in Hesel und späterer Wohnsitz der Familie Lantzius-Beninga, deren Ahnengalerie man im restaurierten Wohnhaus bestau-

nen kann. Zum Gutshaus, welches von einer Gracht umgeben und über eine Brücke zu erreichen ist, und dem kleinen Waldfriedhof der Familie Lantzius-Beninga gelangt man entlang der Buchenallee vom Parkplatz aus. Interessant finden wir die unterschiedlichen Formate der Ziegelsteine, aus denen das Haus gebaut wurde.
Termine für Führungen sind unter Tel.: 04946-320 zu erfragen.

**(097) WOMO-Wanderparkplatz: Hesel 2 - Gut Stikelkamp**
**GPS:** N 53°20'06.6" E 07°34'20.0"; Hauptstraße. **Max. WOMOs:** 1-2.
**Ausstattung/Lage:** Picknickbank, Mülleimer, Parkanlage mit Anbindung an den Ostfrieslandwanderweg / außerorts.
**Zufahrt:** Der Parkplatz befindet sich rechts an der Straße von Hesel nach Stiekelkamperfehn.

Bei der Weiterfahrt nach STIEKELKAMPERFEHN werden wir auf einen herrlichen Vorgartenschmuck aufmerksam.

**Bogenschmuck**

Das Bogenmachen ist ein ostfriesischer Brauch. Zu den verschiedensten Anlässen, wie Grüne, Hölzerne, Silberne oder Goldene Hochzeiten, Jubiläen, runde Geburtstage und Geburten werden von den Nachbarn

der Jubilare die Festbögen gebunden. Dazu vermessen die Nachbarn zuerst die Haustür und die Länge der Auffahrt. Die Männer zimmern dann das Bogengestell aus Holz und binden klein geschnittene Tannen- oder Eichenlaubzweige mit Draht um das Holzgestell und um Taue, die später über der Tür und als Girlanden entlang der Auffahrt befestigt werden. Die Frauen basteln aus Krepppapier, welches mit ganz speziellen Kurbelmaschinen gekräuselt wird bzw. aus Papierservietten Blumen (Rosen genannt) und das Schild für die Bogenmitte, auf dem der Anlass mitgeteilt wird.
Sollten Sie einmal einen Bogen mit Holzspänen entdecken, in deren Mitte ein Paar Holzschuhe prangt, zeigt dieser eine hölzerne Hochzeit an, das hier wohnende Paar ist seit 10 Jahren verheiratet.
Am Tag des Bogenaufstellens zieht die Nachbarschaft zu den Jubilaren und befestigt den Schmuck. Am Schluss werden die Rosen an den Bogen gedrahtet. Die Rosen haben übrigens den Anlässen entsprechend bestimmte Farben. Ist ein Hochzeitsbogen z. B. mit roten und weißen Rosen besetzt, ist noch kein Baby unterwegs.
Schon beim Bogenbinden und Rosenmachen wurden die Nachbarn von den Beschenkten mit Getränken bedacht, jetzt gibts zur Belohnung 'nen Schnaps, und dann werden die Bogenmacher meist ins Haus geladen und bewirtet. Nach einigen Wochen trifft man sich wieder zum Bogenabnehmen, wobei erneut in fröhlicher Runde so manches Glas geleert wird. Ostfriesen sind sehr gesellig und finden immer einen Grund zum Feiern.

Wir schwenken hinter Baumanns Gasthof rechts in die Hauptwieke, erreichen NEUEFEHN und folgen der schmalen Hauptstraße, an der T-Kreuzung am Ende links, nach TIMMEL.
In Timmel links und gleich wieder links erreichen wir das **Reitsport Touristik Centrum Großefehn (RTC)**. Auf dem Parkplatz davor und der großen Park-Wiese hinter den Gebäuden kann man im WOMO übernachten, was von Reitsportfans auch gern, besonders während der Reitturniere, wahrgenommen wird.

### (098) WOMO-Stellplatz: Timmel 1 - RTC

**GPS:** N 53°21'42.4" E 07°31'45.2"; Am Reitsportzentrum 1.
**Max. WOMOs:** >10.
**Ausstattung/Lage:** Wiese, Strom und Wasser auf Anfrage, Reitstunden in der Anmeldung buchbar, Veranstaltungen, wie Hengstgalas, Reitturniere, Messen, Konzerte, Infos unter www.rtc-grossefehn.de / im Ort.
**Zufahrt:** Siehe Text, in Timmel RTC ausgeschildert, Stellplätze rechts hinter den Gebäuden.
**Sonstiges:** Badesee „Timmeler Meer" am Ortsrand, dort auch Strandsauna, Fahrradtour zum Fehnmuseum in Westgroßefehn (geöffnet dienstags bis sonntags 13-17 Uhr, im November geschlossen, Eintritt frei, nette Teestube), www.fehnmuseum-eiland.de, sehr zu empfehlen.

## (099) WOMO-Campingplatz-Tipp: Timmel 2 - Timmeler Meer

**GPS:** N 53°21′47.7″ E 07°30′49.6″.
**Max. WOMOs:** 5 (auf CP) + 5 (auf Stellplatz vor CP).
**Geöffnet:** April bis Oktober (siehe Kontakt).
**Ausstattung/Lage:** V+E, Strom, Mülleimer, auf CP Rasen, auf Stellplatz gepflastert, Timmeler Meer, Restaurant, Wassertreter- und Paddelbootverleih / im Ort.
**Kontakt, Buchung und Infos über Öffnungszeiten und Preise:** Tel.: 04945-91970, www.campingplatz-timmel.de.
**Zufahrt:** In Timmel an der T-Kreuzung ist der CP „Timmeler Meer" ausgeschildert.

Halten Sie sich in Timmel links, gelangen Sie zum Campingplatz „Timmeler Meer“ mit Stellplätzen für Wohnmobile davor. Das **Timmeler Meer** ist ein künstlich angelegter See mit Badestrand und Freizeithafen, 25 ha groß mit Verbindung über die Ems zur Nordsee.1846 bis 1918 gab es hier sogar eine Seefahrtsschule, die Königliche Navigationsschule zu Timmel, in deren restaurierten Räumen zurzeit eine Teestube zu finden ist.

Wir biegen in Timmel rechts nach WESTGROßEFEHN/AURICH ab und fahren nach 2,7 km nach rechts in die Neue Wieke Nord. Am Ende der Straße/Ecke Auricher Landstraße steht der über 100 Jahre alte **Drechslereibetrieb von Familie Eden**.

Drechsler Eden bei der Arbeit

Der Chef, Heinrich-Jürgen Eden, ist der einzige Boßelkugeldrechsler Deutschlands. Die drei über der Eingangstür eingelassenen Boßelkugeln zeigen uns, dass wir hier richtig sind. Nach vielen interessanten Erläuterungen über das Boßeln allgemein, die Herstellung der Kugeln aus Guajakholz (Pockholz), einem harten Tropenholz, welches aus der

Dominikanischen Republik über den Hamburger Hafen hierher nach Großefehn importiert wird, und das Klootschießen, einer weiteren ostfriesischen Sportart mit kleineren, bleigefüllten, auch von Herrn Eden hergestellten Kugeln, dürfen wir in der Werkstatt beim Drechseln „unserer" Boßelkugel zuschauen.

Wäre das nicht auch für Sie ein schönes und wertvolles, typisch ostfriesisches Souvenir? Interessant: Mit einer Klootkugel (im Bild rechts die kleineren) von Herrn Eden erzielte Stefan Albarus mit 106,20 m 1996 den bis heute bestehenden Klootschießerweltrekord.

Wir schwenken links auf die B 72. An der Ampel in MITTE-GROßEFEHN biegen wir rechts ab und folgen bis OST-GROßEFEHN der Fehnroute. Dort entdecken wir links auf der anderen Kanalseite die **Historische Huf- und Wagenschmiede „Striek"**. Interessenten können unter Tel.: 04943-920292 von April bis September einen Besichtigungstermin ausmachen.

Unsere Fahrt geht weiter Richtung AURICH. In WRISSE bemerken wir einen Wegweiser, der rechts Richtung Felde zum **Museum und Café „Oll Reef Hus"** führt. Eigentlich kein Museum, sondern ein Sammelsurium eines Herrn Tjaden aus alten und kuriosen Dingen, die zum Staunen, Schmunzeln und Rätseln einladen. Verbunden mit dem Café ist dieser Ort ein beliebtes Ausflugsziel. Geöffnet: sonn- und feiertags 10-18 Uhr, www.ollreefhus.de.

Kurz vor HOLTROP, nachdem wir beim Holtroper Krug rechts eingebogen sind, weist uns ein Schild den Weg zum beheizten Freibad hinter dem Sportplatz.

### (100) WOMO-Badeplatz: Holtrop (Freibad)

**GPS:** N 53°25′48.5″ E 07°34′21.6″; Mühlenweg. **Max. WOMOs:** 2.
**Ausstattung/Lage:** gepflasterter Parkplatz an Freibad und Sporthalle / Ortsrand.
**Zufahrt:** Vom Postweg (K 101) in den Mühlenweg einbiegen.
**Sonstiges:** Freibad während der Saison geöffnet, beheizt, Gaststätte „Holtroper Krug".

Um weiter Richtung Aurich zu fahren, müssen wir in Holtrop rechts nach WIESENS abbiegen, danach ist Aurich wieder ausgeschildert. Schon in Aurich, kurz vor dem Turm der **Molkerei Rücker** schwenken wir rechts auf den kleinen Parkplatz des **Werk-Direktverkaufs** (geöffnet dienstags und samstags 9-13 Uhr, donnerstags 14:30-18 Uhr und freitags 9-18 Uhr). Wir lieben den Streich-Hirtenkäse und am meisten die (wirklich!) frische Butter.

Falls Ihnen mehr der Sinn nach Fisch steht, können wir die **Gaststätte „Lüttje Hörn"** (Tel.: 04941-63897) empfehlen, eine über die Auricher Grenzen hinaus bekannte Fischgaststätte, ein paar Meter weiter an der Egelser Straße.
Jetzt können Sie geradeaus direkt nach Aurich fahren und sich dort Richtung Emden halten, bis Sie an den Auricher WOMO-Stellplatz bei der Sparkassenarena bzw. den Stellplatz vor dem Schwimmbad „De Baalje" kommen.
Wir würden Sie gern noch zu einem Umweg überreden, der Ihnen nicht nur eine Mutprobe abverlangt, sondern auch noch einen ruhigen Übernachtungsplatz bereithält. 200 m nach dem (tatsächlich!) 2. Auricher Ortseingangsschild biegen wir rechts nach WALLINGHAUSEN ab, wo wir nach weiteren 2,6 km links in den Hoheberger Weg einschwenken. Auf der rechten Seite erkennen wir bald die Einfahrt in den Dickfehler Weg zum **Kletterwald Kraxelmaxel**.

### (101) WOMO-Picknickplatz: Aurich 1 - Kletterwald „Kraxelmaxel"

**GPS:** N 53°28′55.1″ E 07°31′01.4″; Dickfehler Weg. **Max. WOMOs:** 2-3.
**Ausstattung/Lage:** WC, picknickbänke, Mülleimer, schattig unter Bäumen, Walsboden, abends ruhig, Spazierwege in den Wald / Ortsrand.
**Zufahrt:** Siehe Text.
**Sonstiges:** Öffnungszeiten des Kletterwalds: witterungsabhängig, April bis Oktober samstags und sonntags und in den Ferien in Niedersachsen und NRW täglich 10/11-17/18 Uhr, freitags ab 13 Uhr, Eintritt für 2 bzw. 3 Stunden Kletterzeit inklusive Einweisung, www.kraxelmaxel.de.

Ja, wir waren mutig. Und viel Spaß gemacht hat es uns, auf den zwischen mächtigen Bäumen gespannten Drahtseilen und schwankenden Holzbrücken zu balancieren. Obwohl wir gut gesichert waren, erforderte die ungewohnte Bewegungshöhe zwischen 4 und 10 Metern schon etwas Mut, Geschicklichkeit und Vorsicht. Aber nach der gemeinsamen Absolvierung der verschiedenen Parcours waren wir ein stolzes Familien-Team.

## Spaziergang zum Ostfriesland-Äquator

Jetzt ist es wieder Zeit für einen längeren Spaziergang. Das Ziel heißt **Ostfriesland-Äquator**. Wir haben uns überlegt, hier nur einmal die GPS-Koordinaten des Ziels zu verraten, bestimmt finden Sie selbst dorthin: **N 53°29'54.7" E 07°30'47.1"**.

Na gut, hier noch eine kleine Hilfe: Weg in den Wald geradeaus - links - wieder links - kurz danach rechts - gerade hinüber in den Neulandweg - Ostfrieslandwanderweg Richtung Wittmund.

Sie haben am Ziel eine Äquatortaufe gemacht? Vielleicht schicken Sie uns ein Foto, wir würden uns sehr darüber freuen.

## (102) WOMO-Stellplatz: Aurich 2 - Sparkassen-Arena

**GPS:** N 53°28′18.2″ E 07°28′15.4″; Emder Straße. **Max. WOMOs:** >10.
**Ausstattung/Lage:** gebührenfrei, Großparkplatz, Mülleimer, unruhig / im Ort.
**Zufahrt:** Vom Kraxelmaxel-Parkplatz rechts bis Aurich, dort rechts in die große Mühlenwallstraße einbiegen, weiter Richtung Emden bis zur Sparkassenarena rechterhand, vor JET-Tankstelle rechts auf den Parkplatz der Sparkassenarena einbiegen, WOMO-Stellplätze auf dem großen Parkplatz danach.

## (103) WOMO-Badeplatz: Aurich 3 - „De Baalje"

**GPS:** N 53°27′55.9″ E 07°28′36.2″; Am Ellernfeld 2. **Max. WOMOs:** 20.
**Ausstattung/Lage:** teils asphaltiert, teils Kies, beleuchtet, ganzjährig, V+E, Strom, Mülleimer, Gebühr, Duschen im Schwimmbad / im Ort.
**Zufahrt:** Vom Kraxelmaxel-Parkplatz rechts bis Aurich, dort rechts in die große Mühlenwallstraße einbiegen, abbiegen in die Julianenburger Straße Richtung Ihlowerfehn, danach in die Hasseburger Straße zum Hafen, dann gleich links zum Schwimmbad mit Freibad „De Baalje".
**Sonstiges:** www.debaalje.de.

## Aurich

Aurich, das grüne Herz Ostfrieslands, liegt in waldreicher Umgebung. Aber auch an der Innenstadt entlang verläuft ein grünes Band, der alte Wall, der einst zu einer massiven mittelalterlichen Stadtbefestigung gehörte. Über 600 große Stadtbäume wurden im Jahr 2000 an öffentlichen Straßen und Plätzen gezählt, mehr gibt es in keiner vergleichbaren deutschen Stadt.
40.000 Einwohner leben hier in der zweitgrößten Stadt Ostfrieslands. Schon vor Jahrhunderten war Aurich der Sitz der ostfriesischen Fürsten, und auch heute noch sind zahlreiche Behörden hier beheimatet.
Bis ins 13. Jh. kann man die Auricher Geschichte zurückverfolgen. Bereits im 14. Jh. besaß das berühmte Häuptlingsgeschlecht der **tom Brok** in Aurich eine Burg, die aber in den Auseinandersetzungen zwischen dem Leeraner Häuptling **Ukena** und dem Friesischen Freiheitsbund zerstört wurde. Im späteren Mittelalter wurde die Geschichte Aurichs weiter geprägt von Konflikten mehrerer Häuptlingsfamilien, von denen sich letztlich die **Cirksena** durchsetzten, das spätere Grafen- und Fürstengeschlecht.

Auricher Fußgängerzone

Nach deren Aussterben wurde die Herrschaft in Ostfriesland im 18. Jh. von den Preußen übernommen, unter Napoleon Aurich später dem französischen Kaiserreich angegliedert.
Als mit der Niederlage von Napoleon 1815 die europäischen Grenzen neu geordnet wurden, fiel die Stadt mit Ostfriesland an das Königreich Hannover, nach dem Deutschen Krieg 1866 wieder an die Preußen.
Die Einwohnerzahl Aurichs vergrößerte sich nach dem Zweiten Weltkrieg sehr stark, als viele Flüchtlinge aus den früheren Ostgebieten des Deutschen Reiches aufgenommen wurden, durch den Zuzug vieler Spätaussiedler aber auch durch die Niederlassung von Ruheständlern aus anderen Regionen Deutschlands, die in Ostfriesland ihren Lebensabend verbringen möchten.
Dass es in Aurich gar nicht „schaurig“ ist, dafür sorgen Land und Kommune gemeinsam. Rund 19 Mio. EUR werden bis 2019 in die Sanierung der Altstadt investiert. Wenn Sie Lust haben, können Sie sich mit uns während eines Spaziergangs durch die Stadt davon überzeugen.

## Stadtrundgang durch Aurich

Vom Parkplatz an der Sparkassenarena aus gehen wir ein Stück die Straße zurück und wechseln an der nächsten Ampel die Straßenseite. Auf der Julianenburger Straße spazieren wir bis zum Abzweig nach rechts zum **Hafen** und dem Stellplatz „De Baalje“ in unmittelbarer Nähe. An der Anlegestelle der „MS Stadt Aurich“ informiert ein Fahrplan über die Ausflugsfahrten nach Emden und Ihlow. An der **Paddel- und Motorbootsvermietung** entdecken wir auf dem Stadtplan interessante

Ausflugspunkte am Wasser, besonders entlang des Ems-Jade-Kanals. Wir verlassen den Hafen und erreichen den Schlosspark, indem wir zuerst die Julianenburger Straße an der Ampel überqueren und den Fußweg geradeaus wählen, der sich am Landgericht links vorbei schlängelt. Das 1855 fertiggestellte **Schloss**, in dessen Vorgängergebäude an gleicher Stelle die Cirksena residierten, und auch der **Marstall** gegenüber, der 1588 gebaut wurde und das älteste erhaltene Gebäude im Schlossbezirk ist, beherbergen heute das Land- und Amtsgericht sowie eine Abteilung der Oberfinanzdirektion Niedersachsens und sind leider nicht für Besichtigungen zugänglich.
Im **Mausoleum**, der Ruhestätte der Cirksena auf dem Auricher Friedhof, kann man die Sarkophagen aus dem frühen 18. Jh. von Mai bis Oktober an jedem 1. Donnerstag des Monats um 17 Uhr besichtigen.
Um das Schloss herum gelangen wir zu einem Fußpfad, dem „Philosophenweg". Er endet am Georgswall. Das Backsteinhaus geradezu ist der **Sitz der Ostfriesischen Landschaft**, in ihrer Bibliothek findet man reichhaltiges Lese-, Bild- und Kartenmaterial über die ostfriesische Natur. In unmittelbarer Nachbarschaft steht das **Pingelhus**, ein Wahrzeichen der Stadt. Es wurde um 1800 erbaut und war, als sich der Hafen noch auf dem Gebiet des heutigen Georgswalls befand, das Hafenwärterhäuschen. In drei Stunden konnte man damals von hier aus nach Emden fahren. Immer 10 Minuten vor Abfahrt des Fahrgastschiffes wurde die Pingel (Glocke) geläutet. Heute wird nur noch gepingelt, wenn in diesem Häuschen Vermählungen stattfinden.

Pingelhus Aurich

Gegenüber der **Katholischen Kirche** auf der anderen Straßenseite gelangen wir links durch den Carolinengang in die Fußgängerzone. Rechts sehen wir den Marktplatz mit der Markthalle, dem **Knodtschen Haus** (Barockhaus, um 1735 erbaut) auf der linken Seite und dem umstrittenen 25 m hohen **Sous-Turm** (benannt nach dem Künstler, der diese Skulptur 1990 geschaffen hat). Der Turm wird von den Einheimischen schon mal als „Auricher Tauchsieder" verspottet.
Wir aber schwenken nach links und flanieren die Fußgängerzone entlang, am **Historischen Museum** und besonders für Kinder interessanten **MachMitMuseum** vorbei. Beide befinden sich in der „Alten Kanzlei", einem Haus, welches 1529 aus den Steinen der abgerissenen Klosterkirche in Ihlow gebaut wurde. Das Historische Museum zeigt eine Daueraus-

stellung über die historische Entwicklung Aurichs, der Kirchen und Klöster vor der Stadt und die Lebensumstände der Menschen hier aus der Zeit der Herrschaft der Cirksena bis zum Zweiten Weltkrieg.
Öffnungszeiten: Anfang Februar bis Anfang Dezember dienstags bis sonntags 11-17 Uhr, Eintritt.
Das MachMitMuseum ist ein Museum zum Anfassen, Spielen und Mitgestalten. Jährlich wechseln die Ausstellungsthemen.
Öffnungszeiten: dienstags bis freitags 13-17 Uhr, samstags und sonntags 11-17 Uhr, Eintritt.
Ein paar Schritte weiter sichten wir rechts die **Lambertikirche**, deren freistehender 35 m hoher Turm ein Wahrzeichen Aurichs ist.
Eine Besonderheit ist das **Beiern** vom Lambertiturm. Nicht die Glocke wird geläutet, sondern der Klöppel wird mithilfe eines Seils an den Glockenmantel gezogen. Die Lambertigemeinde ist dank des Einsatzes einiger starker Männer die letzte ostfriesische Gemeinde, die diesen Brauch aus vorreformatorischer Zeit heute noch fortführt. Am Mittag und Abend vor dem ersten Advent sowie morgens, mittags und abends an den Oster-, Pfingst- und Weihnachtstagen und an Silvester und Neujahr können Sie das jeweils 15-minütige Beiern hören.
Eine weitere Besonderheit ist die **Betglocke**. Sie schlägt täglich 8 Uhr und 16 Uhr nach dem Stundenschlag 3-mal. Im Jahr 1641, zur Zeit des Grafen Ulrich, entdeckten Auricher im Eis des Stadtgrabens rote Streifen, die wie Blut aussahen und wie Veilchen dufteten, wahrscheinlich Moos oder Insektenausscheidungen. Die Menschen aber glaubten an ein Zeichen göttlichen Zorns. Graf Ulrich rief daraufhin die Auricher auf, zweimal am Tag Gott um Gnade zu bitten, woran der Glockenschlag erinnern sollte.
Das kostbarste Inventarstück der bald nach 1200 als Einraumkirche erbauten Lambertikirche ist ein **Antwerpener Flügelaltar** (Retabel) des ehemaligen Zisterzienserklosters Ihlow, der um 1510 entstand.

Auf der Rückseite eingebrannte Hände, ein Symbol aus dem Antwerpener Stadtwappen, lässt auf die Herstellung durch die Lukasgilde, einer zunftartigen Antwerpener Bruderschaft, schließen.
Interessant fanden wir den alten **Taufstein**, den der Oldenburger Künstler Prof. Winter schuf. Auricher Bürgerinnen und Bürger standen für das Relief Modell, welches zeigt, wie die Kinder zu Jesus gebracht werden. Es soll tatsächlich noch Auricher geben, die sich in diesen Figuren wieder erkennen.
Im lauschigen Garten des „Twardokus" neben der Kirche lassen wir die Eindrücke bei einer Kanne Tee und einem Stück Ostfriesentorte auf uns wirken.
Am Ende der Fußgängerzone schreiten wir durch zwei Sandsteinpfeiler, dem ehemaligen Eingangstor zum früheren Julianenpark. Später wurden sie anstelle eines Burgtors hier an die damalige Stadtgrenze versetzt. Denn, wo sich heute das Hotel „Piqueurhof" befindet, stand früher vermutlich die erste Häuptlingsburg Aurichs.
Rechts durch die Bahnhofsstraße, am **Hochzeitshaus** vorbei, stoßen wir auf die B 72. Wir halten uns links und gelangen zurück zum WOMO-Stellplatz bei der Sparkassen-Arena.

Da wir uns während des Aufenthaltes in Aurich viel mit der ostfriesischen Geschichte beschäftigt haben, darf ein Besuch des **Upstalsboom** nicht fehlen, der mittelalterlichen Thingstätte (Versammlungsstätte) der friesischen Stämme.
Aus Aurich hinaus geht unsere Fahrt Richtung Ihlow weiter, später Richtung RIEPE. Dabei passieren wir die mit 29,95 m **zweithöchste Windmühle Ostfrieslands**, die Stiftsmühle (die höchste Windmühle Ostfrieslands steht in Hage). Nachdem wir von der Oldersumer Straße nach Riepe in RAHE rechts zum Upstalsboom abgebogen sind, finden wir den Parkplatz nach 200 m links.

### (104) WOMO-Stellplatz: Upstalsboom

**GPS:** N 53°27'06.2" E 07°26'05.4"; Am Upstalsboom. **Max. WOMOs:** 1.
**Ausstattung/Lage:** befestigter Platz, kurzer Fußweg zum Upstalsboom / Ortsrand.
**Zufahrt:** Siehe Text.

### Upstalsboom

Durch die Buchenallee schlendern wir bis zur Thingstätte, dem Inbegriff der **Friesischen Freiheit** und dem Ort mit dem höchsten historischen Symbolgehalt in Ostfriesland.
Hierbei handelt es sich um einen vorgeschichtlichen Grabhügel mit einer Höhe von 6,80 m. An ihm trafen sich friesische Abgesandte bis hinein ins 13. Jh. einmal im Jahr zu Pfingsten, um Recht zu sprechen und Beschlüsse zu fassen.
Bis zum Mittelalter waren alle Friesen von Geburt an frei und liebten diese Freiheit sehr. Fremdherrschaften von Königen, Fürsten oder Grafen lehnten sie strikt ab. Die Grundwerte einer Demokratie waren hier wie sonst nirgendwo in Europa ausgeprägt.
Jeder Ort hatte einen oder mehrere gewählte Häuptlinge, die Verwaltungschef und Richter in einer Person waren und demokratische Beschlüsse fassten, die von der Gemeinschaft als Gesetzte angenommen wurden.
Diese Friesische Freiheit wurde bei den Zusammenkünften der bis zu 100 Häuptlinge am Upstalsboom mit der Losung **Eala Frya Fresena** (Steht auf freie Friesen!) bekräftigt. Sie ziert noch heute das Wappen Ostfrieslands.
Die Antwort darauf lautete: **Lever dood as slaav** (Lieber tot als Sklave!).

Zurück auf der Oldersumer Straße nehmen wir nach 1,4 km den Abzweig nach IHLOWERFEHN und überqueren den **Ems-Jade-Kanal**. Kurz nach dem Kanal entdecken wir links die **Aalräucherei Janssen** (www.aal-janssen.de), bei der wir einen Verpflegungsstopp einlegen müssen. So leckere Aalbrötchen können wir uns einfach nicht entgehen lassen!
Gesättigt und zufrieden biegen wir kurz danach links Richtung IHLOW ab. Die Markierungen auf der Straße weisen übrigens decken wir schräg links den Parkplatz für den Ihlower Forst und das **Kloster Ihlow**.

### (105) WOMO-Wanderparkplatz: Kloster Ihlow

**GPS:** N 53°24′38.2″ E 07°27′07.2″; Zum Forsthaus. **Max. WOMOs:** 2-3.
**Ausstattung/Lage:** Schotterfläche, Infotafel, Mülleimer / außerorts.
**Zufahrt:** An der Kreuzung Kirchdorfer Straße (K 111 Aurich-Riepe)/ Münkeweg auf den Parkplatz abbiegen.

### Kloster Ihlow

Ein kurzer ca. 15-minütiger Marsch auf dem Waldweg, und wir kommen an der Stelle an, an welcher von seiner Gründung im Jahr 1228 bis zu seiner Auflösung im Zuge der Reformation 1529 das Kloster Ihlow (Monasterium Sanctae Mariae in Schola Deï) stand. Die ehemalige Zisterzienserabtei gehörte zu den bedeutendsten Klöstern im Niederländisch-nordwestdeutschen Raum. Die Klosterkirche war 68 m lang und 35 m breit und damit nach dem „Marienhafer Dom“ damals die zweitgrößte Kirche zwischen Groningen und Bremen.
Interessant fanden wir, dass hier die Ergebnisse und Beschlüsse der Versammlungen am Upstalsboom in Verträge gefasst wurden und das Kloster bei längerer Verhandlungsdauer als Übernachtungsmöglichkeit genutzt werden konnte.
Die Ihlower Klosterkirche, eine ehemals dreischiffige Gewölbebasilika, ist als sogenannte **Imagination** zwischen 2005 und 2009 nachgestaltet worden, die den Besuchern eine eindrucksvolle Vorstellung von der Größe dieses Baus vermitteln soll. Eine Stahl-Holz-Konstruktion bildet die Formen von Altarraum und Querhaus, Efeumauern und wieder aufgebaute Backsteinpfeiler zeichnen die Mauern des Kirchenschiffs nach. Von dem 30 m hohen, als Aussichtsturm gestalteten Turm kann man die gesamte Anlage inklusive des kleinen Klostergartens überblicken.
Im Raum der Spurensuche im nachgebildeten Gewölbe unter der früheren Kirche können die Besucher eine Ausstellung zur Ordensgeschichte,

die Ergebnisse der archäologischen Ausgrabungen an dieser Stelle und den neuen Ihlower Altar des Bremer Bildhauers Gunther Gerlach ansehen. Die Imagination ist jederzeit frei zugänglich, der Turm und die Ausstellung sind nur zu den Öffnungszeiten des benachbarten Klostercafés zu besichtigen.

Vom Parkplatz fahren wir ca. 120 m wieder zurück bis zur Ausschilderung, die uns zum **Ihler Meer** führt, einem künstlich angelegten Badesee.

## (106) WOMO-Badeplatz: „Ihler Meer" Ihlow

**GPS:** N 53°24'42.2" E 07°26'23.8"; 1. Kompanieweg. **Max. WOMOs:** 6.
**Ausstattung/Lage:** V+E, Strom auf Anfrage, ganzjährig, gebührenfrei, Badesee mit sandstrand, Restaurant, Sport- und Freizeitcentrum „Crocodiles" / Ortsrand.
**Zufahrt:** In der Ortsmitte vor der Kirche rechts fahren (ausgeschildert).

Weiter geht die Tour rechts nach OLDERSUM, von hier Richtung EMDEN. Vorher aber wollen wir das **Seilereimuseum** besichtigen. Dafür biegen wir in Oldersum nach LEER ab. Das Museum befindet sich wenige Meter nach der Kreuzung auf der linken Seite.

### Auf zur Reeperbahn!

Die ehemals 200 m lange Reeperbahn (geöffnet April bis Mitte Oktober, sonntags 15-17 Uhr, geringer Eintritt) ist das Herzstück des Museums „Alte Seilerei" in Oldersum. Hier in der Reepschlägerei wurden diverse Seile aus Naturfasern hergestellt, von kleinen Stricken für das Vieh bis hin zu großen Tauen für das Festmachen von Schiffen.

Neben vielen alten Gerätschaften des zu den ältesten Handwerksberufen zählenden Seilerhandwerks dokumentiert eine überraschend gut gestaltete Ausstellung die Firmengeschichte der Seilerei Diepen von der Gründung Mitte des 19. Jh. bis zur Schließung.

Sollten Sie noch einen Übernachtungsplatz mit guter Küche anbei, V+E und einem schönen Paddel- und Pedal-Anleger als Ausgangspunkt für eine Rund-Paddeltour durch das Fehntjer Tief in der Nähe suchen, finden Sie diesen 1,4 km weiter Richtung Leer in RORICHUM.

## (107) WOMO-Stellplatz: „bei Cassi" Rorichum

**GPS:** N 53°19'12.8" E 07°21'16.0"; Deichlandstraße 10. **Max. WOMOs:** >10.
**Ansprechpartner:** Herr Duprée, Tel.: 04924-2006, www.bei-cassi.de.
**Ausstattung/Lage:** V+E, Strom, Duschen, WC, abschließbarer Fahrradraum, ganzjährig, kostenfrei bei Verzehr in der Gaststätte / im Ort.
**Zufahrt:** Von der Deichlandstraße (L 2) aus Richtung Emden kurz nach Rorichum der Ausschilderung zur Paddel- und Pedalstation folgen.
**Sonstiges:** Paddel- und Pedalstation nur 200 m entfernt, Paddelrunde Rorichum - Fehntjer Tief - Oldersum - Rorichum möglich (10 km).

Da unsere Tour 5 aber in PETKUM, einem Stadtteil von Emden, enden soll, fahren wir über Oldersum Richtung Emden. 2,5 km nach der Oldersumer Kreuzung ist links das **Emssperrwerk** ausgeschildert. Auch wenn Sie diesen Ort nicht als Übernachtungsplatz nutzen möchten, fahren Sie trotzdem einmal auf den Parkplatz, lassen sich den Wind um die Nase wehen und genießen Sie die herrliche Aussicht auf die Ems.

### (108) WOMO-Stellplatz: Emssperrwerk

**GPS:** N 53°19'20.6" E 07°18'25.2"; Zum Sperrwerk. **Max. WOMOs:** 3.
**Ausstattung/Lage:** Parkplatz für das Emssperrwerk, bitte kein campingähnliches Verhalten / außerorts.
**Zufahrt:** Ca. 2,2 km nach dem Ortsausgangsschild Oldersum links in die Straße „Zum Sperrwerk" abbiegen.
**Sonstiges:** Am Radwanderweg „Kreuzfahrtweg". In der Lehrwerkstatt der Meyer-Werft stellten Lehrlinge mehr als dreißig Silhouetten aller dort bisher gebauten Passagierschiffe aus Schiffstahlplatten im Maßstab 1:2000 her, welche die Radtouristen 42 Seemeilen die Ems entlang führen, von der Nordsee bis Papenburg, der Geburtsstätte vieler Ozeanriesen.

### Emssperrwerk

Quer durch die Emsmündung auf einer Breite von 476 m verläuft dieses riesige, in den Jahren 1998-2002 für über 220 Mio. EUR gebaute Sperrwerk, mit welchem das Wasser dieses Flusses aufgestaut werden kann. Dies wird notwendig für die Überführung der Kreuzfahrtriesen der Meyer-Werft von Papenburg bis in die offene Nordsee, aber auch bei Sturmfluten zum Schutz der hinter dem Deich lebenden Menschen. Nicht nur von Umweltschützern wird der Bau des Emssperrwerks sehr kritisch betrachtet. Die ökologischen Auswirkungen z. B. auf die Fließgeschwindigkeit der Ems und die Wassertemperatur sind nicht zu vernachlässigen. Wenn Sie das Für und Wider dieses Bauwerks, die technischen Daten sowie die Geschichte von der Planung bis zum Bau des Sperrwerks interessieren, können wir Ihnen folgende Website wärmstens empfehlen, die 2005 von Schülern eines Gymnasiums in Borken (NRW) gestaltet wurde: www.projekt-sperrwerk.de.
Von Mitte Mai bis Ende September können technisch Interessierte an **Führungen** jeden Samstag 15 Uhr teilnehmen, Anmeldungen unter Tel.: 0491-91969617, Treffpunkt am Infozentrum am Sperrwerk.
Von der Wasserseite aus ist eine Besichtigung ebenfalls möglich, von Leer aus fährt das **Ausflugsschiff „Warsteiner Admiral"** in der Saison mehrmals im Monat hierher. Reservierungen unter Tel.: 0491-5982.

In Petkum ist die Fähre nach DITZUM ausgeschildert. Vorbei an der Petkumer **Antoniuskirche** mit den wunderbaren Deckenmalereien und dem **Café „Kuhstall"** gelangen wir zum **Hafen**.

**(109) WOMO-Stellplatz: Hafen Petkum**

**GPS:** N 53°19'50.5" E 07°16'15.9"; Fährstraße. **Max. WOMOs:** 1-2.
**Ausstattung/Lage:** gepflastert, Aussichtsturm / im Ort.
**Zufahrt:** In Petkum der Ausschilderung zur Fähre (nach Ditzum) folgen, sehr enge Durchfahrt.

Oben am Sieltorwärter-Häuschen sitzen wir in der Abendsonne, lassen den Blick vom Emssperrwerk über den Fähranleger gegenüber in Ditzum bis zu den Windrädern in Emden schweifen, schauen den Möwen nach, die über den Kuttern im Hafen kreisen und genießen den frischen Wind.
Ja, wir haben uns ein bisschen in dieses Ostfriesland verliebt, mal sehen, wohin uns die nächste Tour bringen wird. Aber jetzt nehmen wir uns die Zeit und atmen in Ruhe ein paar Male richtig tief durch.

TOUR 6
Norderney
Norderney
Wrack
130
129
W
Juist
Juist
Schutzzone
Niedersächsisches Wattenmeer
Neßmersiel
Waloseum
Norddeich
128
Norden
126
127
Hage
Wasserschloss
Lütetsburg
Schutzzone
Niedersächsisches
Wattenmeer
72
125
Marienhafe
124
123
Greetsiel
Pilsum
122
72
210
121
Pewsum
111
Freepsum
112
Hinte
Suurhusen
Großes
Meer
120
Tiefster Punkt
Deutschlands
Ems - Jade - Kanal
119
Rysum
Knockster Tief
Emden
110
31
116
117
118
VW
115
Petkum
109
<- Borkum - Emden ->
Ems
Karte Borkum
im Text
Dollart
NL
N
5 km

## TOUR 6 (ca. 299 km / 6-7 Tage)

### Emden - Borkum - Greetsiel - Norddeich - Juist - Norderney - Norden

| | |
|---|---|
| **Freie Übernachtung:** | Freepsum, Emden (Am Außenhafen), Knock (Drachenwiese), Rysum, Campen, Pewsum, Diekskiel, Pilsum, Greetsiel, Leybuchtsiel. |
| **Campingplätze:** | Knock, Borkum, Norderney. |
| **Ver-/Entsorgung:** | Emden, Bedekaspel, Greetsiel, Norddeich. |
| **Baden:** | Borkum, Juist, Norderney, Norddeich. |
| **Besichtigen:** | Emden, Schiefer Turm Suurhusen, Walknochenzaun und Dykshus auf Borkum, VW-Werk Emden, Rysum, Campener Leuchtturm, Manningaburg Pewsum, Greetsiel, Norderney, Waloseum und Seehundaufzuchtstation Norddeich, Ludgeri-Kirche Norden. |
| **Wandern/Fahrradtour:** | „3-Meere"-Tour Bedekaspel, Aussichtsdüne Borkum, Freepsum, Pilsumer Leuchtturm, Juist, Ostdüne Norderney. |
| **Essen:** | Matjes in Emden, „Old Smuggler" Borkum, „Landgasthof Rysumer Plaats" Rysum, „Alte Brauerei" Pilsum, „Café Poppinga" Greetsiel, Norderneyer Seeluftschinken. |

Auf unserem heutigen Morgenspaziergang wurden wir gegrüßt, von den zwei Männern, die auf dem Weg zum Bäcker waren, den Kindern der Kindergartengruppe und der Omi, die den Weg zum Friedhof harkte.
„Moin!" grüßen sich die Ostfriesen, „Moin!" werden auch Fremde gegrüßt. Und nicht nur morgens, auch mittags und abends ist diese Begrüßungsformel gebräuchlich. Moi ist das ostfriesische Wort für schön bzw. gut. „Moin" ist demnach nicht etwa die Abkürzung von „Guten Morgen", sondern die zusammengezogene Form von „Moi'n Dag", heißt somit „Guten/schönen Tag". „Dat is moi" ist eine oft gebrauchte ostfriesische Redewendung und heißt, interessanterweise auch auf Niederländisch, „Das ist gut/schön". Und wenn wir Ihnen jetzt noch verraten, dass „Wicht" im Ostfriesischen das „Mädchen" ist, wissen Sie bestimmt gleich, was „moie Wichter" heißt.
Diese gibt es zahlreich in Ostfriesland. Und sie tragen schon lange keine Kopftücher mehr, womit auch folgender Ostfrie-

senwitz widerlegt ist: „Wie kann man in Ostfriesland die Kühe von den Mädchen unterscheiden? - Die Mädchen tragen Kopftücher."
Möchten Sie mehr Plattdeutsch hören? Mit **UKW-Radio Ostfriesland** (Leer 103.9 MHz, Aurich 94.0 MHz und Emden 87.7 MHz) bzw. **Radio Nordseewelle** (Aurich 99.5 MHz, Norden 88.2 MHz)können Sie Ihre Urlaubseindrücke akustisch untermalen. Nu wünsch' we jo all moi Tour.
Von Petkum bis nach EMDEN hinein ist es nicht weit. Wir gleiten langsam geradeaus, an den blauen und grauen, blitzenden Säulen besonders vorsichtig, der Stadtmitte entgegen. Haben Sie sich gewundert, als Ihr Blick auf den Wegweiser links zum ÖKOWERK fiel? Das **Ökowerk** ist ein zusammengesetzter Begriff aus Ökologie und Klärwerk. Hier entstand auf ca. 1 ha Fläche rund um das stillgelegte Klärwerk ein Umweltzentrum, in dem man die Natur mit allen Sinnen erleben kann. Die Ausschilderung führt zu einem kleinen Parkplatz, von dem aus man dann zu Fuß zum Ökowerk (geöffnet Oktober bis April montags bis donnerstags 7-15:30 Uhr, freitags 7-12:30 Uhr, Mai bis September montags bis donnerstags 7-17 Uhr, freitags 7-12:30 Uhr, sonntags 14-18 Uhr, Eintritt frei, www.oekowerk-emden.de) geleitet wird.
Richtung Stadtmitte, hinter der star-Tanke links, ist der WOMO-Stellplatz ausgeschildert.

### (110) WOMO-Stellplatz: Emden 1 - Stadtmitte

**GPS:** N 53°21'48.6" E 07°12'30.6"; Am Eisenbahndock. **Max. WOMOs:** >10.
**Ausstattung/Lage:** V+E, Strom, Gebühr, Schlüssel für Dusche und WC beim Hafenmeister, Fahrradverleih / im Ort.
**Zufahrt:** Von Petkum geradeaus nach Emden, Richtung Innenstadt, an star-Tanke rechts einbiegen.
**Sonstiges:** direkt am Hafen, Innenstadt in 5 Minuten fußläufig erreichbar, Stellplatz von AG Ems betreut.

### Emden

Die Stadt an der Mündung der Ems in die Nordsee, gegenüber dem Dollart, ist um das Jahr 800 als friesische Handelssiedlung entstanden und ist heute die westlichste Seehafenstadt Deutschlands und die größte Stadt Ostfrieslands. Schon im Mittelalter wurde Emden durch hanseatische Kräfte besetzt, da von hier aus zum Leidwesen der Hanse Seeräu-

ber, wie Klaus Störtebeker, unterstützt wurden. Aus diesem Grund wurde Emden nie Hansestadt, obwohl es 1695 bereits 600 Handelsschiffe in Emden gab.
Während des 80-jährigen Krieges in den Niederlanden entwickelte sich Emden zu einer der bedeutendsten Hafenstädte Nordeuropas. Von den Spaniern vertriebene niederländische Kaufleute, Reeder und Handwerker siedelten sich zu dieser Zeit im neutralen Emden an und sorgten für neue Handelsverbindungen. Mit dem Rückzug der Niederländer nach dem Krieg war die Aufschwung-Phase für lange Zeit vorbei. Erst mit der Entwicklung des Ruhrgebietes zum industriellen Ballungszentrum Ende des 19. Jh. und der Notwendigkeit eines nahen Seehafens kam Emden wieder zu neuer Blüte.

Jantje Vis

Vor und im Zweiten Weltkrieg wurden auf den Emder Werften Militärschiffe und U-Boote gebaut, was Ende des Krieges der Grund für verheerende Luftangriffe durch die Alliierten war. Am 6. September 1944 wurden rund 80 % der Innenstadt zerstört.
Nach der langen Wiederaufbau-Phase bis in die Sechzigerjahre hinein konnte Emden noch vom Wirtschaftswunder profitieren. Seeschiffe wurden auf den Werften gebaut, die Nordseewerke und das Volkswagenwerk siedelten sich an und das Industriegebiet Rysumer Nacken entstand an der Knock ca. 15 km westlich von Emden.
Emden liegt ausschließlich auf Marschland und muss noch immer durch Deiche vor Sturmfluten geschützt und der Boden durch Kanäle, Siele und Tiefs (Flüsse) entwässert werden. Durch diese Lage auf der Marsch gibt es wenig Wald, trotzdem ist Emden eine grüne Stadt. Alte Deiche ziehen sich durch die Stadtteile. Die ursprünglich baumlose Wallanlage aus dem 17. Jh. umschließt zur Hälfte die Innenstadt, inzwischen umgestaltet in eine weiträumige Parklandschaft. Das zum größten Teil künstlich geschaffene Kanalnetz um den Emder Stadtgraben, den Ems-Seitenkanal und den Ems-Jade-Kanal, das Fehntjer und das Knockster Tief sowie die Seen Uphuser Meer und Bansmeer machen Emden zur Stadt des Wassers und somit auch das Umland attraktiv für den Tourismus, einem äußerst wichtigen Wirtschaftszweig der heutigen Zeit.

## Fahrradtour über die Wallanlagen zur Kunsthalle

(ca. 5 km, 2 Stunden mit Pausen)

An der Einfahrt des Stellplatzes wenden wir uns rechts in die Friedrich-Naumann-Straße. Bei der zweiten Möglichkeit biegen wir links ab, überqueren die Petkumer Straße und schwenken an der Straße „Am Herrentor" schräg rechts auf den Fuß- und Fahrradweg auf den Wall.
Vorbei am Mühlenkopf der **Weizenmühle** (auch Schwarze Mühle genannt) führt uns der obere Wall-Weg. Rechts von uns verläuft der äußere Weg unten um den Wall durch einen Park mit Spielplatz.
Nach einer kleinen Brücke radeln wir auf dem Weg nach rechts am Kanal entlang bis zur **Kesselschleuse** und dem Freibad. Hier an der unter Denkmalsschutz stehenden einzigen vierkammerigen Rundschleuse Europas

Emder Kesselschleuse (Modell im Leeraner Miniaturland)

treffen der Ems-Jade-Kanal (mit Fahrradweg bis Aurich) aus dem Osten, das Fehntjer Tief aus dem Süden, der Falderndelft (Hafen) aus dem Westen und der Emder Stadtgraben aus dem Norden zusammen. Die unterschiedlichen Wasserstände müssen durch die Schleuse reguliert werden. Der Kessel hat einen Durchmesser von 33 m und ein Fassungsvermögen von 5000 m³. Ihn passieren jährlich ca. 2400 Schiffe. Der Weg auf dem Wall führt uns weiter bis zum Kindergarten in der Roten Mühle. Hier verlassen wir kurz den Wall, sehen in der Ferne den Rathausturm und rollen bis zur **Neuen Kirche**, die 1643-1648 (Zeit des Dreißigjährigen Krieges) als erster nachreformatorischer Kirchenbau Norddeutschlands gebaut und nach der fast vollständigen Zerstörung im Zweiten Weltkrieg in veränderter Form wiederaufgebaut wurde. Auf dem Turm befindet sich eine auffällige Nachbildung der Krone des habsburgischen Kaisers Rudolph II.

Gegenüber der Kirche steht das **Gödenser Haus**, das älteste erhaltene Haus Emdens, welches 1551 von den Häuptlingen zu Gödens als Adelssitz erbaut wurde, danach als Lazarett und Obdachlosenheim diente und heute als Studentenwohnheim genutzt wird.

Nachdem wir, zurück auf dem Wall, den Alten Graben und die Lindentorstraße passiert haben, erreichen wir die noch funktionstüchtige **Mühle „De Vrouw Johanna“**. Ihr restauriertes Müllerhaus ist das Gästehaus der anliegenden Paddel- und Pedalstation. Wir überqueren die Auricher Straße und lassen uns vom Weg durch den urtümlichen und etwas verwilderten Teil des Walls führen. An seinem Ende halten wir uns im Bogen links (rechts gegenüber ist der 42 m hohe **Wasserturm** zu sehen) und radeln am Hinter Tief links entlang bis zur **Kunsthalle**.

Jeder Besucher der Stadt muss einmal die Kunsthalle besichtigt haben, das sind 60.000-70.000 Besucher jährlich. Am 3. Oktober 1986 eröffnet, beherbergt sie seitdem die Kunstsammlung des Gründers und ehema-

Feuerschiff, im Hintergrund das Alte Rathaus

ligen Chefredakteurs des Magazins „Stern" Henri Nannen (1913-1996) sowie viele weitere Wechselausstellungen von Gemälden, Plastiken und Grafiken. Man findet u. a. Gemälde von Feininger, Kirchner, Macke und Nolde, das bekannteste Bild ist wohl „Die blauen Fohlen" von Franz Marc. In der Kunst- und Malschule nebenan werden Seminare auch für Feriengäste angeboten, in denen sie sich auf den Gebieten der Malerei, Bildhauerei, Töpferei und Druckerei weiterbilden können (Öffnungszeiten: dienstags bis freitags 10-17 Uhr, samstags, sonntags, feiertags 11-17 Uhr, Führungen sonntags 11:30 Uhr für Erwachsene, 11 Uhr speziell für Kinder, Eintritt, www.kunsthalle-emden.de).
Über die Brücken gelangen wir zur Hauptstraße (Abdenastraße), nach deren Überquerung in die Pottgießerstraße und weiter geradeaus in die Fußgängerzone. Diese leitet uns links im Bogen, vorbei an der Tourist-Info bis zum **Alten Rathaus** mit dem **Ostfriesischen Landesmuseum** auf der anderen Ratsdelft-Seite. Um zum WOMO-Stellplatz zu gelangen, müssen wir nur noch vom **Feuerschiff** aus einen großen Linksbogen auf der Faldernstraße schlagen und nach der Delftbrücke rechts am Wasser entlang bis zur nicht übersehbaren WOMO-Reihe rollen.

## Emden Stadtrundgang

Wir verlassen den Stellplatz hinten, gehen über die blaue Zugbrücke, halten uns danach rechts bis zur Eisenbahnbrücke, überqueren diese und spazieren direkt am Delftufer zurück bis zum Fisch-Verkaufs-Wagen „Heringslogger".
Heringslogger sind Schiffe, mit denen von 1860-1976 auf hoher See Heringe gefangen wurden. Der 100 Jahre alte **Museumslogger „AE 7 - Stadt Emden"** auf der anderen Delftseite ist das einzige erhaltene hölzerne Schiff dieser Art und kann, wie auch der **Museums-Rettungskreuzer „Georg Breusing"** nebenan während der Saison gegen einen geringen Eintritt besichtigt werden. Eine Platte im Gehweg erinnert an die kurz nach dem Dreißigjährigen Krieg von der Stadt Emden erlassene Herings-Verordnung, durch die Qualität, Fang und Verarbeitung geregelt wurden.
Vorn entdecken wir das 1635 errichtete barocke **Hafentor** mit dem Emder Wappen im Giebel. Unten die Ems, darüber die Emsmauer und oben der Jungfrauenadler. Das „Engelke up de Muer" wurde der Stadt vor ca. 500 Jahren vom Kaiser Maximilian in Wien als Zeichen für Macht und Reichtum verliehen. Der Spruch im Giebel heißt übersetzt: „Gott ist für Emden Brücke, Hafen und Segelwind." An diesem Tor mussten im 17. Jh. die Schiffe anlegen, um ihren Zoll zu bezahlen.
Hier überqueren wir die Straße und gehen gegenüber in die Emsmauerstraße. Am geschlitzten Bunker links kann man noch gut die dicken Mauern erkennen, die die Menschen im Zweiten Weltkrieg vor herabfallenden Bomben schützen sollten. Bei der ersten Möglichkeit schwenken wir rechts in den Delftgang, danach die erste Straße links. Hier in der Pelzerstraße, der ältesten Straße Emdens, kann man die **Pelzerhäuser** besichtigen. Diese typischen Kaufmannshäuser aus dem 16. Jh. wurden wahrscheinlich von Pelz- und Fellhändlern oder Gerbern bewohnt, wodurch sie ihren Namen erhielten. Heute ist im Erdgeschoss ein kleines Café, in dem man leckere Pfannkuchen essen kann.
Schaut man sich hier nach links hinten um, kann man am Wappen über einem Türeingang in der Klunderburgstraße das niederländische Konsulat erkennen. Wir aber spazieren weiter geradeaus auf die Längswarf, die höchste Erhebung der Stadt. Wenn man die Emstreppen hinabsteigt, erreicht man wieder die Emsmauerstraße, wo früher die Ems entlang floss.

Johannes-a-Lasco-Bibliothek

Auf der Pelzerstraße verlassen wir die Warf und erreichen die **Große Kirche** (auch Moederkerk = Mutterkirche), die heutige **Johannes-a-Lasco-Bibliothek** (geöffnet montags bis freitags 14-17 Uhr, sonntags nur von April bis Oktober mit Führung 14:30 Uhr, Eintritt, www.jalb.de). Schon im 8. Jh. stand hier eine Holzkirche, später im 12. Jh. dann eine Kirche aus Stein. Diese wurde im Zweiten Weltkrieg zerstört und war bis 1992 eine Ruine. Man entschloss sich schließlich, die historischen Mauerreste mit verschiedenen Gesteins-Schichten in unterschiedlichen Formaten in den Bau einer modernen Bibliothek einzubinden, was hervorragend gelungen ist. Das stimmungsvolle Ambiente dieser Alt und Neu verbindenden Kulturstätte sollten Sie sich nicht entgehen lassen. Die Bibliothek umfasst einen Bestand von rund 100.000 Titeln und ist eine der wichtigsten theologischen Spezialbibliotheken Deutschlands. Ihren Namen verdankt sie dem polnischen Reformator Johannes a Lasco, der zwischen 1540 und 1555 dem Ruf der Witwe Ennos II. nach Emden folgte, und hier das Amt des Superintendenten annahm.

In der Bibliothek kann man noch das Grabmal von Graf Enno II. besichtigen, seine Gebeine allerdings befinden sich im Auricher Mausoleum. Interessant: Der Künstler, der den Hund auf dem Grabmal rekonstruieren sollte, benutzte die Hunde-Abbildung auf einer Chappy-Dose als Vorlage. Hinter der Bibliothek ist die kleine, nach dem Krieg aus den Steinen der Moederkerk gebaute, reformierte **Schweizer Kirche** (ohne Kreuz) mit ihrem Friedhof, auf dem wir nach dem Grab eines echten Indianerhäuptlings suchen. Auf Höhe des Grünabfallbehälters ist es zu finden. William Big Charger aus North Dakota, ein Mitglied des Zirkus Sarassani, verstarb 1932 während eines Gastspiels in Emden und wurde hier beigesetzt. Seine Trauerfeier, an der viele ausländische und wohl federgeschmückte Gäste teilnahmen, ist einigen alten Emdern noch in eindrucksvoller Erinnerung geblieben.

In die Grundschule schräg gegenüber ging der bekannte Komiker Otto, der, wie auch Karl Dall und der frühere Stern-Herausgeber und Kunsthallen-Gründer Henri Nannen, in Emden geboren wurde.

Am modernen Bild auf dem nahen Bunker vorbei gehen wir bis zur Burgstraße, in die wir rechts einbiegen. Nach ein paar Schritten sind wir am Eingang des **Bunkermuseums** auf der linken Seite angekommen. Ehemals 35 Bunker gab es in Emden. Während des Krieges hatte jeder Emder einen Platz in einem Bunker, der ihn vor Bombenangriffen

schützen sollte. Heute sind noch 32 Bunker vorhanden und werden ganz unterschiedlich genutzt. In einem von ihnen ist das Bunkermuseum untergebracht. Die Besichtigung dieses Museums können wir Ihnen sehr empfehlen, neben original ausgestatteten Bunkerräumen erfährt man viel über die Geschichte Emdens und seiner Einwohner (geöffnet Anfang Mai bis Ende Oktober dienstags bis freitags 10-13 Uhr und 15-17 Uhr sowie samstags und sonntags 10-13 Uhr, geringer Eintritt, www.bunkermuseum.de). Steht man vor dem Museumseingang, fällt der Blick rechts auf einen Einmannbunker, in dem sich während Bombenangriffen Lokomotivführer im Oldenburger Hauptbahnhof in Sicherheit bringen konnten. Folgt man der Straße weiter geradeaus, gelangt man direkt auf die Fußgängerzone.
Wir wenden uns nach rechts und nähern uns der Statue des Leeraner Künstlers Karl-Ludwig Böke. **Peterke de Buhr**, die hier bis 1956 die Straße vor den Geschäften fegte, wurde an dieser Stelle ein Denkmal gesetzt. Streichen Sie über Peterkes rechte Hand - es soll Glück bringen.
Das **Otto-Huus**, ein Museum des Komikers Otto Waalkes, in dem der Künstler selbst ab und zu vorbeischaut, ist schon von Weitem an dem aus der Ziegelwand keck herausschauenden Ottifanten zu sehen. Das kleine Museum (geöffnet montags bis freitags 9:30-18 Uhr, samstags bis 14 Uhr, April bis Oktober auch sonntags 10-16 Uhr, Eintritt) mit privaten Gegenständen des Komikers ist für Fans interessant, die im kleinen Kino in der zweiten Etage stundenlang die Endlosschleife von Otto-Sketchen ansehen können.
Geradezu sehen wir schon das **Alte Rathaus** mit dem **Ostfriesischen Landesmuseum** (geöffnet 10-18 Uhr, montags geschlossen, Eintritt, Kinder frei, www.landesmuseum-emden.de) und dem Turm mit seinem Glockenspiel aus 23 Glocken, von welchem man eine herrliche Aussicht über die Stadt hat (gegen einen geringen Obolus auch ohne Museumsbesuch zu besteigen). Besonders beeindrucken uns während unseres Rundgangs durch das Museum die größte vollständige Rüstkammer Deutschlands mit Originalrüstungen der Bürgerwehr, die 2000 Jahre alte Moorleiche und das 38 m lange Deichmodell.

Neben den bekannten Delfttreppen bestaunen wir noch eine weitere Figur von Böke, die **Jantje Vis**. Das Emder Fischmädchen steht stellvertretend für alle Emder Fischfrauen. Der Weg zum Wohnmobil geht jetzt wieder am **Museums-Feuerschiff „Amrumbank“** vorbei auf der Faldernstraße entlang über die Delftbrücke. Das 1915 in der Papenburger Meyer-Werft gebaute Feuerschiff war bis 1983 als schwimmender Leuchtturm in der Nordsee im Einsatz und beherbergt heute ein Museum, ein Restaurant und ein Standesamt.

Sollten Sie mehrere Tage Zeit für Emden eingeplant haben, ist eine Hafenrundfahrt und besonders eine Grachtenfahrt sehr zu empfehlen. Dabei lassen sich die schon bekannten aber auch ganz unbekannte Seiten der Stadt aus der Wasserperspektive entdecken. Der Veranstalter „AG Ems" verkauft die Tickets direkt am Anleger an der Treppe am Ratsdelft.
Noch viel idyllischer ist eine Paddeltour durch die Emder Grachten. An der Paddel- und Pedalstation an der „Vrouw Johanna Mühle" können Sie die Boote mieten und erhalten individuelle Tourenempfehlungen. Auch am Wasserturm hat man die Möglichkeit, ein Kajak auszuleihen.

### Matjes

Emden ist die Matjesstadt, in jedem Jahr im Mai wird hier ein Matjes-Fest, die Emder Matjestage, gefeiert, und es gibt den 10-km-Matjeslauf.
Matjes sind gesalzene Heringe, die durch Enzyme in einer Salzlake gereift sind. Die Heringe müssen im Mai/Juni in der Nordsee gefangen werden, bevor ihre Fortpflanzungszeit beginnt, da sie dann noch keine Rogen bzw. Milch ausgebildet haben und besonders fett sind. Danach werden sie bis auf die Bauchspeicheldrüse ausgenommen (Kehlen). Diese enthält Enzyme, welche das Matjesfleisch teilweise fermentieren (Reifung). Schließlich werden sie für fünf Tage in Eichenfässer mit Salzlake gelegt. Ein kurzes Frosten bei -45 °C vor oder nach der Herstellung ist gesetzlich vorgeschrieben, um eventuelle Nematoden (Fadenwürmer) abzutöten, die ganz natürlich sind und schon meist mit den Innereien aus den Fischen entfernt werden.
Matjes wurden schon im Mittelalter in den Niederlanden hergestellt. Die Matjes in den Niederlanden sind milder und weniger gesalzen. Die ersten der neuen Fangsaison werden als „Nieuwe" bezeichnet. Den höchstens mit gehackten Zwiebeln garnierten (Doppel-) Matjes isst man traditionsgemäß, indem man ihn an der Schwanzflosse hält und von oben senkrecht in den Mund gleiten lässt. Mit seinem hohen Gehalt an leicht verdaulichem Eiweiß und den Omega-3-Fettsäuren ist er nicht nur wohlschmeckend, sondern auch sehr gesund.

Die unserer Meinung nach besten Matjes können Sie direkt vom Erzeuger, gleich hier in der Nähe kaufen, bei Focken und Müller. Um dorthin zu gelangen, fahren oder laufen Sie bis zum Ende der WOMO-Reihe, über die Brücke und weiter geradeaus bis zum Werk auf der linken Seite. Der Eingang zum Werksverkauf ist ausgewiesen. Wir kaufen unseren Matjes allerdings beim Fischverkaufswagen der Familie Emil Bittner (Emder Heringslogger) am Hafentor auf der anderen Delftseite (geöffnet 8-19 Uhr). Der heute leider verstorbene Bittner war früher Betriebsleiter der Emder Matjesproduktion bei F & M und war an der Entwicklung vieler leckerer Matjes-Rezepte beteiligt. Der Matjes am Heringslogger ist derselbe, der Preis auch, dort gibt es aber noch mehr, von Zwiebelringen über Fischbrötchen und Räucherfisch bis hin zu Bratwürstchen, netten Gesprächen und Tipps zur Stadtbesichtigung. Und - Wohnmobilisten sind hier jederzeit herzlich willkommen!

Für einen kurzen Abstecher wollen wir Emden noch einmal verlassen, bevor wir zurückkehren, um auf die erste ostfriesische Insel dieser Reise überzusetzen.

Den Stellplatz lassen wir bei der Tankstelle hinter uns und biegen links auf die Martin-Faber-Straße. Über die Delftbrücken geht es Richtung AURICH weiter, später auf der B 210. Bald fällt unser Blick auf einen schiefen Kirchturm auf der linken Seite, den **„Schiefen Turm von Suurhusen"**, welcher als schiefster Turm der Welt im Guinnessbuch der Rekorde steht. Diesen werden wir uns auf dem Rückweg noch näher anschauen. Aber jetzt geht die Fahrt zunächst bis zum Abzweig **„Großes Meer"** nach ca. 7,5 km rechts in die Schöpfwerkstraße. Die Schilder führen schnell zum neugestalteten WOMO-Stellplatz in BEDEKASPEL direkt am Großen Meer.

### (111) WOMO-Stellplatz: Bedekaspel

**GPS:** N 53°26'40.0" E 07°18'29.2". **Max. WOMOs:** >10.
**Ausstattung/Lage:** V+E, Strom, Gebühr, beleuchtet, gepflastert, Mülleimer, Sanitärgebäude, Tourist-Info, Paddel- und Pedalstation / im Ort.
**Zufahrt:** Siehe Text.
**Sonstiges:** direkt am großen Meer, im Sommer Badestrand und Seglerhafen, im Winter bei Frost Schlittschuhlaufen über das Große Meer.

## Großes Meer

Das große Meer ist mit einer Fläche von fast 290 ha der viertgrößte See Niedersachsens. Er ist nur einen halben bis einen Meter tief, und die Wasseroberfläche liegt fast 1,5 m unter dem Meeresspiegel (NN). Der nördliche Teil dient als Freizeit- und Erholungsgebiet, der südliche Teil ist zusammen mit dem Uferbereich ein Naturschutzgebiet, in dem viele Brutvogelarten, wir Rohrdommeln, Schnepfen und Reiher einen idealen Lebensraum vorfinden. Außerdem nutzen dieses Gebiet viele Zugvogelarten als Rastplatz auf dem Weg von ihren Brutstätten im Norden Europas zu den Überwinterungsgebieten im Süden.
Tiefs und Kanäle verbinden das **Große Meer** im Südwesten mit dem 126 ha großen **Kleinen Meer** (Hieve) und im Nordwesten mit dem 26 ha großen **Loppersumer Meer**.
Das Paradies für Wasserwanderer und Wassersportler verwandelt sich im Winter in ein Paradies für Schlittschuhläufer und Eishockeyspieler. Aufgrund der geringen Wassertiefe friert das Große Meer bei Frost schnell zu und bietet traumhafte Bedingungen für Schöfelfreunde und eine malerische Kulisse für Winterspaziergänge mit Pause am Glühweinstand auf dem Eis.

## Auf gehts zu unserer gemeinsamen Drei-Meere-Tour!

Wir möchten Sie an dieser Stelle einladen, uns auf eine **Fahrradtour** zu begleiten, die so nur im Sommer in der Zeit von Mitte April bis Mitte Oktober möglich ist, da wir zweimal mit einer **Pünte** (kleine Selbstkurbelfähre) das Marscher Tief überqueren müssen. Die 15 km lange Rundtour führt uns durch das ostfriesische Mekka wunderschöner Naturlandschaften, über Wiesen und Felder entlang der drei Meere.
Vorbei an idyllischen Wiesen, Feldern und Schilfgürteln folgen Sie einfach den Schildern mit dem Radfahrer auf grün-blauem Grund. Vom Stellplatz aus im Uhrzeigersinn erreichen wir bald die Handfähre über das Marscher Tief. Diese Pünte ist der Grund, weshalb der Rundweg nur im Sommer möglich ist. Im Winterhalbjahr wird sie, genau wie die zweite Fähre dieser Runde, abgebaut. Sicherlich stellen Sie während der Tour fest, dass es sich bei den drei Meeren eigentlich um drei Seen handelt. Die Ostfriesen nennen eben die Seen „Meer" und das Meer „See".
Wir radeln weiter durch blühenden Feuchtwiesen, auf denen viele Vögel, wie diverse Entenarten, Reiher und Austernfischer zu beobachten sind. Zurück in Bedekaspel springen wir zur Abkühlung an der Badestelle ins Große Meer. Nein, salzig ist das Wasser hier nun wirklich nicht!

Jetzt führt uns unsere Reise, wie versprochen, zunächst zurück zum **Schiefen Turm von Suurhusen**. Die B 210 nach Emden verlassen wir daher am Abzweig Suurhusen und parken das WOMO auf dem Parkplatz rechts vor der Kirche. Der Kirchturm wurde im Jahr 1450 an die jetzt reformierte Kirche aus dem 13. Jh. angebaut. Sein Fundament aus Eichenstämmen faulte Ende des 19. Jh. aufgrund von Entwässerungsmaßnahmen und der Senkung des konservierenden Grundwasserspiegels teilweise weg, und der 27,37 m hohe Turm begann sich zu neigen. Nach der Sperrung der Kirche 1975 und den Sicherungen des Turms 1982 und 1989 ist der Turm seit Mitte der Neunzigerjahre stabil. Die Kirche kann an besonderen Tagen wieder für Gottesdienste genutzt werden. Mehr als 100.000 Menschen kommen jährlich nach Suurhusen, um diesen Turm zu besichtigen, der einen Überhang von 2,47 m aufweist, was bei seiner Höhe einer Neigung von 5,19 Grad aus der Senkrechten entspricht!
Unmittelbar nach der Kirche fädeln wir uns rechts in die Straße „Am Suurhuser Tief“ und sofort links in die Suurhuser Straße (6-t-Begrenzung) ein. Über die Bahnschienen werden wir aus Suurhusen hinausgeführt. Auf der linken Seite entdecken wir die Hinter Mühle. Um nach HINTE zu gelangen, biegen wir an der T-Kreuzung rechts ab, überqueren das Hinter Tief und müssen uns an der nächsten großen Kreuzung links halten. Auf dem gepflasterten Streifen links vor der turmlosen **Kirche St. Martinus** stellen wir das WOMO ab und gehen zu Fuß weiter, um die Kirche und die nahe Wasserburg zu erkunden. Die schwergängige Tür lässt sich öffnen (April bis September 10-18 Uhr). Wir betreten neugierig die spätgotische, inzwischen reformierte Kirche, welche vermutlich aus dem 15. Jh. stammt. Neben den Mosaikfenstern und dem Orgelprospekt erregen die Grabplatten des niederländischen Bildhauers Vincent Lukas (Monogramm VL) im Chor unsere Aufmerksamkeit.

Auf ihnen ist die Begegnung Sterbender mit dem Tod in Person des Skeletts dargestellt. Das hinterlässt bei uns, in Verbindung mit dem gleichmäßigen Ticken der Kirchenuhr und der wegen dicker Kirchenmauern und weniger Fenster regelrechten Kühle im weitläufigen Raum, ein gewisses Gänsehaut-Gefühl.
Wieder auf dem Kirchhof entdecken wir in den Nischen des frei stehenden Glockenstuhls aus dem 13. Jh. Vogelnester, aus denen es erfrischend laut zwitschert. Zwischen den zwei Gulfhäusern (Vorburg) hindurch, mit dem auffälligen Taubenhaus dazwischen, stoßen wir direkt auf die Brücke zur privat bewohnten Wasserburg. Die **Osterburg**, seit dem 16. Jh. bis heute Eigentum einer Familie Frese, ist eine von einst zwei Hinter Burgen, die während einer Fehde 1436 zerstört wurden, und kann leider nur von außen besichtigt werden.

In Hinte schwenken wir beim Stoppschild rechts Richtung PEWSUM ab. Leider ist die reformierte Kirche in Westerhusen nicht offen, sodass uns ein Blick auf eine der wertvollsten Orgeln Ostfrieslands (gebaut 1642/43 von Jost Sieburg aus Göttingen) verwehrt bleibt.
Bevor wir nach Emden zurückkehren, laden wir Sie zu einem kleinen Spaziergang ein, der uns an einen Punkt führt, an dem man ohne Deichbau nicht stehen könnte. Über GROß MIDLUM fahren wir in das Warftendorf FREEPSUM, wo man vor der 2. Bushaltestelle links in die Dorfringstraße einbiegen muss, um, immer geradeaus fahrend, den kleinen Parkplatz im Wiesenweg zu finden.

### (112) WOMO-Wanderparkplatz: Freepsum

**GPS:** N 53°24′55.2″ E 07°08′00.7″; Wiesenweg. **Max. WOMOs:** 1-2.
**Ausstattung/Lage:** Rasenparkplatz am Weg / Ortsrand.
**Zufahrt:** In Freepsum von der Ringstraße in den Wiesenweg fahren.
**Sonstiges:** Fußweg zum tiefsten Punkt Deutschlands.

Geht man von hier aus halb links und dann gleich wieder rechts auf dem ausgeschilderten Fahrradweg über die Felder 1 km weiter, erreicht man den mit 2,30 m unter NN **tiefsten Punkt Deutschlands** (laut Guinnessbuch der Rekorde), um den die 400-Einwohner-Gemeinde allerdings zusammen mit der Gemeinde Neuendorf (Holstein) ringt, deren tiefster Punkt laut Landesvermessungsamt bei 3,54 m unter NN liegt.
Hier vor Ort befindet sich die Markierung des Punktes sehr idyllisch inmitten von Feldern am Kanal, ein Spaziergang dahin lohnt sich allemal.

Zurück auf der Hauptstraße durch Freepsum setzen wir unsere Fahrt nach EMDEN fort. In Groß Midlum können wir schon rechts Richtung Emden-Borkumkai abbiegen.
Ein kurzes Stück geht unsere Tour über die Autobahn A 31, bei deren Kreisverkehr am Ende wir die Ausfahrt Borkum Häfen West nehmen.
Was wäre Ostfriesland ohne seine sieben bewohnten Inseln?! Mit folgendem scherzhaften Spruch können wir uns ihre Reihenfolge von Ost nach West gut merken:
**W**elcher **S**eemann **l**iegt **b**ei **N**ina **i**m **B**ett?
**W**angerooge, **S**piekeroog, **L**angeoog, **B**altrum, **N**orderney, **J**uist und **B**orkum. Hinzu kommen noch vier unbewohnte Inseln, Lütje Hörn, Memmert, Kachelotplate und Minsener Oog.
Zwei der Inseln kann man mit dem Wohnmobil besuchen, Norderney und Borkum. Die anderen Inseln sind autofrei, auf Spiekeroog sind sogar Fahrräder unerwünscht.
Vom Emder Außenhafen fahren die Fähren der **AG EMS** 2-5x täglich nach Borkum ab. Mit dem Wohnmobil nehmen Sie die Autofähre. Wollen Sie einen Tagesausflug zu Fuß machen, können sie auch mit dem Katamaran fahren, dann dauert die Überfahrt statt zwei Stunden nur noch eine. Auf jeden Fall sollten Sie vorher Ihren Platz buchen.
Die AG Ems bietet zusätzlich zu den Überfahrten, von Eemshaven (NL, oft günstiger) und Emden aus, auch Paketpreise für Überfahrt plus Übernachtungen an. Wir haben festgestellt, dass es sich auf jeden Fall lohnt, vor der Reservierung darüber Infos einzuholen. Gerade bei längeren Aufenthalten bzw.

außerhalb der Hauptsaison gibt es wirklich günstige Angebote (Tickets und Infos unter Tel.: 01805-180182, www.ag-ems.de bzw.+31(0)596-516026, www.borkumlijn.nl.
Bitte beachten Sie, dass man online oder telefonisch gebuchte Tickets per Lastschrift, Überweisung oder Kreditkarte 14 Tage im Voraus bezahlen muss oder bei Abholung am Schalter am Borkumkai nur bar bezahlen kann! Am Schalter direkt gebuchte Tickets können dort bar oder mit EC-Karte bezahlt werden).
Starten wir jetzt zu unserem ersten Inselausflug in Ostfriesland, nach **Borkum**. In den Borkum-Garagen finden die Tagesausflügler einen sicheren Platz für ihr WOMO. Wir aber reihen uns nach dem Einchecken in die Warteschlange ein und rollen wenig später voller Vorfreude auf ein paar tolle Inseltage im Borkumer Hochseeklima auf die MS Ostfriesland der AG Ems.

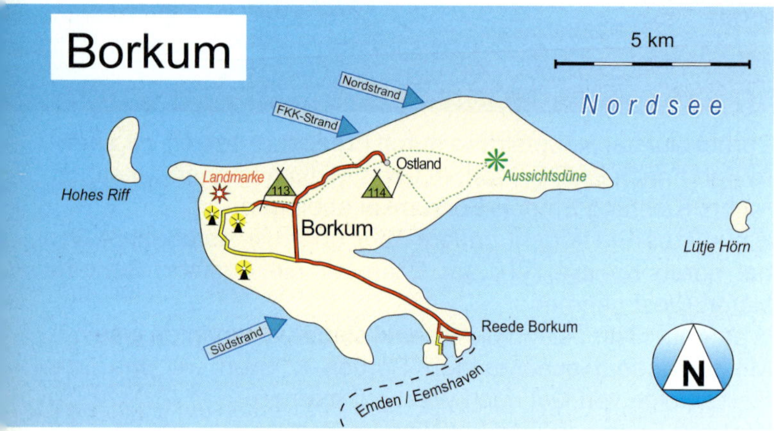


## Borkum

Die Insel Borkum ist 30,6 km$^2$ groß und gehört als einzige ostfriesische Insel zum Landkreis Leer. Borkum ist die westlichste Stadt Niedersachsens und hat ca. 5200 Einwohner. Aufgrund ihrer Lage 30 km vom deutschen Festland entfernt, weit draußen in der Nordsee, herrscht hier ganzjährig ein **Hochseeklima**. Immer von Salzwasser umgeben ist die Luft der Insel pollenarm und jodreich, tiefer als hier lässt es sich nirgendwo an der deutschen Nordsee durchatmen. Nutzen Sie die Chance!
Burchana (fabaria) - die Bohneninsel - wurde die Insel einst wegen ihrer Form genannt, im 13. Jh. dann Borkna, woraus sich schließlich im 15. Jh. Bor(c)kum entwickelte. Seit 1850 schätzen Jahr für Jahr unzählige Badegäste Klima, Natur und Landschaft dieses reizvollen Fleckchens.

Wir haben uns entschlossen, im Rahmen des Arrangements der AG Ems, den CP Inselcamping Borkum zu nutzen. Die 7,5 km vom Fähranleger bis in die Stadt Borkum im äußersten Westen der Insel legen wir daher nicht mit der historischen **Inselbahn** zurück, die die Urlauber ohne Auto bis zum Zielbahnhof im Herzen des Ortes bringt, sondern fahren mit dem WOMO.

**(113) WOMO-Campingplatz-Tipp: Borkum 1 - Inselcamping**

**GPS:** N 53°35'37.1" E 06°40'38.0"; Hindenburgstraße 114.
**Geöffnet:** März bis November.
**Ausstattung/Lage:** V+E, parzellierte Rasenflächen mit Strom- und Wasseranschluss, moderne Sanitäranlagen, Waschmaschinen, Trockner, Sauna, Solarium, Fitnessraum, kinderfreundlich, Restauration, Hunde erlaubt / im Ort.
**Kontakt, Buchung und Infos über Öffnungszeiten und Preise:**
Tel.: 04922-1088 bzw. -4224, www.insel-camping-borkum.de.
**Zufahrt:** Vom Hafen auf der Reedestraße Richtung Borkum Stadt, an der ersten Kreuzung rechts in die Ostfriesenstraße, nach 1,4 km links in die Barbarastraße bis zum CP fahren.

**(114) WOMO-Campingplatz-Tipp: Borkum 2 - Aggen**

**GPS:** N 53°36'07.8" E 06°43'43.2".
**Geöffnet:** März bis Oktober.
**Ausstattung/Lage:** V+E, Wiesengelände, 40 Stellplätze, ruhig gelegen, Nähe zum Ostlandstrand, Bolzplatz, familiär / außerorts.
**Kontakt, Buchung und Infos über Öffnungszeiten und Preise:**
Tel.: 04922-2215, www.borkum-aggen.de.
**Zufahrt:** Wie zu Stellplatz (113), aber 4,7 km auf der Ostfriesenstraße, am Flugplatz vorbei bis zum CP.

Auf Borkum ist man überall dicht am Meer. Zwischen Süd- und Nordbad verläuft oberhalb des Strands mit seinen typischen Strandzelten die 6 km lange **Promenade** mit **Kur- und Wandelhalle** und dem 1911 gebauten **Musikpavillon**.
Falls das Wetter ein Bad in der Nordsee nicht zulässt, ist ein Besuch des **Gezeitenlandes**, eine Mischung aus Wellnessoase und Spaßbad, ein echter Tipp (ganzjährig geöffnet).
Vom **Neuen Leuchtturm** hinter der Strandpromenade, der allerdings auch schon im Jahr 1879 gebaut wurde, hat der Besucher in 60,30 m Höhe einen schönen Rundblick über das gesamte Inselstädtchen (geöffnet April bis Oktober täglich 10-11:30 Uhr und 15-17 Uhr, montags, mittwochs, freitags und samstags 19-21 Uhr, November bis März dienstags,

freitags und sonntags 15-16:30 Uhr, Eintritt). Der Leuchtturm zeigt heute noch den Schiffen bei Nacht den Weg durch die Emsmündung in die Nordsee.
Der **Alte** (45 m hohe) **Leuchtturm** auf dem historischen Walfängerfriedhof hingegen ist nicht mehr in Betrieb. Er ist das älteste Bauwerk der Insel und entstand aus dem Kirchturm einer kleinen Kirche, welche es hier schon im Jahr 1400 gab. Man konnte bis 2015 in ihm 150 Stufen bis zur geschützten Außenplattform emporsteigen. Wegen Baumaßnahmen wird der Leuchtturm bei Erscheinen dieses Buches leider geschlossen sein.
Für Infos zur Wiedereröffnung schauen Sie doch bitte auf www.heimatverein-borkum.de bzw. fragen Sie vor Ort nach.
Und dann gibt es auf Borkum noch den **Elektrischen Leuchtturm**. Dieser dient nur noch der Radarüberwachung der Emsmündung, nicht mehr als Leuchtfeuer. Hinter den Dünen und nah am weißen Sandstrand des Südbads gelegen, liefert der 27 m hohe rot-weiß gestreifte „Bilderbuchleuchtturm" den Romantikern unter uns den perfekten Hintergrund für gelungene Nordseeurlaubsfotos. Man erreicht diesen westlichsten Leuchtturm Deutschlands vom Ort Borkum aus in ca. 15 Minu-ten Fußweg am Strand entlang nach Süden.

**Wanderung zum nordwestlichsten Punkt Deutschlands**

Eine Wanderung (ca. 4,5 km) führt uns vom Inselcamping-Platz nördlich in die Hindenburgstraße an der Fischerkate vorbei. Durch die hügeligen Dünen stoßen wir am Café Sturmeck auf den geklinkerten Zuweg zur Strandpromenade, dem wir nach links folgen.
Nach ca. 600 m haben wir den **nordwestlichsten Punkt Deutschlands** erreicht, markiert durch einen grün-weißen Pfeiler und einer Infotafel. An der Strandpromenade angekommen, flanieren wir auf dieser ent-

lang bis zum Strandhotel „VierJahresZeiten“. Dort schwenken wir in die Fußgängerzone (Bismarckstraße) und schlendern diese entlang bis zu den Schienen der Inselbahn. Vorbei an der Tourist-Info gegenüber dem Bahnhof biegen wir rechts in die Strandstraße und folgen an deren Ende der Wilhelm-Bakker-Straße bis zum **Alten Leuchtturm**. Kurz vor dem **Walfängerfriedhof** bestaunen wir an der Ecke zur Kirchstraße rechts den **Gartenzaun aus 250 Jahre alten Wal-Kinnladen-Knochen**, welche alten Holzbuhnenpfählen zum Verwechseln ähnlichsehen. Hinter diesem Zaun befand sich im 18. Jh. das Haus des Walfängers Meyer, welcher selbst über 300 Wale erlegte.

Wie stark der Walfang das Leben der Borkumer im 17. und 18. Jh. bestimmte, lässt sich eindrucksvoll im Borkumer **Inselmuseum Dykhus** (hinter dem Alten Leuchtturm, geöffnet April bis Oktober dienstags bis sonntags 10-17 Uhr, November bis März samstags und sonntags 14-17 Uhr, Führungen montags, im Winter samstags, 15 Uhr, Eintritt) nachvollziehen. Dieses ehemalige „Deichhaus“ wurde 1620 erbaut und diente noch bis 1958 als Wohnhaus. In ihm finden wir neben historischen Einrichtungsgegenständen und einer ortsgeschichtliche Ausstellung ein 15 m langes Skelett eines Pottwals in der Walhalle. Beachtenswert ist außerdem eine mit niederländischen Fliesen ausgekleidete Regenbakke (Zisterne) aus dem 18. Jh. Über die Richthofenstraße und die Hindenburgstraße erreichen wir wieder unseren Campingplatz.

Zaun aus Walknochen

## Ausflug zur Ostspitze Borkums, der Hoge Hörn (ca. 16 km)

Heute nehmen wir das Fahrrad und starten am Campingplatz ostwärts auf der Barbarastraße an den Upholmdünen vorbei. An der Kreuzung mit der Ostfriesenstraße halten wir uns links und rasten das erste Mal am Dünenhotel gegenüber dem **Flugplatz**. Es herrscht reger Flugverkehr. Das schöne Wetter lockt spontan entschlossene Tagesgäste an. Weiter geht unsere Fahrt gen Osten auf dem Radweg, der südlich der Ostfriesenstraße parallel zu ihr an den **Tüskendör** (Zwischendurch)-Wiesen vorbei verläuft. Diese flache Verbindung zwischen dem Borkumer Ost- und Westland wurde im 16. Jh. bei höheren Fluten oft überspült und teilte die Insel in zwei Teile. 1862-64 wurde der Tüskendörwall aufgeschüttet und ermöglichte den Insulanern, die auf dem Westland lebten, endlich die ständige Nutzung des Ostlandes als Weidefläche und später die Ansiedelung von Bauernhöfen.

Bei der nächsten Möglichkeit, nach ca. 1 km, kann man links abbiegen und am Parkplatz mit Bushaltestelle „FKK-Strand“ und dem **Emmich-Denkmal** (Denkmal zu Ehren des Generals Otto von Emmich, 1848-1915, General des X. Armeekorps im Ersten Weltkrieg) vorbei Richtung Nordstrand fahren. Kurz vor dem Übergang zum FKK-Strand ist auf der linken Seite das **Dünenbudje**, ein gemütliches kleines Ausflugslokal (geöffnet April bis Oktober täglich 10-18 Uhr), auf dessen Außenterrasse je-

der ein geschütztes, lauschiges Plätzchen findet und sich mit Dickmilch, Milchreis, Fischbrötchen oder Kuchen und vielem mehr stärken kann. Hier ist auch ein großer Fahrradparkplatz, denn ab hier geht es zu Fuß weiter, zum Baden an den herrlichen Strand.
Fährt man den Radweg weiter ostwärts, umrundet mit ihm die **Bauernstuben** (Café Restaurant mit hübscher Gartenterrasse, Spielplatz, geöffnet täglich 10-18 Uhr) und folgt weiter dem geklinkerten Fahrradweg durch das Ostland, trifft man auf eine Weggabelung am Deich. Wir halten uns links und haben schnell den Fahrradparkplatz mit Aussichtsdüne am Ende des Radwegs erreicht.
Hier beginnt die Wanderung. Zwischen den Weißdünen links und den Braundünen rechts führt der Weg uns immer geradeaus über die Steernklippdünen bis zum **Oststrand** an der **Hoge Hörn**. Möwenschwärme umkreisen uns, hier haben sie ihr Brutgebiet. Auf der **Kachelotplate** im Meer liegen Seehunde und sonnen sich. Dahinter erkennen wir die Insel Juist und sogar ein Stück der Insel Norderney. Auch die Vogelschutzinsel **Memmert** ist zu sehen. Zu gern würden wir jetzt am Strand entlang um die Ostbake herum westwärts zum Nordstrand laufen, um dann durch die Olde Dünen wieder an den Bauernstuben anzukommen. Da wir unser Fahrrad aber auf dem Parkplatz abgestellt heben, kehren wir zu diesem zurück und rollen bis zum Abzweig auf den Deich. Hier nehmen wir nun den Deichweg, der am Tüskendörsee und der Rückseite des Flugplatzes vorbei bis zur Reedestraße verläuft. Folgt man dieser nach links, gelangt man nach 4,7 km an den **Hafen**.
Wir schwenken nach rechts und erreichen bald die Stadt. Die Reedestraße geht dort in die Blumenstraße über, auf der wir zum **Heimatmuseum** radeln können. Halten Sie sich links durch die Kirch- oder die Wilhelm-Bakker-Straße, kommen Sie direkt ins Zentrum. Wir strampeln die letzten Meter geradeaus durch die Richthofenstraße und dann kurz rechts auf der Hindenburgstraße zum Campingplatz.

Dachknaufe der Strandzelte (Heimatmuseum)

Bevor wir uns von Borkum verabschieden, zieht es uns hinaus auf den breiten Strand vor der Promenade in Richtung der Seehundbänke. Hier hat man das Gefühl von Grenzenlosigkeit, kann in Ruhe die Seehunde beobachten, die salzhaltige Luft inhalieren und, dreht man sich um, die einmalige Silhouette Borkums auf sich wirken lassen.
In der letzten Abendsonne verlassen wir in Emden die Fähre und passieren die Brücke über das Becken der Nesselander Seeschleuse, schwenken dahinter gleich rechts und rollen die 900 m vor bis zum Wendeplatz am Ende der Straße. Hier ist der ideale Platz, um diesen Tag in Ruhe ausklingen zu lassen. Wir schauen der Autoverladung im Hafen zu und sind in Gedanken noch immer am Strand von Borkum.

### (115) WOMO-Stellplatz: Emden 2 - „Middelmantje"

**GPS:** N 53°20'15.2" E 07°11'01.1". **Max. WOMOs:** 10.
**Ausstattung/Lage:** gepflastert, Info-Tafel, Bänke, Ausblick auf Dollart, Fähren und Schiffe im Hafen, meist windig / Ortsrand.
**Zufahrt:** Einfahrt rechts zum Borkum-Kai und dann Borkum Häfen West II, über Brücke über die Nesselander Schleuse fahren, danach gleich rechts abbiegen und bis zum Wendekreis der Straße fahren.
**Sonstiges:** An der Zufahrtsstraße zum Wendekreis sind auch Übernachtungen möglich. Ein Kontrolleur der AG Ems kassiert die Tages-Parkgebühr von 5 EUR (2015). Da der Hafenkapitän auch WOMO-Besitzer ist, werden WOMOs gern geduldet.

Die vielen Autos, welche auf Großparkplätzen im drittgrößten Autoverladehafen Europas (nach Zeebrügge und Bremerhaven) auf ihre Verschiffung nach Übersee warten, haben uns neugierig gemacht, wir wollen wissen, wo und wie sie gebaut werden. Wir verlassen den Stellplatz über die Brücke. Weiter geht die Fahrt an den Inselparkplätzen vorbei zum **VW Werk**. An der 4. Ausfahrt des Kreisverkehrs verlassen wir diesen, um zum Pkw-Besucherparkplatz am Haupttor zu gelangen. Hier kann das WOMO geparkt werden, während wir das Werk besichtigen (Besichtigung montags bis freitags nur nach Anmeldung Tel.: 04921-862390 bzw. besucherdienst.emden@volkswagen.de). Wieder am Kreisverkehr angekommen, halten wir uns Richtung RYSUM. Beim Schild Lkw VW biegen wir 1 km nach der Ampel in die Wolfsburger Straße. Durch den Windpark „Wybelsumer Polder" hindurch führt sie uns zum Neuen Seedeich, den wir rechts entlang fahren bis zur nächsten Wegkreuzung. Dort schwenken wir nach links bis zum **Schöpfwerk an der Knock**. Die Knock ist der südwestlichste Punkt der ostfriesischen Halbinsel. Das Schöpfwerk ist eines der größten seiner Art in Europa.

Beim Blick über den Dollart erkennen wir Bekanntes - links die Delfzijler Industrieanlagen, ganz links die kleine Kirche von Termunten, geradezu das Eemshotel auf seinen Stelzen. Die Brückeneinfahrt über das Knockster Tief am Schöpfwerk

zieren zwei Figuren. Rechts steht **Friedrich Wilhelm von Preußen** (Großer Kurfürst), links der **Alte Fritz** (Friedrich der Große), dem, wie wir bei genauem Hinsehen feststellen müssen, wohl jemand ein Loch ins Knie geschossen hat. Diese zwei überlebensgroßen Bronzefiguren standen bis 1945 noch im Emder Stadtgarten und wurden 1969 zur Einweihung des Sielwerkes als Schmuck hier aufgestellt.

Unweit von hier sind ideale Stellplätze für lange Spaziergänge am Strand-Ufer des Dollart oder aber, um vom Wohnmobil aus die Schiffsüberführungen der Meyer-Werft zu beobachten.

## (116) WOMO-Stellplatz: Seebrücke Knock

**GPS:** N53°21'17.5" E07°00'15.2"; Jannes-Ohling-Straße. **Max. WOMOs:** >10.
**Ausstattung/Lage:** Schotterfläche, Info-Tafel, Mülltonnen, Café/Restaurant „Strandlust" anbei, dort Stellplatzgebühr zu bezahlen, WC im Restaurant nutzbar, gute Sicht auf Dollart und Schiffe / außerorts.
**Zufahrt:** 2500 m nach der Brücke über das Knockster Tief (beim Schöpfwerk) links abbiegen, zwei Großparkplätze.
**Sonstiges:** In der Saison Anlegestelle für den Katamaran nach Borkum.

## (117) WOMO-Stellplatz: Drachenwiese

**GPS:** N 53°20'23.0" E 07°01'34.8"; Am Mahlbusen. **Max. WOMOs:** 3.
**Ausstattung/Lage:** Wiesenplatz, kein Schatten, gepflasterte Wege, Zelten, Campen, Wohnwagen verboten, max. 1 Nacht, ansonsten droht leider Sperrung des Platzes, straßennah / außerorts.
**Zufahrt:** Kurz nach der Brücke über das Knockster Tief (beim Schöpfwerk) rechts in die Straße „Am alten Mahlbusen" einschwenken.
**Sonstiges:** In diesem Bereich lag einst das Dorf Bettewehr, welches in den Jahren 1590 und 1717 durch Sturmfluten zerstört wurde.

## (118) WOMO-Campingplatz-Tipp: „Knock"

**GPS:** N 53°20'50.1" E 07°02'15.0"; Tannenweg.
**Geöffnet:** April bis Mitte September.
**Ausstattung/Lage:** V+E, Wohnmobilplätze vor und auf dem CP, Strom, Kiosk, Waschmaschine, Trockner, Hunde erlaubt / außerorts.
**Kontakt, Buchung und Infos über Öffnungszeiten und Preise:**
Tel.: 04927-567, www.campingplatz-knock.de.
**Zufahrt:** Von der Drachenwiese (117) kommend nach 1200 m rechts schwenken.

Unsere Tour verläuft zuerst am Stellplatz (117), dann am Campingplatz (118) vorbei, d. h. nach der Brücke über das Schöpfwerk schwenken wir rechts in die Straße „Am alten Mahlbusen" und rollen weiter geradeaus. An der nächsten T-Kreuzung geht es links nach PEWSUM. Später rumpeln wir auf dem Plattenweg direkt auf das Warftendorf RYSUM zu. Die Mühle und die Kirche können wir schon von Weitem erkennen. Auf der Ringstraße links um Rysum herum gelangen wir zum Spielplatz und hinter diesem links in den Liddenweg.

## (119) WOMO-Stellplatz: Rysum

**GPS:** N 53°22′51.7″ E 07°02′04.3″; Äußere Ringstraße. **Max. WOMOs:** 2.
**Ausstattung/Lage:** gebührenfrei, Rasengittersteine / im Ort.
**Zufahrt:** Auf äußerer Ringstraße links halten, am Spielplatz vorbei, nach 100 m kleiner Parkplatz (für WOMOs bis 6,50 m) auf der linken Seite.
**Sonstiges:** Ausweichparkplatz links nach dem Spielplatz im Liddenweg am linken Fahrbahnrand [N 53°17′36.5″ E 07°13′47.11″].

## Rysum

Dieses am besten erhaltene **Rundwarf(t)endorf** Ostfrieslands liegt auf einem künstlich angelegten Hügel von ca. 400 m Durchmesser, der früher in den Zeiten vor dem Deichbau als Hochwasserschutz diente. An der höchsten Stelle steht die früher katholische, jetzt reformierte **Kirche** aus dem 15. Jh. mit der 1457 von dem Groninger Orgelbauer Hermannus gefertigten, zweitältesten Orgel Deutschlands. Diese wurde 1959-61 restauriert und ist seitdem die älteste bespielbare Orgel in Deutschland.

Die reformierte Kirche ist sofort erkennbar am Fehlen des Altars (es gibt keine Liturgie), der durch einen Tisch für das Erinnerungsmahl ersetzt wird, genau wie die Kanzel, in der Mitte der Kirche.

Sehen Sie sich aufmerksam in der Kirche um, erkennen Sie Weihekreuze und Totenschilder an den Wänden. Haben Sie auch das **Hagioskop** gefunden? Diese kleine Maueröffnung links vom Eingang zum Innenraum stammt noch aus der katholischen Zeit der Kirche. Sie ermöglichte den im Mittelalter wegen ansteckender Krankheiten oder als Bestrafung von der Teilnahme am Gottesdienst in der Kirche ausgeschlossenen Menschen, wenigstens mit den Augen das Geschehen des Gottesdienstes wahrzunehmen und vor allem die Abendmahlszeremonie zu verfolgen. Ein Bummel durch die drei Ringstraßen um den Dorfmittelpunkt und die verbindenden Gassen (Lohnen) lässt uns begreifen, warum Rysum 1998 zum schönsten Dorf Niedersachsens gekürt wurde. Wir bestaunen die kleinen, restaurierten Häuser mit ihren idyllischen Vorgärten, die sich rund um die Kirche und den Friedhof drängen, dahinter große Gulfhöfe, deren Giebel zur Mitte ausgerichtet sind und deren Ländereien sternförmig über den Dorfrand hinaus verlaufen. Von der Galerie der **Mühle** aus kann man deutlich diese Aufteilung erkennen. Auch wenn Sie gerade keinen Hunger verspüren, einen Blick in den **Landgasthof „Rysumer Plaats"** sollten Sie unbedingt werfen. Dieses typische Gulfhaus gibt es hier schon seit 1750, inzwischen ist es unter Denkmalsschutz gestellt worden. Bei der vollständigen Restaurierung 1994 wurde ein 200 $m^2$ großer Wintergarten in den Hof eingebaut, der nun das Restaurant mit dem Kamin beherbergt. Hier kann man den typischen Aufbau eines Gulfhauses erkennen, die innere Aufteilung durch das Ständerwerk sowie die traditionelle Dachabdichtung mit Strohdocken zwischen den Tonziegeln.

**Gulfhäuser** werden auch als Ostfriesenhäuser bezeichnet. Sie entstanden im 16. und 17. Jahrhundert als Wohnstallhäuser. Typisch für ein Gulfhaus sind ein Vorderhaus (Wohntrakt) und der direkt angeschlossene Stall mit der Scheune, der breiter ist, da dort das Dach weiter hinuntergezogen wird. In diesen so entstandenen Abseiten waren die Boxen für die Kühe. Die große Mitte des Scheunentraktes mit dem großen Tor an der Stirnseite wird Gulf genannt. Hier wurden die Ernte und das Stroh gestapelt, aber auch die Arbeitsgeräte gelagert und die Pferde untergebracht. Durch ein inneres Ständerwerk wird das Dach abgestützt, es wird nicht durch die Außenmauern getragen. Neben dem Gulf ist die Diele (Tenne), durch die der Wirtschaftstrakt mit dem Wohnhaus verbunden ist und in der früher im Winter das Korn gedroschen wurde. Eine Besonderheit des Wohntraktes ist die Upkammer, ein erhöhter Raum im Haus, unter dem sich ein halb oberirdischer Keller befand.

Wir bestaunen diese gelungene architektonische Verbindung zwischen Geschichte und Moderne.
Die netten Mitarbeiter des Restaurants geben uns bereitwillig Auskunft zu Haus und Dorfgeschichte. Und als wir sie bitten, uns die Speise-

karte zu zeigen, bekommen wir richtig Appetit. Der Küchenchef empfiehlt **Scharntjes** (auch Scharben oder Kliesches genannt). Als Beifang der Krabbenfischerei erfährt diese Fischart mit ihrem zarten weißen Fleisch, welches nicht eingefroren und deshalb nur ganz frisch verarbeitet werden kann, zunehmende Beachtung.
Mit Blick auf die Tenne, auf der oft regionale Künstler ihre Arbeiten ausstellen, lassen wir uns die köstlichen, kleinen, schollenartigen Fischfilets schmecken.
Finden Sie diese nicht auf der Speisekarte, fragen Sie einfach den Kellner danach!

Vom WOMO-Stellplatz in Rysum fahren wir bis zur Hauptstraße vor und dann links aus dem Ort hinaus. Bald schon leuchtet uns links hinter den Feldern unser nächstes Ziel entgegen - der **Campener Leuchtturm**. Ab Campen ist die Straße zum Leuchtturm ausgeschildert.
In Campen selbst ist für Interessierte die Kirche sehr sehenswert, nicht nur weil man in ihr die vermutlich **älteste Glocke Ostfrieslands** aus dem Jahr 1295 finden kann. Auch die Ausmalung des Gewölbes ist überraschend üppig.
Aber nun zum Leuchtturm, der mit 65,30 m der höchste Deutschlands ist und aufgrund seiner ungewöhnlichen Bauweise aus Stahl ein bisschen an den Eiffelturm erinnert, welcher tatsächlich im selben Jahr erbaut wurde.

Die drei roten Beine umschließen das weiße Mittelrohr, in dem wir uns doch ganz schön schwitzend die 308 inneren Stufen hinaufkämpfen. Insgesamt hat der Turm nach seiner Renovierung nicht mehr, wie draußen angeschrieben, 320, sondern nur noch 319 Stufen, eine äußere Treppenstufe wurde wegrenoviert. Haben Sie auch nachgezählt?
Aber die Mühe wird reichlich belohnt. Oben erwartet uns ein fantastischer Ausblick über die Emsmündung, auf das Wattenmeer mit der hellen Muschelbank, auf Deiche und Schafe, auf Windmühlen und Gulfhöfe, auf alles, was Ostfriesland so unverwechselbar macht. Dazu weht ein strammer Wind hier oben und pfeift durchs

Gestänge. Einfach herrlich. Der Aufenthalt in der Höhe fällt länger als geplant aus. Wir können uns gar nicht sattsehen. Der 1888-1891 gebaute Leuchtturm (geöffnet April bis Oktober 11-16/17 Uhr, Eintritt) dient noch heute nachts als Leitfeuer. Das Leuchtfeuer ist eines der stärksten Deutschlands und hat eine Reichweite von 30 Seemeilen (ca. 54 km).
Das WOMO steht gut auf dem Stellplatz, und wir nehmen uns noch Zeit für einen kleinen Erkundungsgang über den Deich.

### (120) WOMO-Stellplatz: Campener Leuchtturm

**GPS:** N 53°24'17.1" E 07°01'03.9"; Leuchtturmstraße. **Max. WOMOs:** 2-3.
**Ausstattung/Lage:** Picknickhütte, Mülleimer / außerorts.
**Zufahrt:** Von Campen der Ausschilderung zum Leuchtturm folgen, Einfahrt zum Parkplatz rechts hinter Busparkplatz.

Wieder in CAMPEN halten wir uns links und fahren nach PEWSUM, wo wir links zum Schulzentrum abbiegen und hinten bei der Sporthalle einen Stellplatz finden, von dem aus wir die **Manningaburg** besichtigen wollen.

### (121) WOMO-Stellplatz: Pewsum

**GPS:** N 53°26'20.9" E 07°05'27.8"; Bunter Weg. **Max. WOMOs:** 2.
**Ausstattung/Lage:** gepflastert, eng (für WOMOs bis 6,50 m) / im Ort.
**Zufahrt:** In Pewsum ca. 100 m nach der ARAL-Tankstelle links in den Bunten Weg einbiegen.
**Sonstiges:** Am Hallenbad und Schulzentrum, daher besonders an den Wochenenden und in der Ferienzeit nutzbar.

**Manningaburg**

Ein paar Schritte in den Ort hinein, dann kann man die gelb verputzte Manningaburg nicht verfehlen.

Die Burg war im Mittelalter Sitz der ostfriesischen Häuptlingsfamilie Manninga. Danach kaufte Graf Edzard II Cirksena (Häuptlingsfamilie aus Greetsiel) sie für seine Frau (Tochter des schwedischen Königs Gustav Wasa) als zweiten Wohnsitz. Später dann bewohnten die Burg häufig die verwitweten ostfriesischen Fürstinnen. Nachdem der letzte Fürst Ostfrieslands, Carl Edzard, 1744 ohne Nachkommen starb, ging die Manningaburg in den Besitz Friedrich des Großen über, wurde später Gerichts- und Verwaltungssitz, Privateigentum, Kinderheim, Schule und Lazarett. Sie verfiel zusehends, bis im Jahr 1954 der Krummhörner Heimatverein das Gebäude der erhalten gebliebenen Vorburg kaufte und in ihm ein Museum einrichtete. Seit 1980 gehört der Besitz der Gemeinde Krummhörn, die ihn mit Restaurierungen vor dem Verfall schützt (Öffnungszeiten des Museums: Mai bis Mitte Oktober dienstags bis donnerstags 10-12:30 Uhr und dienstags bis sonntags 15-17 Uhr, Eintritt).

Wir fahren vom Stellplatz kommend rechts wieder aus Pewsum hinaus, umrunden in GROOTHUSEN (dem ältesten Dorf der Gemeinde Krummhörn) die privat bewohnte Osterburg aus dem 14. Jh. und setzen unsere Tour Richtung Greetsiel fort.

In PILSUM, wo man leider von der alten Beningaburg, Sitz des früheren Häuptlings Beninga, nichts mehr erkennen kann, fällt vor allem der massive viereckige Kirchturm der **Kreuzkirche** ins Auge, der im Mittelalter als Seezeichen bzw. Landmarke genutzt wurde. Uns aber interessiert ein ganz anderer Turm, sicher auch Ihnen bekannt aus vielen Fernsehfilmen, der Pilsumer Leuchtturm.

Vorher laden wir Sie zu einem Abstecher zum **Käsehof** der Familie Berkhout ein. Dieser Käse-Hof-Laden liegt etwas versteckt abseits der Straße, aber wenn man von der Hauptstraße der Ausschilderung rechts folgt, kann man ihn nicht verfehlen. Aus ganz Ostfriesland kommen die Einheimischen hierher, um vor allem Ziegenmilchkäse und Käse aus un-

behandelter Kuhmilch (gemischt auch als Kuhzie erhältlich) zu erwerben (Öffnungszeiten und Besichtigungstermine: www.kaesehofladen.de). Nachdem wir uns außer mit Käse, für jeden die richtige Sorte, noch mit Ziegenwurst bevorratet haben, lassen wir es uns im angrenzenden Hofcafé bei frischer Kuhmilch und selbst gebackenem Kuchen gut gehen.
Falls Ihnen eher der Sinn nach herzhaftem Essen steht, können wir die **Alte Brauerei** in Pilsum in der Dorfstraße empfehlen. In diesem historischen Wirtshaus aus dem Jahr 1673 wird von Juni bis Mitte August Queller als Beilage zum Fisch angeboten. Diese typische dunkelgrüne Salzwiesenpflanze, deren Asche als Soda-Ersatz im 14. Jahrhundert in der Glasherstellung (Glasschmalz) und in Seifensiedereien eingesetzt wurde, ist sehr gesund, enthält viele Mineralstoffe und schmeckt leicht nach Pfeffer und natürlich nach (Meer-) Salz. Probieren lohnt sich!
Auf der Warf 1 steht das **Sehr kleine Haus Pilsum**, eine private Kleinkunstbühne, die von Holger Müller, dem auch als „Ausbilder Schmidt" bekannten Kabarettisten und Produzenten, geführt wird. Vielleicht schaffen sie es ja, mit einer rechtzeitigen Reservierung (www.sehr-kleines-haus.de) einen der begehrten Plätze in einer der wenigen Vorstellungen zu ergattern.
Es lohnt sich auf jeden Fall – Spaß ist garantiert!
Kehren wir nun zur Pilsumer Hauptstraße zurück und verlassen diese auf der Straße „Zum Diekskiel". Kurz bevor die Holperstraße den Deich erklimmt, ist auf der linken Seite der Parkplatz, von dem aus man die kurze Wanderung zum kleinen rot-gelb gestreiften Leuchtturm starten kann.

### (122) WOMO-Wanderparkplatz: Diekskiel

**GPS:** N 53°29'03.2" E 07°01'51.3"; Zum Diekskiel. **Max. WOMOs:** >5.
**Ausstattung/Lage:** Bänke, kein Schatten / außerorts.
**Zufahrt:** Ab Pilsum der Ausschilderung nach Diekskiel (links) folgen.
**Sonstiges:** Zugang zum Deich und zum Watt, abends einsam.

Es gibt noch einen etwas näher am Leuchtturm gelegenen Parkplatz, der allerdings sehr klein und immer sehr voll ist, für WOMOs denkbar ungeeignet. Als Alternative können Sie ebenfalls von Greetsiel aus zum Leuchtturm zurückwandern. Wir bevorzugen die Ruhe dieses schönen Stellplatzes und wählen den Weg auf der Meerseite am Deich entlang nordwärts. Der nur 12 m hohe **Pilsumer Leuchtturm** hat Kultstatus erlangt, kennt ihn doch fast jedermann als Ottos Wohnhaus in dem Film „Otto der Außerfriesische". Diese Berühmtheit als „Otto-Turm" hat zur Folge, dass viele Touristen hierher pilgern. Die kräftigen, genau festgeschriebenen RAL-Farben, zusammen mit dem Blau des Himmels und dem Grün der Deichwiese bieten bei entsprechender Sonnenbeleuchtung ein tolles Fotomotiv, das wohl in keinem Ostfrieslandreiseführer, Werbeprospekt oder Urlaubsalbum fehlen darf. Von seiner Indienststellung am 1. Oktober 1891 bis zur Stilllegung im Oktober 1919 war der Leuchtturm noch einfarbig rot, erst nachdem die Deichacht Krummhörn ihn 1998 übernahm und renovierte, bekam er seinen unverwechselbaren Anstrich. Die Emder Firma Cordes & Graefe ermöglichte mit einer großzügigen Spende für die Renovierung den Anstrich des Leuchtturms in ihren Firmenfarben gelb und rot. An einigen Sonntagen im Sommer ist der Leuchtturm auch von innen zu besichtigen. Und seitdem die erste Trauung am 27. Mai 2004 für knappe 2000 EUR bei eBay versteigert wurde, finden hier regelmäßig Turm-Hochzeiten statt.
Auf unserer Stellplatzwiese werden wir auf ein steinernes **Denkmal** aufmerksam, welches 1972 zu Ehren der ostfriesischen Deicharbeiter errichtet wurde. Den Ausspruch des Deichrichters Brahms nach der verheerenden Weihnachtsflut 1717 wählen wir sofort als Leitspruch für dieses Buch.

**„Kein Deich - kein Land - kein Leben."** - typisch ostfriesisch, knapp und auf das Wesentliche konzentriert, fasst er zusammen, was das Leben der Menschen und die Entwicklung der Region hier über Jahrhunderte hinweg prägte. Der Deichbau, dabei das Wissen um die Notwendigkeit des gemeinsamen Handelns und die Verantwortung aller für ihre gemeinsame Zukunft, schweißte die Menschen zusammen. Dieses Zusammengehörigkeitsgefühl der Ostfriesen ist noch in der heutigen Zeit ausgeprägt und verleiht ihnen spürbar ihr unverwechselbares Selbstbewusstsein.

Es hilft nichts, nur über die Buckelpiste gelangen wir wieder zur Hauptstraße, die uns nach GREETSIEL führt.

Auf der Brücke über das Greetsieler Sieltief, kurz vor dem Ortsbeginn, hat der Fahrer den besten Blick auf die Wahrzeichen Greetsiels, die **Zwillingsmühlen**. Für ein Foto allerdings müssen Sie später hierhin zurücklaufen.

Beide Mühlen sind zweistöckige Galerieholländer und werden heute unterschiedlich genutzt. In der östlichen (roten) Mühle aus dem Jahr 1921 werden Futtermittel aus Getreide hergestellt, während in der westlichen (grünen) Mühle, gebaut im Jahr 1856, eine Teestube mit Bildergalerie beheimatet ist.

Der sehr beliebte WOMO-Stellplatz, auf dem an besonderen Wochenenden im Jahr auch schon mal bis zu 200 WOMOs gezählt werden, ist ausgeschildert und befindet sich gleich am Anfang des Ortes.

**(123) WOMO-Stellplatz: Greetsiel**

**GPS:** N 53°29'53.8" E 07°06'18.0"; Mühlenstraße.
**Max. WOMOs:** >50.
**Ausstattung/Lage:** Gebühr, V+E, Strom, ganzjährig, straßennah, im Sommer voll / im Ort.
**Zufahrt:** Von der K 233 nach der kleinen Brücke in die Mühlenstraße links einbiegen, Stellplatz gleich rechts hinter dem Pkw-Parkplatz.

## Greetsiel

Wir lassen uns vom Besucherstrom durch die malerischen Gassen des hübschen Dorfs treiben und kommen bald an den 600 Jahre alten **Fischerhafen**, umsäumt von historischen Bürgerhäusern mit den alten Wappen auf ihren Giebeln und den kleinen Läden, Teestuben (unser Tipp: ein Stövchen Ostfriesentee und ein Stück leckere Ostfriesentorte im **Café Poppinga**) und Restaurants im Erdgeschoss.
Obwohl die Krabbenfischer ums Überleben kämpfen müssen und die Anzahl der Berufsfischer sinkt, findet man in Greetsiel die größte Kutterflotte Ostfrieslands. Hier kann man noch Fisch und Granat direkt vom Fischer kaufen. Granat werden in Ostfriesland die Krabben genannt, die eigentlich, da sie zu den Langschwanzkrebsen gehören, biologisch korrekt Garnelen sind.
Sie werden mit Grundschleppnetzen von Krabbenkuttern aus gefischt und bereits an Bord mit Seewasser abgekocht. Gepult (geschält) wurden die Garnelen früher von den Fischersfrauen daheim. Nach EU-Vorschriften ist dies heute aus hygienischen Gründen für den gewerblichen Verkauf verboten, was zu Folge hat, dass die tiefgefrorenen Garnelen oft zum „Fabrikpulen“ in Billiglohnländer wie Marokko gebracht werden, bevor sie über die deutschen Ladentische bzw. in die Restaurants wandern. Wir kommen ins Grübeln.
Durch die vorgelagerte Schleuse an der künstlichen Landzunge **Leybuchthörn** ist der Greetsieler Hafen gezeitenunabhängig, die Fischerei- und Sportboote können jederzeit in die Nordsee auslaufen.

Wem der Stellplatz in Greetsiel doch zu lebhaft ist, findet im folgenden Tourverlauf 1,4 km weiter Richtung Norden/Norddeich ein ruhigeres Plätzchen auf der linken Seite, rechts und links neben der für Autos gesperrten Brücke über das Norder Tief. Ein weiterer schöner Stellplatz erwartet uns, wenn wir bei der nächsten Möglichkeit links Richtung Norddeich abbiegen, in LEYBUCHTSIEL.

### (124) WOMO-Stellplatz: Mittelplatte

**GPS:** N 53°30'31.0" E 07°06'46.0"; Greetsieler Straße. **Max. WOMOs:** 1-2.
**Ausstattung/Lage:** Schotter, einsam / außerorts.
**Zufahrt:** Ca. 1,5 km nach der Ampelkreuzung in Greetsiel links bis zur Klappbrücke fahren, rechts und links davor Platz für je ein WOMO.
**Sonstiges:** Fahrradweg über kleine Brücke nach Greetsiel hinein.

### (125) WOMO-Stellplatz: Leybuchtsiel

**GPS:** N 53°32'34.6" E 07°08'38.2"; Lorenzweg. **Max. WOMOs:** 5.
**Ausstattung/Lage:** Wiese, Restaurant, Anlegesteg / außerorts.
**Zufahrt:** Direkt nach der Sielbrücke über das Norder Tief in Leybuchtsiel rechts auf die Wiese fahren.
**Sonstiges:** Paddel- und Pedalstation (Fam. Kirchhoff, Tel.: 0171-7454820), www.paddeln-norden.de), Touren nach Norden oder Hage möglich, Parken auch auf dem Gelände der Paddel- und Pedalstation auf Anfrage.

Wir bleiben auf der Straße nach NORDDEICH und rollen voller Spannung unserem zweiten bzw. dritten Inselaufenthalt entgegen.
Einen Abstecher kann man machen, indem man dem Wegweiser „Noordway“ nach links folgt. Der ehemalige Funkmast der Empfangsfunkstelle Norddeich Radio ist von der Straße aus sichtbar und leitet uns zum **Museum „Noordway“**, dem Funktechnischen Museum Norddeich-Radio e.V., welches freitags und samstags von 14 bis 16 Uhr zum Besuch einlädt.

Von Norddeich aus fahren die Fähren der Reederei Norden Frisia nach Norderney und Juist. Während wir nach Norderney das Auto mitnehmen können, ist die Insel Juist autofrei. Um das Auto während Ihres Inselaufenthaltes abzustellen, natürlich aber auch, um einfach nur Norddeich oder Norden zu erkunden, haben wir drei Stellplätze für Sie herausgesucht.

## (126) WOMO-Stellplatz: Norddeich 1 - WomoPark

**GPS:** N 53°36′06.5″ E 07°08′06.1″; Deichstraße 24. **Max. WOMOs:** 50.
**Ausstattung/Lage:** Gebühr (2015): 9,50 EUR pro Nacht für ein WOMO inklusive zwei Personen zuzüglich Kurbeitrag, Hunde kostenlos, V+E, Strom, Duschen, WC, Waschmaschine, Trockner, alles gegen Gebühr, Gaststätte, Kiosk, Brötchenservice, Gasflaschentausch, Mülltonnen, Wiesen- und Schotterplätze hinter dem Deich, nicht ganzjährig / außerorts.
**Kontakt:** Herr Goldenstein, Tel.: 04931-9186478, www.womopark-norddeich.de.
**Zufahrt:** Von der L 27 Richtung Norden nach ca. 6,8 km hinter Leybuchtsiel links in die Ziegeleistraße einbiegen, Stellplatz ist links zu sehen.
**Sonstiges:** Zugang zum Deich, 2 km bis Norddeich.

## (127) WOMO-Badeplatz: Norddeich 2 - Wellenpark

**GPS:** N 53°36′36.0″ E 07°09′24.4″; Itzendorfer Straße. **Max. WOMOs:** >10.
**Ausstattung/Lage:** ganzjährig, gebührenpflichtig, V+E, Strom, Meerwasser-Wellenbad mit Sauna, gepflasterte und Wiesenplätze, Mülleimer, Restaurant im Bad, Braukeller im Gebäude / im Ort.
**Zufahrt:** In Norddeich Ausschilderung zur Badelandschaft „Ocean Wave" folgen.
**Sonstiges:** oft sehr voll, Ermäßigung und Anmeldung im „Ocean Wave", www.ocean-wave.de, kurzer Weg zu Strand und Freibad, Minigolf, Märchenschiff, Seehundaufzuchtstation, Kinderspielhaus - **unser Winter-Favorit!**.

### (128) WOMO-Stellplatz: Norddeich 3 - Hafen

**GPS:** N 53°37'31.1" E 07°09'40.1". **Max. WOMOs:** >10.
**Ausstattung/Lage:** Tages-Parkkarte (2015): 10 EUR, V+E für Busse, beleuchtet, Mülleimer, Hafenblick, Nähe zum Fähranleger / im Ort.
**Zufahrt:** In Norddeich der Ausschilderung zum Fähranleger/Hafen folgen, nach Großparkplatz vor der Hafeneinfahrt zum Anleger rechts auf der Hafenstraße, um das Hafenbecken herum, vor dem YACHT-ZENTRUM links auf den Parkplatz.

## Norddeich

Norddeich ist ein Stadtteil von Norden, direkt an der Nordseeküste und der drittgrößte Personenhafen Deutschlands (nach Puttgarden und Rostock). Im **Stadtwappen** kann man schon erkennen - auch der Fischfang spielt neben dem Tourismus eine große Rolle in Norddeich. Auf dunkelgrünem Grund, der die landwirtschaftliche Prägung darstellt, ist ein silber/goldener Fisch abgebildet. Der Blitz auf der unteren Hälfte des Wappens weist auf den ehemaligen Standort des Senders Norddeich Radio hin, rot-weiß (silber), wie einst die Sendetürme. Über diese wurden fast 100 Jahre lang (1907-1998) Funktelegramme zu den Schiffen in alle Welt versendet und später in der Sendung „Gruß an Bord" des NDR-Radios private Weihnachtsgrüße an die Seeleute auf den Weltmeeren geschickt.
Als einziger Küstenort Ostfrieslands hat Norddeich einen Bahnanschluss. Der **Bahnhof Norddeich Mole** befindet sich nah am Fähranleger, sodass die Fahrgäste der InterCity- und Regional-Express-Züge aus dem Ruhrgebiet und dem Rheinland, aus Berlin, Leipzig oder Konstanz am Bodensee ohne Probleme auf die Fähren umsteigen können.
Norddeich selbst hat auch einiges zu bieten. Wir lieben es, im Winter bei Minus-Graden am Strand entlang zu wandern, unseren Lenkdrachen selbst bei Sturm steigen zu lassen, den Fähren nachzuschauen, die sich schaukelnd Richtung Inseln entfernen, in eines der kleinen Fischrestaurants einzukehren und uns am Abend in der Sauna des Schwimmbads Ocean Wave aufzuwärmen.
In der **Seehundstation Nationalparkhaus** kann man Tierpflegern bei der Pflege und Aufzucht kranker oder mutterlos aufgefundener Seehundbabys (Heuler) über die Schulter schauen. Nicht nur für Kinder ein Vergnügen, die Station verzeichnet jährlich bis zu 250.000 Besucher (geöffnet täglich außer Dezember 10-17 Uhr, Fütterungen 11 und 15 Uhr, Eintritt). Gleich daneben lädt vor allem bei Regenwetter das **Kinderspielhaus** (geöffnet täglich 10-17 Uhr, kostenlos) die kleinsten Besucher zu Aktivitäten ein.

## Ausflug nach Juist

Ja, **Zauberland** ist der treffende Name für diese zauberhafte Insel, welche bei einer Zuschauer-Umfrage des NDR-Fernsehens zu den schönsten Inseln Norddeutschlands im Dezember 2010 auf den 1. Platz weit vor Helgoland (Platz 3), Sylt (Platz 10) und Rügen (Platz 11) gewählt wurde. **Dat Töwerland**, wie die knapp 2000 Einwohner ihre Insel liebevoll nennen, ist mit 17 km die längste der ostfriesischen Inseln, zwischen 1100 m und 500 m schmal und zieht jeden Besucher mit ihrem weißen, herrlich breiten und buhnenlosen Sandstrand in ihren Bann. Die Menschen leben im Hauptort Juist (auch **Dorf** oder Ostdorf genannt) und dem westlicher gelegenen Nachbarort **Loog**.

Wir erreichen Juist mit der Frisia-Fähre von Norddeich aus in ca. 90 Minuten und haben Glück, dass heute einer der wenigen Tage im Monat ist, an denen man am selben Tag auch wieder mit der Fähre zurückfahren kann. Sonst setzt die Fähre meist ein- bis zweimal am Tag ab Norddeich hinüber und fährt gleich wieder zurück, abhängig von der Tide, sodass man bei einem Tagesausflug mindestens eine Flugstrecke einplanen muss (einfacher Flug ab Norddeich ca. 50 EUR, im Sommer bis zu 10x täglich mit FLN ab Norddeich, 5 Minuten Flugzeit, Kombitickets Flug/Fähre). **Infos zu Tickets** im Hafengebäude bzw. unter www.reederei-frisia.de.
Der Weg vom Hafen zum Dorf ist kurz, die Sehenswürdigkeiten, wie das **Nationalparkhaus** im alten Bahnhof direkt am Kurplatz, der erst 1992 gebaute 14 m hohe **Leuchtturm Memmertfeuer** (Besichtigung möglich), die zwei Juister **Kirchen**, der 17 m hohe **Wasserturm**, das Wahrzeichen Juists, und das 1898 fertiggestellte **Kurhaus** sind schnell zu erreichen. Erinnern Sie sich noch an Skulpturen des Leeraner Künstlers Karl Ludwig Böke, auf die wir Sie in Leer und Emden aufmerksam gemacht haben? Auch hier ist wieder eines dieser Kunstwerke zu finden - die **Juister Badefrau** vor dem Gebäude des historischen Warmbades.
Die **Bill**, wie das gesamte Juister Westende genannt wird, ist schon seit 1899 Naturschutzgebiet.
Zum **Loog** gelangt man über die südliche Uferstraße. Dort können wir einen Besuch des **Küstenmuseums** empfehlen. Westlich des Loog kann man auf einem grün markierten Pfad am Südufer des **Hammersees** entlang wandern, dem größten Süßwassersee auf einer Nordseeinsel. Er ist durch die Überflutung einer Weidefläche entstanden und heute ungestörter Lebensraum für viele Insekten und Vögel.
Nach der Aussichtsdüne erreicht man durch ein kleines Wäldchen schnell die **Domäne Bill**, ein beliebtes Ausflugslokal.

Am äußersten Westende der Insel, dem **Billriff**, kann man während der Vogelflugsaison Tausende Zugvögel beobachten und hat einen guten Blick auf die 800 m weiter westlich liegende **Kachelotplate** und die 1400 m südlich gelegene Vogelschutzinsel **Memmert**. Zu den Haakdünen am Billriff führt ein Grasweg, die Fahrräder bleiben auf dem Fahrradparkplatz kurz hinter der Domäne Bill.

Autos sucht man auf Juist vergeblich, die Insel ist komplett autofrei. Selbst die Müllabfuhr wird hier mit Pferdefuhrwerken erledigt.
Uns zieht es auf Juist immer wieder an das Ostende, den **Kalfamer** (Kälberwiese), der während der Brutzeit der Vögel nur im Rahmen von Nationalparkführungen betreten werden darf. Aber bis zur Ostbake ist der Weg immer frei. Wir erreichen diese, indem wir vom Badestrand am Dorf der Nordküste folgen. Zurück führt uns der Weg am Flugplatz und dem auf einer 17 m hohen Düne gelegenen Ausflugslokal **Wilhelmshöhe** vorbei ins Dorf.
Bei der Aussichtsplattform an der Flughafenstraße beginnt der **Otto-Leege-Pfad**, ein Lehrpfad, der den Inselbesuchern die ökologischen Zusammenhänge der Inselnatur erläutern möchte. Weiter nördlich an den Goldfischteichen und dem auffälligen Tor kann man sich in der achteckigen Schutzhütte über das Leben und Werk des Naturforschers und -schützers Otto Karl Georg Leege informieren, der sich, seitdem er 1888 zum ersten Mal die Insel Memmert betrat bis zu seinem Tod 1951, für den Schutz der Vogelwelt auf dieser einsetzte. Der Pfad endet auf den nördlichen Randdünen.

## Mit dem WOMO nach Norderney

Norderney (entstanden aus Nordernye-Oog - Nordens neues Auge), das 1797 gegründete erste deutsche Nordseeheilbad, ist ein beliebtes Ausflugsziel für Urlauber jedes Alters, Naturfreunde, Sportler und Kulturliebhaber. Die ca. 8000 Einwohner können pro Jahr über 3 Mio. Übernachtungen verbuchen.

Bereits Georg der V. hatte die Insel seit 1851 zu seiner Sommerresidenz ernannt, nach ihm ging Wilhelm der II. hier baden und die königlichen und kaiserlichen Spuren des schon früher mondänen Seebads begleiten jeden Norderneyurlauber noch heute.

Aufgrund der Zugehörigkeit der ostfriesischen Inseln zum Nationalpark Wattenmeer kommt auch auf Norderney für das Übernachten im WOMO nur einer der Inselcampingplätze infrage. Zwei der sechs Plätze möchten wir hier empfehlen.

### (129) WOMO-Campingplatz-Tipp: Norderney 1 - „Um Ost"

**GPS:** N 53°42′31.6″ E 07°12′24.7″; Am Golfplatz 3.
**Geöffnet:** 1. April bis 15. Oktober.
**Ausstattung/Lage:** in herrlicher Dünenlandschaft, gepflegte Sanitäranlagen, Hunde verboten, Nähe zu Leuchtturm, Ostbadestrand und FKK-Badestrand, Gaststätte, Hafen 5 km entfernt / außerorts.
**Kontakt, Buchung und Infos über Öffnungszeiten und Preise:**
Tel.: 04923-84155, www.campingplatz-umost.de.
**Zufahrt:** Richtung Leuchtturm und am Flugplatz vorbei fahren, der CP ist rechts der Straße „Am Golfplatz" nicht zu übersehen.

### (130) WOMO-Campingplatz-Tipp: Norderney 2 - „Eiland"

**GPS:** N 52°42′43.8″ E 07°14′43.7″; Am Leuchtturm 10.
**Geöffnet:** März bis Oktober.
**Ausstattung/Lage:** früherer Bauernhof, Familienbetrieb, gute Sanitärausstattung, Kiosk, sehr strandnah, ruhig, Bushaltestelle / außerorts.
**Kontakt, Buchung und Infos über Öffnungszeiten und Preise:**
Fam. Harms, Tel.: 04923-2184, www.campingplatz-eiland.de.
**Zufahrt:** Vom Fähranleger geradeaus in die Deichstraße, rechts in den Karl-Rieger-Weg abbiegen, 7 km geradeaus, 300 m nach dem Leuchtturm an der Gabelung rechts, nach 300 m am Ziel.

**Fährüberfahrt:**
Von Norddeich aus fahren die Fähren der **Reederei Frisia** tagsüber zwischen 6 und 18 Uhr fast stündlich zur Insel und wieder retour.
Tickets kann man am Schalter des Hafengebäudes erwerben. Vorreservierungen unter Tel.: 04931-9870 bzw. www.reederei-frisia.de.

Trotz der überschaubaren Größe von ca. 26 km² sind die Möglichkeiten für Aktivitäten sehr vielfältig, es gibt ein über 80 km langes Rad- und Wanderwegenetz und an der Nordseite den 14 km langen wunderschönen Sandstrand.
Nach einem Bummel durch die Innenstadt mit den vielen weißen, teils sehr alten neugotischen Gebäuden und bei schönem Wetter einem obligatorischen Bad in der Nordsee, empfehlen wir Ihnen den kostenlosen Besuch der **Schinkenräucherei** mit Verkostung des über 16 Wochen in der Nordseeluft gereiften Norderneyer Seeluftschinkens und einem Info-Film über die wichtigsten Sehenswürdigkeiten (Im Gewerbegelände 47, Infos und Anmeldung zur Verkostung unter www.norderneyer-seeluftschinken.de oder Tel.: 0800-8770770 montags bis freitags zwischen 10 und 13 Uhr).
Auch eine Besteigung des einzigen linksdrehenden **Leuchtturms** Deutschlands (erbaut 1872-1874) sollte nicht fehlen.
Von dort oben hat man einen herrlichen Rundblick über die beeindruckende Dünenlandschaft und die Küsten.

## **Fahrradtour zum Leuchtturm** (ca. 14 km)

Diese Tour startet bei der **Windmühle**, der einzigen auf den ostfriesischen Inseln, und verläuft zuerst die Mühlenstraße entlang nordwärts, bis wir rechts in die Jann-Berghaus-Straße, später Richthofenstraße, einbiegen. Der Waldweg links durch die Braundünen bringt uns auf den Wanderweg 2 und den Zuckerpad. Mitten durch die Dünen geht es nun bis zur Aussichtsdüne **Georgshöhe**, von der wir den tollen Rundumblick genießen. Am **Café „Weiße Düne“** vorbei nehmen wir den Wanderweg 2 und gelangen nach dem Wasserwerk zum **Leuchtturm**.
Vom Café „Weiße Düne“ ist es nicht weit bis zum FKK-Strand mit der besonders im Herbst nicht nur bei den Einheimischen beliebten **Strandsauna** (saisonal verschiedene Öffnungszeiten, von April bis Oktober, täglich über Mittag).
Der Rückweg führt zuerst am Flugplatz entlang, durch das Erlenwäldchen und auf dem Wanderweg 3 zum Golfhotel. Links dahinter stoßen wir auf den Wanderweg 4 und folgen diesem bis zum **Hafen**. Hier beobachten wir die Urlauber, die voller Vorfreude von der gerade angekommenen Fähre strömen. Nachdem wieder Ruhe eingekehrt ist, radeln wir in die Stadt hinein, wo wir den Rest des Tages gemütlich verbringen.

## Wanderung zur Ostspitze der Insel

Dies ist unser Highlight auf Norderney. Dazu können Sie mit dem WOMO, Bus (Linie 4) oder Fahrrad bis zum letzten Parkplatz vorfahren [N 53°42'46.9" E 07°15'27.6"], von dort auf ausgeschilderten Wegen über den Strand bis zum **Schiffswrack an der Rattendüne** am östlichsten Ende und durch die Möwendüne, vorbei an der **Peilbake** und der **Postbake**, wieder zurückwandern. Diese Tour ist rund 14 km lang und dauert ca. 5 Stunden. Sie ist auf jeden Fall bei Niedrigwasser zu empfehlen, da man direkt am Spülsaum gehen kann und sich das Stapfen durch den hohen Sand am Strand erspart. Für den Rückweg sind eventuell Gummistiefel von Nöten, da bei nassem Wetter der Boden der Dünen sehr morastig ist.
Für den Hunger tagsüber empfehlen wir das **Café „Weiße Düne“** (Bus: Linien 5 und 6) direkt am Meer und am Abend den **„Old Smuggler“** (in der Nordhelmsiedlung östlich der Innenstadt, maritimes Ambiente) mit seinen köstlichen Fisch-Spezialitäten und dem ausgesprochen netten Service (Birkenweg 24, Tel.: 04932-3568, bitte reservieren!)
Viele Infos zu aktuellen Veranstaltungen, allen Sehenswürdigkeiten (z. B. Badehaus-Museum, Nationalparkhaus, Fischerhausmuseum) und Aktivitäten (z. B. Hochseilgarten, Kap Hoorn-Spielhaus, Wattwanderungen, Fahrten zu den Seehundbänken) erhält man in der Tourist-Info im **Conversationshaus** (früheres Kurhaus) am zentralen Kurplatz.

„Ich liebe das Meer wie meine Seele", schrieb schon Heinrich Heine in seinen Nordseebildern, die er verfasste, nachdem er zwischen 1825 und 1827 auf Norderney weilte. Wilhelm von Humboldt, Feldmarschall Blücher, Theodor Fontane und Robert Schumann wussten diese faszinierende Düneninsel ebenso zu schätzen, wie Gustav Stresemann, Willy Brandt, Gerhard Schröder und Angela Merkel. Gern reihen wir uns ein in die endlose Folge der Norderney-Liebhaber und freuen uns schon auf unseren nächsten Besuch.

Hätte es heute Abend nicht geregnet, hätten wir bestimmt nicht vorn im WOMO gesessen und durch die beschlagenen Scheiben zu erkennen versucht, was vom gerade festgemachten Kutter auf den großen Lkw verladen wurde. Das laute Geräusch dabei macht uns neugierig und lässt uns die Regenjacken überwerfen. Es sind Unmengen von Miesmuscheln, die da unaufhörlich in den Laderaum des Lasters rieseln. Nach einem kurzen und interessanten Gespräch mit Fahrer und Fischern kriechen wir wieder ins warme WOMO zurück und freuen uns einmal mehr über diesen wirklich nie langweiligen Parkplatz direkt am Hafen von Norddeich.

Pottwalskelett im Waloseum Norddeich

Unsere Fahrt geht weiter, noch vor dem Deich rechts und dann immer am Deich entlang. Nachdem wir die Bahnschienen überquert haben, wenden wir uns nach links und fahren durch Norddeich mit seinen vielen an der Straße gelegenen Fischrestaurants. Gerade bei schlechtem Wetter ist der Abzweig links zum **Waloseum** (geöffnet von Mitte März bis Oktober und in den Weihnachtsferien täglich 10-17 Uhr, Eintritt) zu empfehlen. Nach 3,5 km finden wir es im ehemaligen Gebäude von Norddeich Radio hinter der Einfahrt zum Flugplatz. In diesem Wal-Erlebniscenter beeindruckt besonders das Pottwalskelett. Außerdem gibt es dort viel Wissenswertes über Wale, Delfine und ihre Anpassung an die Unterwasserwelt zu erfahren. Wenn man Glück hat, kann man im Sommer in der **Quarantänestation der Seehundstation**, welche hier im Haus untergebracht ist, kleine Heuler beobachten.

Fährt man geradeaus weiter, erreicht man schnell NORDEN. Zuerst der Ausschilderung zum Zentrum folgend biegen wir am

Kreisverkehr beim **Ostfriesischen Teemuseum** (geöffnet dienstags bis sonntags 11-17 Uhr, Juli und August auch montags, November bis Februar mittwochs und samstags 11-16 Uhr Teezeremonien und Führungen, Eintritt, Tel.: 04931-12100, www.teemuseum.de) links ab und suchen uns auf dem größten deutschen baumbestandenen Marktplatz gegenüber der **Ludgeri-Kirche** einen Parkplatz.

Allein die Besichtigung dieses eindrucksvollen Gotteshauses lohnt sich schon. Umso erfreuter sind wir, dass gerade ein Konzert auf der weit über die Grenzen Ostfrieslands hinaus bekannten **Arp-Schnittger-Orgel** stattfindet. Und während wir überwältigt vom herrlichen Klang der Musik in einer der vielen Kirchenbänke sitzen, schweifen unsere Gedanken zurück zu den vielen Erlebnissen dieser 6. Tour. Hier kommen wir zur Ruhe und wollen diese Tour würdig enden lassen, schöner gehts fast nicht.

TOUR 7
Wangerooge
Spiekeroog
Langeoog
Ostende
Baltrum
Norderney
Juist
Mellum
Nationalpark Niedersächsisches Wattenmeer
Nationalpark Niedersächsisches Wattenmeer
10 km
Wilhelmshaven
Hooksiel
Horumersiel
Jever
Schortens
Zialleris
Carolinensiel
Harlesiel
Neuharlingersiel
Wittmund
Bensersiel
Esens
Aurich
EEZ
Ewiges Meer
Dornumersiel
Dornum
Neßmersiel
Hage
Lütetsburg
Osteel
Marienhafe
Norden
Greetsiel
29
210
461
72
131
132
133
134
135
136
137
138
139
140
141
142
143
144
145
146
147
148
149
150
151
152
153
154
155
156
157
158
159
160
161
162

## TOUR 7 (ca. 230 km / 12-15 Tage)

**Marienhafe - Dornum - Neßmersiel - Baltrum - Bensersiel - Langeoog - Neuharlingersiel - Spiekeroog - Harlesiel - Wangerooge - Hooksiel - Jever**

| | |
|---|---|
| **Freie Übernachtung:** | Berumerfehn, Osteel, Marienhafe, Münkeboe, Moordorf, Tannenhausen, Rechtsupweg, Westerholt, Tettens, Hohenkirchen. |
| **Campingplätze:** | „Am Nordseestrand" Dornumersiel, „Nordseecamping" Neuharlingersiel. |
| **Ver-/Entsorgung:** | Marienhafe, Hage, Westerholt, Dornum, Dornumersiel, Esens, Neuharlingersiel, Harlesiel, Schillig, Horumersiel, Hooksiel. |
| **Baden:** | Großheide, Tannenhausen, Baltrum, Dornumersiel, Bensersiel, Langeoog, Spiekeroog, Harlesiel, Wangerooge, Tettens, Schillig, Horumersiel, Hooksiel. |
| **Besichtigen:** | Schloss Lütetsburg, Motodrom Halbemond, Warnfriedkirche Osteel, Marienkirche Marienhafe, Dörpmuseum Münkeboe, Moormuseum Moordorf, Windkraftanlage Westerholt, Kirche und Burg Dornum, Langeoog, Buddelschiffmuseum Neuharlingersiel, Spiekeroog, Wangerooge, Sielhafenmuseum und phänomanica Carolinensiel, Ziallerns, Tettens, Jever. |
| **Wandern/Fahrradtour:** | Ewiges Meer, Wattwanderung nach Baltrum, Langeoog, Wangerooge. |
| **Essen:** | „Meierei" Langeoog, „Fischfabrik" Esens, „Café Pudding" Wangerooge, „Brücke" Hooksiel, „Butt" Jever. |

Nein, wir folgen jetzt nicht weiter streng dem Küstenverlauf. Dazu gibt es im Innern Ostfrieslands zu viele interessante Sachen zu entdecken. Wir werden einige Abstecher gen Süden machen, aber immer wieder an die Küste zurückkehren.

In NORDEN Richtung Zentrum, an der Kirche vorbei, fahren wir weiter geradeaus durch die Einkaufsstraße (Einbahnstraße). Vor der Bahnschranke schwenken wir rechts in die Straße „Im Horst“ und an der nächsten Ampel Richtung HAGE. Die **Frisia-Mühle** rechter Hand ist baugleich mit der Deichmühle im alten Norder Hafen und dient als Ausstellungsort für alte Werkzeuge und Maschinen aus dem Bäckerhandwerk. Der vierstöckige Galerieholländer steht unter Denkmalschutz.

Die Ausschilderung leitet uns schließlich zum **Schloss Lütetsburg**, dem Familiensitz der Grafen zu Inn- und Knyphausen, in dessen 30 ha großem Park schon Theodor Fontane lustwandelte und sich zu poetischen Versen inspirieren ließ.
Mit dem Parkplatz [N 53°36'04.8" E 07°15'39.3"] links finden wir hinter der Schranke einen schönen Platz für unser WOMO, perfekt für einen Spaziergang durch den weitläufigen, gepflegten Landschaftspark im englischen Stil und eine wärmende Tasse Kaffee im weinberankten Wintergarten des Schlosscafés. Besonders zur Rhododendronblüte ist dieser Park eine Augenweide und ist unserer Meinung nach schöner, als jeder Rhododendronpark im Ammerland (geöffnet täglich, Mai bis September 8-21 Uhr, Oktober bis April 10-17 Uhr, 2 EUR Eintritt am Drehkreuz).

In der Ortsmitte in HAGE, vorbei an der schiefen St.-Ansgari-Kirche, biegen wir am Kreisverkehr Richtung HALBEMOND ab. Geradezu erkennt man zwischen den Häusern hindurch die mit 30,20 m **höchste deutsche Windmühle** herausragen. Der achtstöckige Galerieholländer wurde 1873-1880 gebaut. Unweit von Halbemond befindet sich das größte europäische reine Speedwaystadion, das **Motodrom**, in dem regelmäßig Rennen stattfinden, aber auch diverse andere Veranstaltungen, wie z. B. Konzerte.
Immer der Mühle entgegen, durch die Hauptstraße, erreichen wir den nächsten Kreisverkehr. Wenn wir die 2. Ausfahrt nehmen, werden wir von Ausschilderungen zum WOMO-Stellplatz im Luftkurort HAGE geleitet. Dabei passieren wir die **Berumer Burg** rechts, die um 1320 erbaut wurde und heute als Wohnung und Gästehaus genutzt wird.

## (131) WOMO-Stellplatz: Hage „Wichter Weg"

**GPS:** N 53°36'18.7" E 07°19'09.7"; Wichter Weg. **Max. WOMOs:** 12.
**Ausstattung/Lage:** V+E, Strom, Gebühr, Mülleimer, gepflastert, beleuchtet, WiFi, ganzjährig / im Ort.
**Zufahrt:** In Hage nach der Burg Berum rechts in Wichter Weg, WOMO-Stellplatz ist ausgeschildert.
**Sonstiges:** Kurzentrum mit Hallen - und Freibad in der Nähe, Minigolf.

Unsere Fahrt führt uns auf dem Wichter Weg weiter am Bad vorbei durch BERUMBUR, an der T-Kreuzung links Richtung GROßHEIDE und in Großheide links Richtung Arle. Wenn man 1,1 km nach dem Ortsausgangsschild an der ersten Kreuzung hinter der alten Mühle rechts in den gepflasterten Kruisweg einbiegt, findet man einen schönen Badeplatz und Stellplatz für das WOMO.

## (132) WOMO-Badeplatz: Großheide

**GPS:** N 53°35'14.6" E 07°21'56.7"; Kruisweg. **Max. WOMOs:** 4.
**Ausstattung/Lage:** geschottert, Mülleimer, gepflastert, Bänke / außerorts.
**Zufahrt:** Siehe Text.
**Sonstiges:** direkt am Badesee, Beachvolleyballfeld, Weg um den See.

Weiter auf dem Kruisweg, an der Bank rechts zwischen zwei Bauernhöfen hindurch, über den Doornkaatsweg und den Linienweg hinweg geradeaus, gelangt man an eine Stopp-Schild-Kreuzung, gegenüber der sich der **WOMO-Händler Dehne A.C. mit Werkstatt** befindet.
Wir biegen rechts auf den Schulweg ab, passieren das grüne Ortsschild von Berumerfehn und schwenken schließlich links in den Kirchweg, an dessen Ende der WOMO-Stellplatz am **Kompaniehaus** ausgeschildert ist.

**(133) WOMO-Stellplatz: Berumerfehn**

**GPS:** N 53°33′36.3″ E 07°20′50.7″. **Max. WOMOs:** >5.
**Ausstattung/Lage:** gepflastert, Mülleimer, Spielplatz / im Ort.
**Zufahrt:** Siehe Text.
**Sonstiges:** Kompaniehaus (Hotel, Restaurant, Café), Wald- und Moormuseum anbei.

Auf dem Kirchweg rechts an der Kirche vorbei geht unsere Tour Richtung Norden weiter. Bei der Mühle Berumerfehn bitte nicht nach Halbemond abfahren, sondern erst in LEEZDORF rechts nach OSTEEL abbiegen.
Schwenkt man in Leezdorf links in die Straße „Am Sandkasten", findet man an der Bushaltestelle auf der rechten Seite vor der unter Denkmalschutz stehenden **Bartlingschen Mühle** einen Parkplatz und Stellplatz für das WOMO.
Der zweistöckige Galerieholländer wurde 1896/97 gebaut. Der Mahlbetrieb wurde ab 1970 mit Motorkraft aufrecht erhalten, bis der Müller Bartling 1986 in Ruhestand ging. Jetzt betreibt der örtliche Heimatverein die Mühle und das benachbarte Nebenhaus mit **Teestube und Museum** über das Leben der Moorsiedler im 19. und 20. Jahrhundert (geöffnet Mai bis September, samstags 15-17 Uhr).

## (134) WOMO-Stellplatz: Leezdorf

**GPS:** N 53°32'56.2" E 07°17'36.0". **Max. WOMOs:** 2.
**Ausstattung/Lage:** gepflastert, Mülleimer, Bänke, beleuchtet / im Ort.
**Zufahrt:** In Leezdorf von der Straße "Am Sandkasten" bei der Bushaltestelle rechts auf den Dorfplatz fahren, WOMO-Stellplatz vor Mühle und Museum.
**Sonstiges:** Einkaufsmöglichkeit und Restaurant anbei, Bushaltestelle (Norden - Marienhafe), Barthlingsche Mühle und Museum.

Aber nun zurück auf die Straße nach Osteel. An der Kreuzung mit der B 72 halten wir uns Richtung Aurich und biegen nach 1,6 km rechts nach Osteel in die Fabriciusstraße ein. Der Name verrät es schon, auf dem über 40 m hohen Turm der **Ev.-luth. Warnfriedkirche** aus dem 13. Jh. vor uns betrieben **David Fabricius** (welcher von 1604 bis zu seiner Ermordung 1617 hier Pastor war) und sein Sohn Johannes (der 1610 hier die Sonnenflecken entdeckte) ihre astronomischen Forschungen. Ihnen zum Gedenken steht vor der Rückseite der Kirche ein Denkmal.

Parkplätze finden wir links an der Kirche beim Eingang zum Friedhof. Über diesen gelangen wir auf die Warft zum Kirchenportal. Die Besichtigung (dienstags und freitags 8-12 Uhr, samstags 9-18 Uhr) ist zu empfehlen.
Hinter den bis zu 2 m dicken Mauern findet man die zweitälteste Orgel Ostfrieslands, gebaut von Edo Evers aus Emden.

## (135) WOMO-Stellplatz: Osteel

**GPS:** N 53°31'56.5" E 07°15'53.7"; Fabriciusstraße. **Max. WOMOs:** 1.
**Ausstattung/Lage:** Wasserhahn und WC am Friedhof / im Ort.
**Zufahrt:** An der mächtigen Warnfriedkirche in Osteel nicht zu verfehlen, Parkplätze befinden sich am Friedhofseingang, auf der anderen Seite der Kirche vor dem Spielplatz Ausweichparkplatz.
**Sonstiges:** Achten Sie einmal beim Durchschreiten des Friedhofs auf die schönen, traditionellen, alten ostfriesischen Vornamen, die in den letzten Jahren wieder groß in Mode gekommen sind.

Ein Stück weiter biegen wir links in den Alten Postweg ein und rollen immer geradeaus nach MARIENHAFE und dort auf die **Marienkirche** zu. Auf der Straße „Am Markt" umrunden wir rechts die Kirche und lassen uns von den kleinen Ausschilderungen zum Bahnhof leiten.

## (136) WOMO-Stellplatz: Marienhafe 1 - Bahnhof

**GPS:** N 53°31'14.4" E 07°16'20.2"; Am Oldiek. **Max. WOMOs:** 5.
**Ausstattung/Lage:** ruhiger Parkplatz am Bahnhof, kostenfrei / im Ort.
**Zufahrt:** Von der Kirche aus der Ausschilderung zum Bahnhof folgen.
**Sonstiges:** Vom nahen Bahnhof fahren die Züge regelmäßig nach Emden (Fahrzeit 15 min) und Norddeich Mole (Fahrzeit 20 min), sodass sich Tagesausflüge, auch auf die Inseln Norderney und Juist, von hier aus anbieten.

Marienhafe ist die **Störtebeker-Stadt**. Auch wenn Sie nicht zu den Störtebeker-Festspielen, die alle drei Jahre stattfinden, hier sind, über den Seeräuber, welcher seine Beute mit dem armen Volk teilte, gibt es trotzdem viel zu erfahren.

Das **Störtebeker-Denkmal** am Markt ist nicht zu übersehen, und im Museum in der Kirche wird viel über diesen Mann erzählt, der den Becher in einem Zug stürzen konnte.

Klaus Störtebeker

Blick vom Turm der Marienkirche auf die Stadt und die leuchtend rote Zuschauertribüne der Störtebeker-Festspiele

1396 bis 1400 soll Störtebeker in Marienhafe Unterschlupf gefunden und im Kirchturm gewohnt haben. Vom hohen Turm hat man einen weiten Blick bis zur Nordsee, und Herrn Roolf Janssen unten an der Turmkasse könnte man ewig zuhören, so viel weiß er über die Geschichte und die Menschen Marienhafes zu erzählen. Beeindruckend, dass der Kirchturm vor der Verlagerung der Küstenlinie im späten Mittelalter ein bedeutendes Seezeichen direkt an der Leybucht war. Zu dieser Zeit war Marienhafe ein Hafenort.
Vom Parkplatz verläuft unsere Tour entlang der Bahngleise auf der Ladestraße, links in den Mühlenloog und im weiteren Verlauf rechts in die Rosenstraße. An der nächsten Kreuzung halten wir uns kurz links und überqueren die B 72 Richtung RECHTSUPWEG.
Hinter den Einkaufsmärkten in der Kirchstraße, links Richtung Bauhof und dann auf der Straße „Tjücher Moortun" finden wir hinter dem Bauhof rechts den neu angelegten zweiten WOMO-Stellplatz in Marienhafe.

**(137) WOMO-Stellplatz: Marienhafe 2 - Tjücher Moortun**
**GPS:** N 53°31'44.0" E 07°16'54.0"; Tjücher Moortun. **Max. WOMOs:** 5.
**Ausstattung/Lage:** V+E, Strom, Gebühr, Bänke, Tische, teils überdacht, Mülleimer, Badestelle, Rundweg um kleinen See / Ortsrand.
**Zufahrt:** Siehe Text.

## (138) WOMO-Stellplatz: Rechtsupweg

**GPS:** N 53°31'41.1" E 07°19'30.0"; Poststraße. **Max. WOMOs:** 2-3.
**Ausstattung/Lage:** gepflastert, Wiesenstreifen, Mülleimer, Bänke, Spielplatz, Schulbushaltestelle, gebührenfrei / im Ort.
**Zufahrt:** Der Stellplatz ist in Rechtsupweg neben dem Dorfgemeinschaftshaus in der Hauptstraße des Ortes.

2,2 km weiter, in MOORHUSEN biegen wir links zum **Dörpmuseum Münkeboe** ab und folgen der Ausschilderung zu diesem bis zur Mühle.

Zum Museum muss man nun geradeaus weiter, der Parkplatz befindet sich 100 m links am Sportplatz. Das Museum besteht aus vielen alten Gebäuden, wie Schule, Tante-Emma-Laden, Stellmacherei, Dorfkrug und Gulfhof. Man fühlt sich in das einfache Leben der Moorarbeiter zurückversetzt und kann sogar an manchen Aktionstagen aktiv daran teilnehmen
(geöffnet Frühlingsanfang bis 31.10. dienstags bis sonntags 10-17:30 Uhr, jeden 1. Samstag Aktionstag „Handwerker bei der Arbeit", geringer Eintritt).

## (139) WOMO-Stellplatz: Dorfmuseum Münkeboe

**GPS:** N 53°30'58.3" E 07°22'25.8"; Upender Straße. **Max. WOMOs:** 1-2.
**Ausstattung/Lage:** Schotterparkplatz vor Sportplatz / im Ort.
**Zufahrt:** Von der Mühle in Münkeboe sind es 100 m bis zum Sportplatz.

Am Parkplatz vorbei biegen wir gleich beim EDEKA-Markt rechts in die Schulstraße und verlassen Münkeboe links auf der Hoddelkestraße. Hinter dem Kanal schwenken wir rechts in die Deichhauser Straße und ziehen am Kanal entlang bis OST-VICTORBUR. Nachdem man dort zuerst links und gleich wieder rechts in die Boßelstraße lenkt, kommt man durch das Victorburer Moor zum **Moormuseum Moordorf**. Zu dem großen Parkplatz auf der anderen Kanalseite gelangt man über die Kanalbrücke nach 750 m.

**(140) WOMO-Stellplatz: Moormuseum Moordorf**

**GPS:** N 53°29'12.9" E 07°23'39.4"; Kanalstraße. **Max. WOMOs:** 5.
**Ausstattung/Lage:** keine / Ortsrand.
**Zufahrt:** Siehe Text.

Über die kleine Brücke erreicht man den Eingang des Museums, in dem man Heimatgeschichte erleben kann. Die Entstehung der Hochmoore und die Torfgewinnung werden ebenso beschrieben, wie die Hausbautechniken des 18. Jh. und die Lebensweise der Moorkolonisten (Führungen täglich 11:15 Uhr, geöffnet Frühlingsanfang bis 31. 10. täglich 10-18 Uhr, letzter Einlass jeweils eine Stunde vor Schließung, Eintritt, Teestube, Museumsladen mit Teeverkauf, Hunde nicht erlaubt, www.moormuseum-moordorf.de). Die Besichtigung des Museums lohnt sich schon, die Ausstellung reicht aber bei Weitem nicht an die in Barger Compascuum heran.
Wieder an der Kanalbrücke angelangt, bleiben wir auf der rechten Seite, biegen rechts, dann links ab und fahren an der nächsten Kreuzung geradeaus in die Moordorfer Straße.
Wenn wir bei der Stoppschild-Kreuzung rechts abbiegen, erreichen wir nach 2 km das auf einer künstlich angelegten Insel errichtete Auricher **Energie-, Bildungs- und Erlebnis-Zentrum (EEZ)**. Die Besucher können hier auf einer Ausstellungsfläche von 1600 m$^2$ die interaktive Dauerausstellung ENERGIE ZUKUNFT besuchen und dabei bei Experimenten die Energieträger der Zukunft Wasser, Wind, Erde, Biomasse und Sonne erleben. Höhepunkt ist der dreistöckige, zylinderförmige Energie- Turm, in dem Besucher durch eine Multimedia-Show (360-Grad-Projektion) in einen Vulkan oder Wasserfall hineinversetzt werden (geöffnet täglich 10-18 Uhr, Eintritt, Bistro, www.eez-aurich.de).
Wir schwenken jedoch unserem Tourverlauf folgend an der Stoppschild-Kreuzung links auf die Dornumer Straße, von der wir bei der zweiten Möglichkeit links in den Fröhlingsweg abfahren. Im Stürenburgweg rechts finden wir einen großen Parkplatz am „Rimini Ostfrieslands", dem **Badesee Tannenhausen.**

### (141) WOMO-Badeplatz: Badesee Tannenhausen

**GPS:** N 53°31′13.8″ E 07°28′22.9″; Stürenburgweg. **Max. WOMOs:** >5.
**Ausstattung/Lage:** kostenfrei Rasengittersteine, Mülleimer, Sandstrand mit Toiletten, Liegewiese, Imbiss, extra Hundestrand, Wassertreter- und Fahrradverleih / Ortsrand.
**Zufahrt:** Aus Richtung Tannenhausen von der Dornumer Straße nach ca. 400 m links in den Stürenburgweg einbiegen.

Wir empfehlen Ihnen einen Spaziergang zum im Volksmund genannten **„Botter, Brood un Kääs“**, dem 5000 Jahre alten **Großsteingrab** ganz in der Nähe.
Dazu spazieren Sie den Stürenburgweg zurück, durch den Bramschenkamp rechts, gleich wieder links in den Eckelkamp, die zweite Straße rechts (Steenkamp) und die erste links. Hier im Möhlenkamp auf einem Hügel auf der rechten Seite findet man die Überreste (einen Träger- und zwei Decksteine) einer Megalithanlage. Die Fundstücke der Ausgrabungen 1962/63 dort sind heute im Historischen Museum in Aurich ausgestellt. Ein paar Meter weiter, am Ende des Möhlenkamp stößt man auf die mit 6,50 m kleinste Erdholländer-Windmühle Niedersachsens, die **Meints Mühle**. Die noch funktionsfähige Mühle wurde 1879 im Landkreis Wittmund gebaut, 1923 vom Müllermeister Meints gekauft und in Tannenhausen wieder aufgebaut.

Unsere Tour leitet uns weiter bis zum Stiekelriegweg und diesen entlang rechts bis zur Hauptstraße. Biegen wir von dieser links ab, befinden wir uns wieder auf der Dornumer Straße. Nach 3 km nehmen wir die 3. Abfahrt im Kreisverkehr nach BERUMERFEHN. Ab der dritten Linksabbiege-Möglichkeit ist der Weg zum **Ewigen Meer** ausgeschildert [N 53°33'18.0" E 07°25'43.4"]. Man kann hier zwar nicht übernachten, den knapp zwei Kilometer langen Bohlenweg an der Nordseite dieses, ca. 6000 v. Chr. entstandenen Hochmoorsees, können wir aber für einen mindestens einstündigen Spaziergang empfehlen. Auf zwölf Tafeln am Weg findet man Hinweise zu Natur und Entstehung des Ewigen Meeres. Der Blick wird geschärft auf die im ersten Moment eintönige Landschaft, die sich bei näherer Betrachtung als schön, bunt und kontrastreich, bewegt, da bewohnt von vielen Tieren, und sehr stimmungsvoll, ja manchmal mystisch, entpuppt. Jede Jahreszeit hat hier ihren ganz besonderen Reiz.

Zurück an der Kreuzung zum Königsweg schwenken wir Richtung AURICH nach rechts ab und später am Kreisverkehr nach DORNUM. Jetzt folgt ein Abstecher, den wir Ihnen unbedingt empfehlen, der allerdings vorbereitet sein will.
Bei der nächsten Möglichkeit müssen Sie dazu rechts Richtung WITTMUND abbiegen. Wenn Sie nun den Blick nach

links schweifen lassen, können sie vier Windkraftanlagen erkennen, an einer befindet sich hoch oben eine Aussichtsplattform. Und auf genau diese möchten wir jetzt mit Ihnen steigen.
In Höhe der Windräder biegen wir links in den Schotterweg ein und parken das WOMO direkt am Fuß dieser **Windkraftanlage**. Haben Sie sich, und jetzt zählt die gute Vorbereitung, telefonisch oder per E-Mail für eine Besichtigung angemeldet, werden Sie von einem Mitarbeiter der Auricher Firma Enercon erwartet, der sie nach einer kurzen Einweisung und technischen Erläuterungen in schwindelnde und bei stärkerem Wind auch mal schwingende Höhe von ca. 60 m begleitet. Jetzt heißt es genießen, den Blick über das weite Ostfriesland bis hin zur Nordsee und das gleichmäßige Vorbeisausen der riesigen Flügel der WKA E 66.
Bitte melden Sie sich rechtzeitig an (Tel.: 04977-264820, Windkraftanlage.Westerholt@yahoo.de), so können Sie sich einer Gruppe anschließen. Bei acht und mehr Personen kostet der Aufstieg pro Person 2,50 EUR bei weniger pauschal 20 EUR.

**(142)**
**WOMO-Stellplatz: Rechtsupweg**
**GPS:** N 53°34'51.2" E 07°28'31.4"; Linienweg.
**Max. WOMOs:** 2-3.
**Ausstattung/Lage:** Wiese / außerorts.
**Zufahrt:** In Wilmfeld rechts in den Linienweg (K 53), in 800 m (nach der Brücke) links zu den Mühlen abbiegen.
**Sonstiges:** Windgeräusche, im Winter bei Frost wegen Eiswurf nicht geeignet.

Es geht auf der Auricher Straße weiter (d. h. Schotterweg wieder vorfahren, rechts abbiegen und vorn an der Kreuzung noch einmal rechts - Richtung Dornum).
Wenn man in WESTERHOLT am Kreisverkehr links in die Nordener Straße einschwenkt, gelangt man nach 350 m zum Schützenplatz auf der linken Seite, auf dem hinter dem Schützenhaus die WOMO-Stellplätze ausgewiesen sind.

**(143) WOMO-Stellplatz: Westerholt**

**GPS:** N 53°35′19.1″ E 07°27′10.9″; Nordener Straße. **Max. WOMOs:** 6.
**Ausstattung/Lage:** V+E, Strom, gepflastert, beleuchtet, Picknickbänke, Mülleimer, gebührenfrei / im Ort.
**Zufahrt:** Aus Richtung Aurich am Kreisverkehr Westerholt Ausfahrt auf 9 Uhr nehmen, zum Schützenplatz nach 300 m links.

Wir jedoch fahren am Kreisverkehr in Westerholt geradeaus und sind nach einer etwas beklemmenden Fahrt durch einen 90-Windkraftanlagen-Wald bald in DORNUM.
An der Bockwindmühle vorbei erreichen wir die **Kirche St. Bartholomäus**, auf deren Friedhofsparkplatz wir noch ein Plätzchen für das WOMO finden, um die Kirche zu besichtigen. Schon der gewaltigen Buche mit den bemoosten Eisenkreuzen und Glockenschlägeln vor dem Eingang gilt unsere staunende Beachtung, in der Kirche beeindruckte uns die von Holy 1710/11 gebaute Orgel, nach der Arp-Schnittger-Orgel in der Nordener Liudgerikirche die zweitgrößte historische Orgel Ostfrieslands. In der begehbaren Gruft sind die Grabstätten der ehemaligen Herrschaften des Dornumer Schlosses.
Zum **Schloss, der Norderburg**, in dem heute die Realschule des Ortes untergebracht ist und welches man deshalb nur nachmittags besichtigen kann, geht man von der linken Seite der Kirche über den Marktplatz geradeaus, bis man den Schlossturm, das heutige Wahrzeichen Dornums, erblickt.
Die **Beningaburg (Osterburg)** liegt dabei rechter Hand und wird als charmantes Hotel, Restaurant und Café genutzt.
Sollten Sie keinen Parkplatz vor der Kirche gefunden haben, können Sie auf den Dornumer WOMO-Stellplatz ausweichen.

Norderburg in Dornum

### (144) WOMO-Stellplatz: Dornum

**GPS:** N 53°38'53.7" E 07°25'25.3"; Hamwehr. **Max. WOMOs:** 10.
**Ausstattung/Lage:** V+E, Strom, Gebühr, Picknickbank / im Ort.
**Zufahrt:** Von der Kirche kommend in Dornum nach dem Abzweig nach Nesse noch 75 m , dann links in die Straße „Hamwehr".

Sind sie gerade zur Zeit der Obstblüte unterwegs, möchten wir sie in ein duftendes Paradies entführen, die **Obstplantagen Dr. Onno Poppinga** in der Accumer Riege 19. Von der Ortsmitte aus Richtung Esens findet man sie kurz vor dem Dornumer Ortsausgangsschild. Tausende leuchtender Apfelblüten laden zum Durchstreifen der Plantage ein und verführen zum Kauf von Apfelsaft und anderer leckerer Produkte aus zum Teil hiesigen Früchten im Hofladen anbei (geöffnet montags bis freitags von 8 bis 17 Uhr, samstags von 9 bis 15 Uhr).

Von Dornum fahren wir nordwärts weiter, der Nordsee entgegen. Vor dem Deich schwenken wir links nach NEẞMERSIEL. Nun ahnen sie es wahrscheinlich schon, die **Insel Baltrum**, die kleinste der Ostfriesischen Inseln, ruft.

Morgen wollen wir uns ein ganz besonderes Erlebnis gönnen, welches zu einem gelungenen Ostfrieslandaufenthalt einfach dazugehört, eine **Wattwanderung**.

Wir folgen der Ausschilderung Neßmersiel/Hafen nach rechts zum Hafenparkplatz mit ausgewiesener WOMO-Reihe, unserem Übernachtungsplatz mit Blick auf unser morgiges Ziel.

**(145) WOMO-Stellplatz: Neßmersiel Hafen**

**GPS:** N 53°41'00.1" E 07°21'33.1". **Max. WOMOs:** >10.
**Ausstattung/Lage:** Schotter bzw. Rasen, Gebühr / außerorts.
**Zufahrt:** In Neßmersiel der Ausschilderung zur Baltrum-Fähre folgen.

**„Nu geit dat los!" - Wattwanderung zur Insel Baltrum**

Martin Rieken ist einer der vielen Wattführer, die vor dem Hafengebäude mit ihrem Firmenschild auf Kundschaft warten. Man kann sich vorher anmelden (Prospekte liegen überall aus), so weiß man auch die genaue Startzeit, die sich je nach Ebbe und Flut verschiebt. Man kann aber auch vor Ort versuchen, einen freien Platz in einer der vielen Gruppen zu ergattern. Unser Tipp: Martin Rieken oder seine Tochter Martina, Tel.: 04942-204160.

Unsere Gruppe bestehend aus Hunden, Kindern (erst ab 8 Jahren!) und gesunden (!) Erwachsenen, ist ausgerüstet mit Regenjacken, Sonnenschutz, Verpflegung, Wechselsachen und Schuhen im Rucksack, kurzen Hosen und, ganz wichtig, alten Socken an den Füßen zum Schutz vor scharfkantigen Muscheln und Krebsen. Gespannt stapfen wir hinter Martin her, der nichts dagegen hat, dass man ihn duzt.
Im Watt angekommen erläutert er viel Wissenswertes über die Tier- und Pflanzenwelt und weiß auf jede unserer Fragen eine Antwort. Der sympathische Ostfriese mit seinem typischen trockenen Humor sorgt dafür, dass die ca. 8 km und damit gut 2,5 Stunden über festen Wattboden, durch Schlick und überknietiefe Priele zu einem unvergesslichen Erlebnis für alle werden.
Auf der nur 6,5 km² großen Insel kann man die restliche Zeit bis zur Abfahrt der Fähre nach Neßmersiel nutzen, um den schönsten Strand aller Ostfriesischen Inseln kennenzulernen und bei schönem Wetter in den inzwischen wiedergekehrten Nordseefluten zu baden.

Von unserem Stellplatz geht die Fahrt zunächst wieder zurück über den Deich bis zur Kreuzung, an der wir Richtung DORNUMERSIEL abbiegen.
Gut, dass es die Deiche gibt, denken wir, als wir die Häuschen links hinter dem Deich betrachten. Der Boden, auf dem sie stehen, liegt unterhalb des Meeresspiegels.
Im Nordseebad Dornumersiel, welches idyllisch den Speichersee Mahlbusen umschließt, werden, wie überall in den Küstenorten, viele Aktivitäten angeboten. Das Relaxen am Strand ist wohl dabei die entspannendste. Wem die Nordsee zu kalt ist, der kann auf das solarbeheizte **Meerwasserfreibad** am Strand ausweichen. Auch bei Seglern, Anglern und Wattwanderern ist Dornumersiel sehr beliebt.

## (146) WOMO-Campingplatz-Tipp: Dornumersiel 1 - „Am Nordseestrand"

**GPS:** N 53°40'49.9" E 07°28'58.2"; Hafenstraße 7. **Max. WOMOs:** 16.
**Geöffnet:** April bis September.
**Ausstattung/Lage:** V+E, Strom, Gebühr, Nordseecard inklusive, Schotter bzw. Rasengitter / Ortsrand.
**Kontakt, Buchung und Infos über Öffnungszeiten und Preise:**
Tel.: 04933-351, www.dornum.de.
**Zufahrt:** In Dornumersiel von der Störtebekerstraße nach dem Ortseingangsschild in die Hafenstraße einbiegen, 1. Möglichkeit links, an Tourist-Info vorbei, geradeaus auf den Deich fahren. Von dort ist links vor dem Strand der CP zu sehen.

## (147) WOMO-Stellplatz: Dornumersiel 2 - „Nordseeblick"

**GPS:** N 53°40'44.3" E 07°28'37.9". **Max. WOMOs:** 38.
**Ausstattung/Lage:** V+E, Strom, Rasengittersteine, Gebühr / Ortsrand.
**Zufahrt:** In Dornumersiel von der Störtebekerstraße nach dem Ortseingangsschild in die Hafenstraße einbiegen, 1. Möglichkeit links, an Tourist-Info vorbei, vor dem Deich links in die Straße „Am Seedeich" fahren, dann über den Deich hinweg.
**Sonstiges:** Mitte März bis Ende Oktober.

## (148) WOMO-Stellplatz: Dornumersiel 3 - „Am Schöpfwerk"

**GPS:** N 53°40'19.0" E 07°28'50.5"; Schöpfwerkstraße. **Max. WOMOs:** >10.
**Ausstattung/Lage:** Strom, gepflastert, Picknickbänke, Mülleimer, beleuchtet, direkt am Deich, teilweise unter Bäumen, Gebühr / im Ort.
**Zufahrt:** In Dornumersiel von der Störtebekerstraße nach dem Sieltor links abbiegen, Stellplatz nach 180 m rechts.

Durchquert man den Ort auf der Hauptstraße (Störtebekerstraße) ist links das **„Restaurant „Alte Schmiede"**. Zwischen Amboss und Schmiedefeuer kann man hier die leckersten ostfriesischen Spezialitäten inklusive frischem Fisch genießen (Wir empfehlen aus Erfahrung eine vorherige Reservierung, Tel.: 04933-1744, www.alte-schmiede-dornumersiel.de).

Auf der Störtebekerstraße (Küstenstraße) geht es weiter Richtung Osten nach BENSERSIEL. Am (gebührenpflichtigen) Strand von Bensersiel mit seinem großen Spielplatz, dem überdachten **Takka-Tukka-Land** (geöffnet 10-18 Uhr, im Strandeintritt enthalten), fühlen sich nicht nur die Kinder wohl. Und auch das **Meerwasserfreibad** mit der gelben Rutsche ist immer gut besucht. Im Herbst und Winter weichen die Badegäste gern in das **Freizeit- und Erlebnisbad Nordseetherme** aus (geöffnet montags, dienstags und freitags 10-22 Uhr, mittwochs und donnerstags bis 21 Uhr, am Wochenende bis 20 Uhr, Eintritt). Im **Sielhafen** treffen alte Fischkutter auf moderne Jachten und im **Wattenhuus** (geöffnet Mitte März bis Oktober dienstags bis freitags 10-13 und 15-17 Uhr, sonntags 14-17 Uhr montags geschlossen, übrige Zeit dienstags bis donnerstags 9:30-13 und (auch sonntags) 14-16 Uhr, andere Tage geschlossen) finden oft wirklich interessante Vorträge zur Natur des Wattenmeers und deren „Geheimnissen“ statt.
Am Kreisverkehr hinter dem Ort ist die Fähre nach LANGEOOG/Hafen Ost ausgeschildert. Wir fahren an den Großparkflächen und am Abfertigungshäuschen vorbei bis zum Hafenbecken und stellen das WOMO links auf dem als Parkplatz gekennzeichneten Mittelstreifen ab. Alternativ gibt es Parkplätze für das WOMO auf der anderen Seite des Hafenbeckens (2015: 6 EUR, 6-22 Uhr), [N 53°40'38.2" E 07°34'20.5"].

### (149) WOMO-Stellplatz: Bensersiel Hafen

**GPS:** N 53°40'35.3" E 07°37'27.0". **Max. WOMOs:** 2.
**Ausstattung/Lage:** Parkgebühr (2015: 5 EUR pro Tag, 22-8 Uhr frei), Herausstellen von Tischen und Stühlen nicht möglich, im Hafen / im Ort.
**Zufahrt:** Den Ausschilderungen zur Fähre nach Langeoog durch den Ort hindurch folgen, dann Mittelspur im Hafen.
**Sonstiges:** Tagsüber verzeichnen wir Busverkehr am WOMO vorbei.

### Ausflug nach Langeoog

Die 30-minütige Überfahrt vergeht wie im Flug und ist an Deck des weißen Fährschiffs richtig schön, obwohl bei herrlichem Sommerwetter nicht nur wir allein die Idee haben, das „lange Eiland“ zu besuchen.
Die Fahrkarten haben wir kurz vor Antritt der Fahrt im Fährhaus von Bensersiel gekauft. Die Abfahrten der Fährschiffe, welche von der Inselgemeinde Langeoog direkt betrieben werden, variieren täglich, da sie von den Gezeiten abhängig sind (siehe hierzu auch unsere Ausführungen in „Wissenswertes von A-Z“ am Ende des Buches). Fahrpläne unter Tel.: 04972-693260 bzw. www.schiffahrt-langeoog.de.

Die bunte Inselbahn, welche bis 1937 noch von Pferden gezogen wurde, bringt uns vom Fähranleger in den Ort, der sich seit 1949 staatlich anerkanntes Heilbad nennen darf.
Wir möchten Ihnen empfehlen, sich dort direkt am Bahnhof Fahrräder zu mieten und zuerst zur Ostspitze der Insel zu radeln. So entfliehen Sie einerseits dem geballten Strom der Neuankömmlinge und können sich ein wunderbares Bild von der Schönheit der Inselnatur machen. Das letzte kurze Stück bis zum **Seehundebeobachtungsturm** muss man zu Fuß zurücklegen.
Auf dem Rückweg ins Dorf kommt niemand am Besuch der 1741 erbauten **Meierei** vorbei. Probieren Sie unbedingt Dickmilch mit Zucker, Sanddornsaft und Schwarzbrot, die köstliche Spezialität des Hauses, die wohl schon seit Ewigkeiten in unveränderter Form hier serviert wird (Dienstag Ruhetag).
Vom Beobachtungsturm am Vogelwärterhaus kann man den Möwen beim Brüten zuschauen. An der Aussichtsdüne **Melkhörn**, der einst mit 21,30 m höchsten Erhebung Ostfrieslands (jetzt aufgrund der natürlichen Abrasion nur noch 19,8 m hoch) biegen wir Richtung Strand ab. Wir finden den Einstieg in den schmalen Pfad durch die Dünen anhand der vielen Fahrräder an der Schutzhütte davor.
Endlos liegt der weiße Strand vor uns, fast menschenleer. Wir riechen die Meerluft, atmen das Salz ein und stürzen uns mutig in die kühlen Fluten. Über den Dünenweg radeln wir dem Dorf entgegen. Will man auf der Höhenpromenade am auffälligen Kurmittelzentrum vorbei zum **Wasserturm** gelangen, muss man absteigen und schieben.
Wir rollen am sehenswerten **Dünenfriedhof** vorbei, auf dem das Grab der berühmten Chansonsängerin Lale Andersen zu finden ist, die viele Jahre auf Langeoog lebte, durch das Dorf zum Wahrzeichen der Insel. Von der 33 m hohen Aussichtsplattform des 1908/09 gebauten Turms hat man einen herrlichen Blick über das Dorf, die Insel und das Meer bis hin zum Festland (geöffnet April bis Oktober montags bis freitags 10-12 Uhr, geringer Eintritt). Noch ein kurzer Bummel durch den lebendigen Urlaubsort, dann bringt uns die Inselbahn zur Fähre, mit der wir nicht einmal eine Stunde später am Hafen von Bensersiel festmachen, an dem das WOMO auf uns wartet. Wir sind uns einig: Herrlich, so ein Inseltag!

Und weil es auf der Insel so schön war, werden wir gleich noch zwei weitere Inselausflüge folgen lassen.

Wir verlassen Bensersiel und biegen am Kreisverkehr nach ESENS ab.

Möchte man die kleine Stadt besichtigen, empfiehlt sich der Großparkplatz im Zentrum. Das Wahrzeichen der Stadt, den **Bären**, findet man in einer Seitenstraße links vor dem Rathaus. Die Legende besagt, dass im Mittelalter ein Tanzbär die Stadt vor der Eroberung durch feindliche Truppen gerettet hat.

Zur Ver- und Entsorgung sowie städtischer Übernachtung steht der Esenser WOMO-Stellplatz am Schützenplatz zur Verfügung.

### (150) WOMO-Stellplatz: Esens

**GPS:** N 53°38′21.4″ E 07°36′37.2″; Am Schützenplatz. **Max. WOMOs:** >5.
**Ausstattung/Lage:** Gebühr, V+E links am Gebäude des Bauhofs, max. 2 Übernachtungen / im Ort.
**Zufahrt:** In Esens nach der Mühle rechts abbiegen, am nächsten Kreisverkehr geradeaus, ab folgender Ampel ist der Stellplatz ausgeschildert.

An der Peldemühle (Schälmühle zur Graupengewinnung) biegen wir links Richtung NEUHARLINGERSIEL ab. Am folgenden Kreisverkehr gelangt man rechts zur **Indoorspielwelt „Klabautermann“** (unser Schlechtwettertipp für Familien, Öffnungszeiten und Preise: www.klabautermann-spielpark.de. Die **„Fischfabrik“** daneben ist ein Fischverkauf mit Imbiss zur verdienten Stärkung nach getaner Arbeit (geöffnet täglich 9-18 Uhr, sonntags ab 10:30 Uhr).

Wir halten uns am Kreisverkehr Richtung NEUHARLINGERSIEL und rollen hinein in das hübsche Fischerdorf.

### (151) WOMO-Campingplatz-Tipp: Neuharlingersiel 1 - Nordseecamping

**GPS:** N 53°41'43.7" E 07°41'24.6"; Alt Addenhausen 4. **Max. WOMOs:** >10.
**Geöffnet:** ganzjährig.
**Ausstattung/Lage:** kompfortable Komplettausstattung, 12 extra WOMO-Stellplätze / im Ort.
**Kontakt, Buchung und Infos über Öffnungszeiten und Preise:**
Tel.: 04974-712, E-Mail: camping@neuharlingersiel.de.
**Zufahrt:** Von Esens kommend ins Neuharlingersieler Zentrum fahren, dort am 1. Kreisverkehr die 3. Ausfahrt zum CP nehmen.
**Sonstiges:** gut erreichbare V+E auf dem Parkplatz vor der CP-Schranke, dort auch Strom und eine Übernachtung möglich, Gebühr für eine Übernachtung vor der Schranke 12 EUR (2015), jede weitere Nacht dann CP-Preise.

Zum Hafen für die Fähre nach Spiekeroog biegen wir links ab, kämpfen uns den Deich hinauf und finden rechts einen tollen Stellplatz für Wohnmobile.

### (152) WOMO-Stellplatz: Neuharlingersiel 2 - Osthafen

**GPS:** N 53°42'06.2" E 07°42'27.5". **Max. WOMOs:** 22.
**Ausstattung/Lage:** V+E, Strom, Schotter, Mülleimer, Gebühr, max. 3 Nächte / im Ort.
**Zufahrt:** Siehe Text.

Das Tuten der zur Insel Spiekeroog abfahrenden Fähre lässt die Möwen aufflattern, uns stört es nicht, obwohl diese Insel heute noch auf unserem Tagesprogramm steht.
Zu Fuß umrunden wir das malerische Hafenbecken mit den bunten Krabbenkuttern und klingeln am Haus „Am Hafen Westseite" 19 bei Familie Jacobs, um uns für eine Kutterfahrt auf der „Gorch Fock“ mit Schaufischen zu den **Langeooger Seehundbänken** und Aufenthalt auf Spiekeroog anzumelden (besser ein paar Tage vorher unter Tel.: 04974-279).

Ein bisschen Zeit bleibt uns noch bis zur Abfahrt nach Spiekeroog, so können wir dem **Buddelschiffmuseum** (Am Hafen Westseite 7, geöffnet Mitte März bis Ende Oktober 10-13 Uhr und 13:30-17 Uhr, Eintritt) einen Besuch abstatten. In diesem kleinen, aber wirklich feinen Museum erfahren wir endlich, wie die Schiffe in die Flaschen kommen. Können Sie sich vorstellen, dass in einem Exponat bis zu 900 Arbeitsstunden stecken?

Neuharlingersieler Hafen

### Fahrt nach Spiekeroog

Amüsant erläutert Kapitän Jacobs später Groß und Klein auf dem Kutter die Fangtechnik der Krabbenfischer. Danach sind uns die kleinen Lebewesen der Nordsee zum Greifen nah, in einer Wanne mit Nordseewasser, um sie später wieder ins Meer zurückzubefördern. Auf den Sandbänken bestaunen wir die große Anzahl Seehunde. Jetzt wissen wir auch, warum die Kleinen „Heuler" heißen, hören Sie einmal genau hin!

Auf Spiekeroog angekommen, schlendern wir zunächst in den Ort und halten uns rechts in die Süderloog, gehen an der 1696 erbauten **Alten Kirche** (älteste Inselkirche Ostfrieslands) vorbei, und biegen schließlich links in die Straße „An d'nee Kark“. Hier befindet sich der **Drinkeldodenkarkhof**, der uns an den Untergang des Auswandererschiffs „Johanne“ im Jahr 1854 erinnert.

Diese Katastrophe und ein weiteres Schiffsunglück vor Borkum führten 1861 zur Gründung des ersten deutschen Vereins zur Rettung Schiffbrüchiger. 1865 wurde dann in Kiel die „Deutsche Gesellschaft zur Rettung Schiffbrüchiger (DGzRS)“ ins Leben gerufen.

Durch den Tranpad laufen wir in die Norderloog, in der sich Cafés, Eisdielen, Bäckereien und Hotels gemütlich aneinanderreihen, der dörfliche Charakter Spiekeroogs ist sehr charmant.

Spiekeroog ist die einzige ostfriesische Insel ohne Flugplatz, auch Autos gibt es hier nicht. Man sieht auf der Insel außerdem auffallend wenige Fahrräder, einen Fahrradverleih haben wir nicht entdeckt. Dies ist vielleicht mit ein Grund dafür, dass wir bei jedem Besuch so eine Ruhe empfinden, die uns richtig gut tut.

Am Inselcafé kommen wir nicht vorbei, im Schatten der hohen Bäume genießen wir ein Kännchen Ostfriesentee und ein Stück köstliche Erdbeertorte.

Bronzeplastik „de Utkieker“ von Hannes Helmke auf der Aussichtsdüne

Danach rüsten wir uns für den Besuch Deutschlands wirklich einziger **Museumspferdebahn**, zu deren Bahnhof wir durch die Norderloog, vorbei am Inselmuseum, und die Westerloog wandern (März bis Oktober, Abfahrtszeiten: 13 Uhr, 14 Uhr, 15 Uhr und 16 Uhr).

Später stürmen die Kinder am Sturmeck an den Strand, an dessen Wasserkante wir rechts bis zur **Strandhalle** wandern. Von hier aus bis zur Inselmitte und kurz nach dem **„Utkieker“** nach rechts abgebogen, ist unser nächstes Ziel das **Kuriose Muschelmuseum** im Norderpad 18 (geöffnet in der Saison montags bis freitags 9-17 Uhr, am Wochenende 9-12:30 Uhr, geringer Eintritt), in dem wir Muscheln mit den fantasievollsten Namen bestaunen können.

Zu vorgerückter Stunde, auf dem Weg zum Hafen, erklären wir Spiekeroog spontan zum Anwärter auf unsere Lieblingsinsel. Wenn wir das nächste Mal hier sind, steht auf jeden Fall eine Wanderung auf dem 4 km langen ausgeschilderten Dünenrundweg auf dem Programm, der auch an der 19 m hohen **Wittdün** (Weiße Düne) vorbeiführt.

Kurz darauf, am Heck unseres Kutters sitzend, schauen wir gedankenversunken auf die Strudel der Schraube oder beobachten die Möwen, die den Sog des Schiffes am Ufer ausnutzen, um kleine Garnelen zu ergattern. Ein schöner Tag!

Beim Hinabrollen vom Deich, nach dem Verlassen des Parkplatzes, blicken wir auf das Verkaufsgebäude der **Neuharlingersieler Fischereigenossenschaft**. Hier vermarkten die Fischer im Verbund ihre Waren noch selbst, schauen Sie mal rein (geöffnet während des Sommers 9-19 Uhr)!
Die Straße am Deich entlang nach links führt uns wieder zum Kreisverkehr, an dem wir nach CAROLINENSIEL abbiegen. In der Ferne können wir bereits die Deich-Windmühle dieses netten Küstenortes erkennen, welcher seinen Namen 1730 von der Frau des Ortsgründers Georg Albrecht von Ostfriesland erhielt, sie hieß Sophie Caroline. Die Umgehungsstraße leitet uns um den Ort herum und dann nach HARLESIEL, dem Starthafen der Fähren nach **Wangerooge**, der östlichsten und unserer letzten, besuchten, ostfriesischen Insel.
Am idyllischen Binnentief entlang geht es nordwärts. Wegweiser zeigen den Weg vorbei am Sieltor zu den Stellplätzen am Fährhafen. Auf der anderen Sielseite, ganz am Ende der Kaimauer, reihen wir uns ein in die Wohnmobilgemeinde, die in Zweierreihe an Hafen- bzw. Deichseite Aufstellung genommen hat.

### (153) WOMO-Stellplatz: Harlesiel 1 - Mole

**GPS:** N 53°42'37.2" E 07°48'34.9". **Max. WOMOs:** 70.
**Ausstattung/Lage:** V+E (schlecht zugänglich, nicht direkt anfahrbar), Strom, Dusche, WC, Gebühr, Strandzugang und beheiztes Meerwasserfreibad inklusive, Hundeverbot / Ortsrand.
**Zufahrt:** Von Umgehungsstraße um Carolinensiel nach Harlesiel abbiegen, dort vor Sieltor links und auf anderer Sielseite rechts zum Hafen.

### (154) WOMO-Stellplatz: Harlesiel 2 - Strand

**GPS:** N 53°42'27.2" E 07°48'19.2". **Max. WOMOs:** 60.
**Ausstattung/Lage:** V+E, Strom, Dusche, gepflastert / Ortsrand.
**Zufahrt:** Von Umgehungsstraße um Carolinensiel nach Harlesiel abbiegen, dort vor Sieltor links und auf anderer Sielseite über den Deich fahren.

## Ausflug nach Wangerooge

Es fehlt nur noch eine Insel auf unserer Besichtigungstour, Wangerooge, die zweitkleinste der bewohnten Ostfriesischen Inseln.

Nur ein paar Minuten Fußweg sind es vom Stellplatz, hinter dem Sieltor auf die andere Hafenseite und dort zurück zum Fähranleger. Hier am Fahrkartenschalter des Unternehmens „Schifffahrt und Inselbahn Wangerooge", welches seit 2002 von der DB AutoZug GmbH, einer Tochter der Deutschen Bahn AG, geführt wird, sind die Tickets erhältlich (keine Reservierung möglich, bitte 60 Min vor Abfahrt der Fähre eintreffen). Der Fahrplan wechselt tideabhängig, Infos unter Tel.: 04464-949411 bzw. www.siw-wangerooge.de.

Eine knappe Stunde später steigen wir am Hafen im Südwesten der Insel Wangerooge von der Fähre und finden einen Platz in einem Waggon der blauen Inselbahn, die uns am Uferrand der Salinenbucht durch die weite Lagunenlandschaft zum Bahnhof „Kehrwieder" in der Ortsmitte bringt.

Wir erkunden Wangerooge mit dem Fahrrad. Da die Insel aber nicht sehr groß ist, kann man die meisten Sehenswürdigkeiten auch gut zu Fuß erreichen.

In der Zedeliusstraße, der Hauptstraße der Insel, leihen wir die Fahrräder und schwenken ein paar Meter weiter links in die Friedrich-August-Straße, welche später als Straße zum Westen weitergeht. Sie führt tatsächlich in den Westteil der Insel. Durch herrliche Heidedünen radeln wir, uns links haltend, zum markanten, viereckigen **Neuen Westturm**, der 1933 gebaut wurde und heute ein Teil der Jugendherberge ist. Oben vom Turm hat man eine grandiose Sicht über die Insel. Für die kostenlose Besichtigung muss man sich in der Rezeption der Jugendherberge im Nebengebäude anmelden (Mittagspause 12-13 Uhr), dort erhält man auch den Schlüssel für das Dachgeschoss.

An der Sternwarte vorbei geht unsere Tour nun zum **Neuen Leuchtturm**, der mit 64 m Höhe eines der höchsten Seefeuer an der Deutschen Küste ist. Kurz vorher entdecken wir den Übergang zum Strand, an dem wir unbedingt eine Badepause einlegen.

Auf der Straße zum Westen kehren wir ins Dorf zurück und fahren die Friedrich-August-Straße bis zum Ende, wobei wir am Rosengarten und dem **Nationalparkhaus „Rosenhaus"** entlangkommen. In diesem erhält man viele Informationen zum Nationalpark Wattenmeer und der Geschichte Wangerooges. Mehr als 1200 Veranstaltungen werden hier jährlich durchgeführt.

Wir biegen links in die Rösingstraße und gleich wieder rechts in die Charlottenstraße ein. Diese stößt auf die Siedlerstraße, auf welcher wir in den Osten der Insel radeln können. Kurz vor der Nationalparkstation lädt das kleine Ausflugslokal **„Café Neudeich"** zum Ausruhen ein. Folgt man dem Fahrradweg noch bis zum Ende, kann man die letzten Meter bis zur Strandbake zu Fuß zurücklegen.

Wir strampeln oben auf dem Deich, nun westwärts und dem straffen Wind entgegen, auf dem Weg am Flugplatz vorbei, bis wir kurz hinter den Bahnschienen rechts zum Bahnhof einschwenken können. Von dort sind wir schnell beim Fahrradverleih und können die Räder abgeben.

Alter Leuchtturm

Schließlich wollen wir unbedingt noch auf den 39 m hohen **Alten Leuchtturm** (Öffnungszeiten verschieden, Aushang vor dem Leuchtturm, geringer Eintritt) gegenüber hochsteigen, das älteste erhaltene Bauwerk der Insel, von dem wir bei strahlendem Sonnenschein bis nach Helgoland hinüber gucken können. Der eine Euro für das oben montierte Fernglas ist in diesem Fall gut angelegt. Im Erdgeschoss ist eine kleine Ausstellung aufgebaut.

Durch die Fußgängerzone erreichen wir das hoch über dem Strand thronende **„Café Pudding“** und die Promenade rechts und links davon. Wir sitzen dort auf einer der Bänke in der Sonne und schauen dem regen Treiben am Stand zu. Beinahe hätten wir die Abfahrtszeit unserer Inselbahn verpasst, die uns pünktlich zur Fähre bringt.

Wieder geht ein herrlicher Inseltag zu Ende. Diese einzigartige Ferienstimmung gepaart mit entspannter Ruhe und Unaufgeregtheit gefällt uns. Es wird die Zeit kommen, da werden wir mal einen ganzen langen Urlaub auf einer ostfriesischen Insel verbringen. Die Frage ist nur, auf welcher. Diese Entscheidung wird uns schwerfallen. Jede hat ihren besonderen Reiz, wunderbar sind sie alle.

Über die Sielbrücke rollen wir von den Stellplätzen. Den Ort Carolinensiel kann man am besten mit dem Fahrrad besuchen, da es im Dorf selbst fast keine geeigneten WOMO-Parkplätze gibt. Kombinieren Sie doch die Fahrradtour mit einer Raddampferfahrt mit der Concordia II, die mehrere Male am Tag zwischen dem Museumshafen Carolinensiel und dem Außenhafen Harlesiel (Strand) pendelt.
Sollten Sie es doch mit dem WOMO versuchen wollen, fahren Sie in die zweite Straße nach dem Ortseingangsschild rechts (Neue Straße), wo es ein paar schmale Parkplätze (4-Stunden-Begrenzung) am Straßenrand gibt. Von hier aus gelangt man, sich rechts haltend, schnell in den Ort.
In Carolinensiel möchten wir Ihnen den Besuch des **Deutschen Sielhafenmuseums** (geöffnet Mitte März bis Anfang November und in den Weihnachtsferien täglich 10-18 Uhr, Eintritt, Kinder frei, www.deutsches-sielhafenmuseum.de) ans Herz legen. Es besteht aus drei Museumshäusern rund um den alten (heutigen **Museums-) Hafen**, der mehr als 250 Jahre lang der Mittelpunkt des Ortes war. Jetzt ist er der Heimathafen vieler historischer Schiffe.
In den Ausstellungen wird das Leben in einem Sielhafenort zu Zeiten der Frachtensegler, das maritime Handwerk und die Geschichte der Segelschifffahrt für Kinder und Erwachsene gleichermaßen interessant und anschaulich dargestellt. Im Grot Hus, im Kapitänshaus und in der Alten Pastorei, in der auch das informative Nationalparkhaus beherbergt ist, kann man sich zu dieser Reise in die Vergangenheit entführen lassen.

„Caroline" - Wahrzeichen Carolinensiels.
Diese Figur steht für Lebensfreude, Wagemut und Weltoffenheit.

Wir wollen, um unserer Tour zu folgen, geradeaus weiter und schwenken dann auf die B 461 Richtung JEVER. Dabei überqueren wir die sogenannte **„Goldene Linie"**, im 17. Jahrhundert die (in den Seekarten mit goldener Tinte eingezeichnete) Grenze zwischen dem Fürstentum Ostfriesland und der Grafschaft Oldenburg, heute etwa auf der Grenze zwischen den Landkreisen Wittmund und Friesland. So erklärt es sich auch, dass früher die Insel Wangerooge gar nicht zu den Ostfriesischen Inseln gehörte, sondern der Grafschaft Oldenburg zugeordnet war und die Wangerooger auch heute noch nicht unbedingt zu den Ostfriesen gezählt werden wollen.
Vorbei an der **Phänomania**, einer interaktiven Ausstellung der Phänomene auf 1000 m² Fläche im über 100 Jahre alten historischen Bahnhof von Carolinensiel (geöffnet während der Saison täglich und in den Weihnachtsferien am Wochenende) 10-18 Uhr, Eintritt, www.phaenomania.de), biegen wir schließlich nach dem Reiterhof links in den unscheinbaren Weg zwischen den Bäumen ein, auf dem wir bis zum Wurtendorf (Warftendorf) ZIALLERNS schaukeln. Die Warft, die Anhöhe, auf der das Dorf gebaut wurde, ist schon von Weitem auszumachen. Am Dorfrand hält man sich rechts, und die Ringstraße um das Dorf führt in ca. 100 m an einer Parkplatzwiese vorbei.

### (155) WOMO-Picknickplatz: Ziallerns

**GPS:** N 53°38′48.6″ E 07°52′32.0″; Huniburger Weg. **Max. WOMOs:** 1.
**Ausstattung/Lage:** Wiese, Bank, Mülleimer / im Ort.
**Zufahrt:** Von der L 808 aus Richtung Carolinensielkurz nach dem Reiterhof und Radarschild links abbiegen, in Ziallerns auf der Ringstraße rechts halten.

## Ziallerns

Zu Fuß umrunden wir das Dörfchen weiter und kommen zu einem Querweg, an dessen Mitte sich das Häuschen mit der Informationsausstellung (geöffnet dienstags und donnerstags 15-17 Uhr) und die Info-Tafel befinden. Auf der Tafel kann man den Aufbau des Dorfes und die Anordnung der Bauernhäuser im Gulfhausstil mit deren früheren Bestimmungen erkennen. Dahinter, eingezäunt, ist ein Fething, Süßwasserstelle und Regenwasserspeicher der Wurt.
Solch' himmlische Ruhe konnten wir in den letzten Tagen nicht erleben, so genießen wir diesen kleinen, beschaulichen Spaziergang sehr. Am Ende des Querwegs stößt man wieder auf den Rundweg und gelangt somit zurück zum WOMO.

Vom Picknickplatz holpern wir den Huniberger Weg entlang, der sich bis zu einer Kreuzung mit der Hauptstraße schlängelt, an der wir rechts nach TETTENS abbiegen.

### (156) WOMO-Badeplatz: Freibad Tettens

**GPS:** N 53°38'10.3" E 07°52'56.8"; Zum Schwimmbad. **Max. WOMOs:** 2.
**Ausstattung/Lage:** Wiesenparkplatz für das Freibad, im Freibad (geöffnet bei Badewetter täglich 10-19 Uhr), Kiosk, Liegewiese, Toiletten, Badeaufsicht, kostenlos, kleine Spende gern gesehen / Ortsrand.
**Zufahrt:** In Tettens links in die Straße „Zum Schwimmbad" abbiegen, am Ende der Straße kleines, gepflegtes Freibad mit Parkplatz auf der linken Seite, Ausweichfläche (Beton) hinter dem Bad.

Ebenfalls sehenswert in Tettens ist die **Ev.-luth. St.-Martins-Kirche**, die in den Jahren 1143-1210 aus Granitquadern erbaut wurde. Solche Bauten findet man nicht nur verstärkt hier im Jeverland, sondern interessanterweise auch im dänischen Jütland.

Nach altem normannischen Brauch hat die 44 m lange, 14 m breite und 11 m hohe Kirche drei Eingangstüren. Die Nordtür war für die Frauen und die Südtür für die Männer bestimmt. Durch die Westtür werden noch heute bei Beerdigungen die Leichen hinausgetragen. Besonders beeindrucken uns im Innern der Kirche die schöne barocke Deckenmalerei, die teilweise noch im Original aus dem Jahr 1717 vorhanden ist, der spätgotische Schnitzaltar (um 1500) und das reich verzierte Sakramentshaus aus Baumberger Sandstein aus dem Jahr 1525. Auch der barocke Orgelprospekt von 1744 ist beachtenswert. Am frei stehenden Glockenturm und am Friedhof an der Nordseite finden wir Wasserhähne und füllen dort unseren mitgebrachten Teewasserkanister auf.

Kirche Tettens

Wir verlassen Tettens in die Richtung, aus der wir gekommen sind und bleiben auf der Hauptstraße. In OLDORF biegen wir links nach HOHENKIRCHEN ab, von dort aus folgen wir der Ausschilderung nach SCHILLIG. Kurz hinter der **Spielstadt Wangerland**, einem, dem Urlauberdorf Wangerland angeschlossenen überdachten Vergnügungspark (eher für Kinder bis 12 Jahren, geöffnet April bis November, variable Öffnungszeiten und Eintrittspreise, www.dorf-wangerland.de), machen wir Rast an einem kleinen See.

**(157) WOMO-Picknickplatz: Hohenkirchen**

**GPS:** N 53°40′11.5″ E 07°54′35.2″; Jelliestede. **Max. WOMOs:** 4.
**Ausstattung/Lage:**
Strom, Picknickbänke, Mülleimer, geschottert, straßennah, am Freizeitsee, Radwege / außerorts.
**Zufahrt:** Nach Ortsdurchfahrt Hohenkirchen Richtung Schillig rechts fahren.

In Minsen lassen wir uns zu einem kleinen Abstecher verleiten. Gegenüber der „Alten Schmiede“ schwenken wir links in die Straße „Zum Seewiefken“, später in die Straße „Norderaltendeich“. 

Wenn Sie aufmerksam nach links schauen, fällt Ihnen bald die bronzene **Seewiefken** ins Auge. Geschaffen wurde die Skulptur von Karin Mennen aus Hornum. Einer Sage zufolge soll die Seejungfrau vor Jahrhunderten von Fischern gefangen worden sein. Aus Rache habe sie dann zur Gottesdienstzeit Deich und Dorf durch eine Sturmflut zerstört.

Findet man einen Kurzzeit-Stellplatz für das WOMO, kann man von hier aus zu einem schönen Sandstrand wandern. Wir folgen der Straße weiter geradeaus, dem Sandweg nach rechts und am „Deichgrafen“ in Förrien wieder der Hauptstraße nach Schillig.

In Schilling, mit über 1 Mio. Übernachtungen pro Jahr einem der beliebtesten deutschen Urlaubsorte, angekommen, leiten uns die Schilder zum WOMO-Stellplatz am Campingplatz. Den auf dieser Tour letzten Stellplatz an der Nordseeküs-

### (158) WOMO-Stellplatz: Schillig

**GPS:** N 53°42'02.8" E 08°01'26.9"; Jadestraße. **Max. WOMOs:** 100.
**Ausstattung/Lage:** Stellplatz vor voll ausgestattetem CP, Gebühr inklusive V+E und Strom (März bis Oktober), exkl. Kurtaxe, Einfahrt vor CP durch Schranke auf Parkplatz, Stellplatz hinter kleinem Deich ausgeschildert, auch Parken auf Parkplatz davor möglich, dann Bezahlung am Kassenautomaten, Sanitäranlagen auf CP kostenlos nutzbar / im Ort.
**Zufahrt:** In Schillig der Ausschilderung zum CP folgen, Orientierung an gelbem Leuchtturm und der Katholischen Kirche (geschwungenes Dach).
**Sonstiges:** riesiger 4 km langer Sandstrand mit Kitesurfschule, CP ist einer der größten Europas.

te verlassen wir, um nach HORUMERSIEL zu fahren. Der Stellplatz hier liegt eigentlich schon am Jadeufer und ist eine Alternative zum Schilliger Großparkplatz. Man gelangt zu ihm, indem man mitten durch das bunte Treiben im hübschen Ort, an der **Friesland-Therme** (Sole-Wasser, geöffnet montags und mittwochs 8-22 Uhr, dienstags, donnerstags und freitags 10-22 Uhr, samstags 10-19 Uhr, Eintritt) vorbei zur Marina hinter dem Deich fährt.

Am Deich geradeaus ziehen wir weiter bis HOOKSIEL, wo

### (159) WOMO-Stellplatz: Yachthafen Horumersiel

**GPS:** N 53°40'59.8" E 08°01'22.6"; Zum Hafen. **Max. WOMOs:** 40.
**Ausstattung/Lage:** Gebühr inklusive Strom, V+E, Toilette, Duschen gebührenfrei, Parkticket erste 30 min frei, gepflastert, Hafengaststätte, Kiosk, Anlegestelle für Ausflugsschiffe (Rundfahrten bis WHV und zur Insel Wangerooge, Fahrten zu den Seehundbänken) / außerorts.
**Zufahrt:** Durch Horumersiel den Ausschilderungen zum Hafen folgen, nach Ortsausgang durch die „Rechtsschleife" nach links über den Deich zum Hafen fahren.
**Sonstiges:** idealer Ausgangspunkt für Fahrradtour zum Strand in Schillig.

wir am Kreisverkehr der Ausschilderung zu den WOMO-Stellplätzen am Campingplatz (camp-hooksiel@wangerland.de) und am Meerwasserhallenbad folgen.

Fährt man mit dem Fahrrad hinter dem Stellplatz 1 immer am

**(160) WOMO-Stellplatz: Hooksiel 1 - Am Seedeich**

GPS: N 53°38'27.3" E 08°02'03.5"; Bäderstraße. Max. WOMOs: >50.
**Ausstattung/Lage:** Gebühr, V+E, Strom, Dusche, WC, vorn Wiese, am Sanitärgebäude Schotter, Blick auf Jade, direkter Zugang zum Watt, Surfclub, naher FKK-Strand, Hunde gegen Gebühr erlaubt / außerorts.
**Zufahrt:** Vom Kreisverkehr in Hooksiel der Ausschilderung zum CP folgen.

**(161) WOMO-Stellplatz: Hooksiel 2 - Am Hallenbad**

GPS: N 53°38'01.4" E 08°02'07.8"; Zum Hallenbad. Max. WOMOs: 24.
**Ausstattung/Lage:** Gebühr (inklusive 90 min Badbenutzung/Tag), V+E, Strom, gepflastert, beleuchtet, Anmeldung im Hallenbad / im Ort.
**Zufahrt:** Vom Kreisverkehr in Hooksiel zuerst der Ausschilderung zum CP folgen, nach 1 km rechts in die Straße „Middeldiek" abbiegen, nach 550 m links in die Straße „Zum Hallenbad".

Deich entlang, kann man nach ca. 2 km bei der Kiteschule den Deich überqueren und zur Schleuse, welche das Hookmeer vom Außenhafen an der Jade trennt, radeln. Das dortige **Restaurant „Brücke"** sieht zwar von außen vielleicht eher unscheinbar aus, hat aber eine exzellente Fischküche, die schon manchen Prominenten hier einkehren ließ (geöffnet täglich ab 11 Uhr, sonntags Brunch, besser vorher reservieren unter Tel.: 04425-991747).
Auf dem Rückweg, vorbei an der Spielscheune **„Bullermeck"**, haben Sie vielleicht Glück und können ein Rennen auf der **Trabrennbahn** des 1981 gegründeten Hooksieler Rennvereins miterleben. Für 7 EUR Eintritt darf mitgewettet und manchmal auch an einem Hutwettbewerb teilgenommen werden.
Mit dem WOMO fahren wir von den Stellplätzen wieder zum Kreisverkehr vor, von dort aus geht die Fahrt nach JEVER weiter.

### Hooksiel

Sollten Sie noch nicht von ihrem Stellplatz aus im Zentrum von Hooksiel gewesen sein, empfehlen wir Ihnen, dorthin jetzt noch einen Abstecher zu machen. Dazu fahren Sie vom Kreisverkehr Richtung Ortsmitte und parken auf dem zentralen Parkplatz.
Ein Bummel durch die kleine Fußgängerzone ist nicht nur bei Sonnenschein schön. Auf dem Weg zum **Alten Hafen** mit der einladenden Terrasse des „Packhaus" kommt man an dem Gebäude der Alten Schule vorbei, dem markanten Zwiebelturmhäuschen, in dem man ein einzigartiges **Muschelmuseum** vorfindet. Das Gebäude mit dem Zwiebelturm war außer einer Schule auch schon Rathaus und Kurverwaltung. Den Zwiebelturm schenkte ein britischer Kapitän dem Ort, um sich damit für die Reparatur seines Schiffes in der hiesigen Werft zu bedanken.

„Packhaus“ am Alten Hafen in Hooksiel

In den Alten Hafen, der unter Denkmalschutz steht, mündet das **Hooksieler Tief**. Das dortige Sielbauwerk dient heute noch der Entwässerung des Hinterlandes. Das Hookstief fließt in das künstlich geschaffene Hooksmeer, welches beim Restaurant „Brücke“ am neuen Hafen in die Nordsee mündet.
In beiden Weltkriegen spielte Hooksiel eine große Rolle in der Verteidigung des Kriegsmarinehafens Wilhelmshaven. Den ehemaligen Festungsgraben kann man noch heute ausmachen, inmitten einer neu angelegten Grünfläche am Ortsrand.

Den Ausschilderungen nach Jever folgend überqueren wir die B210 und können bald schon in der Ferne die spiegelnden Türme der **Jever-Brauerei** erkennen. Zuerst aber werden wir uns einer anderen Spirituose zuwenden.
Nach dem Ortseingangsschild von Jever biegen wir gleich rechts in die Straße „Am Bullhamm“. Im Gewerbegebiet hinten links hat die **Firma SCOMA** ihren Sitz. Scotch Malt Whisky - das Geschäft von Dr. Setter (geöffnet montags bis freitags 10-13 Uhr, freitags zusätzlich 16-19 Uhr und samstags 11-13:30 Uhr) hält eine überraschend große Auswahl unterschiedlichster Whiskys aus verschiedensten Ländern bereit. Aber eigentlich ist SCOMA der deutschlandweit größte Online-Versandhandel für Whisky (www.scoma.de).
Der Parkplatz am Haus ist etwas klein und verständlicherweise immer belegt, aber da hier im Gewerbegebiet wenig Verkehr ist, parken wir am Straßenrand.
Um in die Stadt zu gelangen, muss man das Gewerbegebiet auf gleichem Weg wieder verlassen und an der Ausfahrt rechts abbiegen. Kurz nachdem wir das Brauereigebäude passiert haben, ist der Weg zum WOMO-Stellplatz am Sportzentrum ausgeschildert (P 7 - Jahnstraße).
Wer hinter den Brauereitürmen links Richtung Zentrum/ Schloss abbiegt, findet am „Hof von Oldenburg“ vorbei hinter der OLB gebührenpflichtige Tagesparkplätze. Für unsere Stadtbesichtigung parken wir kostenfrei am Feuerwehrmuseum beim Bahnhof (auf dem Weg zum Stellplatz ausgeschildert). Vom Museum ist der Weg in die City ausgewiesen. Alternativer Parkplatz ist der P+R-Parkplatz hinter dem Busbahnhof vor den Bahnschranken.

## (162) WOMO-Stellplatz: Jever

GPS: N 53°34'33.2" E 07°53'25.3"; Jahnstraße. Max. WOMOs: >10.
**Ausstattung/Lage:** Gebühr (max. 3 Übernachtungen), Strom, Wasser mit Jetons, Entsorgung frei, Mülltonne, gepflastert, beleuchtet, unter Bäumen / im Ort.
**Zufahrt:** Aus der Innenstadt der Ausschilderung zum WOMO-Stellplatz am Sportzentrum folgen.
**Sonstiges:** Anmeldung und Kauf der Jetons beim Fitnesspark MP Jever, Jahnstraße 6, dort auch Duschen gegen Gebühr, vom Stellplatz am Sportplatz vorbei, dann links.

## Jever

Im ehemaligen Güterschuppen hat der Verein der Feuerwehr-Oldtimerfreunde Jever in aufopferungsvoller Arbeit das **Feuerwehrmuseum** (geöffnet täglich 14-17 Uhr, Eintritt) aufgebaut, in dem man bewundernswert gut erhaltene historische Feuerwehrautos und -gerätschaften bestaunen kann.
Das **Schlossmuseum** (geöffnet 10-18 Uhr, montags geschlossen, Eintritt) zeigt wechselnde Ausstellungen zu den verschiedensten Themen und museumseigene Sammlungen historischer Gegenstände aus Ostfriesland, wie Waffen, Porzellan, Landkarten u. v. m. Das Schloss selbst, in dem sich das Museum schon seit 1921 befindet, wurde ab 1428 als Burg errichtet, welche dann nach und nach bis 1736 zu dem heutigen Schloss umgebaut wurde. Vorher gab es an gleicher Stelle schon einmal eine ostfriesische Häuptlingsburg. Der Aufstieg auf den 67 m hohen **Turm**, Wahrzeichen der Stadt und verewigt auf den Etiketten der Jever-Pils-Flaschen, ist Pflicht, man wird mit einem wunderbaren Rundblick über die Stadt, ihrem historischen Stadtkern, seinem grünen Ring aus Wallanlagen, Grünflächen und Graften (Wassergräben) und dem direkt angrenzenden Schlosspark belohnt. Jever war im 10. und 11. Jahrhundert ein bedeutender Seehandelsort an der Jade, kaum vorstellbar, wenn man sieht, wie weit diese Stadt heute vom Wasser entfernt liegt. Man kann noch viele historische Denkmäler und Brunnen in der Stadt finden, die 1000-jährige Geschichte ist überall spürbar. Oft begegnet man dem Namen Maria. Fräulein Maria von Jever war die letzte Regentin und verlieh Jever 1536 die Stadtrechte.

Für die Teilnahme an einer der begehrten **Brauereiführungen** sollten Sie sich unbedingt vorher anmelden (Tel.: 04461-13711). Ihre reservierten Tickets holen Sie vor der Führung im Jever-Shop in der Innenstadt ab. Während des ca. 2-stündigen Rundgangs erfahren Sie alles über das Bierbrauen früher und heute, sehen Geräte zum Bierbrauen aus vergangenen Zeiten und werden direkt durch die heutigen Produktionsbereiche von der Anlieferung der Rohstoffe bis zur Abfüllung in Flaschen geführt (Achtung, am Wochenende kein Produktionsbetrieb!).
Verspüren Sie danach auch so großen Appetit wie wir, vielleicht auch auf Fisch? Da haben wir den absoluten Tipp: Kehren Sie in die **Fischgaststätte „Butt"** ein (wenige Schritte von Fußgängerzone und Jever-Shop entfernt). Der Küchenchef bereitet hier fangfrischen Fisch perfekt zu. Lassen Sie sich von der fachkundigen Bedienung zu den speziellen Tagesangeboten beraten, schon dabei wird Ihnen garantiert das Wasser im Mund zusammenlaufen.
In der gleichen Straße, im Kattrepel, finden Sie die interessante kleine **Blaudruck-Werkstatt** von Georg Stark und die private **Kaffeerösterei** Zschoppe's Kaffeewerk (geöffnet montags bis freitags 9:30-18 Uhr, samstags 9:30-14 Uhr), wo man nicht nur den Kaffee kaufen, sondern auch beim Rösten zusehen kann. Lecker ist z. B. „Fräulein Maries Liebster".

Anstelle eines aufregenden Abendprogramms haben wir uns für eine **Fledermausführung** durch den Schlossgarten entschieden. Spannend ist sie allemal.
Der hiesige NABU veranstaltet diese speziellen abendlichen Führungen zu bestimmten Terminen. Diese sind im Schloss zu erfragen Tel. 04461-969350. Auch hier ist eine Reservierung empfehlenswert, aber nicht notwendig. Sie können auch versuchen, sich vor Ort der Gruppe anzuschließen. Meist gibt es noch ein paar freie Plätze.
Mit diesem erlebnisreichen Tag wollen wir unsere 7. Tour enden lassen. Wir liegen im Schlosspark auf der Wiese, den Blick nach oben in den Abendhimmel gerichtet. Dem Flattern der Fledermäuse, die nach Insekten jagen, lauschend, erinnern wir uns an sonnige Inseltage, den Wattboden unter den Füßen und die Seeluft in der Nase, an kreischende Möwen, die die Fährschiffe umkreisen und an die vielen Seehunde auf den Sandbänken. Wir können sagen, wir haben die Nordsee kennengelernt, bei jedem Besuch ein bisschen mehr.

TOUR 8
Bremerhaven
Weser
Nordenham
Fedderwardersiel
Burhave
Tossens
Eckwarder-hörne
Abbehausen
Schwimmendes Moor
Schweiburg
Galerie Schönhof
Jadebusen
Leuchtturm Arngast
< Helgoland >
Wilhelms-haven
Dangast
Varelerhafen
Varel
Bockhorn
Zetel
Urwald
Neuenburg
Sande
Schloss Gödens
Jever
Schortens
10 km

## TOUR 8 (ca. 200 km / 4-6 Tage)

### Schortens - Wilhelmshaven - Sande - Zetel - Dangast-Tossens-Fedderwardersiel-Nordenham

| | |
|---|---|
| **Freie Übernachtung:** | Schortens, Sande, Altmarienhausen, Neustadtgödens, Zetel, Bohlenbergerfeld, Neuenburg, Bockhorn, Varelerhafen, Schweiburg, Eckwarderhörne, Tossens, Feldhausen, Abbehausen, Nordenham, Blexen. |
| **Campingplätze:** | Sehestedt, Eckwarderhörne, Tossens. |
| **Ver-/Entsorgung:** | Wilhelmshaven, Sande, Zetel, Schweiburg, Fedderwardersiel, Nordenham. |
| **Baden:** | „Aqua-Toll" Schortens, „nautimo" Wilhelmshaven, Sander See, Freibad Zetel, Dangast, Strandbad Sehestedt, Tossens, Eckwarderhörne, „Nordseelagune" Burhave, „Freizeitbad Störtebeker" Nordenham. |
| **Besichtigen:** | Accumer Mühle, JadeWeserPort, Wilhelmshaven, Schulmuseum Bohlenbergerfeld, Franz-Radziwill-Haus Dangast, Galerie Schönhof, Moorseer Mühle und Historisches Kaufhaus J. H. Büsing Sohn. |
| **Wandern/Fahrradtour:** | Neuenburger Urwald, Schwimmendes Moor, Langwarder Groden, Langlütjen I. |
| **Essen:** | Vareler Brauhaus Varelerhafen, Melkhus und Deichschäferei Feldhausen. |

Unser Buch trägt den Titel „…durch Ostfriesland und umzu". Hier sind wir, auch wenn man es irgendwie gar nicht bemerkt, schon im „umzu", genauer gesagt im Moment in Ost-Friesland. Und das ist tatsächlich ein Unterschied.

**Ostfriesland** ist ein Landschaftsverband der Kreise Aurich, Wittmund und Leer, der Stadt Emden und der Ostfriesischen Inseln außer Wangerooge, Minsener Oog und Mellum, eine Region in Niedersachsen, deren Ausdehnung dem Gebiet des früheren Fürstentums Ostfriesland (1464-1744) und späteren Regierungsbezirks Aurich (1744-1978) entspricht.

Wenn die Touristen, wir zählen uns auch dazu, von Ostfriesland sprechen, meinen sie eigentlich **Ost-Friesland**, das Gebiet an der Nordseeküste zwischen Dollart und Jadebusen mit dem Landkreis Friesland und der Stadt Wilhelmshaven, im weiteren Sinne sogar noch das Butjadinger Land und das Land Wursten im Osten und das Saterland im Süden.

Ost-Friesland ist zusammen mit West-Friesland (in den Niederlanden mit den Westfriesischen Inseln, z.B. Texel und Ameland) und Nord-Friesland (in Schleswig-Holstein und Dänemark mit den Inseln, z.B. Sylt, Föhr, Amrum, Helgoland, den Halligen, z.B. Oland und Hooge und den Außensänden, z.B. Kniepsand) der „Rest" des ehemaligen Frieslands, welches im 8. Jahrhundert nach der großen Völkerwanderung von der Rheinmündung im Westen, entlang der Nordseeküste bis nach Dänemark im Nord-Osten reichte.
Und nun verstehen wir auch, dass der Landkreis Friesland östlich von Ostfriesland liegt, oder?
Man sollte tunlichst vermeiden, die Menschen in Ost-Friesland alle als Ostfriesen zu bezeichnen. Im Gegensatz zu den echten Ostfriesen, die stolz darauf sind, Ostfriesen zu sein, fühlen sich die Menschen außerhalb Ostfrieslands zu ihrer eigenen Region zugehörig, sie sind Saterfriesen, Wurtfriesen, Wurtsassen und, aufgepasst, Butjenter (niemals Butjadinger!), oder auch Jeveraner, Wilhelmshavener und Wangerooger und wollen sich ganz bewusst (natürlich freundschaftlich) von den Ostfriesen abgrenzen.
Über die Wittmunder Straße wollen wir Jever verlassen. Dazu schwenken wir vor dem Friesischen Brauhaus nach links. Nach famila, vor der Tankstelle, biegen wir rechts Richtung SCHORTENS ab. In Schortens finden wir anhand der Schilder schnell den Weg zum **Freizeitbad Aqua-Toll**, auf dessen Parkplatz WOMOs willkommen sind.

**(163) WOMO-Badeplatz: Schortens**

**GPS:** N 53°32′21.9″ E 07°56′14.7″; Beethovenstraße. **Max. WOMOs:** 2.
**Ausstattung/Lage:** kostenfrei, gepflastert, Toiletten im Bad / im Ort.
**Zufahrt:** In Schortens den Ausschilderungen zum Aqua-Toll folgen.
**Sonstiges:** Schwimm- und Spaßbad Aqua-Toll, geöffnet dienstags bis freitags 6:30-8 Uhr und 14-22 Uhr, montags 6:30-8 Uhr, samstags 10-22 Uhr, sonntags 10-20 Uhr, Eintritt, Ausweichparkplatz 100 m weiter, bitte kein Camping.

Vom Parkplatz rollen wir Richtung Zentrum, bleiben auf der Hauptstraße, überqueren die Bahnschienen und fahren an der Kreuzung beim Combi-Markt geradeaus Richtung Accum. Bei der Bushaltestelle „Kaffeehaus Barkel" schwenken wir links in die Birkenstraße, wenn wir den Stellplatz beim **Fair-Café** nutzen oder aber auch nur im Bio-Laden mit Kaffeerösterei unsere Vorräte auffüllen wollen.

**(164) WOMO-Stellplatz: Fair-Café**

**GPS:** N 53°33′10.5″ E 07°58′35.1″; Accumer Straße 5. **Max. WOMOs:** 6.
**Ausstattung/Lage:** kostenfrei, Wiese / außerorts.
**Zufahrt:** In Schortens den Ausschilderungen zum Aqua-Toll folgen.
**Sonstiges:** Bio-Laden, Fair-Café, Kaffeerösterei, im Sommer diverse Veranstaltungen.

Auf der Niedersächsischen Mühlenstraße führt unsere Tour weiter bis ACCUM und kurz vor dem Ortsausgangsschild links zur idyllisch gelegenen **Accumer Mühle**. Für eine kurze Besichtigung des 16 m hohen Galerieholländers (geöffnet April - September samstags und sonntags 15-18 Uhr) finden wir im Straßenverlauf am linken Straßenrand einen Parkplatz.

Nun geht es an der Mühle vorbei, links auf die Hauptstraße und gleich wieder links auf die Mennhauser Straße, vorbei am Golfplatz und an der T-Kreuzung links. Wir halten uns links, schwenken auf die Fedderwarder Landstraße rechts ein und lassen uns von der Ausschilderung zur Burg Kniphausen zu unserem nächsten WOMO-Stellplatz dieser Tour führen.

### (165) WOMO-Stellplatz: Burg Kniphausen

**GPS:** N 53°33'04.0" E 08°03'18.9"; Accumer Straße 5. **Max. WOMOs:** 2.
**Ausstattung/Lage:** Parkplatz für Burgbesucher, ruhig / außerorts.
**Zufahrt:** Siehe Text, von der Fedderwarder Landstraße den Ausschilderungen folgen.
**Sonstiges:** kein Camping, Parkanlage mit seltenen Eisvögeln, Restaurant, Ahnensaal, zu mieten für Veranstaltungen.

## Burg Kniphausen

Von der 1438 gebauten, 1517 wieder aufgebauten, 1666/67 zur Festung umgebauten und 1708 ausgebrannten Häuptlingsburg stehen heute nur noch die Bauten der Vorburg – das Torhaus und der ehemalige Marstall, welcher schon in der 1. Hälfte des 18. Jh. zu Wohngebäuden umgebaut wurde. Die Burg war lange Zeit Regierungssitz der Herrschaft Kniphausen und heute noch größtenteils in Familienbesitz. Bei einem Spaziergang durch die verwunschene Parkanlage kann man mit etwas Glück und Geduld sogar Eisvögel beobachten.

Über die Autobahnbrücke verlassen wir diesen malerischen Ort und halten uns rechts, um auf die A 29 Richtung Wilhelmshaven aufzufahren und den Ausschilderungen zum **JadeWeserPort** zu folgen. Am Ende der Autobahn nehmen wir im Kreisverkehr dic Abfahrt zum Besucherzentrum, an dem wir nach dem Deichtor die Parkplätze finden.

## JadeWeserPort

Container-Kapazitäten vom Flugzeug bis zum Containerschiff der neuesten Generation

Am 21. September 2012 wurde er feierlich eröffnet, der, vom Land Niedersachsen und Bremen gebaute, Container-Tiefwasserhafen an der Mündung der Jade in die Nordsee. Die Reederei Mærsk baut zurzeit die größten Containerschiffe der Welt mit einer Kapazität von bis zu 18.000 TEU (1 TEU = 1 20-ft-Container). Der JadeWeserPort ist der einzige deutsche tideunabhängige Hafen, in welchem die Container solcher Ozeanriesen mit einem Tiefgang von bis zu 20 m umgeschlagen werden können. So ein gigantisches Jahrhundertprojekt ist immer umstritten. Einerseits sichert es mit einem konkurrenzfähigen Seehandelshafen den deutschen Export, schafft viele neue Arbeitsplätze vor Ort und im gesamten Umland und stärkt damit die regionale Wirtschaft. Andererseits warnt man vor Zerstörungen der Natur und des ökologischen Gleichgewichtes,

Zunahme des Verkehrsaufkommens auf den noch immer unzureichend ausgebauten Verkehrswegen und Einbußen in der Tourismusbranche. Dem eigenen Bild vom Für und Wider dient der Besuch im **Infocenter** (geöffnet April bis Oktober, dienstags bis sonntags, 10-18 Uhr, Eintritt). Dort können Sie außerdem die interaktive Reise eines Reiskorns aus China bis auf den deutschen Teller verfolgen und sich über den Stand der Baufertigstellung informieren.
Der **HafenBus** bringt die Besucher während der einstündigen, geführten Rundfahrt über das Hafengelände direkt an die Orte des Geschehens (Auskunft über die Abfahrtszeiten und Anmeldung unter Tel.: 04421-7719091 bzw. unter www.jadeweserport-infocenter.de).

Wir verlassen diesen informativen Ort Richtung Stadtmitte und weiter auf dem Friesendamm bis zum Ölhafen.

### (166) WOMO-Stellplatz: Wilhelmshaven 1 - Ölhafen

**GPS:** N 53°32′55.6″ E 08°09′41.8″; Zum Ölhafen. **Max. WOMOs:** 10.
**Ausstattung/Lage:** Gebühr (0,75 EUR/Stunde), asphaltiert, Mülleimer, freier Blick aif Jadebusen, Rüstringer Berg (höchste Erhebung von WHV, gesprengte Geschützstellung aus dem Zweiten Weltkrieg), Info-Tafel über Ölpipeline (d=71 cm) von hier bis ins Ruhrgebiet / im Ort.
**Zufahrt:** Richtung WHV-Ölhafen, an Linkskurve vor dem Deich geradeaus weiter bis zum Parkplatz.

Wieder vorn auf dem Friesendamm, biegen wir an der ersten Ampel nicht Richtung Stadtmitte ab, sondern halten uns weiter geradeaus, bis rechts der Stellplatz am **Schwimmbad Nautimo** ausgeschildert ist.

## (167) WOMO-Badeplatz: Wilhelmshaven 2 - Nautimo

**GPS:** N 53°32'10.4" E 08°05'59.0"; Friedenstraße. **Max. WOMOs:** 26.
**Ausstattung/Lage:** Gebühr (zu bezahlen an Rezeption des Bades, inklusive 30 min Duschen am Tag oder 1 EUR Ermäßigung auf Eintritt), V+E, Strom, Mülleimer, WiFi, Toiletten im Foyer kostenfrei, geschottert, von Rasen umgeben, Brötchenservice, Restaurant im/am Bad / im Ort.
**Zufahrt:** In WHV aus allen Richtungen ausgeschildert.
**Sonstiges:** Öffnungszeiten des Nautimo: montags bis freitags 6-8 Uhr, 10-21 Uhr, samstags, sonntags 9-21 Uhr, Sauna immer eine Stunde länger, 2 km bis in die City von WHV, Busverbindung (Linie 2 vom Parkplaatz des Nautimo, Linie 6 in 300 m, Fahrplan an Rezeption erhältlich, www.nautimo.de.

Wir wollen weiter geradeaus über die Brücke über das Hafenbecken fahren und dann rechts in die Ebertstraße einbiegen. Auf der linken Seite ist hier der Fabrikverkauf der Marke „Mario Barutti" (Männermode). Nun brauchen wir uns nur noch von der Ausschilderung zum Helgoland-Kai führen zu lassen. Dabei kommen wir an der Einfahrt zum nächsten WOMO-Stellplatz vorbei.

## (168) WOMO-Stellplatz: Wilhelmshaven 3 - Fliegerdeich

**GPS:** N 53°30'36.8" E 08°07'38.9". **Max. WOMOs:** 30.
**Ausstattung/Lage:** Gebühr (max. 24 h und 12 EUR), direkt auf dem Deich, oft voll, gepflastert, WC am Kiosk unten am Deich, dort auch Brötchenservice, Blick auf Jadebusen, Nähe zu Uferpromenade / im Ort.
**Zufahrt:** In WHV der Ausschilderung zum Helgoland-Kai folgen, vor der Kaiser-Wilhelm-Brücke rechts.

Links nach der 1907 in Betrieb genommenen **Kaiser-Wilhelm-Brücke** (mit 159 m Spannweite damals größten Drehbrücke Deutschlands) sehen wir schon die Kriegsschiffe des **Deutschen Marinemuseums**. Am **Helgoland-Kai** auf der rechten Seite starteten früher die Ausflugsfahrten auf die Hochseeinsel und nun von Mai bis Oktober regelmäßig Hafenrundfahrten durch den Marinehafen, zu den Tankerlöschbrücken und zum JadeWeserPort.
350 m weiter lenken wir das WOMO rechts in die Schleusenstraße und erreichen einen weiteren Stellplatz direkt hinter dem Jade-Deich.

**(169) WOMO-Stellplatz: Wilhelmshaven 4 - Schleuseninsel**

**GPS:** N 53°30′55.6″ E 08°09′09.3″; Schleusenstraße. **Max. WOMOs:** 28.
**Ausstattung/Lage:** Gebühr, V+E, Strom, WC, Duschen, ruhig, eigener Zugang zum Jadebusen, Restaurant in der Nähe / im Ort.
**Kontakt:** Hr. Lang, Tel.: 0172-5206109.
**Zufahrt:** Stadtauswärts am Helgoland-Kai vorbei bis zur Schleusenstraße, rechts abbiegen und bis zur Einfahrt des Stellplatzes nach dem Dienstbekleidungsladen geradeaus fahren.

## Wilhelmshaven

Wilhelmshaven ist der größte Marinestandort Deutschlands. Schon König Wilhelm der I. von Preußen erkannte die günstige Lage an der Jademündung und gründete hier 1869 die Stadt als Marinegarnision.
Die überregionale Bekanntheit Wilhelmshavens stieg mit der „Expo am Meer“, einem Außenprojekt der Weltausstellung im Jahr 2000 in Hannover. Neben dem Tourismus ist die Bundeswehr einer der größten Wirtschaftsfaktoren der Stadt, man schätzt, dass ca. 20.000 Einwohner (Bundeswehrangehörige und Familien) von der Bundeswehr wirtschaftlich abhängig sind.
Während unserer Besuche in dieser „grünen Stadt am Meer“, wie Wilhelmshaven selbst für sich wirbt, bummeln wir gern durch die Fußgängerzone, den **Botanischen Garten** (Eintritt frei), das **Rosarium** (am Stadtpark, Eintritt frei) oder den 17 ha großen **Kurpark** mitten in der Stadt. Außer dem Besuch des **Aquariums** empfehlen wir Ihnen unbedingt das **Deutsche Marine Museum** (geöffnet April bis Oktober 10-18 Uhr, sonst bis 17 Uhr, Eintritt), für deren Besichtigung die Zeit nicht zu knapp bemessen werden sollte. Im großen Außenbereich dieses Museums war-

ten ein Minenjagdboot, ein U-Boot und ein Lenkwaffenzerstörer auf ihre Eroberung. Die Geschichte der Deutschen Marine dazu gibt es in den Ausstellungsräumen.
Im ansprechend gestalteten **Küstenmuseum** (geöffnet Februar bis November dienstags bis sonntags 11-17 Uhr, Eintritt) erfährt man alles über die Vergangenheit, Gegenwart und Zukunft der Küste, einschließlich der Entwicklung des JadeWeserPorts.

Außengelände des Deutschen Marine Museums

Zurück zum Stellplatz am „Fliegerdeich", an diesem vorbei bis zum Columbia-Hotel nehmen wir im nachfolgenden Kreisverkehr die Ausfahrt Richtung Oldenburg/Autobahn, überqueren die Bahnschienen, halten uns an der T-Kreuzung links und finden in der Bunsenstraße einen etwas ungemütlichen, aber für eine schöne Fahrradtour (ca. 7,5 km) rund um den Banter See (dem früheren West- und Zwischenhafen, der im Zweiten Weltkrieg zum Kriegshafen von Wilhelmshaven gehörte und sogar U-Boote beherbergte) sehr günstig gelegenen WOMO-Stellplatz vor. Würden wir an der T-Kreuzung rechts über den Ems-Jade-Kanal auf den Banter Weg fahren, könnten wir nach kurzer Strecke einen weiteren Stellplatz hinter einer Autowaschanlage erreichen.

### (170) WOMO-Stellplatz: Wilhelmshaven 5 - Bunsenstraße

**GPS:** N 53°30'38.9" E 08°05'20.8"; Bunsenstraße 10. **Max. WOMOs:** >5.
**Ausstattung/Lage:** Gebühr inklusive Strom, Trinkwasser, Mülleimer, direkt an Straße und Rundweg um den Banter See / im Ort.
**Zufahrt:** Siehe Text.

### (171) WOMO-Stellplatz: Wilhelmshaven 6 - Südstadt

**GPS:** N 53°30'55.2" E 08°05'28.0"; Banter Weg 12a. **Max. WOMOs:** >5.
**Ausstattung/Lage:** Gebühr inklusive Strom, V+E, Schotterplatz, Mülleimer, hinter SB-Waschanlage, Brötchenservice, straßennah / im Ort.
**Zufahrt:** Siehe Text.

Wir verlassen Wilhelmshaven auf der Bunsenstraße Richtung Mariensiel. Kurz darauf zeigt uns ein Hinweisschild nach links den Weg zum Flugplatz, auf dessen Parkplatz zwei WOMO-Stellplätze ausgewiesen sind.

### (172) WOMO-Stellplatz: Jade-Weser-Airport

**GPS:** N 53°30'27.6" E 08°03'10.0"; Mariensieler Straße. **Max. WOMOs:** 2.
**Ausstattung/Lage:** gebührenfrei, Schotter neben Wiese, direkt am Flugplatz, Gastronomie anbei / außerorts.
**Zufahrt:** Siehe Text.

An der nächsten Ampel wenden wir uns nach links Richtung ZETEL und verlassen den nachfolgenden Kreisverkehr an der 1. Ausfahrt nach Sande. Dort angekommen schwenken wir vor der Kirche links in die Straße „Am Markt" und bei der nächsten Möglichkeit rechts durch die Häuser hindurch zu den WOMO-Stellplätzen rechter Hand.

### (173) WOMO-Stellplatz: Sande

**GPS:** N 53°30'08.7" E 08°00'39.5"; Am Markt. **Max. WOMOs:** 4.
**Ausstattung/Lage:** gebührenfrei, gepflastert, beleuchtet, Bänke, Mülleimer, Basketballfeld, an Kirche und Marktplatz / im Ort.
**Zufahrt:** Aus WHV kommend in Sande vor der Kirche links in Straße „Am Markt", bei der nächsten Möglichkeit rechts durch die Häuser hindurch zu den WOMO-Stellplätzen.
**Sonstiges:** V+E bei der Fa. Freizeitmobile von der Kammer, Huntestraße 1 in Sande [N 53°29'25.4" E 08°01'26.2"].

Über den Marktplatz erreichen wir am **Friesischen Rundfunk** die Hauptstraße. Im FRF-Pavillon gibt es neben einem Bistro viele Informationen rund um den Friesischen Rundfunk. Man kann Fanartikel kaufen, Autogramme einholen und hinter der Glaswand die Produktion einer Sendung mitverfolgen.
Über die Zugbrücke verlassen wir Sande. An der Paddel- und Pedalstation gibt es vier WOMO-Stellplätze, die sich nicht nur

bestens für einen kombinierten Paddel- und Fahrradausflug auf dem Ems-Jade-Kanal und entlang des Kanals wieder zurück, sondern auch für einen entspannten Samstag- oder Sonntagnachmittag im **Historischen Gut Altmarienhausen** eignen. Es ist einfach nur herrlich, dann im Café im Marienstübchen den selbst gebackenen Kuchen zu verkosten mit Blick auf den **Marienturm**, dem Wahrzeichen von Sande und Rest eines 1792 abgerissenen Lustschlosses der damaligen Landesherrin Maria zu Jever. Das **Küsteum** nebenan beherbergt neben einem Küstenschutzmuseum eine noch voll funktionstüchtige Schmiede.

### (174) WOMO-Stellplatz: Altmarienhausen

**GPS:** N 53°30'41.9" E 08°00'36.7". **Max. WOMOs:** 4.
**Ausstattung/Lage:** gebührenfrei, Schotter / außerorts.
**Zufahrt:** Siehe Text.
**Sonstiges:** V+E bei der Fa. Freizeitmobile von der Kammer, Huntestraße 1 in Sande [N 53°29'25.4" E 08°01'26.2"], Café geöffnet Mai bis September samstags und sonntags 10-19 Uhr, Museum dann auch geöffnet 14-18 Uhr, direkt am Anleger für Paddel- und Pedal-Station.

Nach ca. 1 km kann man links zum **Sander See** abbiegen.

## (175) WOMO-Badeplatz: Sander See

**GPS:** N 53°30′40.7″ E 08°00′02.2″; Loppelter Weg. **Max. WOMOs:** 4.
**Ausstattung/Lage:** gebührenfrei, Schotter / außerorts.
**Zufahrt:** Siehe Text.
**Sonstiges:** V+E bei der Fa. Freizeitmobile von der Kammer, Huntestraße 1 in Sande [N 53°29′25.4″ E 08°01′26.2″], gepflegter See mit Liegewiese, Bänken, Mülleimer, WC und Joggingstrecke, eventuell Geräusche durch nahe Autobahn.

Am Sillandweg fahren wir links und tauchen geschwind unter der Autobahn hindurch. An gepflegten Höfen vorbei geht es bis zur Kreuzung bei der Bushaltestelle, dort links nach DYKHAUSEN.
Nach 2,5 km kann man im Winter, wenn die Bäume kein Laub mehr tragen, schon auf der rechten Seite das barocke **Wasserschloss Gödens** sehen. Hierhin verschlägt es uns mindestens zweimal im Jahr, Pfingsten zur Landpartie und in der Adventszeit zum weithin bekannten und beliebten Weihnachtsmarkt (www.schloss-goedens.de). Die Atmosphäre ist einmalig, vor allem, wenn im Winter der gesamte Park, die Schlossgebäude und die extra aufgebauten Pagodenzelte in den verschiedensten Farben beleuchtet werden und Fackeln uns den Weg zum Schloss weisen. Zu diesen Veranstaltungen öffnet die hier wohnende Familie von Wedel ihr Schloss für Besichtigungen. Der Eintritt zu den Veranstaltungen ist zwar nicht gerade gering, wir möchten Ihnen den Besuch trotzdem ans Herz legen. Mit dem Erwerb von hochwertigen Dekorationsartikeln, Kleidung und allerlei für Haus und Hof sowie den verschiedensten Delikatessen können Sie sich dann verwöhnen.
Aber auch in der übrigen Zeit ist ein Spaziergang durch den Schlosspark schön, wie wäre es denn mal im Herbst, wenn das Laub eine prächtige Färbung hat?

Am Ende der Straße schwenken wir links auf die B 436 nach Wilhelmshaven und biegen dann gleich rechts wieder nach NEUSTADTGÖDENS ab. Wenn man hier links in die Staustraße und rechts in die Kirchstraße einbiegt, findet man vor der Kirche weit links nach hinten durch zwei Plätzchen für zwei kleine WOMOs. Wir rollen weiter durch die hübsche Straße mit den Fahnen der jeweiligen Gewerke an jedem Haus bis zur Kreuzung, an der wir uns nach links wenden und kurz darauf an der rechten Seite auf dem Parkplatz des Sportplatzes einen Stellplatz finden.

### (176) WOMO-Stellplatz: Neustadtgödens 1 - Kirche

**GPS:** N 53°28′43.1″ E 07°59′23.2″; Kirchstraße 32. **Max. WOMOs:** 2.
**Ausstattung/Lage:** gebührenfrei, gepflastert, Bank, beleuchtet, ruhig, im Ortskern / im Ort.
**Zufahrt:** Siehe Text.
**Sonstiges:** nur für kleine WOMOs, V+E wie Stellplatz (174).

### (177) WOMO-Stellplatz: Neustadtgödens 2 - Sportplatz

**GPS:** N 53°28′34.5″ E 07°59′31.0″; Sanderahmer Straße. **Max. WOMOs:** 2.
**Ausstattung/Lage:** gebührenfrei, gepflastert / im Ort.
**Zufahrt:** Beim Verlassen von Neustadtgödens auf der Sanderahmer Straße rechts zum Sportplatz abbiegen.
**Sonstiges:** Museum im Landrichterhaus (im Ort, geöffnet April bis Oktober dienstags bis freitags 14-18 Uhr, Eintritt frei), V+E wie Stellplatz (174).

Stellplatz (176)

Im 16. Jh. war Neustadtgödens ein Handelsort am Sielhafen, mit Verbindung zum Jadebusen und damit zur Nordsee. Fünf Kirchen verschiedener Glaubensrichtungen haben wir entdeckt. Sie bestehen noch aus der Zeit, in der dieser Ort eine Herrlichkeit war. Die Besitzerfamilie von Frydag zeigte gegenüber den Einwohnern viel Toleranz bei der Wahl bzw. Ausübung ihres Glaubens. Aus diesem Grund kamen im 17. und 18. Jh. viele ausländische Glaubensflüchtlinge hierher.
Sollten Sie hier übernachten und Lust auf einen kurzen Abendspaziergang haben, schließen Sie sich doch uns an.

**Spaziergang zur Wedelfelder Wasserschöpfmühle** (2 km)

Wir laufen zuerst zurück Richtung Ort, biegen aber nicht in die Kirchstraße ab, sondern spazieren geradeaus weiter. Blaue Schilder weisen uns bald den Weg zur Wasserschöpfmühle. Am Schotterweg, der uns das letzte Stück zur Mühle führt, finden wir wieder die „Goldene Linie“, diesmal zu unserer großen Freude mit einem Holzpfahl markiert, an dem eine Erläuterungstafel angebracht ist.
Die Wasserschöpfmühle wurde erst 1844 gebaut, für die Entwässerung des Schwarzen Bracks. Dieses ist ein Hochmoor, entstanden aus einer ehemaligen Meeresbucht des Jadebusens, welche durch die Zweite Marcellusflut 1362 entstand.

Vom Stellplatz gelangen wir schnell an dem 1764 erbauten Galerieholländer Oberahmer Peldemühle vorbei aus Neustadtgödens heraus. Haben Sie auch am Rastplatz auf der rechten Seite die Holzskulptur entdeckt. Wir haben nachgeschaut, „Die Liebenden“ heißt sie, und mit ein wenig Fantasie hätten wir es auch erkennen können. Wir überqueren die Autobahn und biegen beim Stoppschild rechts auf den Oldenburger Damm. Fährt man gleich nach dem Ortseingangsschild in ZETEL bei der Polizei rechts ab, findet man nach ein paar Metern auf der linken Seite der Moorstraße am Klärwerk eine **kostenfreie Ver- und Entsorgungsstation** [N 53°25'24.4" E 07°58'45.3"].

„Die Liebenden“
von Simone C. Levy

Wir halten uns in Zetel Richtung FRIEDEBURG und schwenken vor der Bushaltestelle rechts auf den Marktplatz, auf dem hinten links die WOMO-Stellplätze schnell zu finden sind.

**(178) WOMO-Stellplatz: Zetel 1 - Markt**

**GPS:** N 53°25'00.5" E 07°58'10.2"; Markthamm. **Max. WOMOs:** >10.
**Ausstattung/Lage:** gebührenfrei, Strom, Mülleimer / im Ort.
**Zufahrt:** In Zetel den Marktplatz umrunden.
**Sonstiges:** Anfang bis Mitte November Zeteler Markt (Stellplatz gesperrt).

**(179) WOMO-Stellplatz: Schulmuseum Bohlenbergerfeld**

**GPS:** N 53°24'48.5" E 07°55'16.1"; Wehdestraße 97. **Max. WOMOs:** >10.
**Ausstattung/Lage:** gebührenfrei, Picknickbänke, Toilette zu Museumsöffnungszeiten im Häuschen am Parkplatz, Schotter/Wiese, überdachter Grillplatz (zum Grillen zu mieten, ansonsten frei als Picknickhütte nutzbar), Sandkiste, Reck / im Ort.
**Zufahrt:** Man erreicht das Schulmuseum, wenn man am Zeteler Marktplatz vor der Hauptstraße links abbiegt in 3,7 km.
**Kontakt:** Tel.: 04453-1381.

Das Nordwestdeutsche Schulmuseum (geöffnet April bis Oktober, sonn- und feiertags 11-17 Uhr, samstags 14-17 Uhr, geringer Eintritt, Kinder bis 16 Jahre frei, Café, www.schulmuseum.de) zeigt wirklich sehr anschaulich, wie man sich den Schulunterricht um 1900 in dieser Bohlenberger Volksschule vorstellen muss. Nehmen Sie sich Zeit für die Bild-Ton-Schau. Bei unserem Besuch hören wir immer wieder ähnliche Schilderungen

älterer Besucher und erstaunte Zwischenrufe der Kinder. Diese wundern sich nicht nur über die unbequemen Schulbänke mit den eingelassenen Tintenfässern und dem Rohrstock, auch solche uns noch bekannten Utensilien, wie Kartenständer und Rechenschieber sind ihnen völlig fremd. Ist unsere Schulzeit tatsächlich schon so lange her?
Zurück in Zetel biegen wir am Rathaus links, gleich wieder rechts und sofort noch einmal links ab und erreichen, vorbei am LIDL-Markt, nach 800 m den idyllisch gelegenen **Naturbadepark**.

### (180) WOMO-Badeplatz: Zetel 2 - Freibad

**GPS:** N 53°25′06.7″ E 07°59′06.0″; Südenburg. **Max. WOMOs:** 5.
**Ausstattung/Lage:** gebührenfrei, Wiese, V+E siehe S. 249 / Ortsrand.
**Zufahrt:** In Zetel 800 m nach dem LIDL-Markt auf Parkplatz des Freibads einschwenken.
**Sonstiges:** Mai bis September Freibad täglich 10-20 Uhr geöffnet, Eintritt, Bademeister, Nichtschwimmerbereich, Badeplattform mit Rutsche, Badestrand, Liegewiese, Restaurant, Toiletten, Mülleimer, bei schlechtem Wetter eventuell geschlossen, dann Eintritt durch Nebeneingang über Badeplattform möglich und Baden auf eigene Gefahr.

Endlich wollen wir mal wieder ein größeres Stück wandern und haben uns dafür den Neuenburger Urwald herausgesucht. In diesem Naturschutzgebiet ist seit 400 Jahren kein Baum mehr gefällt worden, der älteste Baum hier ist eine 800 Jahre alte Eiche. Um zu unserem Start-Parkplatz zu gelangen, biegen wir bei der OLB auf die Oldenburger Straße Richtung BOCKHORN. Hinter der Alten Ziegelei auf dem Parkplatz des Erlebnisbades (ab Mai geöffnet) stellen wir das WOMO ab und rüsten uns für unsere „Urwaldtour“.

### (181) WOMO-Wanderparkplatz: Bockhorn 1 - Erlebnispfad

**GPS:** N 53°23′55.3″ E 07°59′58.6″; Urwaldstraße. **Max. WOMOs:** 4.
**Ausstattung/Lage:** Schotterplatz, straßennah, beheiztes Erlebnisbad, Minigolfanlage (Öffnungszeiten und Eintrittspreise: www.bockhorn.de) / im Ort.
**Zufahrt:** Siehe Text.

**Urwaldtour** (10 km, ca. 3 Stunden)

Vom WOMO-Stellplatz führt unser Weg zuerst am Info-Schild des Neuenburger Urwalds und an der Alten Ziegelei vorbei, bevor wir die Straße überqueren und in den Totenweg einbiegen. Diesem folgen wir bis zur B 437 und überqueren diese. Leicht versetzt geht hier der „Rundweg Erlebnisbad" entlang. Auch bei den Findlingen an der nächsten Kreuzung folgen wir diesem noch geradeaus. Bei den nächsten Schildern geht es weiter auf dem „Rundweg Winterweg", indem wir uns geradeaus halten. Rechter Hand schwenken wir nach kurzer Zeit in einen, von Eichen gesäumten Grasweg, der bald in einen Klinkerweg übergeht, welcher uns geradewegs nach Neuenburg führt.

Im Ort spazieren wir durch die Burgstraße, biegen dann rechts ab und folgen der Ausschilderung zum Schloss. Dabei kommen wir am Dorfplatz, am **Alten Bahnhof** und an der **Rauchkate** vorbei. Hinter dem **Schloss** schwenken wir nach links und nach ca. 50 m rechts auf einen Fußweg, an der Drechslerei vorbei, durch die Stichstraße. An der Landstraße wenden wir uns nach links, hinter dem Friedhof dann rechts in das Hilge Holt. Hinter dem Denkmal führt unser Weg links weiter am Forst-amt vorbei. An der nächsten Kreuzung biegen wir links ab und folgen wieder dem „Rundweg Erlebnisbad" bis zur Jagdhütte. Beeindruckt sind wir hier von der mächtigen, 800 Jahre alten Eiche, an deren ausladenden Wurzeln vorbei unser Weg weiterführt. An der nächsten Weggabelung gehen wir nach links und am nächsten Abzweig nach rechts. Von hier aus können wir wieder dem „Rundweg Erlebnisbad" bis zu unserem WOMO folgen. Beeindruckt von den vielen alten Bäumen und der herrlichen unberührten Natur sind wir nach 3 Stunden wieder am WOMO und wagen jetzt einen Sprung in das kühlende Nass des Erlebnisbades.

Im Bockhorner Zentrum fahren wir nach VAREL weiter. Zum Abendessen wollen wir in Dangast sein. An der Kreuzung schwenken wir links auf die B 437.

Falls Sie es heute nicht mehr bis Dangast schaffen können oder möchten, haben wir noch drei Stellplätze in der Nähe für Sie.

### (182) WOMO-Wanderparkplatz: Urwaldhof

**GPS:** N 53°23'34.6" E 07°57'56.4"; Urwaldstraße. **Max. WOMOs:** 5.
**Ausstattung/Lage:** Picknickbänke, Mülleimer, Infotafeln, asphaltiert, Gaststätte in der Nähe / außerorts.
**Zufahrt:** An der Kreuzung hinter Bockhorn auf die B437 rechts Richtung Neuenburg. Gleich nach dem Ortseingangsschild von Neuenburg rechts zum Wanderparkplatz (Rundwanderweg „Urwaldhof", 6 km) einbiegen.
**Sonstiges:** Am Wanderweg unserer „Urwaldtour".

## (183) WOMO-Stellplatz: Neuenburg 1 - Marktplatz

**GPS:** N 53°23'21.0" E 07°57'05.5". **Max. WOMOs:** 1-2.
**Ausstattung/Lage:** Ortsmitte, gepflastert, beleuchtet, gebührenfrei, öffentliche Toiletten, Heimatmuseum in der Nähe, Gaststätte anbei, Bänke, Mülleimer, EC-Automat, V+E siehe S. 249 / im Ort.
**Zufahrt:** An der Kreuzung hinter Bockhorn auf die B437 rechts Richtung Neuenburg, an der Ampel in Neuenburg links, gleich wieder links auf den Marktplatz fahren.

## (184) WOMO-Stellplatz: Neuenburg 2 - Dörpplatz

**GPS:** N 53°23'14.5" E 07°57'05.5". **Max. WOMOs:** 5.
**Ausstattung/Lage:** Ortsmitte, gepflastert, beleuchtet, gebührenfrei, Mülleimer, Spielplatz, Einkaufsmarkt, Schlosspark, V+E siehe S. 249 / im Ort.
**Zufahrt:** An der Kreuzung hinter Bockhorn auf die B437 rechts Richtung Neuenburg, an der Ampel in Neuenburg links, am marktplatz vorbei, nach 100 m nächste Möglichkeit rechts, auf den Alten Bahnhof (jetzt Zahnarztpraxis) zu, links vorbei zum Dörpplatz.

Auf der B 437 rollen wir Richtung Varel. An der ersten Ampel entdecken wir rechts eine Entsorgungsstation für WOMOs, bei näherem Hinsehen bemerken wir einen toll ausgestatteten WOMO-Stellplatz mit WOMO-Waschanlage anbei.

## (185) WOMO-Stellplatz: Bockhorn 2 - Am Geeschendamm

**GPS:** N 53°23'08.0" E 08°00'30.3"; Geeschendamm 1. **Max. WOMOs:** >10.
**Ausstattung/Lage:** ganzjährig, Gebühr inklusive WC, Duschen, V+E, Strom, Waschanlage (bis 2,95 m Fahrzeughöhe / im Ort.
**Zufahrt:** Der Stellplatz liegt direkt an der B 437 am Ortsbeginn von Bockhorn.

An einer weiteren Ampel, an der Tankstelle, erblicken wir am Wegweiser nach links, nach Steinhausen, das Schild „Porzellanfabrik Friesland". Der Fahrer biegt ab und gibt somit die Erlaubnis zum Einkauf im Fabrikverkauf der Friesland Porzellan Manufaktur (montags bis freitags 10-17 Uhr und samstags 10-13 Uhr). Weiter geht es über die Wilhelmshavener Straße hinüber in die Straße nach Rotenhahn. Bildhübsche Bauerngärten ziehen unsere Aufmerksamkeit auf sich. Wir holpern die wegen des schlechten Zustands auf 3,5 t begrenzte Straße entlang, über die Autobahn und schließlich den Tangermoorweg neben den Gleisen der Zugstrecke Oldenburg – Wilhelmshaven entlang. Durchgeschüttelt erreichen wir DANGASTERMOOR. Fahren Sie langsam am Garten mit den Englischen Rosen vorbei, so können sie genussvoller diese Pracht bestaunen.

Ja, wir sind auf dem richtigen Weg, die Straße, auf die wir stoßen, heißt „Zum Jadebusen". Hier am Hotel Vareler Brauhaus biegen wir links Richtung DANGAST ab. Kurz vor dem Ortsbeginn von Dangast halten wir am **Nationalparkhaus** (geöffnet: dienstags bis freitags 9-12 Uhr und 14-18 Uhr, samstags und sonntags 14-18 Uhr, Eintritt frei, gern gegen Spende) auf der rechten Seite. Außer vieler Infos zum Wattenmeer, Veranstaltungen, wie Wanderungen und Vorträgen rund um die hiesige Natur können wir in Erfahrung bringen, wo wir uns zu einer Wattwanderung zum **Leuchtturm Arngast** mitten im Jadebusen anmelden können (Gerke Ennen: Tel. 04465-570, www.wattlopen.de). Dieser Leuchtturm steht auf einer Sandbank, die bis zum frühen Mittelalter eine Insel (Kirchspiel Arngast) war. Durch

mehrere schwere Sturmfluten wurde sie zerstört und versank bis auf diese Sandbank im Meer. 1909/1910 erbaute man dann darauf einen Leuchtturm zur Ansteuerung von Wilhelmshaven und zur Orientierung im Jadebusen.
In Dangast folgen wir an der ersten Ampelkreuzung links der Ausschilderung zum Hafen und der **MS „Edda von Dangast“**. Am Ende der Straße direkt am Hafen ist unser heutiger Übernachtungsplatz.

### (186) WOMO-Stellplatz: Dangast

**GPS:** N 53°26'45.1" E 08°06'35.0"; Sielstraße. **Max. WOMOs:** 30.
**Ausstattung/Lage:** Gebühr, Strom (langes Kabel erforderlich!), Wasser, Wiese (überschwemmungsgefährdet, bei Nässe gesperrt), Zugang zum Sandstrand, am Sielwerk, Fischimbiss „Fischturm" / Ortsrand.
**Zufahrt:** In Dangast Ausschilderung zum Hafen folgen.

## Kleiner Spaziergang durch Dangast

Vom Stellplatz gehen wir zunächst die Sielstraße vor bis zur Ampel und kommen dabei am Efeu berankten **Franz-Radziwill-Haus** mit seinen blauen Fensterläden vorbei (geöffnet dienstags und mittwochs 10- 12 Uhr, donnerstags und samstags 15-18 Uhr, sonntags 11-18 Uhr, Eintritt).
Franz Radziwill, geboren 1895 in der Wesermarsch, war ein bedeutender, wegen seiner früheren Verbindungen zur NSDAP auch manchmal umstrittener Maler des Magischen Realismus und lebte von 1922 bis zu seinem Tod im Jahr 1983 in Dangast. Die Motive seiner Bilder lassen die Beschäftigung mit seiner Heimat erkennen, er malte die Küste, Schiffe, Bauernhäuser und Wälder, manchmal auch Menschen. Seine sehr bunten Gemälde zeigen oft einen riesigen Himmel und verbinden Wirklichkeit mit Traumwelt fast mystisch miteinander.
Bei der Ampel überqueren wir die Straße, bummeln die Straße „Auf der Gast" weiter geradeaus und schlängeln uns dann links durch die Dauenser Straße und die Störtebekerstraße Richtung Strandcampingplatz (geöffnet Anfang April bis Anfang Oktober, Tel.: 04951-911422, www.dangast.de).

Dangaster Flutsteine am Sielwerk

Auf unserem Weg passieren wir die einzelnen Tafeln des Dangaster Kunstpfads, auf denen verschiedene Gemälde unterschiedlicher Künstler, wie Willi Hinck, Emma Ritter, Max Pechstein oder Franz Radziwill dargestellt und erläutert werden. Über den Deich gelangen wir zum DanGastQuellbad (ganzjährig geöffnet, 30 °C warmes Jod-Sole-Wasser). Falls die Sonne scheint, kann man von hier aus die unvergesslichsten Sonnenuntergänge beobachten.
Zurück links Richtung Ort passieren wir das **Weltnaturerbeportal** direkt am Strand mit der Kurverwaltung, der Tourist-Info (geöffnet montags bis freitags 9-17 Uhr, samstags und sonntags 10-16 Uhr) sowie der Ausstellung Weltnaturerbe Wattenmeer, der Sauna-Landschaft „Watt'n Sauna" und dem Restaurant „Heewen".
Um den Campingplatz „Rennweide" (geöffnet Mitte April bis Mitte Oktober, Tel.: 04451-3161, www.rennweide.de) herum schlagen wir den Rückweg ein und laufen durch den Ort und den Park bis zur **Kurhausklause** (geöffnet freitags, samstags und sonntags 9-19 Uhr, mit Biergartentischen oberhalb des Strands, Blick über den Jadebusen bis nach Wilhelmshaven und dem besten Rhabarberkuchen weit und breit). Hier geht es hinunter zum Strand (dem einzigen kostenfreien Strand an der gesamten deutschen Nordseeküste), und an diesem zurück zum WOMO-Stellplatz.

„Phallus", Genzstein aus Granit direkt an der Hochwassergrenze

Es ist Zeit, Dangast zu verlassen. Hinter dem Nationalparkhaus biegen wir links in Richtung VARELERHAFEN ab. Wir passieren die Straße „Goldene Linie", wieder ein Hinweis auf die Grenze zwischen dem Landkreis Friesland und Ostfriesland. Unseren Blick lassen wir weit über die idyllischen Pferdeweiden bis zum Deich schweifen, rechts sind bereits der Kirchturm und die Mühle von Varel zu erkennen. Am Ortseingang von Varelerhafen, wo wir links zum Hafen abbiegen müssen, fällt uns gegenüber der große Hafenparkplatz auf, der sich, mehrfach von uns getestet, für Übernachtungen im WOMO durchaus eignet, sollte man z. B. abends im Vareler Brauhaus schräg gegenüber ein Bio-Bierchen genossen haben.
Ein weiterer Stellplatz ist ganz am Ende des Ortes zwischen den Fundamenten zweier ehemaliger Windkraftanlagen.

**(187) WOMO-Stellplatz: Varelerhafen 1**

**GPS:** N 53°24'18.4" E 08°09'39.7". **Max. WOMOs:** 4.
**Ausstattung/Lage:** Hafenparkplatz an der Straße, Schotter / im Ort.
**Zufahrt:** Aus Richtung Dangast kommend an der Kreuzung schräg links gegenüber auf den Parkplatz fahren. Auf der gegenüberliegenden Straßenseite ist das Brauhaus (Tel.: 04451-3091, www.vareler-brauhaus.de).

**(188) WOMO-Stellplatz: Varelerhafen 2**

**GPS:** N 53°24'20.7" E 08°10'54.0"; Am Hafen. **Max. WOMOs:** 5.
**Ausstattung/Lage:** Wiese, kostenfrei / außerorts.
**Zufahrt:** Aus Richtung Dangast kommend im Ort links bis zum Hafen, geradeaus weiter in die Sackgasse bis zum Parkplatz rechts.
**Sonstiges:** Ausgangspunkt für Fahrradtour rund um den Varelerhafener Hafen, die Schleuse und nach Dangast und zurück.

In Varelerhafen schwenken wir hinter dem Vareler Brauhaus mit seiner hübschen Terrasse auf der Wasserseite auf die andere Hafenseite. Hier ist das **Spijöök-Museum** (geöffnet samstags und sonntags 15- 17 Uhr) zu besichtigen, welches etliche kuriose Gegenstände und lustige Seemannsgeschichten dazu bereithält. Gleich nebenan ist ein **Fabrikverkauf** der Firma Bahlsen (geöffnet montags bis freitags 9-18 Uhr, samstags 9-16 Uhr). Hungrig fährt hier wohl niemand weiter!

Glücklich über die erworbene Nervennahrung von Bahlsen, Leibniz, Brandt & Co. verstauen wir die Kartons im WOMO und rollen, wieder am Brauhaus angekommen, gegenüber rechts in die Vareler Straße. An der Kreuzung in Hohenberge geht es links auf die B 437. Aus den Augenwinkeln erspähen wir das „Blaudruck"-Schild am grünen Tor des Gulfhofes auf der rechten Seite und ahnen noch nicht, dass dieser zufällige Zwischenstopp den Horizont unseres Kunstverständnisses wesentlich erweitern wird. Hinter den roten Backsteinmauern des 1872 erbauten Gulfhauses verbirgt sich neben der **Blaudruckwerkstatt** von Frau Heumann, in welcher mit bis zu 800 Jahre alten Modeln (Stempeln) mehr als 300 Muster auf Stoffe gedruckt werden (Besichtigung und Verkauf), eine **Galerie**, in deren stimmungsvollen Räumen viele deutsche und internationale Künstler ihre Werke ausstellen.
Der Gallerist Jochen Heumann empfängt uns freundlich und schildert schwärmerisch die vielen faszinierenden Begegnungen mit renommierten Künstler an diesem Ort, während er mit uns durch die, mit unzähligen Bildern ausgestatteten Räume geht. Man konnte hier schon Werke von Ton Schulten, Christo, Armin Müller-Stahl, Michael Fischer-Art, Markus Tollmann, Oskar Koller und vielen weiteren bewundern. Jeder Künstler hat sich auf einem Stuhl verewigt, die so entstandenen einzigartigen Erinnerungsstücke sind schon allein ein Grund für einen Besuch und dürfen selbstverständlich benutzt werden.

Herr Heumann erklärt uns das Verfahren der Lithografie und weckt unsere Neugier auf mehr Informationen über Kunst und Künstler der Gegenwart.
Gern nehmen wir die Einladung zu schon weit im Voraus geplanten Ausstellungen entgegen und freuen uns auf den nächsten Besuch voller farbenprächtiger Überraschungen (geöffnet dienstags bis freitags 15- 18 Uhr, samstags und sonntags 11-18 Uhr, www.galerie-schoenhof.de).
Rechts sehen wir den Abzweig zum **Tier- und Freizeitpark Jaderberg** (www.jaderpark.de). Der von hier aus gut 9 km entfernte Freizeitpark kann mit einer großen Parkplatzwiese aufwarten, auf der Übernachtungen im WOMO erlaubt sind.

**(189) WOMO-Stellplatz: Jaderpark**

**GPS:** N 53°19'33.6" E 08°11'13.5". **Max. WOMOs:** >10.
**Ausstattung/Lage:** Wiese, etwas uneben, am Tier- und Freizeitpark / außerorts.
**Zufahrt:** Von der B 437 den Ausschilderungen zum Tier- und Freizeitpark folgen, 9 km weiter auf der linken Seite nach dem Parkeingang.

Wir bleiben auf der B 437 bis SCHWEIBURG, wo wir links in die Kirchenstraße rollen. Am Ende des Ortes ist ein kleiner, aber feiner WOMO-Stellplatz.

**(190) WOMO-Stellplatz: Schweiburg**

**GPS:** N 53°23'28.4" E 08°15'58.3"; Quittenweg. **Max. WOMOs:** >10.
**Ausstattung/Lage:** V+E, Stron, gebührenfrei, sonnig, Spielplatz, Bolzplatz, Schotterfläche, Wiese davor, Nähe zum Jadedeich / im Ort.
**Zufahrt:** Von der B 437 in Schweiburg links in die Kirchstraße abbiegen, Stellplatz am Ortsende auf der linken Seite.

**Fahrradtour zum Sehestedter Strandbad** (ca. 15 km)

Vom Stellplatz aus folgen wir der Straße zum Deich. Ab jetzt geht es rechts auf dem Fahrradweg an der Straße weiter bis zur Deichauffahrt zum Campingplatz Sehestedt.

**(191) WOMO-Campingplatz-Tipp: Strandbad Sehestedt**

**GPS:** N 53°26'08.5" E 08°17'44.0"; Bäderstraße 55.
**Geöffnet:** Mai bis Mitte September.
**Ausstattung/Lage:** einfache Ausstattung, Wiese, bei Hochwasser Überflutungsgefahr, 2 Stunden vor bis 2 Stunden nach der Flut Baden in der Jade möglich, Einstieg ins Wasser, Infowagen für Salzwiesen-Erlebnispfad zum Schwimmenden Moor / außerorts.
**Kontakt, Buchung und Infos über Öffnungszeiten und Preise:**
Tel.: 0455-1481.
**Zufahrt:** Nach Ausschilderung von der K 197 auf Straße über den Deich.

Hier machen wir eine schöne lange Badepause (Eintritt ins Strandbad). Bevor wir die Rückfahrt antreten, wollen wir das **Sehestedter Abbruchmoor** anschauen. Das direkte Betreten des Moores ist verboten. Das Sehestedter Moor ist ein nur noch 10 ha großer Rest eines riesigen Hochmoors auf dem Gebiet des heutigen Jadebusens. Noch zu sehen ist der Rest der Urküste, wie sie vor den Eingriffen der Menschen durch Deichbau und Entwässerung beschaffen war. Bei Sturmfluten wird das Hochmoor vom unteren Moor getrennt und angehoben, daher wird es auch **„Schwimmendes Moor“** genannt. Wir quetschen uns an der Ausfahrt des CP noch vor dem Deich durch das Schafsgatter, durchqueren die Schafwiese und gehen dahinter zu Fuß den kurzen Bohlenweg bis zum Vogelbeobachtungsturm. Auf dem Weg hat man einige Ausblicke auf das Abbruchmoor.

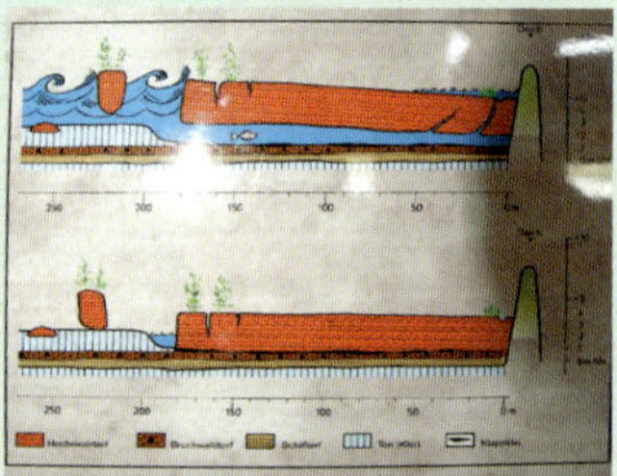

Schematische Darstellung vom Aufschwimmen des Moores bei sehr hohen Sturmfluten. Nach einer anfänglichen Schrägstellung schwimmt schließlich das ganze Moor auf.
Aus: Karl-Ernst Behre: Das Moor von Sehestedt; 2005.

Wieder über dem Deich radeln wir auf dem Fahrradweg an der Straße zurück, bis wir zum Abzweig „Wege ins Moor“/Schweierzoll kommen. Wir biegen links ab und folgen dem Verlauf der Straße zunächst bis zum kleinen **„Tante-Emma-Laden“** der Familie Grimm mit angrenzender Teestube und Gastwirtschaft. Hier kann man noch wie zu Omas Zeiten alles kaufen, vom Nähgarn, über Eimer, Mückenspray, Lebensmitteln bis hin zu Briefmarken. Und ein Eis für uns war auch noch da. In der Teestube gibt es immer Tee, nach Voranmeldung für Gruppen auch Kuchen dazu. Am Ende der Straße stoßen wir auf die B 437. Auf dem Fahrradweg auf der anderen Seite rollen wir bis zur ESSO-Tankstelle in Schweiburg. Nachdem wir an der Ampel die Straßenseite wieder gewechselt haben, bevorraten wir uns mit Kuchen und Brot beim Bäcker an der Ecke und mit Honig beim sympathischen Imker Rieken in der Kirchenstraße, der uns viele Fragen zu Honigsorten und Bienenhaltung beantwortet. An der Ecke Kirchenstraße/Quittenweg angekommen, erreichen wir nach ca. 15 km unser WOMO auf dem Schweiburger Stellplatz.

Vom Stellplatz am Quittenweg schwenken wir auf die Kirchenstraße links zum Deich. Am Strandbad Sehestedt am dortigen Campingplatz, dem Ziel unserer gestrigen Fahrradtour vorbei, erreichen wir nach 500 m den Parkplatz „Schwimmendes Moor". Von der Plattform gegenüber werden uns weitere Ausblicke auf das Abbruchmoor geboten. Am kleinen Melkhus vorbei kommen wir nach AUGUSTGRODEN.

**Groden**, die in Ostfriesland Polder genannt werden (in Nordfriesland Koog), entstehen an der Nordseeküste durch den Deichbau und die Entwässerung des dadurch vom Meer abgerungenen Marschlandes. Die Endung „-groden" weist bei Ortschaften im Butjadinger Land darauf hin, das sie auf Boden stehen, welcher vor Jahren einmal Watt war und aufgrund des Deichbaus und dem stetigen Anstieg des Meeresspiegels inzwischen oft unterhalb des Meeresspiegels liegen. Eine stetige Entwässerung ist nun notwendig. Bestimmt ist Ihnen auch aufgefallen, dass hier die Ortschaftsnamen oft mit der Endung „-warden" verbunden sind. Diese Endung erhielten einst Siedlungen, die auf einer Warft gebaut wurden.

Kurz hinter Eckwarden biegt man nach ECKWARDERHÖRNE ab. Der gebührenpflichtige Tagesparkplatz (bis 20 Uhr) rechts bietet dem WOMO einen Warteplatz, falls man den Ort erkunden, an den (teuren!) Strand gehen oder aber die von uns empfohlene **Fahrradtour um den Jadebusen** machen möchte. Sie sind mit dem WOMO mit uns einmal um den Jadebusen gegondelt, warum versuchen Sie es nun nicht mal mit dem Fahrrad? Die **Personen- und Fahrradfähre MS „Harle Kurier"** (Fahrkarten an der Strandkasse) bringt Sie von Juni bis August 9:45 Uhr hinüber nach Wilhelmshaven (Ankunft 10:30 Uhr, Rückfahrt der Fähre 17 Uhr). Von hier aus fahren Sie auf gut ausgeschilderten Wegen immer mehr oder weniger am Deich entlang ca. 55 km bis hierher zurück. Natürlich wäre diese Tour auch von Wilhelmshaven aus möglich gewesen, aufgrund der häufigen Westwinde hätten Sie dann allerdings die meiste Zeit gegen den Wind strampeln müssen.

### (192) WOMO-Campingplatz-Tipp: Eckwarderhörne 1 - KNAUS Campingpark

**GPS:** N 53°31'15.5" E 08°14'05.6"; Butjadinger Straße 116.
**Geöffnet:** ganzjährig.
**Ausstattung/Lage:** Komplettausstattung, teuer / im Ort.
**Kontakt, Buchung und Infos über Öffnungszeiten und Preise:** Tel.: 04736-1300, www.knauscamp.de.
**Zufahrt:** Mitten im Ort Eckwarderhörne nicht zu verfehlen.

Von diesen hohen Übernachtungspreisen abgeschreckt wollen wir den Ort verlassen und erspähen dabei an der nächsten Linkskurve eine Schotterfläche (man muss geradeaus weiterfahren), die sich auf jeden Fall für eine Übernachtung eignet, wenn Sie nach der anstrengenden Fahrradtour keine Lust mehr haben, mit dem WOMO weiterzufahren.

### (193) WOMO-Stellplatz: Eckwarderhörne 2

**GPS:** N 53°31'16.7" E 08°14'27.0"; Butjadinger Straße. **Max. WOMOs:** 2.
**Ausstattung/Lage:** direkt am Deich, Schotter / im Ort.
**Zufahrt:** Siehe Text.

Zurück auf der Hauptstraße nach TOSSENS kann man links das moderne Steinkohlekraftwerk von Wilhelmshaven deutlich erkennen. Vorsichtig, auf den Gegenverkehr achtend, winden wir uns durch die engen Kurven der Straße. Tossens empfängt uns gleich nach dem Ortseingang mit einem sympathischen Parkplatz.

### (194) WOMO-Stellplatz: Tossens 1

**GPS:** N 53°34'03.0" E 08°16'03.8"; Mirrweg. **Max. WOMOs:** 5.
**Ausstattung/Lage:** Rasengittersteine, straßennah, kostenfrei / Ortsrand.
**Zufahrt:** Aus Eckwarderhörne auf der Hauptstraße kommend befindet sich der Parkplatz in Tossens hinter dem Ortseingangsschild auf der rechten Seite.

Vom Ortsende aus sind es noch 1,6 km nach links zum tropischen Badeparadies **Center Parcs**. Obwohl wir von solchen Urlauberhochburgen gewöhnlich zurückschrecken, haben wir diese für Sie besichtigt. Dort angekommen, finden Sie am Kreisverkehr links den Besucherparkplatz. Einer Übernachtung hier würde auch nichts im Wege stehen, man ist halt mitten im Geschehen. Am Kreisverkehr geradeaus geht es direkt in die kleine Ferienstadt mit den Restaurants, Einkaufsmöglichkeiten und Unterkünften. Fährt man weiter, gelangt man zum Strand, rechts über den Deich hinweg zum Campingplatz.

## (195) WOMO-Campingplatz-Tipp: Tossens 2 - KNAUS Campingpark

**GPS:** N 53°34'49.6" E 08°14'41.2"; Tossenser Deich.
**Geöffnet:** Mitte April bis Mitte Oktober.
**Ausstattung/Lage:** Komplettausstattung, direkter Strandzugang, Wattwanderung zu den Seehundbänken, touristisches Flair / Ortsrand.
**Kontakt, Buchung und Infos über Öffnungszeiten und Preise:**
Tel.: 04736-219, www.knauscamp.de.
**Zufahrt:** Durch den Ort Richtung Strand ist der CP ausgeschildert.

Um diesen Ort zu verlassen, muss man wieder Richtung Tossens fahren, dann geht es auf der Hauptstraße nach BURHAVE links weiter. Nach der Ortsausfahrt des historischen Wurten- (Warften-) Dorfs Langwarden schwenken wir links nach Feldhausen. Kurz vor dem Deich befindet sich ein Objekt des Skulpturenpfads um den Jadebusen, „Turm zu Babel" mit einem Parkplatz davor. Zeit für eine Wanderung mit

## (196) WOMO-Wanderparkplatz: Feldhausen Deich

**GPS:** N 53°36'27.6" E 08°19'20.7"; Hauptstraße. **Max. WOMOs:** 1.
**Ausstattung/Lage:** leicht schiefe Schotterfläche, Bänke, Mülleimer, an Fahrradweg bzw. Wanderroute / außerorts.
**Zufahrt:** Hinter Langwarden links nach Feldhausen abbiegen, Parkplatz kurz vor dem Deich.

Frischluftgarantie.

**Wanderung im Langwarder Groden**

Zuerst steigen wir über den (ehemaligen Winter-)Deich und stoßen auf einen Rundwanderweg durch das 140 ha große Gebiet des Langwarder Grodens mit zahlreichen Sitzgelegenheiten und Infotafeln, auf denen die Natur und Landschaft erläutert werden.

Als Kompensationsfläche für den Bau des JadeWeserPorts in Wilhelmshaven wurde hier das ehemalige Gebiet des Sommergrodens umgestaltet und optimale Bedingungen für die Entstehung einer neuen Salzwiesenfläche geschaffen. Herrlich weite Salzwiesen werden entstehen, Brutgebiet von Kiebitzen, Uferschnepfen, Rotschenkeln und Wiesenpiepern. Sind Sie im Winter hier, werden Sie bis zu 30.000 Austernfischer und viele Ringelgänse beobachten können. Vogelbeobachtungshütten und fest installierte Ferngläser laden zum Entdecken der Flora und Fauna ein.

Auf halber Strecke lassen wir uns auf einer der Bänke nieder und halten einen Moment inne und atmen wieder einmal tief durch. Kaum vorstellbar, dass zwei Drittel unserer Urlaubszeit schon um sein sollen. Bald werden wir mitten im Alltagstrubel stecken und uns von der Hektik der Mitmenschen anstecken lassen. Da bleiben wir gern noch ein halbes Stündchen sitzen, denken einmal an gar nichts und versuchen dieses entspannte Gefühl in unseren Köpfen zu speichern.

Nach dieser Wanderung haben wir uns eine kleine Stärkung verdient. Diese finden wir im Selbstbedienungs-**Melkhus** (geöffnet Mai bis Oktober täglich ab 10 Uhr) der Familie Plümer kurz vor dem Parkplatz. Nach Quarkspeise, Griespudding, Buttermilch und Co. haben wir Hunger auf etwas Herzhaftes. Im angrenzenden **Deichschäferei-Hofladen** (Falls niemand im Laden ist bitte „auf gut Glück“ klingeln!) der Familie finden wir Schafskäse, Lammsalami und sogar noch frisches Lammfleisch für den Grill.

Von April bis Oktober kann man hier mittwochs 10 Uhr an einer einstündigen Führung durch den Betrieb teilnehmen oder im Juli und August sich das Lamm vom Grill im Schafstall schmecken lassen (bestimmte Termine, 18 Uhr, 16 EUR pro Person, Anmeldung unter Tel. 04733/1455).
Gen Osten geht es am Deich entlang bis FEDDERWARDERSIEL, für uns im Schritttempo hinter einer fröhlichen Rentnerfahrradgruppe hinterher. Dort angekommen halten wir uns links und rollen über den Deich Richtung Hafen. Hier finden wir zwei WOMO-Stellplätze vor.

### (197) WOMO-Stellplatz: Fedderwardersiel 1 - Henken

**GPS:** N 53°35'43.7" E 08°21'26.4"; Am Hafen. **Max. WOMOs:** 80.
**Kontakt:** www.reisemobil-hafen.de.
**Ausstattung/Lage:** Gebühr, V+E (täglich 10 Uhr), Strom, WC, Müllentsorgung gegen Gebühr, Hafenmarkt Henken mit Brötchen- und Gasverkauf, Strandzugang, Hafennähe, Hunde erlaubt / im Ort.
**Zufahrt:** Nach Fedderwardersiel Zufahrt über den Deich, dann schräg links.

### (198) WOMO-Stellplatz: Fedderwardersiel 2 - Butjadinger Yachtclub

**GPS:** N 53°35'36.6" E 08°21'34.5"; Am Hafen. **Max. WOMOs:** >10.
**Kontakt:** Christian Antons, Tel.: 04733-8340, christian.antons@web.de.
**Ausstattung/Lage:** Gebühr, V+E, Strom, WC, Dusche, Müllentsorgung, Spielplatz, Grillplatz und Clubhaus vom Yachtclub (abendliches gemütliches Beisammensein mit Umtrunk und Musik), Boot-Trailern möglich/ im Ort.
**Zufahrt:** Wie zu Stellplatz (197), weiter Richtung CP, Zufahrt links neben der Einfahrt zum KNAUS-Campingpark auf das Gelände des Yachtclubs.
**Sonstiges: Unser Stellplatz-Favorit!** Fahrradweg zur Nordseelagune (tideunabhängiges Baden möglich, geöffnet während der Badesaison 10-18 Uhr, Eintritt) und dem Wattensteg (200 m lange Seebrücke).

In Fedderwardersiel empfehlen wir Ihnen den Besuch des **Nationalparkhauses** am Hafen (geöffnet montags bis sonntags 10-18 Uhr, vom 01.11. bis 14.03. 10-17 Uhr und montags geschlossen, Eintritt, offene Führungen Ostern bis Ende Oktober samstags 10:30 Uhr). Hier erhält man einen prima Einblick in die Tier- und Pflanzenwelt des Wattenmeeres und seiner Küstengebiete. Fragen Sie unbedingt nach der **Broschüre für den Entdeckungspfad**, einen lehrreichen und beispielhaften Rundwanderweg durch Hafen, Groden und über den Deich, den es auch in einer Kinder-Ausgabe gibt. Für die beschriebenen 3 km sollten Sie sich mindestens 2 Stunden Zeit nehmen, so viel Wissenswertes über diesen Ort werden Sie erfahren und sehen können. Der auf der anderen Hafenseite beginnende und mit weißen Quadraten markierte Weg lohnt sich wirklich!
Von Fedderwardersiel geht unsere Reise weiter nach BURHAVE. Und von dort links durch den Ort zur ausgeschilderten **Nordsee-Lagune**, dem weltweit einzigen gezeitenunabhängigen Meerwasser-Badesee mit biologischer Reinigungsanlage. Er ist 1,6 ha groß, umgeben von einer 4 ha großen Strandanlage mit vielen flachen und bewachten Strandabschnitten, die gerade für Kinder ideal zum Baden sind (geöffnet: Mai bis September 10-18 Uhr).

### (199) WOMO-Campingplatz-Tipp: Burhave - KNAUS Campingpark

**GPS:** N 53°34′59.4″ E 08°22′13.0″; Strandallee 1.
**Geöffnet:** Mitte April bis Mitte September.
**Ausstattung/Lage:** Komplettausstattung, 135 WOMO-Stellplätze vor CP-Schranke, V+E, Strom, tolle Lage / im Ort.
**Kontakt, Buchung und Infos über Öffnungszeiten und Preise:** Tel.: 04733-1683, www.knauscamp.de.
**Zufahrt:** In Burhave ist der CP ausgeschildert, über den Deich hinüberfahren, dann nicht zu übersehen.

Anschließend halten wir uns im Ort Richtung ABBEHAUSEN. Nach 12 km sehen wir rechts die imposante **Moorseer Mühle** (Öffnungszeiten des Museums in Mühle und Müllerhaus: April bis Oktober dienstags bis sonntags 10-17 Uhr, Dienstag und Mittwoch 11 Uhr Backtage, mittwochs einstündige Mühlenführung mit Frau Hemken, November bis März sonntags 14-17 Uhr, Eintritt, Mühlencafé, www.museum-moorseer-muehle.de) und werden neugierig.

## (200) WOMO-Stellplatz: Moorseer Mühle Abbehausen

**GPS:** N 53°29'26.9" E 08°25'40.9"; Butjadinger Straße. **Max. WOMOs:** 2-3.

**Ausstattung/Lage:** Schotterparkplatz, Bänke, straßennah / außerorts.
**Zufahrt:** An der Butjadinger Straße nach Abbehausen ist der Parkplatz links gegenüber der Mühle.
**Sonstiges:** Fahrradweg vom Stellplatz nach Nordenham (5 km) und Abbehausen (0,9 km).

Nach der aufschlussreichen Mühlenführung mit Frau Hemken, die mit uns die Mühle besichtigt und außerdem noch jede Menge über das Leben in früherer Zeit zu erzählen weiß, besuchen wir noch das Museum und gönnen uns zum Schluss ein Stück Erdbeer-Dinkel-Torte auf der Terrasse des kleinen Mühlencafés.

Unser Ziel ist jetzt Abbehausen, das wir wenige Minuten später erreichen. Kurz nach der Raiffeisenbank befindet sich links das **Historische Kaufhaus J. H. Büsing Sohn**. Schon in der Mühle und im „Tante-Emma-Laden" gestern wurde uns von diesem alten Kaufladen erzählt, in dem es früher wohl wirklich alles zu kaufen gab. Haben Sie Glück und sind freitags 8:30-12:30 Uhr und 15-18 Uhr oder samstags 9-13 Uhr hier, werfen Sie einen Blick in dieses Schatzkästchen! Noch mehr zu entdecken, vom Keller bis zum Dachboden, gibt es während der Führungen, die 1x monatlich sonntags zwischen 10 und 17 Uhr angeboten werden (Eintritt 3 EUR). Ein Parkplatz ist leider nicht vorhanden, zum Parken des WOMOs fährt man am besten 400 m weiter bis zum Budjadinger Hof (am riesigen blauweiß gestreiften Maibaum) und nutzt dessen Busparkplatz, zu dem man rechts abbiegen muss. Weiter geht die Fahrt. Am Stoppschild schwenken wir nach links. Nach 500 m biegen wir an der Ampel rechts nach NORDENHAM in die Oldenburger Straße ein, von hier ist der Weg zum Störtebecker-Bad mit WOMO-Stellplatz ausgeschildert.

## (201) WOMO-Badeplatz: Nordenham

**GPS:** N 53°29'40.6" E 08°28'27.7"; Altenser Allee. **Max. WOMOs:** 15.
**Ausstattung/Lage:** Gebühr, V+E, Strom, Rasengittersteine, Mülleimer, max. 3 Übernachtungen / im Ort.
**Zufahrt:** In Nordenham der Ausschilderung zum WOMO-Stellplatz folgen.
**Sonstiges:** Freizeitbad Störtebeker Nordenham (geöffnet dienstags bis freitags 6-7:30 Uhr und 15-20:30 Uhr, während der Ferien ab 10 Uhr, samstags und sonntags 9-19 Uhr, Eintritt).

Dem Drängeln unserer jungen Wasserratten müssen wir einfach nachgeben, die Zeit für ein erfrischendes Bad im einladenden Freibad nehmen wir uns. Bevor wir morgen mit der Fähre von hier nach Bremerhaven übersetzen und das Butjadinger Land verlassen, wollen wir noch von der Nordsee Abschied nehmen. Dazu fahren wir zuerst zum Fähranleger, die Strecke dorthin ist von Nordenham aus ausgeschildert.

Kurz vor der Zufahrt zur Fähre schwenken wir scharf links in die Fährstraße und rollen durch das Deichtor Richtung BLEXEN. Wir bleiben auf der Fährstraße (Hauptstraße). In Blexen gegenüber einem Friseurgeschäft biegen wir rechts in die Kirchstraße (Straßenname rechts an der Ecke), danach links in die Deichstraße und auf dieser aus Blexen hinaus bis zum Haus Nr. 156, dem **Ferien-Handwerkerhof** der Familie Schmeyer mit Bungalows und WOMO-Stellplätzen direkt am Deich.

**(202) WOMO-Stellplatz: Blexen 1 - Handwerkerhof**

**GPS:** N 53°32'27.6" E 08°30'35.1"; Deichstraße 156. **Max. WOMOs:** 14.
**Ausstattung/Lage:** Gebühr, V+E, Strom, Dusche, WC, beleuchtet, Waschmaschine, Trockner, Grillhütte, Picknickbänke, Spielplatz, Zugang zum Weserdeich / außerorts.
**Zufahrt:** Siehe Text.
**Kontakt:** Familie Schmeyer, Tel.: 0151-10823931, www.ferien-handwerkerhof.de.

Biegt man in Blexen in die Michaelstraße in Richtung Deich, geht es auf der Straße „Am Rhynschloot“ links weiter und am Deich entlang Richtung Flugplatz. Dort, wo sich die Straße auf den Deich hochkämpft, hat man unseren perfekten Picknickplatz erreicht [N 53°32'23.4" E 08°31'40.1"].

## Langlütjen I

Vom Picknickplatz aus startet der Rundweg hinunter zum Deich, an diesem entlang bis zum Fährhafen und durch das Dorf Blexen wieder zurück (ca. 6 km).
Wir aber rollen mit den Rädern hinter dem Picknickplatz weiter den Deich hinunter und unten auf der Straße bis wir nach 1,5 km am Deich-Kilometer 64 den Deich überqueren und den 1,7 km langen Damm der einstigen Schmalspurbahn entlang bis zum gelben Radarturm vorstiefeln. Leider darf man die Wattinsel selbst nicht mehr betreten, da sie seit 2005 in Privatbesitz einer Oldenburger Geschäftsfrau und in einem schlechten baulichen Zustand ist. Vom Nationalparkhaus Wattenmeer in Fedderwardersiel werden gelegentlich noch Führungen zu der auch in Privatbesitz übergegangenen Nachbarinsel Langlütjen II angeboten.

Wir sitzen einen Augenblick auf der Treppe des Turms und lassen den Blick hinüber zum Hafen von Bremerhaven und zurück auf das Ufer schweifen. In diesem Moment freuen wir uns auf das WOMO hoch oben auf dem Deich, wo wir den Abend und damit unsere 8. Tour gemütlich im Warmen, abgeschirmt vom brausenden Nordseewind, mit verzücktem Blick auf die Silhouette von Bremerhaven ausklingen lassen. Wir bestaunen noch lange die mächtigen Schiffe, die über die Weser in die Nordsee und von dort hinaus in die Welt fahren, bevor wir noch am späten Abend mit der Fähre nach Bremerhaven übersetzen.
Sollten Sie erst in der Frühe des nächsten Morgens weiterfahren wollen, wäre der vor der Industriehalle am Anleger am Beginn der Fährstraße eingerichtete Stellplatz unsere empfohlene Notlösung.

### (203) WOMO-Stellplatz: Blexen 2 - Fähre

**GPS:** N 53°31′20.8″ E 08°32′37.2″; Fährstraße. **Max. WOMOs:** 5.
**Ausstattung/Lage:** Gebühr (18-9 Uhr gebührenfrei), gepflastert / im Ort.
**Zufahrt:** Den Ausschilderungen zur Fähre folgen.

TOUR 9
15 km
Neuwerk
216
217
218
Cuxhaven
215
Sahlenburg
Elbe
214
73
213
27
Nordholz
Aeronauticum
Spieka
Neufeld
212
Spieka
210
211
Dorum
Neufeld
Dorum
Wremen
209
208
219
220
221
Bad
Bederkesa
207
206
Bremerhaven
Nordenham
204
Weser
205
71
224
223
222
Stotel
27
N

## TOUR 9 (ca. 210 km / 8 Tage)

### Bremerhaven - Wremen - Dorum - Spieka - Nordholz - Sahlenburg - Neuwerk - Cuxhaven - Bad Bederkesa - Stotel

| | |
|---|---|
| **Freie Übernachtung:** | Ochsenturm, Holte Spangen, Flögeln, Bad Bederkesa, Stotel, Dedesdorf, Kleinensiel. |
| **Campingplätze:** | Wremer Tief, Dorumer Neufeld, Spieka-Neufeld, Bad Bederkesa. |
| **Ver-/Entsorgung:** | Bremerhaven, Wremen, Spieka, Dorumer Neufeld, Cuxhaven, Bad Bederkesa. |
| **Baden:** | Dorumer Neufeld, Spieka-Neufeld, Sahlenburg, Neuwerk, Bad Bederkesa, Stoteler See. |
| **Besichtigen:** | Bremerhaven, Alpakahof Herr Misselwarden, St.-Peter-und-Paul-Kirche Cappel, Aeronauticum Nordholz, Krabbenschälmaschine Spieka-Neufeld, Neuwerk, Cuxhaven, Dicke Berta Altenbruch. |
| **Wandern/Fahrradtour:** | Holte Spangen, rund um Neuwerk, Wattwanderung nach Neuwerk, Vorgeschichtspfad Flögeln. |
| **Essen:** | Fischerkai Bremerhaven, „Siebhaus" Wremen, „Nordseekrabben Kocken" und „Ebbe und Flut" Spieka-Neufeld, Fischmeile Cuxhaven, Rittergut Valenbrook, „Haus am See" Stotel. |

Gestern waren es die großen Autotransporter, die wir bestaunten, als sie aus dem Bremerhavener Hafen in ferne Länder ausliefen. Heute wollen wir mehr über die Passagierschiffe erfahren, die Anfang des letzten Jahrhunderts von Bremerhaven die Auswanderer in die Neue Welt bringen sollten. Antworten dazu gibt es im Auswandererhaus auf der anderen Weserseite. Dies wollen wir zuerst besichtigen, wir freuen uns darauf. Zurück durch Blexen erreichen wir den Fähranleger. Die **Fähre** pendelt montags bis freitags 5-22 Uhr, samstags 5:40-20:40 Uhr und sonntags 9-20:40 Uhr, 1-3x pro Stunde von Nordenham nach Bremerhaven und zurück.

### Bremerhaven

Die Stadt wird von einem 15 km langen Deich umgeben, ist aber nur 4 km schmal. Bremerhaven ist Teil des Bundeslandes Freie Hansestadt Bremen und hat 114.000 Einwohner. Viele Menschen aus dem Umland kommen zum Einkaufen nach Bremerhaven. Das 13.000 m² große

**Mediterraneum**, die riesigen Einkaufspassagen des 30.000 m² großen **Columbus Centers** und die überdachte 900 m lange Fußgängerzone (Bürger genannt, eigentlich Bürgermeister-Smidt-Straße) mit der **Lale-Andersen-Laterne** an ihrem Anfang laden zum Bummeln und Shoppen ein.

Bremerhaven ist unsere Museumsstadt. Auch wenn Sie nicht der geborene Museumsgänger sind, eines dieser wunderbaren Museen dieser Stadt wird Sie bestimmt interessieren. Der Bau der Museen in den **Havenwelten** wurde erst 2005 begonnen, inzwischen sind aufgrund des riesigen Ansturms der Bevölkerung schon Erweiterungsbauten im Gange.

Bremerhaven liegt auf dem 8. Grad östlicher Länge, genau darüber wurde das **Klimahaus 8° Ost** errichtet, in welchem man sich auf eine Reise entlang dieses Längengrades um die Welt begeben kann. Man durchreist dabei sehr abwechslungsreich und einzigartig wissenschaftlich aufbereitet verschiedene Länder mit verschiedenen Klimazonen, von der Schwüle des tropischen Regenwalds bis in die trockene Kälte der Antarktis (geöffnet April bis August montags bis freitags 9-19 Uhr, samstags und sonntags 10-19 Uhr, September bis März montags bis sonntags 10-18 Uhr, Eintritt, www.klimahaus-bremerhaven.de).

Das **Deutsche Auswandererhaus** ist das größte europäische Museum zum Thema Auswanderung und erzählt in eindrucksvoller Weise am Beispiel von Einzelschicksalen die hoffnungsvolle und beschwerliche Reise in die Neue Welt. Man fühlt sich zurückversetzt in die Zeit zwischen 1830 und 1974, in der über 7 Mio. Menschen dem europäischen Festland den Rücken kehrten. Am Schluss Ihrer Besichtigung können Sie sich in vier internationalen Datenbanken auf die Suche nach Ihren einst ausgewanderten Vorfahren begeben. Völlig zu Recht ist dieses Museum 2007 das European Museum of the Year geworden (geöffnet: März bis Oktober täglich 10-18 Uhr, November bis Februar täglich 10-17 Uhr, Eintritt, Führungen jeweils letzter Sonntag im Monat 10:30 Uhr, für Senioren jeweils erster Montag im Monat 14 Uhr, Kinder (7-12 Jahre) jeweils zweiter Sonntag im Monat 10:30 Uhr, Anmeldungen unter Tel.: 00471-90220-0, Eintritt, www.dah-bremerhaven.de).

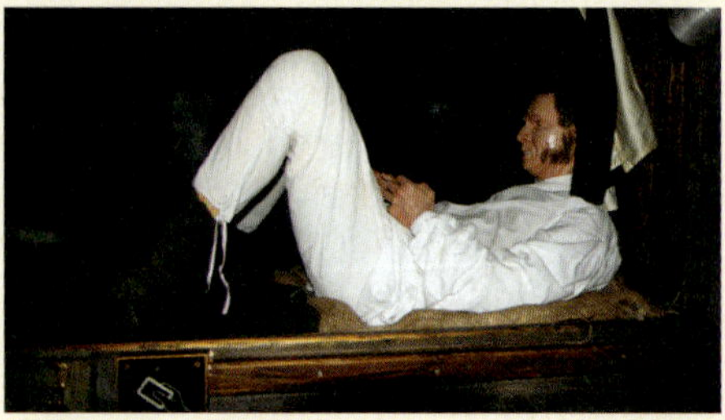

Nicht zu übersehen ist das **Deutsche Schifffahrtsmuseum** in den Havenwelten (geöffnet täglich 10-18 Uhr, Anfang November bis Mitte März montags geschlossen, Schiffe in den Wintermonaten geschlossen, Eintritt, www.dsm.museum.de). Das ausgedehnte Freilichtmuseum mit dem Museumshafen ist ebenso sehenswert, wie die Ausstellung im Museumsgebäude selbst. Wir haben dieses Museum als letztes in der Reihe der Havenwelten besichtigt und waren positiv überrascht von der unerwartet guten Darstellung der deutschen Schifffahrtsgeschichte.
Hauptsächlich Tiere des Nordens bekommt der Besucher im **Zoo am Meer** zu Gesicht. Das architektonisch interessante Gebäude mit seinen Fenster-Durchblicken auf die Weser ist zwar nicht sehr groß, die Möglichkeiten zur Unterwasserbeobachtung einiger Tierarten sowie die öffentlichen Fütterungen erfreuen sich trotzdem großer Beliebtheit (geöffnet April bis September 9-19 Uhr, März und Oktober 9-18 Uhr und November bis Februar 9-16:30 Uhr, Hunde erlaubt, Eintritt).
Haben Sie von Museen noch nicht genug, wären auch das Historische Museum, das Museum der 50er Jahre, das Atlanticum mit Meerwasseraquarium und das Kunstmuseum mit der Kunsthalle noch ein Tipp. Falls Sie mehr Bremerhaven von oben genießen wollen, könnten Sie dies außer auf der 86 m hohen **Plattform des SAIL City Hotels** (geöffnet April bis September 9:00-21:00 Uhr, Oktober bis März 10-17:00 Uhr, Eintritt) auch von der 65 m hohen Plattform des **Radarturms** (Am Alten Vorhafen, April bis September mittwochs und sonntags 11-18 Uhr, Eintritt).
Ausblicke auf den Hafen mit den verschiedenen Terminals haben Sie vom 15 m hohen **Container-Aussichtsturm** zwischen Nordschleuse und Verbindungshafen, zu dem Sie am besten mit dem WOMO fahren können (Eintritt frei, 24 Stunden, ganzjährig, außer bei Glatteis [N 53° 34' 12.9" E 08° 33' 02.9"]).

Weitere Sehenswürdigkeiten in der City sind die 305 m lange **Kaiserschleuse** mit einer Durchfahrtsbreite von 55 m, die nach der Restaurierung 2011 wieder in Betrieb genommen wurde, der 39,90 m hohe **Simon-Loschen-Leuchtturm**, der älteste noch betriebene

Festlandsleuchtturm der Nordseeküste, und die Alte Bürger (Bürgermeister-Smidt-Straße), die Kneipenmeile der Stadt, mit den einzigen noch erhaltenen Vorkriegs-Bürgerhäusern.
Unser Top-Tipp für Bremerhaven ist der **HafenBus**. Für die eigentlich immer ausgebuchten Fahrten sollten Sie sich unbedingt vorher anmelden (Tel.: 0471-414141 bzw. www.bremerhaven-tickets.de und www.bremerhaven-tourism.de, Fahrten in der Saison 2x täglich, außerhalb der Saison 1x am Tag, verschiedene Zustiegshaltestellen, 10,90 EUR pro Person, Familienkarte 28 EUR, gültiger Personalausweis oder Reisepass sind mitzuführen) bzw. die Tickets einige Tage vorher an den Tourist-Infos „Havenplaza“, „Hafeninsel“ oder „Schaufenster Fischereihafen“ kaufen. Selten gibt es Restkarten bis 20 Minuten vor Abfahrt an den Infos und direkt am Bus. Die Fahrt mit dem HafenBus dauert knapp zwei Stunden und führt direkt in die sonst nicht für jedermann zugänglichen Überseehafenanlagen, die interessanterweise nicht zu Bremerhaven, sondern zu Bremen gehören.

Faszinierend nah kann man dabei die Be- und Entladung der Schiffe beobachten, die Container- und Autoverladung erleben und manchmal sogar Bekanntschaft mit Kreuzfahrtriesen schließen. Vom **Kreuzfahrtterminal an der Columbuskaje** haben früher schon die Auswandererschiffe abgelegt. 8175 Schiffe passierten Bremerhaven im Jahr 2014. Im selben Jahr wurden 5,7 Mio. Container und 2,3 Mio. Fahrzeuge hier umgeschlagen. Der Hafen ist somit der größte Autoumschlagplatz Europas. Außerdem ist er Deutschlands größter Bananenanlandeplatz, 400.000 t der gelben Früchte kommen hier jährlich an, wobei sie dabei aber noch grün sind. Während der Fahrt mit dem HafenBus gibt es jedes Mal wieder Anderes zu entdecken.

Wir rollen von der Fähre, die Hauptstraße entlang und folgen der Ausschilderung zum Fischereihafen West nach rechts. An der Doppelschleuse, wo die Weser in die Nordsee mündet, auf der linken Seite sind bald die WOMOs auf dem Stellplatz auszumachen.

**(204) WOMO-Stellplatz: Bremerhaven 1 - Doppelschleuse**
**GPS:** N 53°31'57.7" E 08°34'35.2"; An der neuen Schleuse. **Max. WOMOs:** 63.
**Ausstattung/Lage:** Gebühr, V+E, Strom, Dusche, Brötchen- und Zeitungsservice, ganzjährig, Mülleimer / im Ort.
**Zufahrt:** Von der Fähre kommend rechts halten.
**Kontakt:** Tel.: 0471-9716140.

Vom Stellplatz halten wir uns links und fahren geradeaus weiter in die City. Würden Sie sich rechts halten, erreichen Sie nach wenigen Minuten den Stellplatz am Fischereihafen.

**(205) WOMO-Stellplatz: Bremerhaven 2 - Fischereihafen**
**GPS:** N 53°31'35.8" E 08°34'34.1"; Hoebelstraße. **Max. WOMOs:** 47.
**Ausstattung/Lage:** Gebühr, V+E, Strom, WC, Dusche, Brötchen- und Zeitungsservice, März bis Oktober, Mülleimer / Ortsrand.
**Zufahrt:** Von der B 6 rechts zum Fischreihafen West bzw. Mitte abbiegen, 1,2 km auf der Hoebelstraße weiterfahren bis zu deren Ende.
**Sonstiges:** Entsorgung nur für Übernachtungsgäste kostenlos, Nähe „Schaufenster Fischreihafen" mit Restaurants, Cafés, Theatern und kleinen Geschäften, weit bis in die City.

An der Ampel folgen wir der Ausschilderung zu den Havenwelten links auf die Wilhelmshavener Straße. Nach der nächsten Ampel kann man vorn links das **Deutsche Schifffahrtsmuseum**, dahinter die Kuppel des **Mediterraneums** (Einkaufszentrum), den auffälligen hohen **Turm des Hotels SAIL City**, dessen Aussichtsplattform in der 21. Etage begehbar ist (Eintritt beim Drehkreuz auf der Rückseite, Fahrstuhl oder 354 Stufen), davor das UFO-ähnliche **Klimahaus** und ein kleines Stück weiter das **Auswandererhaus** erkennen.

Weiter geradeaus, in der Barkhausenstraße, am Neuen Hafen gegenüber der Fa. Kühne+Nagel und dem Großmarkt [N 53°32'58.0" E 08°34'11.8"] finden wir einen Tagesparkplatz für das WOMO. Von hier aus sind alle Sehenswürdigkeiten fußläufig erreichbar. Die Alternative ist eine Fahrradtour vom Stellplatz an der Doppelschleuse in die Stadt (knapp 2 km). Folgen wir der Barkhausener Straße weiter geradeaus an der ARAL-Tankstelle vorbei, können wir bald an der Ampelkreuzung rechts in die Bürgermeister-Smidt-Straße einschwenken, in der sich nach ca. 100 m auf der linken Seite das **havenhostel mit dem havencamp** befindet.

**(206) WOMO-Stellplatz: Bremerhaven 3 - havenhostel**

**GPS:** N 53°33′32.5″ E 08°34′05.1″; Bürgermeister-Smidt-Straße 209.
**Max. WOMOs:** 20.
**Ausstattung/Lage:** Gebühr, V+E, Strom, Dusche, WiFi / im Ort.
**Zufahrt:** Siehe Text.

An dieser Stelle wünschen wir Ihnen viel Spaß bei der Stadterkundung, mit unseren Tipps werden Sie bestimmt einen abwechslungs- und erlebnisreichen Tag in Bremerhaven erleben. Vielleicht treffen Sie auf **Hein Mück**? Der Seemann, der einst von Bremerhaven aus die Welt bereiste und durch den von Hans Albers gesungenen Schlager berühmt wurde, ist Bremerhavens neue Symbolfigur.

Wenn wir aber an der oben erwähnten Ampelkreuzung links abbiegen, fahren wir auf der Franziusstraße, auf der wir Bremerhaven verlassen wollen. Während wir der Hauptstraße folgen, passieren wir große Autoverlade-Parkplätze. Die letzte Kneipe vor New York entdeckt man, wenn man auf die Linkerhand gelegenen Krananlagen des Hafens zufährt.

Nach Überquerung der Bahngleise und der Drehbrücke passieren wir rechts den Bahnübergang und finden gleich darauf rechts einen Parkplatz für das WOMO, von dem aus wir zum **Containeraussichtsturm** gehen können. Der Aufstieg auf den Containerstapel wird mit einem tollen Blick auf die Nordschleuse und das riesige Hafengelände belohnt. Wir haben schon manche Stunde hier in zugiger Höhe verbracht und die Einlaufmanöver der riesigen Autotransporter verfolgt, wenn sie mit Schlepperhilfe von der strömungs- und tideabhängigen Weser in das Hafenbecken einlaufen.

Hier befindet sich auch die Seemannsmission, ein Treffpunkt für Seeleute aus aller Welt, mit einem öffentlichen Café anbei und freiem WiFi.
Nachdem wir zurück links über die Brücke gefahren und bei der nächsten Gelegenheit links Richtung „Fernverkehr" in die Straße am Erzhafen gerollt sind, geht die Fahrt auf der Hauptstraße durch das Hafengelände weiter. Nach der hoyer-Tankstelle führt die Straße durch das Zollamt hindurch, wonach wir links Richtung WREMEN auf die Wurster Straße abbiegen können, die uns nun endgültig aus der Stadt hinaus und später ins **Land Wursten** hineinträgt.

## Land Wursten

Land Wursten war seit 1974 der Name einer Samtgemeinde, welche aus sieben Einzelgemeinden auf der Marsch zwischen der Nordseeküste im Westen und einem Geestrücken im Osten, zwischen Bremerhaven und Cuxhaven, gebildet wurde. Mit der Einheitsgemeinde Nordholz wurde sie am 1. Januar 2015 zur Gemeinde Wurster Nordseeküste zusammengeschlossen.

Der Name Wursten leitet sich vom Wort „Wurtsassen" ab, wie früher die Bewohner einer Wurt (Warf, Wart), eines künstlichen Siedlungshügels zum Schutz vor Hochwasser, genannt wurden. Auch die Endung „-warden" bei Ortsnamen (wie Weddewarden, Schottwarden oder Misselwarden) deutet auf eine Lage auf einer Wurt hin.
Wursten ist ein Teil Frieslands, die Menschen sind Wurtfriesen, ihre Sprache war früher demnach Wurterfriesisch. Dieses hat sich leider nicht bis heute erhalten, sodass man hier meist das Niederdeutsche hören kann. Auch das Wurster Watt ist Teil des Nationalparks Niedersächsisches Wattenmeer. Die Entwässerung des Hinterlandes ist notwendig, es entstanden Siele mit Schleusen zur Nordsee und an diesen Orten wiederum kleine malerische Fischereihäfen, wie wir sie in Spieka, Dorum oder Wremen sehen werden.

Sollten sie im Wurster Land einen Stellplatz für Ihr WOMO gefunden haben, der Ihnen besonders gut gefällt, können Sie das Mobil getrost stehen lassen und prima mit dem Fahrrad auf zwei Fernradwegen die Gegend erkunden.
Der **Nordseeküstenradweg** verläuft hier von Bremerhaven über Dorum, Neufeld und Nordholz nach Cuxhaven immer an der Landseite des Hauptdeiches entlang. Der **Alte Postweg** führt Sie auf historischer Route durch das Hinterland parallel zur Autobahn A 27. Kartenmaterial dazu, mit vielen Infos zu den Sehenswürdigkeiten entlang dieser Strecken, gibt es bei allen örtlichen Tourist-Informationen.
Auf der Wurster Straße durchqueren wir Imsum und biegen in einer lang gezogenen Rechtskurve links auf den Weg ab, der uns durch die Wiesen zum **Ochsenturm** bringt.

**(207) WOMO-Stellplatz: Ochsenturm**

**GPS:** N 53°36′51.9″ E 08°31′03.2″. **Max. WOMOs:** 2.
**Ausstattung/Lage:** Mülleimer, Aussichtsturm, überdachte Sitzgelegenheit am Friedhof, Schotter, direkt am Küstenradweg / außerorts.
**Zufahrt:** Von der Wurster Straße links zum Ochsenturm abbiegen, siehe Text.

Der Ochsenturm wurde 1218 als Kirchturm gebaut und verdankt seinen Namen laut einer Sage zwei Ochsen, die zusammengebunden zwischen drei Orten hin- und herlaufen gelassen wurden. Die Bewohner dieser drei Ortschaften, die sich nicht über den Standort der gemeinsamen Kirche einigen konnten, legten fest, dass auf dem Platz, an dem sich die Ochsen zuerst niederlegen, die Kirche gebaut werden sollte. Der Ort um die Kirche versank 1717 bei der Weihnachtsflut im Meer, die Kirche gab es weiter, bis 1875 der Blitz einschlug und das Kirchenschiff abgerissen werden musste. Den Turm ließ man stehen, da er als Landmarke in den Seekarten eingezeichnet war.

Heute ist er ein beliebter Aussichtsturm. Wenn Sie die Holztreppe emporsteigen, können Sie kilometerweit ins Watt hinausschauen und weit entfernte Schiffe sehen.
Zurück auf der Hauptstraße sind wir zügig in Wremen und dort links in die Strandstraße eingebogen, die, wie der Name es verrät, direkt am Strand endet. Dieser familienfreundliche Urlaubsort hat einen seichten Strand, und schon von Weitem sehen wir die Großwasserrutsche, die sich um den Strandturm auf dem Campingplatz Wremer Tief schlängelt.

### (208) WOMO-Campingplatz-Tipp: Wremer Tief

**GPS:** N 53°38′44.8″ E 08°29′42.0″; Strandstraße.
**Geöffnet:** Mitte April bis Mitte September.
**Ausstattung/Lage:** Komplettausstattung, WOMO-Stellplätze auf dem Südplatz, Wiese, direkt am Strand / im Ort.
**Kontakt, Buchung und Infos über Öffnungszeiten und Preise:**
Tel.: 04705-810556, www.camping-wremer-tief.de.
**Zufahrt:** In Wremen Strandstraße Richtung Kutterhafen, über den Deich.

Der schwarz-weiß gestreifte Leuchtturm auf der anderen Seite der Wremer Wasserlöse ist kein Seezeichen mehr und wird wegen seiner Farben und der geringen Höhe von nur 10 m **„Kleiner Preuße“** genannt. Von seiner Galerie genießen die Touristen gern den Ausblick auf den Kutterhafen und die Strandwiese mit den bunten Strandkörben, die man am Badekarren mieten kann. Unweit des Leuchtturms laden uns die Liegestühle des kleinen **„Siebhaus“** zu einem Sonnenbad bei Kaffee und selbst gebackenem Kuchen ein. Der kleine Imbiss verdankt seinen Namen der Tatsache, dass hier noch bis zum Jahr 2002 Krabbenfischer ihren Fang zum Sieben anlandeten, um die Krabben nach der Größe sortiert (gesiebt) in unterschiedliche Güteklassen einzuordnen.

Im Ort laden das Kuriose Muschelmuseum und das Museum für Wattenfischerei, welches in einem der ältesten Häuser untergebracht ist, zur Besichtigung ein. Dort auf dem Dorfplatz steht auch die 800 Jahre alte Wurten-Kirche St. Willehadi mit ihrem Taufbecken aus dem Jahr 1738.
Biegt man in Wremen Richtung Sievern ab, kann man nach 5,6 km einem kleinen Hinweisschild zum Kulinarischen Bauernhof folgen und seine WOMO-Speisekammer im **Hof Icken** wieder auffüllen [**209:** N 53°38'52.5" E 08°35'54.2"]. Dieser Bio-Bauernhof ist Ihnen vielleicht aus Fernsehreportagen bekannt und bietet mit Hofladen, Hofcafé, Heuhotel und Hofbesichtigungen ein umfassendes Landerlebnis an (Öffnungszeiten des Hofladens: dienstags und freitags 9-12 Uhr und 14-18 Uhr, samstags 10-12 Uhr, Hofcafé: Juli und August samstags und sonntags 14-17 Uhr, www.hof-icken.de). Außerdem nimmt die Familie Icken am Landvergnügen-Programm teil, einem seit 2014 in Deutschland bestehenden Angebot von Wohnmobilgastgebern (www.landvergnuegen.com).
Wir lassen Wremen auf der L 129 hinter uns und biegen nach 2 km Richtung MISSELWARDEN ab. Auf der K 68 geht es weiter durch Misselwarden und Engbüttel bis zum Abzweig links „Alte Kreisstraße“. Diese Straße rahmt einen **Alpaka-Hof** ein, dessen Tiere man schon bei der Anfahrt beobachten kann und den wir Ihnen zur Besichtigung ans Herz legen möchten.

Das Ehepaar Herr hat hier 2013 eine Alpakazucht eröffnet und sich damit einen langersehnten Lebenstraum erfüllt. Auch hier gibt es einen Hofladen, in dem Sie sich für die Alpaka-Führungen anmelden können, der aber auch die verschiedensten Produkte aus der herrlich weichen und kostbaren Alpakawolle bereithält, welche deshalb auch „Vlies der Götter“ genannt wird (geöffnet: März bis Oktober mittwochs bis sonntags 11-17 Uhr, November bis Februar donnerstags bis sonntags 13-16 Uhr, www.ferienhaus-paco.de).

Auf der K 68 fahren wir weiter, unser nächstes Ziel heißt DORUMER NEUFELD. Dazu biegen wir in einer Rechtskurve links in die Straße „Sieldrift“ ein und schwenken auf der Plattenstraße vor dem Deich rechts zum Wohnmobilhafen. Geradeaus über den Deich hinweg gelangt man rechts zum Campingplatz und links zum Strand und Kutterhafen an der Dorumer Wasserlöse. Hier hat man manchmal das Glück, frischen Granat direkt ab Kutter kaufen zu können, aber auch auf den Hafenterrassen wird man reichlich mit Fischbrötchen & Co. versorgt.

**(210) WOMO-Stellplatz: Dorumer Neufeld 1 - Grube**
**GPS:** N 53°44′17.6″ E 08°31′06.9″; Am neuen Deich 2. **Max. WOMOs:** >10.
**Ausstattung/Lage:** Gebühr, V+E, Strom / im Ort.
**Zufahrt:** Siehe Text.

**(211) WOMO-Campingplatz-Tipp: Dorumer Neufeld 2 - KNAUS Campingpark**
**GPS:** N 53°44′21.5″ E 08°31′00.3″; Am Kutterhafen.
**Geöffnet:** Mitte April bis Mitte September.
**Ausstattung/Lage:** Komplettausstattung, 30 WOMO-Stellplätze, V+E, Strom, am Strand / im Ort.
**Kontakt, Buchung und Infos über Öffnungszeiten und Preise:**
Tel.: 04741-5020, www.knauscamp.de.
**Zufahrt:** Siehe Text.

Hinter dem Campingpark ist die Leuchtturmwiese mit einem Piratenspielplatz und dem Zugang zum **Leuchtturm Obereversand**. Als Oberfeuer Eversand Ende des 19. Jh. gebaut, leitete er zusammen mit dem Unterfeuer Eversand bis 1923 Schiffe durch den Wurster Arm der Außenweser. Erst 2003 versetzte man ihn hier an die Hafeneinfahrt des Dorumer Tiefs, verpasste ihm eine Außentreppe und damit die jetzige Bestimmung als Aussichtsturm und Wahrzeichen Dorums. In 37,4 m Höhe nach 84 Stufen ist bei klarem Wetter ein freier Blick bis zur Insel Neuwerk an der Elbmündung garantiert. Zu einem Ausflug auf dieses Kleinod im Meer möchten wir Sie später noch überreden, jetzt aber genießen wir den tollen Blick in die Ferne.
Auf der Straße nach DORUM lenken wir das WOMO links in den Ahlinger Weg und halten uns an der Gabelung rechts. Beim Ortseingangsschild CAPPEL fällt unser Blick gleich auf die **St.-Peter-und-Paul-Kirche** mit dem Zwiebelturm, in der die 1680 gebaute und besterhaltenste **Arp-Schnitger-Orgel** weltweit, bei unserem Besuch leider gut unter Verschluss, verwahrt wird.
Wir halten uns links und verlassen Cappel Richtung NORDHOLZ bis uns der Abzweig rechts auf den Spiekaer Weg nach SPIEKA leitet. An der Kreuzung mit der Wurstener Straße biegen wir auf diese rechts ab und folgen ihrem Verlauf in die Ortsmitte von Spieka, wo wir gegenüber dem Gästezentrum auf der linken Seite einen WOMO-Stellplatz vorfinden.

**(212) WOMO-Stellplatz: Spieka**

**GPS:** N 53°45'27.8" E 08°35'37.3"; Wurstener Straße. **Max. WOMOs:** 5.
**Ausstattung/Lage:** Gebühr, V+E, Strom, Mülleimer, gepflastert / im Ort.
**Zufahrt:** In der Wurstener Straße in der Ortsmitte von Spieka an ehemaliger VHS gegenüber der Bushaltestelle und dem Gästezentrum.

Auf der Suche nach einer Erklärung für den etwas ungewöhnlichen Namen „Spieka“ sind wir auf verschiedene Überlieferungsvarianten gestoßen, wovon wir eine bevorzugte, weil kurze und einleuchtende, hier wiedergeben möchten.
Am Platz hinter der schon 1319 als Kapelle auf einer Wurt errichteten St.-Georgs-Kirche stand früher der Kornspeicher (niederdeutsch: de Spieker genannt) des Klosters Neuenwalde. Im Lateinischen heißt Ähre auch spica. Und das Wappen von Spieka-Neufeld ziert neben einem Spaten deshalb auch eine Weizenähre.
Nun aber geht es weiter auf der Wurster Straße, rechts in den „Knill“, über den Bahnübergang und den Ausschilderungen folgend zum **Aeronauticum** in Nordholz. Dies ist ein Marineflieger- und Luftschiffmuseum, in dessen Innen- und Außenbereich man etliche Exponate über die maritime Luftfahrt der letzten Jahrzehnte besichtigen kann (geöffnet: Mitte März bis Mitte November 10:30-17:30 Uhr, sonst bis 15:30 Uhr, www.aeronauticum.de).

Auch heute noch ist Nordholz mit der Luftfahrt verbunden, die Marinefliegergeschwader 3 (Graf Zeppelin) und 5 der deutschen Marine sind hier stationiert. Einigen von Ihnen wird Nordholz in ganz anderer Erinnerung sein. Hier findet seit 2009 das jährliche Rockfestival „Deichbrand“ statt, zu dem jeden Sommer Besuchermassen erwartet werden. Im Jahr 2015 waren es 45.000 Menschen, die an mehreren Tagen die Auftritte fast 30 verschiedenster Rockbands verfolgten. Das Festivalgelände, auch Rock City genannt, befindet sich auf dem Flugfeld des Seeflughafens Cuxhaven-Nordholz, womit auch hier wieder der Bezug zur Luftfahrt hergestellt sei.

Durch Nordholz rollen wir geschwind auf der Bahnhofstraße, welche nach dem Bahnhof in den Feuerweg übergeht und später in die Straße „Alter Deich", von der wir, um nach SPIEKA-NEUFELD zu gelangen, rechts in die Straße „Zum Kutterhafen" einbiegen müssen. In der Ferne schon den Nordseedeich im Blick stoppen wir unsere Fahrt, um uns bei der **Firma Alwin & Siegfried Kocken Krabbenhandels-GmbH** die Funktionsweise der 1972 bis 1986 von Alwin Kocken entwickelten **Krabbenschälmaschine** erläutern und zeigen zu lassen. Eine geniale Erfindung, wissen wir doch, wie viel Mühe und Fingerfertigkeit erforderlich sind, um aus 1 kg Krabben 250 g Krabbenfleisch zu gewinnen. Die Maschine schafft dies in einer einzigen Minute! Und keine Besichtigung ohne Verkostung – im Laden der Firma gibt es Granatbrötchen satt.

Krabbenschälmaschine

Den kleinen Campingplatz am kostenfreien Strand von Spieka-Neufeld findet man, wenn man dem Straßenverlauf bis hinter den Deich folgt auf der rechten Seite der Spiekaer Wasserlöse, nachdem man am Kutter- und Yachthafen vorbeigefahren ist. Hier am Parkplatz beginnt auch der 6 km lange und grün markierte Rundwanderweg, der für Urlauber mit Hunden bestens geeignet ist. Auf den Campingplatz dürfen die Vierbeiner allerdings nicht. Das **Fischrestaurant „Ebbe und Flut"** sorgt für eine gute Verpflegung, muss aber wegen drohender Stürme in den Wintermonaten abgebaut werden.

**(213) WOMO-Campingplatz-Tipp: Spieka-Neufeld - KNAUS Campingpark**

**GPS:** N 53°47'21.3" E 08°32'58.8"; Am Kutterhafen.
**Geöffnet:** Mitte April bis Mitte September.
**Ausstattung/Lage:** Komplettausstattung, am Hafen, Restaurant / Ortsrand.
**Kontakt, Buchung und Infos über Öffnungszeiten und Preise:**
Tel.: 04741-5020, www.knauscamp.de.
**Zufahrt:** Siehe Text.

Immer am Deich entlang auf dem Deichweg in nördlicher Richtung erreichen wir Berensch, um dort nach Sahlenburg/Cuxhaven abzubiegen. Der folgende Wanderparkplatz links eignet sich nicht nur als Ausgangspunkt verschiedener Wanderungen und Radtouren durch die Cuxhavener Küstenheiden, sondern ist auch für eine Übernachtung im WOMO nicht ungeeignet.

**(214) WOMO-Wanderparkplatz: Holte Spangen**

**GPS:** N 53°50′24.3″ E 08°37′14.0″. **Max. WOMOs:** 2 (bis 6 m).
**Ausstattung/Lage:** klein, befestigt, straßennah, begrünt, Mülleimer, Info-Tafel für Wanderungen durch die Holte Spangen / außerorts.
**Zufahrt:** Siehe Text.

### Cuxhavener Küstenheiden

Nach dem Zweiten Weltkrieg wurden auch in dieser Region viele noch vorhandene, durch mittelalterliche Waldrodung entstandene, Weideflächen in Ackerflächen umgewandelt. Die über 100 Jahre andauernde militärische Nutzung einiger Gebiete zu Übungszwecken hatte hier den großen Vorteil, dass an vielen Stellen Trockenrasen und Heide erhalten blieben. Aus diesen Restheiden entstand nach Aufgabe des Truppenübungsplatzes 2003 das fast 900 ha große Naturschutzgebiet Cuxhavener Küstenheiden. Um die Heideflächen zu erhalten und die Verbuschung in Grenzen zu halten, hat man sich für eine Beweidung mit Heckrindern, Koniks (polnisch für Pferdchen) und Wisenten entschieden. Auf ausgeschilderten Wander-, Rad- und Reitwegen können die Besucher die malerische Natur erleben und genießen. Heide wechselt sich mit Moor ab, lichte Eichen und Kiefernwälder, Sandflächen und kleine Weiher lockern die Landschaft auf. Über 500 verschiedene Pflanzenarten, über 100 Vogelarten und viele gefährdete Tierarten können entdeckt werden. Beobachtungsplattformen und Erklärungstafeln dienen der Orientierung und Information über die Besonderheiten der einmaligen Küstenheidelandschaft.

In Sahlenburg verlassen wir unsere Straße an der Stoppschild-Kreuzung nach links und biegen, nachdem wir das ehemalige Naturparkzentrum passiert haben, links in die Oskar-von-Brock-Straße ein. Der Parkstreifen am Straßenrand bietet uns einen Stellplatz für eine Wanderung durch den 315 ha großen **Wernerwald**, einem von nur drei deutschen Waldgebieten, welche direkt an die Nordseeküste grenzen. Er erstreckt sich bis an das Naturschutzgebiet Cuxhavener Küstenheiden heran. Ebenfalls sehr sehenswert ist das im Oktober 2015 eröffnete **Wattenmeer Besucherzentrum** in der Nordheimstraße 200 (geöffnet: April bis Oktober montags bis freitags 10-18 Uhr, samstags und sonntags 12-18 Uhr, November bis März montags bis freitags 10-15 Uhr, sonntags 13-17 Uhr, www.wattbz.cuxhaven.de).

### (215) WOMO-Stellplatz: Sahlenburg

**GPS:** N 53°51'33.3" E 08°36'09.2"; Oskar-von-Brock-Straße. **Max. WOMOs:** 5.
**Ausstattung/Lage:** Gebühr, Schotterstreifen, am Wanderweg durch den Wernerwald, Straßenrand / im Ort.
**Zufahrt:** In Sahlenburg nach dem Naturparkzentrum links in die Oskar-von-Brock-Straße, Parkstreifen am Rand der Einbahnstraße.

Sahlenburg ist auch der eigentliche Startpunkt für unseren Ausflug auf die **Insel Neuwerk**. Da wir diesen Ausflug aber als kombinierte Bus-Pferdewagen-Schiffstour gemacht haben, werden wir ihn später von unserem Start- und Zielpunkt Cuxhaven aus beschreiben.

Verzichtet man also an dieser Stelle auf den Abstecher nach Sahlenburg und wendet sich an der Stoppschild-Kreuzung nach rechts, erreicht man nach 3,8 km DUHNEN und den dortigen WOMO-Stellplatz. Ab der 1. Ampelkreuzung folgen wir der Ausschilderung Cuxhaven/Döse und später Kugelbake-Halle. Wenn man nicht rechts auf die Kurparkallee abbiegt, sondern geradeaus in die Sackgasse fährt, findet man den 2. WOMO-Stellplatz. Schwenkt man auf die Kurparkallee, biegt an der Ecke bei der öffentlichen Toilette rechts ab, hält sich an der T-Kreuzung links und schwenkt schließlich wieder links in die Kasernenstraße, kommt man zur **Alten Liebe** und dem **Fährhafen**, hinter welchem man nur noch der Ausschilderungen für die Wohnmobile durch den Jachthafen hindurch folgen muss, um zu unserem 3. Stellplatz in Cuxhaven zu gelangen.

### (216) WOMO-Stellplatz: Cuxhaven 1 - Duhnen

**GPS:** N 53°53'01.3" E 08°38'52.9"; Duhner Allee 2. **Max. WOMOs:** 60.
**Ausstattung/Lage:** Gebühr, ganzjährig, V+E, Strom, WC, Dusche, Strandnähe / im Ortsteil Duhnen.
**Zufahrt:** Siehe Text.

### (217) WOMO-Stellplatz: Cuxhaven 2 - Kugelbake-Halle

**GPS:** N 53°53'25.8" E 08°40'39.2"; Nordfeldstraße. **Max. WOMOs:** 70.
**Ausstattung/Lage:** Gebühr, ganzjährig, V+E, Strom, WC, gepflastert, beleuchtet, Imbiss, Bushaltestelle, Minigolfpark, unweit des Sandstrandes / im Ortsteil Döse.
**Zufahrt:** Siehe Text.

### (218) WOMO-Stellplatz: Cuxhaven 3 - Fährhafen

**GPS:** N 53°52'32.7" E 08°42'12.3"; Cassen-Eils-Straße. **Max. WOMOs:** 100.
**Ausstattung/Lage:** Gebühr, ganzjährig, V+E, Strom, asphaltiert, beleuchtet, Haltestelle von Cuxliner und Cuxli-Bahn/ im Ort.
**Zufahrt:** Siehe Text.
**Sonstiges**: am Fähranleger der Helgoland-Fähren, neben Seebäderbrücke mit Schiffsansagedienst, unweit vom Anleger "Alte Liebe".

### Cuxhaven

Cuxhaven, das Nordseeheilbad an der Mündung der Elbe in die Nordsee, hat ca. 50.000 Einwohner, in den Sommermonaten sind es, wie überall an der Küste, erheblich mehr. 1907 erhielt Cuxhaven das Stadtrecht und war eine eigenständige Stadt im Hamburger Staatsgebiet, bis es 1937 an die preußische Provinz Hannover überging. Dabei behielt sich

Hamburg aber gewisse Rechte vor, so war bis 1993 der Amerika-Hafen Eigentum der Hansestadt, und bis heute ist hier noch eine Revierwache der Hamburger Wasserschutzpolizei ansässig. Nach dem Krieg war Cuxhaven bis 1977 eine kreisfreie Stadt, gehört heute aber als selbstständige Stadt zum Landkreis Cuxhaven.
Cuxhaven ist einer der größten Fischereistandorte der Nordseeküste. Seid der Gründung des Fischereihafens 1908 gibt es bis in die heutige Zeit viele fischverarbeitende Betriebe hier und somit auch wichtige Arbeitsplätze in diesem Bereich. Seid 1997 gibt es den Tiefwasserhafen Cuxport, in dem u. a. Elemente für Offshore-Windeenergieanlagen umgeschlagen werden.
Obwohl in Cuxhaven die deutsche Marine schon im Ersten und Zweiten Weltkrieg Minensucheinheiten stationierte und die Stadt bis heute Bundeswehrstandort geblieben ist, gibt es hier keine schwimmenden Verbände mehr.

Als Besucher kann man in Cuxhaven jede Menge Sehenswürdigkeiten entdecken. Der Stellplatz hinter dem Jachthafen direkt an der Elbe an der Seebäderbrücke hat dafür eine ideale Lage, obgleich es vielleicht nicht jedermanns Geschmack ist, auf einer großen und umzäunten Betonplatte dicht an dicht zusammen zu stehen. Hat man aber das Glück einen Stellplatz in erster Reihe gefunden zu haben, ist es immer wieder beeindruckend, den großen Ozeanriesen bei der Ein- oder Ausfahrt in die bzw. aus der Elbe so nah zu sein. Über 40.000 Schiffe nutzen jährlich dieses Stück des Weltschifffahrtsweges. Von ihrem Sitz auf der **Seebäderbrücke** aus, informieren die Mitglieder des **Schiffsansagedienstes Cuxhaven e. V.** seit dem Jahr 2011 von April bis Oktober täglich 10-19 Uhr über die technischen Daten dieser Schiffe und wissen viel Interessantes zu Reedereien und Ladungen zu berichten. Ihre Ansage wird zusätzlich über Lautsprecher auf den Anleger „Alte Liebe“ übertragen und natürlich per Livecam im Internet.
Die **Alte Liebe** erreicht man vom Stellplatz bequem zu Fuß. Dieser zweigeschossige ehemalige Schiffsanleger aus Holz wurde 1733 gebaut und ist heute ein beliebter Anlaufpunkt für Touristen. Ob er seinen Namen von einem an dieser Stelle versenkten Schiff namens „Die Liebe“ oder einem hier am Anleger früher festgemachten Schiff „Olivia“ (genannt Oliv, was phonetisch dem Plattdeutschen Oll Leev ähnelte) erhalten hat, darüber streiten die Einheimischen noch.

Im Hafen bei der Alten Liebe legen die Ausflugsschiffe von März bis Oktober zu Hafenrundfahrten ab. Auch das noch seetüchtige und zu besichtigende **Feuerschiff Elbe 1** ist hier festgemacht.
Der aus Backsteinen gebaute **Hamburger Leuchtturm** ist der älteste Leuchtturm an der deutschen Nordseeküste, wurde 1803 vom Hamburger Staat hier errichtet und war früher sogar einmal Nullpunkt des damaligen hamburgischen Kartensystems. Heute ist er nicht mehr in Betrieb und befindet sich in Privatbesitz.

In unmittelbarer Nachbarschaft steht seit dem Jahr 1884 das **Semaphor** (griech., „Zeichenträger"), welches den Schiffen, die in die Nordsee hinausfahren die Windrichtungen und Windstärken für B=Borkum und H=Helgoland anzeigt.
Die Wanderung zur **Kugelbake** bzw. dem Fort Kugelbake im Ortsteil Döse ist schon etwas weiter und führt vom Stellplatz am Jachthafen aus genau in die entgegengesetzte Richtung. Die Kugelbake ist ein hölzernes, 29 m hohes Seezeichen, um den Übergang von der Unter- zur Außenelbe anzuzeigen und damit die Grenze für die Binnenschifffahrt. Sie ist der nördlichste Festlandspunkt Niedersachsens und im Stadtwappen von Cuxhaven abgebildet. Früher wurde in der Kugelbake zur besseren Sichtbarkeit ein Feuer entfacht. Das Fort Kugelbake steht heute unter Denkmalschutz und wurde zwischen 1869 und 1879 als Marinefestung an dieser strategisch günstigen Position errichtet. 1883 wurden hier erste Marineeinheiten stationiert. Heutzutage werden Führungen durch das kleine Museum und das Außengelände angeboten.

1881 erfolgte die Anlage der Hamburg-Amerika-Linie, der Startpunkt für den bis in die Sechzigerjahre reichenden Schiffs-Linienverkehr über den Atlantik nach Amerika. 1891 startete ebenfalls von Cuxhaven aus die erste Kreuzfahrt der Welt auf dem Schiff „Augusta Victoria" über Southampton, Gibraltar, Genua nach Kairo, Jerusalem, Damaskus, Konstantinopel (Istanbul), Athen und dann via Malta, Neapel und Lissabon zurück nach Hamburg. Der deutsche Reeder Albert Ballin, Generaldirektor der Hamburger Hapag hatte die Idee, die im Winter wegen mangelnder Nachfrage im Hafen liegenden Linienverkehrsschiffe seiner Reederei für Vergnügungsreisen in wärmere Gebiete zu nutzen. Für alle diese großen Schiffe musste ein neuer Anleger gebaut werden, die **Pier Steubenhöft**, benannt nach Friedrich Wilhelm von Steuben, eines in Deutschland geborenen amerikanischen Generals.

Zusätzlich wurden direkt am Steubenhöft in den Jahren 1900 bis 1902 Abfertigungshallen, die **Hapaghallen**, gebaut, da inzwischen viele deutsche Auswanderer auf ihrer Reise nach Amerika die Schiffe des Liniendienstes nutzten. Auch ein eigener Gleisanschluss für die Passagiere der 1. und 2. Klassen, die aus Hamburg mit Sonderzügen anreisten, wurde direkt bis an die Hapaghallen gebaut, der **Amerika-Bahnhof** entstand. Die logistischen Leistungen waren für die damalige Zeit enorm, wenn man bedenkt, dass für ein Schiff bis zu 2000 Reisende gleichzeitig abgefertigt werden mussten. Im Jahr 1929 waren das allein 74.000 Menschen. Gegenwärtig werden die Anlagen wieder als Abfertigungsterminal für Kreuzfahrtpassagiere aber auch als Veranstaltungsräume genutzt, der Bahnhof wird manchmal von Sonderzügen angefahren. Die **Dauerausstellung „Abschied nach Amerika"** in der Empfangshalle ist kostenfrei zugänglich während der Öffnungszeiten des Restaurants vor Ort. Durch die Hapaghalle werden regelmäßig 90-minütige Führungen angeboten (Termine unter Tel.: 04721 - 500 181 bzw. www.hapag-hallen-cuxhaven.de). In jüngster Zeit entstand hier beim Steubenhöft ein neuer Anleger für die **Fähre der Reederei ELB-LINK** zwischen Brunsbüttel und Cuxhaven über die Elbe (www.elb-link.de). Wir haben diese Verbindung mit unserem Wohnmobil getestet. Eine gute Alternative für einen Ein- oder Ausstieg zu unserer Rundreise, falls Sie in Schleswig-Holstein beheimatet sind. Aber auch einen Tagesausflug ganz ohne Wohnmobil finden wir sehr lohnenswert.

Sind Sie in Cuxhaven, darf eines nicht fehlen – ein Rundgang über die Fischmeile, d. h. durch den **Alten** und den **Neuen Fischereihafen**. Hier, an einem der größten Fischumschlagplätze Europas finden sich zahlreiche Fischläden und –restaurants, es finden Fischmärkte und Feste statt, und die spezielle Atmosphäre hier sollten Sie sich nicht entgehen lassen.

Die Fischwirtschaftliche Vereinigung Cuxhaven e. V. hat einen **„Rundgang Fischmeile“** zusammengestellt, einen Infopfad, welcher durch die beiden Häfen, vorbei an Fischversandbahnhof, Fischereiamt und den Fischhallen führt und dabei auf elf Info-Tafeln über Fischarten, Fangmethoden und Qualität des Fisches informiert.
Ebenfalls hier im Hafengebiet ist in zwei historischen Fischpackhallen das **Museum Windstärke 10** beheimatet, eine tolle interaktive Ausstellung über die Gefahren auf See und die harte Arbeit der Fischer. Eines der besten Museen, die wir in letzter Zeit besucht haben (geöffnet: April bis Oktober täglich 10-18 Uhr, November bis März dienstags bis sonntags 10-17Uhr, www.windstaerke10.net).

Erwähnenswert für ein Besichtigungsprogramm wären noch das 600 Jahre alte gotische **Backsteinschloss Ritzebüttel** mit einer Kunstausstellung und einem hübschen Schlossgarten, das einzige **Ringelnatz-Museum** Deutschlands (geöffnet: dienstags bis sonntags 10-13 Uhr und 14-17 Uhr, Eintritt, Eintritt, www.ringelnatz.museum.de) und das **Pinguin-Museum** mit der größten Pinguin-Kolonie nördlich des Äquators (geöffnet: montags bis freitags 14-18 Uhr, Eintritt, www.pinguin-museum.de).
Zum Schluss noch ein Tipp von uns: Der rote **Hop-on-Hop-off-Bus Cux-Liner** fährt von Ende März bis Oktober tagsüber stündlich in ca. 100 Minuten einen 40-km-Rundkurs (entgegen dem Uhrzeigersinn) ab mit Stopps an 13 Haltestellen an den wichtigsten Sehenswürdigkeiten der Stadt, wobei Stadtführer Informationen zu diesen Sehenswürdigkeiten geben. Ein Tagesticket kostete 2015 15 EUR pro Person, es gibt einen Familienrabatt. Eine Haltestelle befindet sich direkt am Jachthafen beim WOMO-Stellplatz (217) Fährhafen.
Und was Bremerhavens Hein Mück (Sie erinnern sich?), ist Cuxhavens **Jan Cux**. Als Symbolfigur dieser Stadt und Bruder des Seemanns aus dem Schlager von Hans Albers, schmückte er schon 1972 die Fahrzeuge der Cuxhavener Stadtreinigung. Vielleicht treffen Sie ihn ja irgendwo auf ihrer Stadterkundung?

Ebenfalls direkt am Stellplatz (218) sind die Helgolandgaragen und das Terminal sowie der **Anleger für den Schiffsverkehr nach Helgoland** (Infos am Terminal oder unter www.helgolandreisen.de). Also steht auch einem Besuch dieser 40 km vom Festland entfernten Nordseeinsel nichts mehr im Wege.
Und wir nehmen sie zum Abschluss unseres gemeinsamen Cuxhaven-Aufenthalts und nun endgültigen Abschieds von der Nordsee mit auf einen für Sie hoffentlich genauso wie für uns unvergesslichen Ausflug auf die **Insel Neuwerk**.

## Tagestour zur Insel Neuwerk

Den **Zentralen Busbahnhof** von Cuxhaven (ZOB) finden wir unweit des nicht zu übersehenden, 1897 erbauten, bis 2004 noch in Betrieb und seit 2013 in Privatbesitz befindlichen Wasserturms mitten in der Stadt. Die Buslinie 1002 fährt alltags stündlich und am Wochenende zweistündlich und bringt uns in ca. 20 Minuten nach **Sahlenburg**.
Wir haben uns für eine Wattwagenfahrt angemeldet und stehen rechtzeitig dick eingepackt und mit Schal und Mütze und einer zusätzlichen Decke ausgestattet am vereinbarten Treffpunkt vor dem Strandübergang. Kurz darauf können wir in der Ferne schon die herannahenden Pferdewagen ausmachen. Gepäck wird ab- und wieder aufgeladen, die von der Insel abreisenden Besucher verabschieden sich herzlich von den Kutschern und die wartenden Anreisenden werden in die elf hochbeinigen Wattwagen verteilt.

Vorbei an den Wattwandergruppen, die sich tatsächlich zu Fuß auf den Weg zur Insel machen, werden wir von den starken Pferdchen durch das jetzt bei Ebbe trocken gefallene Watt gezogen. Die Luft ist noch kühl, und hier auf der freien Fläche weht ein ordentlicher Wind, sodass wir froh sind, uns warm genug angezogen zu haben. Beim Durchschreiten der kleinen Priele stehen die Pferde fast bis zum Bauch im Wasser. Sie verrichten hier täglich ihre Arbeit, und es scheint ihnen nichts auszumachen. Nach 10 km und einer Stunde Fahrt rollen wir die Steigung über den Inseldeich hinauf und dem Heimathof von Pferden und Kutscher entgegen. Jetzt haben wir alle Zeit der Welt für die Erkundung der nur 3 km$^2$ kleinen, trotz 100 km Luftlinie entfernt zur Stadt Hamburg gehörenden Insel im **Nationalpark Hamburgisches Wattenmeer**. In aller Ruhe erkunden wir zuerst den 39 m hohen **Turm** auf der Wurt, der eines der ältesten Bauwerke Hamburgs ist, 1310 fertiggestellt und „Neues Bauwerk" genannt wurde, woraus schließlich der Name der Insel „Neuwerk" wurde. Er diente als Seezeichen und Leuchtfeuer und ist heute eine Pension.

Wenn man die 138 Stufen emporsteigt, eröffnet sich ein grandioser Ausblick über die ganze Insel und das Meer bis hin zum Festland.

Von hier aus ist der gesamte Rundweg um die Insel zu erkennen, den man ohne Pause in einer Stunde laufen könnte. Aber Eile ist hier keinesfalls geboten, das **Fahrgastschiff „Flipper"** der Reederei Cassen Eils, welches uns wieder zurück nach Cuxhaven bringen wird, kann erst bei Flut am Inselanleger festmachen, und das dauert mindestens noch drei Stunden. Gut gestärkt mit einem Eierpunsch am einzigen Kiosk der Insel vor dem Leuchtturm, der gleichzeitig so etwas wie ein Dorftreff der ca. 40 Einwohner

zu sein scheint, besichtigen wir das **Nationalparkhaus**, welches früher das Haus des Leuchtturmwärters war, die **Fußwaschanlage** und den **Friedhof der Namenlosen** (im Meer umgekommenen und hier angespülten Seeleute).

Immer gegen den Uhrzeigersinn geht es auf dem Deich entlang, vorbei an einem einzelnen Gehöft auf die andere Seite der Insel zum Ferienlager und der alten **Inselschule**, die zum 100. Geburtstag 2012 von nur einer Schülerin besucht wurde. In Jahren, in denen es für die Klassen 1-9 keine Schüler gibt, schließt die Schule. Sind wieder Kinder im Schulalter da, wird sie geöffnet und ein Lehrer oder eine Lehrerin aus Hamburg unterrichtet alle Fächer in allen Klassenstufen.

120.000 Besucher kommen jedes Jahr auf die Insel, die meisten von ihnen als Tagesgäste. Aber jedes Haus hier, so stellen wir fest, bietet auch Zimmer oder Ferienwohnungen an. Auch Gaststätten entdecken wir einige, sowie einen Sportplatz, eine Kläranlage, eine Feuerwehr, einen Hubschrauberlandeplatz, einen Rettungswagen und einen Briefkasten. Bei einem Picknick lassen wir unseren Blick von der **Ostbake** bis zum **Badehaus** über die Salzwiesen schweifen und genießen die Stille, die nur durch das Geschnatter von Graugänsen unterbrochen wird.

Diese Ruhe ist jäh vorbei, als wir mit erstaunlich vielen am Anleger Wartenden der „Flipper" entgegensehen, die uns bei Hochwasser in 1,5 Stunden zurück an den Anleger bei der Alten Liebe in Cuxhaven bringt und uns dem Ende eines erlebnisreichen Tages entgegenschaukelt.

Eine Planung und Buchung dieses Ausflugs ist unbedingt vorher erforderlich, da die Abfahrtszeiten von Wattwagen und Schiff tideabhängig variieren.

Infos und Buchung unter: Tel.: 04721-32211 bzw. www.neuwerkreisen.de
oder direkt bei der Reederei Cassen Eils, Tel.: 04721-35082 bzw. www.cassen-eils.de.

Cuxhaven verlassen wir entlang der Fischmeile ostwärts, vorbei an den Kühlhallen und entlang der Ausschilderung Hamburg/Autobahn. Wir bleiben zunächst am Kreisverkehr auf der B 73 Richtung Hamburg und verlassen diese kurz darauf, um in die Straße „Alte Marsch“ links einzubiegen. Dann folgen wir dem Straßenverlauf bis kurz vor dem Altenbrucher Kanal und schwenken links in die Straße „Döschers Trift“, die uns geradewegs zur **„Dicken Berta“** bringt, einem 15,10 m hohen, schwarzweißen Museums-Leuchtturm aus Stahl. Seit 1983 ist er außer Betrieb und dient als Ausflugsziel und Standesamt (Führungen Ostern bis September dienstags und samstags 10-12 Uhr und 15-17 Uhr, Eintritt). Wieder zurück am Kreisverkehr geht es nun auf der A 27 Richtung Bremerhaven. An der Abfahrt 4 Bad Bederkesa verlassen wir die Autobahn, passieren Neuenwalde mit seinem im 13. Jh. gegründeten Kloster und das Dahlemer Holz und biegen gleich nach dem **Rittergut Valenbrook** links ab, wo wir nach 1 km auf der linken Seite einen Wanderparkplatz entdecken, von dem ein Vorgeschichtspfad zu einem Großsteingrab führt.

### (219) WOMO-Wanderparkplatz: Flögeln

**GPS:** N 53°38′50.6″ E 08°47′29.9″. **Max. WOMOs:** 2.

**Ausstattung/Lage:** im Wald, einsam, Schotter, Picknickbank, Mülleimer, Info-Tafel zum Vorgeschichtspfad und Großsteingrab / außerorts.
**Zufahrt:** Siehe Text.

Zurück beim Rittergut beschließen wir, dieses näher unter die Lupe zu nehmen. Es entpuppt sich als Delicatessen-Manufactur, in der in Handarbeit aus regionalen Zutaten hochwertige Produkte in gläserner Produktion entstehen. Gästehäuser, Seminarräume und ein Gutscafé ergänzen das Angebot. Seit 1895, als ein Bremer Kaufmann Leisewitz das Gut erwarb, ist es im Besitz der Familie und wird inzwischen als Bio-Landwirtschaftsbetrieb weitergeführt.

In Bad Bederkesa angekommen, verlassen wir den kleinen Kreisverkehr in der Stadt links in die Straße „Zum Hasengarten“ zur Moor-Therme „Aqua Vitalis“, die bei uns immer den Abschluss eines Tages in Bad Bederkesa bildet. Fährt man vor dem Parkplatz rechts in die Straße „An der Burg“, weiter geradeaus in die Gröpeliner Straße und dann links in die Ankeloher Straße, erreicht man den dort gelegenen Campingplatz.

Café im Rittergut Valenbrook

**(220) WOMO-Badeplatz: Bad Bederkesa 1 - Therme**

**GPS:** N 53°37'37.1" E 08°50'31.5"; Berghorn. **Max. WOMOs:** >5.
**Ausstattung/Lage:** gebührenfrei, Rasengittersteine, beleuchtet, Mülleimer, Info-Tafel, direkt an der Burg, Therme / im Ort.
**Zufahrt:** Siehe Text.
**Sonstiges**: freitags nebenan Wochenmarkt, Weg zum See.

**(221) WOMO-Campingplatz-Tipp: 2 - Regenbogen**

**GPS:** N 53°37'13.8" E 08°50'57.4"; Ankeloher Straße 14.
**Geöffnet:** ganzjährig.
**Ausstattung/Lage:** Komplettausstattung, Platz für 6 WOMOs vor Einfahrt (max. 1 Nacht, inkl. V+E und Strom, gepflastert, Mülleimer, Restaurant), mit grüner Campingkarte auf CP / Ortsrand.
**Kontakt, Buchung und Infos über Öffnungszeiten und Preise:**
Tel.: 04745-6487, www.regenbogen.ag.
**Zufahrt:** Siehe Text.

## Spaziergang durch Bad Berderkesa

Vom Stellplatz an der Moor-Therme (geöffnet montags bis donnerstag 10-21 Uhr, freitags 10-24 Uhr, samstags 10-22 Uhr und sonntags 9-20 Uhr, montags, mittwochs, freitags Frühschwimmen 6:30-8 Uhr, Saunaland, Wellnesabteilung, Tourist-Info, www.moor-therme.de) aus umrunden wir zuerst die **Burg**, deren Geschichte bis ins Mittelalter zurückverfolgt werden kann und in der sich heute ein archäologisches Museum befindet (geöffnet 10-17 Uhr, Mai bis September bis 18 Uhr, montags geschlossen, www.burg-bederkesa.de).

Dabei kommen wir am barocken Amtshaus und der Amtsscheune vorbei. Nach einer kurzen Besichtigung der **St.-Jacobi-Kirche** in der Stadtmitte (geöffnet täglich 15-16:30 Uhr) geht es weiter auf dem Mühlenweg zur historischen **Kornwindmühle**, dem Wahrzeichen von Bad Bederkesa. Sie wurde 1881 auf dem 30 m hohen Mühlenberg errichtet und bietet von der Galerie aus einen tollen Fernblick (geöffnet: Mitte Mai bis Mitte September freitags 15-17 Uhr, einige Sonntage 14-17 Uhr).

Am Ende des Mühlenwegs schwenken wir in die Bergstraße, die uns zurück zum Neumarkt führt und über diesen hinweg in die Seebeckstraße zum **Geeste-Elbe-Kanal**. Über die Brücke erreicht man den **Bederkesaer See**, den man auf einem 7 km langen ausgeschilderten Weg umrunden kann. Wir folgen dem Kanal nach links und erreichen schließlich den **Kurpark**, durch den wir zurück zum Stellplatz schlendern.

Wir verlassen den kleinen Kreisverkehr in der Stadt Richtung Bremerhaven, erreichen so die Autobahn A 27, nehmen die Autobahnabfahrt 10 Bremerhaven Süd und schwenken schließlich rechts auf die B 6 nach STOTEL. Kurz vor dem Ortsausgang von Stotel geht es links zum ausgeschilderten WOMO-Stellplatz am künstlich angelegten, 30 ha großen Badesee.

### (222) WOMO-Badeplatz: Stotel

**GPS:** N 53°26'26.3" E 08°35'36.0"; Schulstraße. **Max. WOMOs:** 5.
**Ausstattung/Lage:** gebührenfrei, max. 24 h, Schotter, Picknickbank, Mülleimer, Zugang zum Badesee, Hotel-Gaststätte „Haus am See" nebenan, Wanderwege um den See ausgeschildert / außerorts.
**Zufahrt:** In der Ortschaft Stotel links zum See abbiegen.

Weiter auf der Schulstraße überqueren wir die Autobahn, wenden uns an der nächsten T-Kreuzung nach rechts und fahren auf der B 437 Richtung BRAKE weiter. Möchten Sie noch auf dieser Weserseite nächtigen, können Sie die letzte Ausfahrt vor dem Wesertunnel nehmen und direkt am Deich in Dedesdorf einen schönen Stellplatz am alten Fähranleger finden.

### (223) WOMO-Stellplatz: Dedesdorf

**GPS:** N 53°26'39.7" E 08°29'57.8"; Fährstraße. **Max. WOMOs:** 5.
**Ausstattung/Lage:** gebührenfrei, Strom, Mülleimer, gepflastert, Außendeich, ruhig, April bis Mitte Oktober nutzbar, Restaurant/Imbiss am alten Fähranleger an der Weser / außerorts.
**Zufahrt:** In Dedesdorf die Fährstraße über den Deich Richtung Weser fahren.

Die nächsten 5 km rauschen wir, durch den Wesertunnel hindurch nach Nordenham, bis zur Abfahrt KLEINENSIEL. Hier verlassen wir die Bundesstraße und biegen erst links, dann rechts nach Kleinensiel ab. Nachdem wir den Ort durchquert haben, fahren wir links auf die Dedesdorfer Straße und finden unseren nächsten Stellplatz ganz am Ende dieser Straße auf der linken Seite.

### (224) WOMO-Stellplatz: Alter Fähranleger Kleinensiel

**GPS:** N 53°26'36.8" E 08°29'04.3"; Dedesdorfer Straße. **Max. WOMOs:** >5.
**Ausstattung/Lage:** gebührenfrei, teilw. asphaltiert, teilw. Schotter, Mülleimer, Weserblick, Pfad zur Badestelle hinter dem Stellplatz, alter Fähranleger / außerorts.
**Zufahrt:** Nach der Ortsdurchfahrt von Kleinensiel bis zum Ende der Dedesdorfer Straße fahren.
**Sonstiges:** Ausweichparkplatz am Sportplatz ca. 200m vorher an der letzten Kreuzung.

Auf dem alten Anleger sitzend haben wir schon manchen Abend mit einem feinen Glas Wein in der Hand verbracht und den vorbeifahrenden Schiffen auf der Weser hinterher geschaut.
Unsere 9. Tour möchten wir an dieser Stelle enden lassen. Wir blicken mit der Abendsonne im Rücken nicht nur auf die Weser und den alten Fähranleger in Dedesdorf zurück, sondern auf eine wunderschöne Zeit an der charmanten Wurster Nordseeküste.

Parklandschaft Ammerland

## TOUR 10 (ca. 220 km / 7-8 Tage)

### Brake - Elsfleth - Hude - Oldenburg - Rastede - Westerstede - Apen - Bad Zwischenahn

| | |
|---|---|
| **Freie Übernachtung:** | Rodenkirchen, Brake, Oberhammelwarden, Elsfleth, Motzen, Hude, Oldenburg, Rastede, Wiefelstede, Linswege, Westerstede, Apen, Hengstforde, Karlshof. |
| **Ver-/Entsorgung:** | Rodenkirchen, Brake, Elsfleth, Bremen, Motzen, Hude, Oldenburg, Westerstede, Hengstforde, Bad Zwischenahn. |
| **Baden:** | Weserstrände, Waldbad Hude, OLantis Huntebad Oldenburg, Freibad Rastede, Schwimmbad Wiefelstede, Hössenbad Westerstede, Freibad Hengstforde, Badesee Karlshof, Zwischenahner Meer und Badepark Bad Zwischenahn. |
| **Besichtigen:** | Museen Brake und Elsfleth, Kirche Golzwarden, Bremen, Oldenburg, Storchenpflegestation Glüsing, Klosterruine Hude, Rhodoparks Linswege und Gristede, Baumschule G. D. Böhlje, Schinkenmuseum Apen, Park der Gärten Bad Zwischenahn. |
| **Wandern/Fahrradtour:** | Rodenkirchen-Bronzezeithof, Brake-Harriersand, Elsfleth-Oldenburg, Draisine und Radtour Westerstede, Zwischenahner-Meer-Runde. |
| **Essen:** | Fischbratküche „Neptun" Brake, „Melkhuske Harms" Elsfleth-Fuchsberg, „Turmcafe" Westerstede, „Spieker" Bad Zwischenahn. |

Vom Stellplatz kommend bleiben wir an der nächsten Kreuzung auf der Hauptstraße und ziehen immer an der Weser entlang südwärts Richtung Brake nach RODENKIRCHEN, von dessen WOMO-Stellplatz auf dem Markt wir eine kleine Fahrradtour zum **Bronzezeithaus** geplant haben.

### (225) WOMO-Stellplatz: Rodenkirchen

**GPS:** N 53°23'58.9" E 08°27'15.9"; Am Markt. **Max. WOMOs:** >5.

**Ausstattung/Lage:** gebührenfrei, Strom, Entsorgung, Mülleimer, Picknickbank, gepflastert, zentral / im Ort.
**Zufahrt:** Am Markt in Rodenkirchen bei Bushaltestelle auf den Parkplatz auffahren, WOMO-Stellplätze rechts hinten bei Rathaus.
**Sonstiges:** Wochenmarkt donnerstags 5-13 Uhr, dann keine WOMOs erlaubt.

**Fahrradtour zum Bronzezeithaus** (ca. 3 km)

Vom Stellplatz rollen wir mit den Rädern diagonal über den Marktplatz in die Schweier Straße. Immer auf dem Fahrradweg entlang geht die Tour dann weiter, bis wir an der großen Kreuzung geradeaus in die Straße „Rodenkircherwurp“ fahren müssen, um gleich darauf links zum Bronzezeithaus hinter der Gaststätte „Hahnenknooper Mühle“ einzuschwenken. Da der kleine Parkplatz [N 53°24'14.9" E 08°25'04.5"] hier von Besuchern des Bronzezeithauses und Gästen der Gaststätte zusammen genutzt wird, besteht leider kein ausreichender Platz für das Abstellen eines WOMOs.

Das Bronzezeithaus (geöffnet von Ostern bis Oktober sonntags 11-17 Uhr) wurde bei Baggerarbeiten zum Bau des Strohhauser Sieltiefs gefunden, 1997 bis 2001 freigelegt und originalgetreu wieder aufgebaut. Hier siedelten vor fast 3000 Jahren Menschen mit ihren Haustieren (kleinen Rindern und Schafen), es wurden Früchte, Tonscherben und Schmuck gefunden, die von großer Bedeutung für die Rekonstruktion des damaligen Lebens sind.

In RODENKIRCHEN fahren wir am Marktplatz vorbei auf der Hauptstraße weiter. Auf der Hauptstraße müssen wir auch bleiben, nachdem wir in Sürwürden links nach SCHMALENFLETH abgebogen sind.

In der Ortschaft und heutigem Braker Ortsteil Schmalenfleth wurde in der Friesenstraße 16 am 2. Juli 1648 der Orgelbauer **Arp Schnitger** geboren, dem Sie ja schon in unseren Touren 4, 6, und 9 begegnet sind. Zu seinem Andenken wurde ein Orgelpfeifendenkmal mit Erinnerungstafel und Bepflanzung davor aufgestellt. Wenn sie achtgeben, entdecken Sie es im Vorbeifahren in einer Rechtskurve links beim Ortsausgang.

Im nächsten Ort, in GOLZWARDEN, wurde Arp Schnitger am 9. Juli 1648 in der **St.-Bartholomäus-Kirche** getauft. Diese Kirche wollen wir nun besichtigen. Dazu biegen wir in Golzwarden an der Kreuzung rechts ab und finden hinter der im Jahr 1260 auf einer ovalen Wurt gebauten Kirche auf der Eingangsseite einen Parkplatz. An der Tür der „Offenen Kirche“ finden wir eine Gedenktafel für Arp Schnitger, von ihm sind in der wunderschönen Kirche die Aufbauten der Westempore von 1698 und der Orgelprospekt zu bewundern. Auch der Flügelalter nach Dürer und der Taufstein von Ludwig Münstermann (im 17. Jh. berühmter Hamburger Bildschnitzer) sind wahre Kunstwerke. In dem kleinen Häuschen hinter dem Pfarrhaus ist der Sitz der

Kirche Golzwarden

Arp-Schnitger-Gesellschaft, die sich u. a. zum Ziel gesetzt hat, die Aufnahme der Orgel-Kunst Arp Schnitgers in das Weltkulturerbe zu erwirken.
Vor der Kirche biegen wir, vom Parkplatz kommend rechts, nach BRAKE (Unterweser) ab und lenken dort vor dem Autohaus Kunst links in die Neustadtstraße. Die zweite Straße nach den Bahnschienen führt uns rechts zum Binnenhafen.

**(226) WOMO-Stellplatz: Brake 1 - Binnenhafen**

**GPS:** N 53°19'40.8" E 08°28'58.4"; Hafenstraße. **Max. WOMOs:** 4.
**Ausstattung/Lage:** gebührenfrei, V+E, Strom, Mülleimer, Info-Tafel, Kopfsteinpflaster, straßennah, am Hafen / im Ort.
**Zufahrt:** In Brake von der Bahnhofsstraße links in die Neustadtstraße einbiegen, nach den Gleisen rechts am Binnenhafen um das Hafenbecken herum fahren.

Es gibt noch einen zweiten, unserer Meinung nach nur Ausweich-Stellplatz für kleine WOMOs bis 3,20 m Höhe in Brake.

## (227) WOMO-Stellplatz: Brake 2 - City

**GPS:** N 53°19'31.3" E 08°28'47.1"; Willy-Brandt-Straße. **Max. WOMOs:** 2.
**Ausstattung/Lage:** gebührenfrei, Großparkplatz im Stadtzentrum, laut durch nahe Bahnlinie, Strom (Schlüssel für Stromkasten bei Tourist-Info, 3 EUR pro Tag), Zugang zum Bahnhof / im Ort.
**Zufahrt:** In Brake Richtung Elsfleth, an der Kirche zuerst geradeaus, dann rechts abbiegen, durch die Bahnunterführung, danach rechts, hinter Katholischer Kirche rechts auf den Parkplatz abbiegen..

In Brake sollte man unbedingt den hiesigen Teil des **Schifffahrtsmuseums Unterweser** besichtigen, der andere Teil befindet sich in Elsfleth, welches wir im Verlauf dieser Tour auch erreichen werden (geöffnet April bis Oktober dienstags bis samstags 10-17 Uhr, November bis März 11-17 Uhr, sonntags ab 10 Uhr, montags geschlossen, mit Kombikarte geringer Eintritt, www.schiffahrtsmuseum-unterweser.de).
Besonders außergewöhnlich finden wir die Scrimshaw-Objekte, die im Museum ausgestellt werden. **Scrimshaw** war ein Kunsthandwerk der Walfänger vor 180 Jahren, bei dem sie Szenen ihrer Arbeit, Erlebnisse und Erinnerungen an ihre Heimat in Zähne und Knochen der Pottwale ritzten und diese dann anschließend mit Ruß der Tranlampe schwärzten. Hier in Brake gibt es noch einen Scrimshander, der mit dieser Technik Objekte, wie Messer, Ohrringe, Anhänger und Briefbeschwerer z. B. aus Geweihen und Mammut-Elfenbein anfertigt (Kontakt: Gert Rosenbohm, Tel.: 04401-81622).
Auch die Innenstadt mit dem 1731 erbauten **Fischerhaus**, dem ältesten noch existierenden Wohnhaus der Stadt, dem 1846 gebauten **Telegraf** und den zahlreichen **historischen Pack- und Handelshäusern** ist sehenswert.

Fischerhaus in Brake

Vom Stellplatz am Hafen gelangen Sie über die Schleuse zur **Fischbratküche „Neptun“** im Binnenhafen, wo man täglich von 11-14 Uhr frischzubereiteten Fisch essen kann. Der Verkauf von Räucher- und Frischfisch sowie kalten Speisen findet dort montags bis mittwochs 9-14:30 Uhr, donnerstags und freitags 8-17 Uhr und samstags 8-14 Uhr statt, im Sommer auch sonntags 11-14 Uhr (Bestellungen sind unter Tel.: 04401-2331 bzw. www.neptun-brake.de möglich).

## Fahrradtour nach Harriersand

Ein äußerst lohnenswerter Ausflug von Brake aus ist eine Fahrradtour zur längsten Flussinsel Europas, der **Weserinsel Harriersand**. Diese Insel ist 11 km lang und mit ihren Naturstränden ein beliebtes Ausflugsziel. Vergessen Sie die Badesachen nicht.

Mit der Fähre, die an der Braker Stadtkaje hinter dem Schifffahrtsmuseum fast stündlich ablegt, setzt man nach Harriersand über. Dort führt der Radweg in südlicher Richtung an alten Bauernhöfen vorbei. Eine kleine Brücke verbindet die Insel mit dem Festland der östlichen Weserseite. Über Rade, Wurthfleth und Offenwarden führt der Radweg in nördlicher Richtung bis Sandstedt. Hier überquert man die Weser mit der Fähre (Abfahrtszeiten unter www.weser-faehre.de). Kurz hinter dem Weserdeich hält man sich links auf der Sielroute, bis man nach ca. 30 km wieder Brake erreicht.

Unsere Tour führt uns durch Brake hindurch und vor dem Wasserturm links in die Hammelwarder Straße, an deren Ende wir rechts über den Deich rollen. Die Nische am Scheitelpunkt der Kurve ist wie für uns geschaffen. Wir parken das WOMO und rennen hinunter zum Zugang zur Badestelle [N 53°18'19.8" E 08°29'14.4"].

Die **Weser**, die bei Hann. Münden durch die Vereinigung der Werra mit der Fulda entsteht, unterliegt hier im Bereich der Unterweser schon den Gezeiten der Nordsee. Es treten dadurch bedingt nicht berechenbare Strömungen auf, auf die man beim Baden, auch in Ufernähe, achtgeben sollte. Das Wasser der Weser ist sauber genug zum Baden, die Grenzwerte der Badegewässerrichtlinie der EWG werden laut Flussgebietsgemeinschaft Weser eingehalten. So hervorragend wie an der Nordseeküste ist die Badewasserqualität hier natürlich nicht.

Wieder auf der Straße am Wasserturm vorbei ziehen wir weiter Richtung OBERHAMMELWARDEN, am Deich entlang auf ELSFLETH zu. In Oberhammelwarden ist gleich links ein Strandparkplatz und nach 1000 m finden wir einen zweiten Badeplatz.

### (228a) WOMO-Badeplatz: Oberhammelwarden Strand 1

**GPS:** N 53°16'36.9" E 08°28'56.2"; Am Weserufer. **Max. WOMOs:** 2-3.
**Ausstattung/Lage:** gebührenfrei, Schotter, Strandrestaurant am Stellplatz / außerorts.
**Zufahrt:** Von der K 213 Richtung Elsfleth in Oberhammelwarden links auf Parkplatz vor dem CP fahren.
**Sonstiges**: am Übergang links Badestrand, 350 m gepflasterter Weg am CP vorbei nach rechts, am Ende ebenfalls Sandstrand, am Stellplatz bei Hochwasser Überflutungsgefahr.

### (228b) WOMO-Badeplatz: Oberhammelwarden Strand 2

**GPS:** N 53°16'04.1" E 08°28'46.5"; Am Weserdeich. **Max. WOMOs:** 1-2.
**Ausstattung/Lage:** gebührenfrei, Schotter, Sandstrand hinter dem Deich, straßennah, am Weser-Fernradwanderweg / außerorts.
**Zufahrt:** Ca. 1 km nach dem Stellplatz (228a) links abbiegen.

In Elsfleth kann man links zum **Huntesperrwerk** abbiegen. Hier fließt die Hunte, die vom Dümmer See über Oldenburg kommt in die Weser. Von 7-20 Uhr ist dieses Sperrwerk zu jeder vollen Stunde für Fußgänger und Fahrradfahrer passierbar, um auf die **Weserinsel Elsflether Sand** zu gelangen.

**(229) WOMO-Stellplatz: Elsfleth 1 - Huntesperrwerk**
**GPS:** N 53°15'01.4" E 08°28'11.5"; Am Yachthafen. **Max. WOMOs:** 3.
**Ausstattung/Lage:** gebührenfrei, Mülleimer, Restaurant „Bootshaus SWE" (Montag Rugetag) / im Ort.
**Zufahrt:** In Lienen links zum Sperrwerk abbiegen.
**Sonstiges**: Spaziergang zur Hafenschleuse mit Blick auf den Zusammenfluss von Hunte und Weser zu empfehlen.

An der Hunte entlang wollen wir mit dem Fahrrad nach Oldenburg fahren. Dazu suchen wir einen anderen Elsflether Stellplatz auf, der ein prima Ausgangspunkt für diese Tour ist.

**(230) WOMO-Stellplatz: Elsfleth 2 - Hafen**
**GPS:** N 53°14'15.9" E 08°27'57.4"; An der Kaje. **Max. WOMOs:** >10.
**Ausstattung/Lage:** Gebühr, Schotter, zentrumsnah, an Hunteufer mit Sicht auf den Hafen / im Ort.
**Zufahrt:** Straße am Deich entlang bis nach Elsfleth, weiter auf der Hauptstraße, links in die Peterstraße, dann Hafenstraße, einschwenken, Stellplatz schräg links nach den Bahngleisen ausgeschildert.
**Sonstiges:** Mit dem Parkticket diverse Ermäßigungen im Ort (Museen, Restaurants u.a.).

## Elsfleth

Elsfleth, seit 1856 Stadt, war in der zweiten Hälfte des 19. Jh. mit Brake der wichtigste Hafen des Landes Oldenburg. 1875 gehörte Elsfleth zu den größten deutschen Reedereiplätzen. 1862 wurde die Navigationsschule gegründet, aus der später die **Seefahrtsschule** hervorging. Jetzt ist diese als Fachbereich Seefahrt ein Teil der Fachhochschule Oldenburg/Ostfriesland/Wilhelmshaven. Heute noch sind hier viele **Reedereien** ansässig. Elsfleth ist derzeit der größte deutsche maritime Ausbildungsstandort. Auch der hiesige Teil des **Schifffahrtsmuseums Unterweser** ist eines Besuchs wert.

Bei unserem Bummel durch den Ort sind wir kurz vor der Kirche auf eine **Wempe-Uhr** gestoßen. Hier in der Elsflether Steinstraße 33 gründete der damals 21 Jahre junge Gerhard Diedrich Wempe 1878 ein Uhrmachergeschäft. Aus diesem wuchs bis heute ein weltbekanntes Unternehmen heran, welches inzwischen mit über 600 Mitarbeitern an mehr als 20 Standorten weltweit zwischen Berlin und New York agiert - die Firma „Wempe feine Uhren und Juwelen".

Auch für einen **Ausflug nach Bremen** ist unser Stellplatz der ideale Startpunkt. In nur wenigen Minuten erreicht man den Bahnhof. Hier fahren zwischen 5 Uhr und 23 Uhr stündlich die Züge der NordWestBahn nach Bremen ab und kommen ebenso stündlich wieder in Elsfleth an. Nach 30 Minuten Fahrzeit steigt man am Bremer Hauptbahnhof aus und ist von dort aus schnell in der Bremer City.

Unser Tipp: Ziehen Sie am Automaten ein Tagesticket plus für 25 EUR, damit können zwei Erwachsene und bis zu drei Kinder unter 15 Jahren am selben Tag hin- und zurückfahren. Bequemer und günstiger gehts kaum. Falls Sie doch gern mit dem WOMO zu den Stadtmusikanten reisen möchten, ist hier unser Übernachtungs-Tipp:

### (231) WOMO-Stellplatz: Bremen „Kuhhirtenweg"

**GPS:** N 53°03'54.2" E 08°49'08.5"; Am Kuhhirten. **Max. WOMOs:** >50.
**Ausstattung/Lage:** Gebühr, V+E, Strom, Dusche, WC, Brötchen- und Zeitungsservice / im Ort.
**Kontakt:** Herr Bahrenburg, Tel.: 0173-9850092, www.stellplatz-bremen.de, Reservierungen möglich.

**Zufahrt:** Auf der B 75 Richtung Bremen fahren, Abfahrt Airport Stadt/Weserstadion nehmen, der Ausschilderung zum Weserstadion folgen, vor der Weserbrücke rechts über die Werderstraße und den Kuhhirtenweg zum Stellplatz fahren.
**Sonstiges:** Diesen Platz nutzen wir gern im Winter für einen Einkaufsbummel durch Bremen oder einen Theaterbesuch. Zur Adventszeit ist es schon Tradition, von hier aus über den Weihnachtsmarkt an der Schlachte zu schlendern und anschließend im Kreis der WOMO-Freunde einen Glühwein an der Stellplatzbar zu trinken. Bei Schnee ein richtig romantisches Vergnügen!

## Fahrradrundtour von Elsfleth nach Oldenburg und zurück (ca. 60 km, Tagestour)

Am Bahnhof Elsfleth vorbei folgen wir zuerst immer geradeaus der ausgeschilderten **Sielroute**. Wo die Sielroute über den Deich verschwindet, bleiben wir unten und folgen weiter dem **Hunteradweg**.

An der Huntebrücke überqueren wir diese nicht. Wir halten uns rechts und radeln auf dem Radweg an der Straße Richtung Oldenburg weiter.
Gleich bei der Kreuzung biegen wir rechts in den Burwinkler Hellmer ein, hier schon weist uns ein kleines Schild auf das nächste **Melkhus** hin, an dem wir rasten wollen. Scheinbar endlos führt uns das Asphaltband immer geradeaus durch die weiten, herrlich grünen Felder. Endlich sind ein paar Häuser in Sicht. An der Kreuzung nach diesen rollen wir auf dem Radweg an der Straße nach links. Kurz hinter der Ortschaft folgen wir der Radwegausschilderung Richtung Oldenburg nach rechts und richten uns weiter nach den weiß-grünen Fahrradwegweisern. Auch auf „unser" Melkhus wird hin und wieder einmal hingewiesen.

Während wir Erwachsenen nach einer erfrischenden Stärkung im Melkhus noch ein wenig verschnaufen, irren die Kinder mit jeder Menge Spaß durch das ebenfalls zum Bauernhof gehörende Maislabyrinth.
Nur ein paar Meter müssen wir zurückradeln, bis wir an die Kreuzung gelangen, an der wir rechts abbiegen. Bei der Ausschilderung **„Wege zum Moor"** mit der dazugehörigen Infotafel halten wir uns links, blicken rechts bereits auf eine weite Moorlandschaft und fahren nach 1,4 km rechts in den Odamm. Nach einiger Zeit endet der Plattenweg. Wir umfahren die Schranke links und rumpeln auf dem holperigen Moorpfad weiter. Die Anstrengungen lohnen sich. Der Holperweg entpuppt sich als lauschiger **Natur- und Moorlehrpfad**, an dem in unregelmäßigen Abständen Schilder mit Erläuterungen zur Tier- und Pflanzenwelt des Moores zu finden sind. Manchmal führen auch kleine Trampelpfade zu ihnen. Linkerhand eröffnen sich uns immer wieder freie Blicke auf kleine Moorseen, auf deren Oberfläche Seerosenteppiche treiben.

Wem dieser Weg zu schlecht zum Fahren ist, kann auf den 2,2 km auch das Rad schieben. Am Ende des Pfads schwenken wir nach links, kämpfen uns über den Sandweg, der aber dann in einen gut befahrbaren Schotterweg übergeht. Diesen radeln wir so weit es geht geradeaus. Wir nähern uns Oldenburg. Links erkennen wir in der Ferne schon die große Autobahnbrücke über die Hunte.
An der T-Kreuzung an der kleinen Holzbrücke über den Graben fahren wir links und umrunden einen See, der sich hinter dem Wäldchen versteckt. Dort, wo das Schild links nach Elsfleth weist, fahren wir weiter geradeaus. Links auf der Wiese entdecken wir Störche. Unsere Kinder sind ganz hingerissen, haben sie doch noch nie diese Vögel in natura gesehen. Beim Radwegweiser-Schild nach Oldenburg müssen wir links abbiegen. Vorn an der Straße führt der Weg kurz nach links, dann über die Straße geradeaus (**Fahrradweg Zentrum** 5,8 km) nach Kleinbornhorst. An der Gabelung nach den schönen, großen, malerischen, alten Bauernhäusern rollen wir rechts in die Kleinbornhorster Straße.
Sollten Sie nicht bis in die Innenstadt von Oldenburg radeln wollen, können Sie hinter der Autobahnunterführung links zum Stadtwald Oldenburg abfahren und treffen dort wieder auf den Hunteradweg und damit unsere Rücktour.
Unsere Fahrt geht weiter geradeaus nach Oldenburg-City. Nach der nächsten Autobahnunterführung halten wir uns links, bleiben zuerst auf der Hauptstraße und sollten dann achtgeben, dass wir die Radweg-Ausschilderungen zum Zentrum nicht übersehen. Nach der **Hofmolkerei Diers** müssen wir gleich links hinunter in den Feldkamp einschwenken und an der nächsten T-Kreuzung kurz links und gleich wieder rechts fahren, bis wir auf die Wehdestraße stoßen. Auf dieser relativ großen Straße, leider ohne Radweg, gelangen wir zum **Oldenburger Hafen** und folgen der Hauptstraße rechts an der Hunte entlang. Bald schon erspähen wir links (rechts ist das Kino) die Einfahrt für Fußgänger und Radfahrer in die **Fußgängerzone am Alten Hafen**. Auf der Huntestraße erreichen wir unser Ziel, die Innenstadt. Schräg nach links gelangt man in die Fußgängerzone mit den vielen Geschäften, Kaufhäusern und Cafés.

Oldenburger Fußgängerzone

Zu Ihrer Orientierung: Zwei Straßen weiter links (Amalienstraße) wird nachher unsere Rücktour beginnen.
So richtig Lust auf Shoppen haben wir in Voraussicht auf die uns noch bevorstehende Rücktour nicht, ein kleiner Bummel über den **Markt** und durch die vor allem von den Kindern geliebten Passagen muss jedoch sein. Ebenso ein Einkauf im NanuNana-Laden. Am Oldenburger Verwaltungsgebäude an der Lambertikirche guckt das Maskottchen der Einzelhandelskette, ein gestiefelter Elefant, aus dem Mauerwerk. In Oldenburg hat dieses Familienunternehmen unter der Leitung ihres Gründers Joachim Hoepp ihren Stammsitz. Hoepp, aufgewachsen auf Langeoog, gründete die Firma 1972.

Auch dem **Schloss**, der ehemaligen Residenz der Grafen, Herzöge und Großherzöge von Oldenburg wird noch ein Besuch abgestattet, bevor wir uns vor einem dieser hübschen Cafés in der Sonne sitzend für die Rückfahrt rüsten. An der Stelle des Schlosses stand im Mittelalter eine Wasserburg, die Anfang des 17. Jh. zu einem Barock-Schloss umgebaut wurde. Heute befindet sich in den prächtigen Räumen das **Museum für Kunst und Kulturgeschichte**, zu dem auch das **Augusteum** in der Elisabethstraße und das **Prinzenpalais** am Damm gehören (alle geöffnet 10-18 Uhr, montags geschlossen, Eintritt).

Schloss Oldenburg

Oldenburg gefällt uns, diese Stadt möchten wir noch intensiver erkunden und werden daher im Verlauf unserer WOMO-Tour nach geeigneten Stellplätzen Ausschau halten.

Auf der Rückseite des Kaufhofs zum Hafen zurückfahrend, biegen wir vorher in die Amalienstraße ein. Auf dem Fahrradweg folgen wir zuerst der Ausschilderung nach Hude/Osternburg.

An der Ampelkreuzung nach der Brücke überqueren wir die Straße, um links nach Hude abzubiegen. Der Radweg der Stedinger Straße führt uns aus Oldenburg hinaus. Nach dem unübersehbaren schwedischen Möbelhaus geht unsere Tour nach links Richtung Elsfleth via Hunteweg (Radweg an der Hunte entlang) weiter. Dort, wo der Deichweg unseren Weg kreuzt, schwenken wir auf diesen und radeln auf der Deichkuppe entlang. Nach der Fahrt durch den Stadtwald biegen wir links ab und können von hier aus bis Elsfleth dem Hunteweg folgen. In Neuenhuntorf müssen wir dann auf der Straße weiter strampeln. In den nächsten Jahren wird der Radweg am Deich weitergebaut, vielleicht haben Sie ja schon Glück und können bis Elsfleth auf diesem entlang radeln.

Wir überqueren die Huntebrücke, fahren den Deich hinunter und treffen wieder auf den Weg unserer Hintour, dem wir nur noch in entgegengesetzter Richtung folgen müssen. Ein wenig erschöpft, aber einig darin, dass dies ein die Anstrengung lohnender Tagesausflug war, erreichen wir unser WOMO.

Vom Stellplatz in Elsfleth geht unsere Tour über die Bahnschienen geradeaus links Richtung Bremen, später über die Huntebrücke weiter nach BERNE. Von Berne können Sie jetzt, falls Sie einen Abstecher in die Hansestadt Bremen machen möchten, der B 212 folgen. Zu unserer Stellplatz-Empfehlung in Bremen gelangen Sie, wenn Sie in Ganderkesee auf die A 28 wechseln, diese am Dreieck Delmenhorst Richtung Bremen auf der B 75 verlassen und nach 8 km die Abfahrt Airport Stadt/Weserstadion nehmen. Wenn Sie jetzt der Beschilderung zum Weserstadion folgen und direkt vor der Weserbrücke rechts abbiegen, kommen Sie über die Werderstraße und den Kuhhirtenweg zum Stellplatz (Siehe S.308, Stellplatz (231)). Auf die Beschreibung der zahlreichen Sehenswürdigkeiten der Stadt haben wir verzichtet, da Sie diese viel ausführlicher in einem der vielen speziellen Bremen-Reiseführer nachlesen können.

Wir lenken das WOMO in Berne links Richtung Hafen/ Bremen Nord. In Weserdeich geht es rechts in die Deichstraße, auf dieser bis MOTZEN und dort links direkt zum Fähranleger.

### (232) WOMO-Stellplatz: Motzen

**GPS:** N 53°10'46.5" E 08°33'26.5"; An der Fähre. **Max. WOMOs:** 4.
**Ausstattung/Lage:** gebührenfrei, V+E, Strom, gepflastert, Schlüssel für Sperrbaken kostenfrei am Fährimbiss-Kiosk neben dem Stellplatz erhältlich, dort auch Brötchenservice / außerorts.
**Zufahrt:** Ab Motzen links zum Fähranleger fahren, dort sind rechts die Stellplätze für die WOMOs ausgezeichnet.

Die **Fähre nach Blumenthal** legt rund um die Uhr vom Motzener Anleger ab. Unser Blick schwenkt immer wieder auf die Niederlassung der **Fassmer-Werft** auf der hiesigen Weserseite. Diese Niederlassung war vor der Übernahme durch die Lürssen-Werft im Jahr 2002 die Schweers-Werft, in welcher viele Boote für die DGzRS gebaut wurden. Nachdem uns die richtig nette Omi im gut sortierten Kiosk den Tag mit einem Glas Nutella gerettet hat, machen wir uns auf den Weg wieder zurück nach Berne. An der kleinen **Seemannskirche** in WARFLETH halten wir für ein zweites Frühstück an.

## (233) WOMO-Picknickplatz: Warfleth

**GPS:** N 53°11′00.4″ E 08°31′49.6″; Deichstraße. **Max. WOMOs:** 1.
**Ausstattung/Lage:** Picknickbänke, Schutzhütte, gepflastert, Übersichtskarte, Mülleimer, straßennah / im Ort.
**Zufahrt:** Der Platz ist direkt neben der Seemannskirche an der Hauptstraße in Warfleth.

Von Berne geht die Fahrt weiter nach HUDE. Vorher aber suchen wir uns an unserer Stecke einen Parkplatz für das WOMO am Berner Bahnhof rechts und besichtigen die herrliche **St.-Aegidius-Kirche** zu Berne, eine mächtige gotische Hallenkirche aus Sand- und Backstein aus dem 13. Jh.
1,7 km hinter Berne biegen wir in GLÜSING links ab und folgen der Ausschilderung zur Storchenstation. Parken Sie bitte nicht auf der Wiese, sondern fahren Sie den gepflasterten Weg bis zum Ende vor.

Hier in der **Storchenpflegestation Wesermarsch** (geöffnet täglich 10-18 Uhr, Eintritt frei, gern gegen eine Spende, www.storchenstation.de) kümmern sich Udo Hilfers und seine Frau seit bereits 25 Jahren aufopferungsvoll um verletzte, hilflose oder kranke Störche. Auf ihrem Privatgrundstück haben sie Freigehege, Storchenhaus und Überwinterungsstall gebaut und ermöglichen dort auch den zahlreichen Besuchern, die Störche zu beobachten. Mehr als 50 Vögel sind sogenannte Dauerpatienten, die aufgrund ihrer schweren Verletzungen zeitlebens behindert sind und in der freien Natur nicht mehr überleben könnten.

Dass der Klapperstorch keine Babys bringt, wussten unsere Kinder schon vorher, dass er aber wirklich klappert, wie er sein Nest baut und seine Jungen aufzieht, warum er beringt wird und warum sein Lebensraum immer gefährdeter wird, das lernten sie hier direkt von Herrn Hilfers, der jede unserer Fragen geduldig beantwortete. Zurück auf der Hauptstraße „Berner Deich" schauen wir noch einmal nach links, wo die vielen Störche auf der Wiese vor dem Aufzuchtgehege stehen. Herrlich zu sehen, dass es noch so viele dieser schönen Tiere hier gibt.
Schaukelnd setzen wir unsere Fahrt fort, durch Eichenalleen, an Maisfeldern und Rinderweiden vorbei nach HUDE. Dort angekommen folgen wir erst ein Stück der Ausschilderung um Hude herum zum offiziellen, wie wir finden, nicht so sehr einladenden WOMO-Stellplatz am Hallenbad (geöffnet dienstags bis donnerstags 15:30-17:30 Uhr, freitags 6-7:45 Uhr, 15:30-17:30 und 19:30-22 Uhr, samstags 13-15 Uhr und 17-19 Uhr und sonntags 9-12:30 Uhr und 14-17:30 Uhr, geringer Eintritt, Juni bis August geschlossen, www.hallenbadhude.npage.de), biegen aber gleich nach der Klosterruine rechts in die Straße ein, die uns zum **Naturbad** führt.

### (234) WOMO-Badeplatz: Hude 1 - Hallenbad

**GPS:** N 53°06'29.7" E 08°27'31.8"; Am Klüterort. **Max. WOMOs:** 10.
**Ausstattung/Lage:** Gebühr (Münzautomat), V+E, Strom, Mülleimer, Schotter / im Ort.
**Zufahrt:** In Hude der Ausschilderung zum WOMO-Stellplatz folgen.

### (235) WOMO-Badeplatz: Hude 2 - Naturbad

**GPS:** N 53°07'11.2" E 08°26'48.3"; Linteler Straße. **Max. WOMOs:** 2.
**Ausstattung/Lage:** gebührenfrei, Schotter, unter Bäumen / Ortsrand.
**Zufahrt:** In Hude nach der Klosterruine rechts in die Linteler Straße abbiegen, nach 200 m ist rechts der Parkplatz für das Waldbad.
**Sonstiges:** Das Waldbad ist ein Naturbad mit biologischer Wasseraufbereitung, geöffnet Juni bis August montags bis freitags 11-20:30 Uhr, samstags und sonntags 10-19 Uhr, geringer Eintritt, Kinder bis 6 Jahre frei.

Nach der Besichtigung der nahen **Klosterruine**, den erhaltenen Teilen der 1232 errichteten Zisterzienserabtei (Fotografieren verboten!), deren Parkplatz sich auch für Wohnmobile eignet, setzen wir die Fahrt vom Badeplatz kommend nach rechts fort und verlassen Hude.

### (236) WOMO-Wanderparkplatz: Reiherholz

**GPS:** N 53°07'14.8" E 08°25'12.4"; Linteler Straße. **Max. WOMOs:** 2.
**Ausstattung/Lage:** gebührenfrei, Schutzhütte, Picknickbank, Mülleimer, Wanderkarte, schattig, asphaltiert, straßennah / außerorts.
**Zufahrt:** 1,8 km nach dem Huder Naturbad auf der linken Seite.
**Sonstiges:** Von hier aus führt ein gelb markierter Weg zum Fahrradparkplatz und dem Startpunkt für drei Rundwanderungen unterschiedlicher Länge durch das Holter- und Wittemoor. Dabei wandert man über einen Bohlenweg übers Moor, kommt an einem Handtorfstich vorbei und erhält viele Infos zur Entwicklung dieser Moore. Die Übersichtskarte zu den verschiedenen Touren findet man bereits am Parkplatz.

Wir folgen der Straße der Megalithkultur, mit der wir in 1,6 km nach rechts (Wüsting) abbiegen. Rechts am Radweg fallen uns Tafeln auf, die in unregelmäßigen Abständen angebracht wurden. Beim näheren Hinschauen, sofern das aus dem fahrenden WOMO möglich ist, entpuppen sie sich als Erklärungstafeln für die jeweiligen Planeten unseres Sonnensystems. Später entdecken wir links an der Straße eine große gelbe Kugel und uns wird klar, diese soll die Sonne darstellen. Die Tafeln am Radweg zeigen uns maßstabgerecht die Entfernungen unserer Planeten zur Sonne. Eine prima Idee, dieser **Planetenlehrpfad**. Leider gibt es hier keinen Parkplatz.
Immer auf der Straße der Megalithkultur bleibend rollen wir nach OLDENBURG hinein und dort weiter bis zur Huntebrücke. An der 2. Ampel nach der Brücke schwenken wir rechts in die Huntestraße, wenden bei der ersten Möglichkeit links auf die Gegenspur und biegen, wieder an der Ampel angekommen, links auf den „Damm". Zurück an der Huntebrücke müssen wir nun rechts auf den Westfalendamm lenken, an dessen linker Seite nach ca. 600 m zwischen Bäumen hindurch die Einfahrt zum 1. Oldenburger WOMO-Stellplatz ist.

## (237) WOMO-Stellplatz: Oldenburg 1 - City

**GPS:** N 53°07'44.8" E 08°12'52.5"; Westfalendamm. **Max. WOMOs:** 3.
**Ausstattung/Lage:** gebührenfrei, ruhig trotz Straßennähe, Blick auf Hunte und Schleuse, nicht auf dem Weg direkt an der Wasserkante parken, in 10 min mit dem Fahrrad in der City / im Ort.
**Zufahrt:** Siehe Text.
**Sonstiges:** V+E am Huntebad. Dazu biegt man von Stellplatz links ab, an der nächsten Möglichkeit rechts zum Huntebad. Am Ende des Parkplatzes dort fährt man die Rampe links hoch, hält sich nun 3x rechts, nach der Autobahn noch einmal rechts und ist auf der anderen Seite des Parkplatzes. An dessen Ende links, an der Mauer bei der Einfahrt zum Bad ist die gebührenpflichtige V+E [N 53°24'14.9" E 08°25'04.5"].

## Oldenburg

Obwohl es schon Abend ist, radeln wir noch schnell zu den **Schlosshöfen**, um uns von unserem absoluten Lieblingsbäcker Janssen mit Brot und Brötchen für die nächsten Tage zu versorgen. Nach einem lustigen Familienkinoabend mit Stuart, Kevin und Bob hüpfen wir vergnügt zum WOMO.

Die Universitätsstadt Oldenburg ist die viertgrößte Stadt Niedersachsens und wurde 1108 das erste Mal urkundlich erwähnt. Gut erreichbar über den Autobahnring um die Stadt ist das moderne Oldenburg nicht nur eine sehr beliebte Wohn- und Studentenstadt, sondern auch das Einkaufs- und Kulturzentrum des gesamten Umlands.

Das bereits in unserem Bericht über die Fahrradtour nach Oldenburg beschriebene hellgelbe **Renaissance-Schloss** diente früher als Residenzsitz der Grafen und Fürsten von Oldenburg, wurde 2007 restauriert und beherbergt heute das **Landesmuseum für Kunst- und Kulturgeschichte** (geöffnet dienstags bis sonntags 10-18 Uhr, Eintritt, www.landesmuseum-ol.de).
Außerdem empfehlen wir die Besichtigung des 1502 erbauten mittelalterlichen **Degodehauses**

am Marktplatz, des **Lappan** (Glockenturm des ehemaligen Heilig-Geist-Spittals aus dem Jahre 1467/68 und Wahrzeichen der Stadt) und des **Pulverturms** (letztes Gebäude der alten Stadtbefestigung).
Natürlich gibt es noch unzählige Erlebnismöglichkeiten in dieser quirligen Stadt, Stadtrundgänge, Hafenrundfahrten, Theaterbesuche...
In der **Tourist-Info** in der Kleinen Kirchstraße 10 (hinter dem Lambertihof, von der Fußgängerzone Lange Straße am Degodehaus in die Kirchstraße, geöffnet montags bis freitags 10-18 Uhr und samstags 10-14 Uhr) wird man Ihnen die abwechslungsreichsten Vorschläge unterbreiten.

Am nächsten Morgen biegen wir am Stellplatz rechts ab, schwenken an der Ampel bei der Huntebrücke links auf den „Damm" (links ist das **Landesmuseum**), an der nächsten Ampel rechts auf die Huntestraße und bleiben auf der Hauptstraße Richtung RASTEDE. Dabei fällt uns der auffällige, ovale, weiße Bau des **Horst-Janssen-Museums** (geöffnet: dienstags bis sonntags 10-18 Uhr, Eintritt) ins Auge. Horst Janssen (1929-1995) war ein Zeichner, der in Oldenburg aufwuchs, nach dem Krieg in seiner Geburtsstadt Hamburg Kunst studierte und zu den bedeutendsten Künstlern der 2. Hälfte des 20. Jh. in Deutschland gehört.
Kurz vor dem Ortsausgangsschild von Oldenburg ist bei der Fa. Fassbender, einem WOMO-Händler (Hymer) mit Reparaturwerkstatt der 2. Oldenburger Stellplatz. Der 3. Stellplatz ist etwas außerhalb an der A 28 und sei an dieser Stelle der Vollständigkeit halber erwähnt.

### (238) WOMO-Stellplatz: Oldenburg 2 - Fa. Fassbender

**GPS:** N 53°11'30.4" E 08°13'32.5"; Wilhelmshavener Heerstraße.
**Max. WOMOs:** 10.
**Ausstattung/Lage:** gebührenfrei, V+E, Strom, gepflastert, straßennah / Ortsrand.
**Zufahrt:** Die Fa. Fassbender befindet sich stadtauswärts, an der Wilhelmshavener Heerstraße, nach dem REAL-Markt links.
**Sonstiges:** weit bis in die City, aber Busverbindungen (Linien 309 und 324 von Haltestelle nahe des mongolischen Restaurants, Linie 340 (Schulbus).

## (239) WOMO-Stellplatz: Oldenburg 3 - famila

**GPS:** N 53°09'30.1" E 08°10'23.6"; Posthalterweg 10. **Max. WOMOs:** 8.
**Ausstattung/Lage:** gebührenfrei, gepflastert, extra ausgewiesene Plätze auf dem Parkplatz des Einkaufscenters / Ortsrand.
**Zufahrt:** A 28 Richtung Emden, Abfahrt Wechloy, den Ausschilderungen zum Einkaufsland Wechloy (famila) folgen, im 1. Kreisverkehr geradeaus, vor dem 2. Kreisverkehr rechts, Einfahrt zum WOMO-Stellplatz.
**Sonstiges:** gute Busverbindung (Bus 310) in die City (Richtung Bahnhof), an hoyer-Tankstelle gegenüber Möglichkeit zum Tanken von LPG.

In Rastede fahren wir im Kreisverkehr geradeaus. Für einen Spaziergang durch den wunderschönen, 100 ha großen Schlosspark im Stil eines englischen Landschaftsgartens haben wir zwei Stellplätze für Sie herausgesucht.

## (240) WOMO-Wanderparkplatz: Rastede 1

**GPS:** N 53°14'26.3" E 08°13'11.7"; Parkstraße. **Max. WOMOs:** 2.
**Ausstattung/Lage:** gebührenfrei, Schotter, unter Bäumen, Mülleimer, Übersichtskarte, ruhig, Weg zum Schloss / außerorts.
**Zufahrt:** In Rastede nach der "Vorwerk-Baumschule" rechts in die Parkstraße einbiegen, am Pkw-Parkplatz für den Schlosspark vorbei, nach 1300 m links.

## (241) WOMO-Stellplatz: Rastede 2

**GPS:** N 53°14'56.5" E 08°12'30.4"; Eichendorffstraße. **Max. WOMOs:** >5.
**Ausstattung/Lage:** gebührenfrei (max. 1 Nacht), Schotter, Nähe zu Freibad / im Ort.
**Zufahrt:** In Rastede nach der "Vorwerk-Baumschule" rechts in die Parkstraße einbiegen, am Pkw-Parkplatz für den Schlosspark vorbei, nach Wanderparkplatz (240) an der Kreuzung links, im Uhrzeigersinn um den Schlosspark, nach ca. 1000 m rechts in Eichendorffstraße, Parkplätze rechts und links der Straße für WOMOs.

Das Schloss selbst ist nicht für die Öffentlichkeit zugänglich, es war die Sommerresidenz der Oldenburger Grafen und Großherzöge und befindet sich noch heute im Privatbesitz derer Nachfahren.

An der Oldenburger Straße geht unsere Fahrt nach WIEFELSTEDE rechts weiter. Wir durchfahren Wiefelstede, welches der Ort mit der ältesten Kirche des Ammerlands ist. Die **St.-Johannes-Kirche** wurde im Jahr 1057 geweiht. Dabei kommen wir am sehenswerten **Heimatmuseum** vorbei (gelbes Haus auf der rechten Seite der Hauptstraße, geöffnet samstags 16-18 Uhr und sonntags 14-18 Uhr, Eintritt).
Um zum Wiefelsteder Stellplatz zu gelangen, muss man kurz hinter dem Ortsausgangsschild links in den Alten Damm einschwenken und bei der nächsten Möglichkeit links zum **Schwimmbad** abbiegen.

### (242) WOMO-Badeplatz: Wiefelstede Freibad

**GPS:** N 53°15′42.9″ E 08°06′26.7″; Alter Damm. **Max. WOMOs:** 2.
**Ausstattung/Lage:** gebührenfrei, gepflastert, am Schwimmbad mit Freibad (Öffnungszeiten variabel, saisonabhängig) / Ortsrand.
**Zufahrt:** Nach dem Ort links in den „Alten Damm" abbiegen, nach 500 m links auf den Parkplatz des Freibads fahren.

Vom Freibad kommend biegen wir wieder links auf die Oldenburger Straße. Vorbei an der **Ammerländer Molkerei** (Besichtigungen möglich, Anmeldungen zwingend notwendig bei der Tourist-Information Wiefelstede, Tel.: 04402-965150 bzw. touristik@wiefelstede.de, seltene Führungen, meistens ein halbes Jahr im Voraus ausgebucht) fahren wir nach SPOHLE.

### Milchviehhaltung

Nach Bayern ist das vor allem an den Küstenstreifen landwirtschaftlich geprägte Niedersachsen ein weiteres deutsches Bundesland mit höchster Milchproduktion. Die weiten Ebenen, relativ viel Niederschlag und eine hohe Luftfeuchtigkeit sind seit jeher gute Voraussetzungen für eine erfolgreiche Weidewirtschaft. Überall gibt es, neben den inzwischen vielen Maisfeldern (Biomasse für Biogasanlagen), Weiden mit zum größten Teil schwarzbunten Ostfriesen. Jede Kuh liefert bis zu 30 l Milch am Tag, das sind mehr als 10.000 l Milch im Jahr. Daraus resultiert die Ansiedlung großer Molkereien, welche die Rohmilch zu Trinkmilch, Butter und Käseprodukten weiterverarbeiten.

In Ostfriesland hat jedes Kind, sofern es nicht auf einem Bauernhof aufwächst, spätestens mit der Kindergartengruppe einen Bauernhof besucht, Kälbchen gestreichelt und beim Melken zugeschaut. Alle kleinen Jungs wollen zuerst Bauer werden, viele Mädchen Tierarzthelferin, und dass Kühe lila sein sollen, daran glaubt hier niemand von ihnen.

In Spohle folgen wir der Ausschilderung zum Rhododendronpark nach links. Schon jedes Haus an der Straße ist mit manchmal meterhohen, im Mai/Juni farbenprächtig blühenden Rhododendronhecken umgeben. Für diese, ursprünglich aus den regenreichen Gebieten des Himalaja stammenden Hartgehölze mit ihren fleischigen Blättern herrschen im Ammerland durch das milde Klima mit genug Feuchtigkeit und humusreichen Böden ideale Wachstumsbedingungen vor.

Die Landschaft im Ammerland ist von heute teilweise kultivierten Hochmooren und Weiden geprägt, unterbrochen von Waldflächen und Wallhecken. Die 350 hier ansässigen Baumschulen bestimmen das Landschaftsbild erheblich. Der Name **„Parklandschaft Ammerland"** ist weit über die Region hinaus bekannt.

Aus den Baumschulen des Ammerlandes kommen 90 % aller deutscher Rododendronpflanzen und 75 % der Freilandazaleen. Einige Baumschulbetriebe sind schon über 150 Jahre

alt und verfügen über Fachwissen und Erfahrung mehrerer Generationen. Verkauft werden die Pflanzen nicht nur an deutsche Gärtnereien und Hobbygärtner, europaweit werden Großgärtnereien und Gartencenter beliefert. Viele Baumschulen haben Schaugärten oder große Ausstellungsflächen, die sie für interessierte Besucher öffnen. Eine Besichtigung mindestens eines dieser kleinen parkähnlichen Paradiese sollte unbedingt auf Ihrem Reiseplan stehen.
Auf dem Parkplatz des privaten **Rhododendronparks Hobbie** (Deutschlands größter Rhodo-Park, geöffnet etwa von April bis Juni während der Rhodo-Blüte täglich 8-19 Uhr, Eintritt, Kinder frei, Café, Verkauf, außerhalb der Saison kostenlos als Park nutzbar, www.hobbie-rhodo.de) lassen wir das WOMO stehen und rüsten uns für einen Spaziergang durch den bunten Park, dessen Eingang auf der anderen Straßenseite ist.

### (243) WOMO-Stellplatz: Linswege

**GPS:** N 53°17'15.2" E 08°00'30.0"; Alpenrosenstraße. **Max. WOMOs:** >10.
**Ausstattung/Lage:** gebührenfrei, Wiese, sonnig, kein Schatten / außerorts.
**Zufahrt:** Von Spohle den Ausschilderungen zum Rhodo-Park folgen, Parkplatz rechts der Straße gegenüber des Parkeingangs.

Weiter geht die Tour nach WESTERSTEDE. Dort an der Ampelkreuzung bei der ESSO-Tankstelle biegen wir Richtung BAD ZWISCHENAHN ab. Links gegenüber der Baumschule Böhlje ist die Einfahrt zum Campingplatz und dem WOMO-Stellplatz davor.

### (244) WOMO-Stellplatz: Westerstede 1 - Stadt

**GPS:** N 53°15'00.3" E 07°56'05.7"; Süderstraße. **Max. WOMOs:** 60.
**Ausstattung/Lage:** Gebühr, V+E, Strom, fester Schotterrasen, Nutzung der Sanitäranlagen des CP gegen Gebühr, Kiosk / im Ort.
**Zufahrt:** In Westerstede Richtung Bad Zwischenahn fahren, links vor dem Campingplatz sind die WOMO-Stellplätze.

Auch, wenn es heute fast den ganzen Tag geregnet hat, bewegen wollen wir uns trotzdem und machen die Räder startbereit für eine kleine abendliche Radtour.

### Fahrradtour rund um Westerstede

(12 km, ca. 1 Stunde ohne Pause)

Vom Stellplatz aus schwenken wir nach links und biegen bei der nächsten Möglichkeit rechts ab. Am Ende der Straße rollen wir geradeaus in den schmalen Waldpfad hinein und folgen ab hier immer der bestens ausgeschilderten **Ammerlandroute**.

Ein paar Meter weiter schon machen wir eine kurze Rast, um das **Landschaftsfenster Rhododendron** anzuschauen, ein kleiner Ausguck mit verspiegeltem Dach, von dem man das Gefühl hat, mitten im Grünen zu stehen.

Die Ammerlandroute führt uns zum **Friesendenkmal**, einem 1912 aus mächtigen Findlingen errichteten Baudenkmal zur Erinnerung an die Opfer der Schlacht zwischen Ostfriesen und Ammerländern im Jahr 1457. Dann kreuzen wir die Draisinenstrecke, die wir morgen bei hoffentlich besserem Wetter befahren werden.

Dort wo nach dem Wald die Ammerlandroute auf die Straße mündet, verlassen wir sie und biegen links auf den Fahrradweg der Straße. Nach ein paar Metern folgen wir nun dem **Ritterweg** auf der anderen Straßenseite in den Wald hinein und erreichen die **Burg Mansingen** (genannt Hammjeborg). Hier am alten Heer- und Postweg von Oldenburg nach Ostfriesland entstanden im Mittelalter mehrere Burgen, da hier die Grenze zwischen dem oldenburgischen und dem friesischen Herrschaftsgebiet verlief. Heute sind nur noch Hügel in der Moorlandschaft

zu sehen, im 11.-13. Jh. lebten auf dem mittelalterlichen Adelssitz die Ritter von Mansingen. Die Sage über den Burgschatz von Mansingen kennt in der Region jeder. Die in den Hügeln vergrabenen Schätze sollen heute noch zu finden sein, da es bisher niemandem gelang, sie zu heben. Der Teufel selbst soll die Schatzkiste immer wieder kurz vor der Bergung in die Tiefe sausen lassen.
Später passieren wir das **Rokoko-Schloss Fikensolt**, welches sich heute in Privatbesitz befindet und einst Sitz der Ritter zu Fikensolt war. Um 1760 wurde das Schloss auf die alten Burgfundamente gebaut.
Der Ritterweg endet für uns am **Park der Jahreszeiten**, rechts an der Straße beim Rhodo-Verkauf der Baumschule Böhlje. Hier überqueren wir die Straße und fahren nach links auf dem Radweg an der Straße bis zum WOMO-Stellplatz zurück.

## Draisinenfahrt Westerstede - Ocholt und zurück, ein spaßiges Vergnügen!

Der Weg zum Draisinen-Startbahnhof führt durch die **Baumschule G. D. Böhlje**, eine der ältesten Baumschulen Deutschlands. Seit 1845 werden hier, inzwischen in der 5. Generation, zunächst Obstgehölze, dann auch Ziergehölze und heute überwiegend Rhododendron, Heidekrautgewächse, Laub- und Nadelgehölze und Stauden angezogen, kultiviert und verkauft. Die Böhljes zählen zu den Rhododendron-Pionieren in Deutschland. Für Interessenten bieten sie ca. einstündige Führungen durch ihren Betrieb an, die bitte mindestens eine Woche vorher angemeldet werden sollen (höchstens 16 Teilnehmer für eine Gruppe, Preis pro Stunde ca. 30 EUR, Tel.: 04488-99860).
Nach einer kurzen Einweisung starten wir mit unserer Draisine auf die ca. 6 km lange Strecke zwischen Westerstede und Ocholt. An drei kleinen Bahnhöfen kann man rasten und picknicken, in einem am Schafbauernhof gibt es Getränke und Käse zur Selbstbedienung. Hier warten wir auch einen der Regenschauer ab, die uns immer mal wieder überraschen, uns unsere gute Laune aber nicht verderben.

In Ocholt angekommen, muss die Draisine gewendet und ab einer bestimmten Zeit darf zurückgestrampelt werden. Besonderen Spaß haben die Kinder am Bahnübergang, an dem wir unsere eigenen Schranken öffnen und schließen müssen. Für die Strecke zwischen den beiden Orten braucht man nicht mehr als eine gemütliche Stunde, hat genug Zeit für Pausen und ist insgesamt ca. 4 Stunden unterwegs. Für eine Draisinenfahrt anmelden kann man sich bei der Tourist-Information in Westerstede, oder aber bei dem netten Herrn direkt im Startbahnhof.

Ein Bummel durch die Innenstadt von Westerstede gehört ebenfalls zu unserem Programm. Dabei bewundern wir vor allem die schönen Bepflanzungen an allen Ecken und Enden der Blumenstadt. Wollen Sie hoch oben über den Dächern der Stadt frühstücken oder Kaffee trinken, empfehlen wir Ihnen den Besuch des **Turmcafés** (geöffnet 8:30-17:30 Uhr, montags und mittwochs bis 13 Uhr, dienstags geschlossen). Hier im 8. Stock hat man einen herrlichen Ausblick und kann sich die berühmten eckigen Torten schmecken lassen.
Um Westerstede zu verlassen, biegen wir auf der Oldenburger Straße an der Ampel links ab zum Hössen-Sportzentrum. Zwei Ampeln danach geht es links nach APEN weiter. Wenn Sie hier an der letzten Kreuzung geradeaus zum Sportzentrum fahren, aber gleich rechts auf die Schotterwiese abschwenken, sind Sie an einem weiteren Westersteder WOMO-Stellplatz angelangt.

### (245) WOMO-Badeplatz: Westerstede 2 - Hössenbad

**GPS:** N 53°15'07.8" E 07°54'55.7"; Max-Eyth-Straße. **Max. WOMOs:** 5.
**Ausstattung/Lage:** gebührenfrei, Schotterrasen, Spielplatz mit Bank, Mülleimer, straßennah, Einkaufsmarkt in der Nähe / Ortsrand.
**Zufahrt:** In Westerstede aus dem Zentrum Richtung Apen fahren, an der Ampelkreuzung geradeaus zum Hössenbad, der Stellplatz ist gleich rechts.
**Sonstiges:** Nähe zum Hallenfreibad „Hössenbad", Öffnungszeiten unter www.hoessen.de).

Auf der Hauptstraße rollen wir nach APEN hinein.
Im Haus Nr. 212 ist das **Schinkenêum**, das Schinkenmuseum (geöffnet April bis September mittwochs bis samstags 9-13 Uhr und mittwochs bis freitags 15-18 Uhr, geringer Eintritt, www.schinkenmuseum.de). Parkplätze für eine Museumsbesichtigung haben wir am Viehmarktplatz gefunden, nach 200 m bei der Linkskurve der Hauptstraße auf der rechten Seite.

## (246) WOMO-Stellplatz: Apen

**GPS:** N 53°13'05.8" E 07°48'09.2"; Hauptstraße. **Max. WOMOs:** 5.
**Ausstattung/Lage:** gebührenfrei, gepflastert, an Bushaltestelle / im Ort.
**Zufahrt:** Siehe Text.
**Sonstiges:** V+E siehe S. 326 Stellplatz (247).

### Schinkenêum

Als wir nach dem Betätigen der Türklingel einen Moment warten müssen, nehmen wir schon den Geruch war, der uns später durch das ganze Haus begleiten wird. Es duftet nach geräuchertem Schinken, der Gedanke daran lässt uns das Wasser im Mund zusammenlaufen.
Man spürt seine ansteckende Begeisterung sofort, wenn er die Tür öffnet. **Arnd Müller** ist der Herr über das geheimnisvolle Reich, in dem aus 36 Pfund schweren Keulen des Bunten Bentheimer Landschweins in 12 bis 29 Monaten (davon ein halbes Jahr im Rauch) durch die Zugabe von Tiefensalz aus der Göttinger Saline Luisenhall, etwas Zucker und sehr viel Erfahrung edle Schinken reifen.

In seinem Büro mit dem alten Familiensofa erzählt er von seinen Vorfahren, die schon 1748 mit der Schinkenräucherei begannen, von der Qualität des Fleisches, die entscheidend für den Charakter des Schinkens ist und vom Ammerländer Klima, welches im Wechsel der Jahreszeiten Einfluss auf den Geschmack hat.
Als Herr Müller schließlich im dunklen Reiferaum fast liebevoll über die durch Stoffbeutel geschützten, an der Decke hängenden Schinken streicht, merken wir, dass dies hier mehr als nur Arbeit für ihn ist. Wir wissen schon, bevor wir uns ein Stück des zarten Schinkens auf der Zunge zergehen lassen dürfen, dass seine Berufung darin besteht, ursprünglichen Geschmack verbunden mit höchster Qualität hervorzubringen.

Ein kleiner Abstecher lohnt sich nun, wenn Sie Lust auf eine Abkühlung im Freibad verspüren oder in einem stilvollen, alten Landgasthof ihren Hunger stillen möchten. Nicht weit von diesem Stellplatz entfernt bietet die Stadt Apen am Klärwerk eine V+E für uns Wohnmobilisten an.

### (247) WOMO-Badeplatz: Hengstforde Freibad

**GPS:** N 53°13'07.3" E 07°47'11.9"; Wallstraße. **Max. WOMOs:** 10.
**Ausstattung/Lage:** gebührenfrei, befestigte Wiese an Bahnlinie und Straße, Infotafel, Freibad gegenüber / außerorts.
**Zufahrt:** Aus Apen heraus der Ausschilderung nach rechts zum Freibad Hengstforde (geöffnet Mai bis August montags bis freitags 6:30-8 Uhr und 10-20 Uhr, samstags und sonntags 10-19 Uhr, geringer Eintritt, www.apen.de) und der Hengstforder Mühle folgen.
**Sonstiges:** V+E 100 m vor dem Stellplatz auf der anderen Seite der Straße am Klärwerk, Schlüssel (gegen Pfand) und die genaue Anfahrtsbeschreibung an der Kasse des Freibads.

Die komplett aus Holz bestehende **Hengstforder Mühle**, die Eigentum der Gemeinde Apen ist und auf eine 250-jährige Tradition zurückblicken kann, wird heute vom Mühlenverein der Gemeinde betreut. Das angrenzende Müllerhaus ist Privateigentum, denkmalgeschützt und als Hotel und Restaurant verpachtet, in dem man mit traditionellen ammerländischen Gerichten bewirtet wird. Nicht zuletzt durch die idyllische Lage am Aper Tief sind Mühle und Gaststätte beliebte Ausflugsziele in dieser Region, www.hengstfordermuehle.de.
An der Ampel in Apen müssen wir nach Bad Zwischenahn links abbiegen.

### (248) WOMO-Badeplatz: Karlshof

**GPS:** N 53°11'17.9" E 07°52'07.0"; Eichenweg. **Max. WOMOs:** 5.
**Ausstattung/Lage:** gebührenfrei, Wiese, am Badesee, Restaurant und Café „Zur Pferdebahn" (geöffnet mittwochs bis sonntags ab 12 Uhr, www.zur-pferdebahn.de) / außerorts.
**Zufahrt:** Aus Apen heraus links Richtung Bad Zwischenahn, nach 6 km rechts Richtung Barßel, nach 600 m links in den Eichenweg fahren, Parkplatz rechts am Restaurant vorbei.

Die Straße nach Bad Zwischenahn führt mitten durch die Ammerländer Baumschulenlandschaft hindurch. Viele der Baumschulen haben sich inzwischen auf Kübelaufzucht spezialisiert, vielleicht finden Sie noch eine Pflanze für Ihren Balkon? Bald stellen wir fest, dass die endlosen Baumreihen links und rechts der Straße zur **Baumschule Bruns** gehören.

**Baumschule Bruns**

Diese 1876 als Gärtnerei gegründete Baumschule ist eine der größten Europas. Mehr als 300 Mitarbeiter arbeiten auf dem 500 ha großen Firmengelände des Chefs Jan-Dieter Bruns. Besonders spezialisiert hat sich die Firma auf den Export sogenannter Großbäume, die bis zu 14 m hoch und in der Krone 8 m breit sind. Ob für das Londoner Olympiastadion, den Berliner Reichstag, die Hamburger HafenCity oder die Autostadt Wolfsburg, im Zuge der Innenstadtbegrünungen der Städte Moskau und Stockholm oder der Begrünung des gesamten Eurodisney-Parks bei Paris, Bruns lieferte Tausende Bäume, deren Einzelwert schon manchmal an den eines Kleinwagens heranreichen kann. So wundert es niemanden, dass viele Prominente, wie z. B. Jil Sander, Kurt Masur oder Günther Fielmann, zu seinen Kunden zählen.

Das Busreiseunternehmen Primo Reisen Pfeiffer bietet von Mai bis Ende September zweimal monatlich eine 3-stündige Fahrt „Ammerländer Baumschulen“ mit geführten Besichtigungen der Baumschulen Bruns und Stöckmann sowie dem Gristeder Park (Rhodo-Park der Fa. Bruns) an (Achtung wechselnde Tourstrecken, Infos unter Tel.: 04403-3100, Anmeldung weit im Voraus notwendig). Diese Firma betreibt auch die Buslinie 377, den „Meerbus“, welcher an den Wochenenden und Feiertagen stündlich zwischen 10 und 18 Uhr rund um das Zwischenahner Meer fährt und damit die Besucher aus Bad Zwischenahn mit Stopps an insgesamt 22 Haltestellen bequem zum Park der Gärten, zum Seeschlösschen in Dreibergen auf der anderen Seeseite, zur Spielbank Bad Zwischenahn und wieder zurück zum WOMO bringt.

An der nächsten Ampel rollen wir geradeaus weiter nach ROSTRUP zum **Park der Gärten** (geöffnet Mai bis Anfang Oktober 9:30-18:30 Uhr, Ausgänge offen bis 21:45 Uhr, keine Hunde, Eintritt, Kinder frei, www.park-der-gaerten.de).

**(249) WOMO-Stellplatz: Park der Gärten**

**GPS:** N 53°11'58.6" E 07°59'32.0"; Elmendorfer Straße. **Max. WOMOs:** 40.
**Ausstattung/Lage:** Gebühr, Strom, Wasser, Mülleimer, befestigt, / außerorts.
**Zufahrt:** Aus allen Richtungen den Ausschilderungen zum Park der Gärten folgen, vor Parkplatz P1 ist der Stellplatz für die WOMOs.

**Park der Gärten**

Der 140.000 m² große Park wurde auf dem Gelände der Lehr- und Versuchsanstalt für Gartenbau und des niedersächsischen Gartenkulturcentrums für die erste niedersächsische Landesgartenschau im Jahr 2002 angelegt und nach dieser in „Park der Gärten" umbenannt. Eingebunden in die Parkanlage ist einer der umfangreichsten Rhododendronparks Europas mit über 2000 Rhododendronsorten. Pflanzenliebhaber können durch 42 Themengärten wandeln, an geführten Rundgängen teilnehmen oder Garten- und Kulturveranstaltungen besuchen, wobei die „Mystischen Nächte" sicher ein besonderes Erlebnis darstellen.
Kaum zu glauben, dass dieser ruhige und inspirierende Ort früher das Gelände eines Militärflughafens war!

Links geht unsere Fahrt weiter, immer auf der Hauptstraße bis zur T-Kreuzung. Dort halten wir uns rechts Richtung GRISTEDE. Am Kreisverkehr nehmen wir die dritte Ausfahrt nach WIEFELSTEDE und finden nach 1,5 km links einen Wanderparkplatz im Wald [**250:** N 53°13'46.8" E 08°04'46.0"].
Schräg rechts gegenüber ist der exzellente **Rhododendronpark der Fa. Bruns** (die mit der riesigen Baumschule), der ganzjährig kostenfrei besichtigt werden kann, allerdings im Mai während der Rhododendronblüte am sehenswertesten ist. Auf dem Weg zurück zum Kreisverkehr halten wir beim **Hofladen Eytjehof**, wo wir uns immer wieder gern mit hausmännischer WOMO-Kost, wie eingekochten Kohlrouladen, Kohlrabi-Möhren-Eintopf im Glas und anderen Konserven eindecken.

Beim Kreisverkehr fahren wir geradeaus nach BAD ZWISCHENAHN an der **Salzmühle der Fa. Rügenwalder** vorbei. Wir orientieren uns zuerst an der Ausschilderung zur Ortsmitte, vor der Unterführung halten wir uns rechts in die Straße „Am Hogen Hagen".

Fast am Ende des Ortes schwenken wir rechts in die Straße „Am Badepark", in der weiter hinten der WOMO-Stellplatz ist, meist unübersehbar aufgrund der großen Anzahl an Mobilen. Bad Zwischenahn ist wegen der vielen Kureinrichtungen ein beliebtes Ziel der WOMO-Fahrer.

### (251) WOMO-Badeplatz: Bad Zwischenahn

**GPS:** N 53°11'14.2" E 08°00'01.6"; Am Badepark. **Max. WOMOs:** >10.
**Ausstattung/Lage:** Gebühr, V+E, Strom, am Badepark (geöffnet Mai bis Mitte September, ermäßigter Eintritt mit Kurbeitrag auf Parkticket, variable Öffnungszeiten, www.bad-zwischenahn.de), Innenstadtnähe, Mülleimer / im Ort.
**Zufahrt:** Siehe Text.

Sicher lassen Sie es sich nicht nehmen, durch diesen im Jahr 1124 gegründeten hübschen **Kurort** zu bummeln. Besonders bei schönem Wetter ist es wunderbar, auf der Promenade am See in der Sonne zu sitzen und das rege Treiben auf sich wirken zu lassen. Man trifft sich hier zum Kuren, Essen und einfach nur so, die Leute kommen aus Bremen, aus Leer und von weiter her, um dieses Flair zu genießen. Haben Sie einen längeren Aufenthalt eingeplant, folgen Sie uns bitte auf unserer Tour rund um das **Zwischenahner Meer**.

### Fahrradtour um das Zwischenahner Meer

(ca. 1,5 Stunden ohne Rast, 16 km)

Vorweg bemerkt, diesen Rundweg kann man auf jeden Fall auch zu Fuß gehen. Das haben wir schon unzählige Male getan, meist im Winter, an frostigen aber sonnigen Tagen, wenn wir frische Luft schnappen und Licht tanken wollten. Dann war der Boden gefroren und gut begehbar. Bei Regenwetter ist der Weg manchmal rutschig, festes Schuhwerk ist zu empfehlen.

Am Stellplatz hinten links neben der Hütte beginnt unser Rundweg. Hier führt ein schmaler Pfad zu den ausgeschilderten Wegen. Wir folgen zuerst der gelben **Beschilderung zum Park der Gärten** (lachendes Z), immer rechts haltend möglichst dicht am See entlang. Haben Sie gutes Wetter, können Sie an vielen Plätzen auf Bänken ausruhen und den herrlichen Blick über das Zwischenahner Meer genießen.

Ab Beginn der Ausschilderung der **Nordic Walking Route** (grün/weiß) folgen wir dieser bis fast um den ganzen See herum. Vom **Anleger Dreibergen** auf der anderen Seeseite können Sie stündlich mit dem Schiff zurück nach Bad Zwischenahn fahren oder aber an Seerundfahrten teilnehmen. Ebenfalls von hier aus sind wir schon, das letzte Mal im knackigen Winter 1995/96, mit den Schlittschuhen über den zugefrorenen See nach Bad Zwischenahn gefahren, um uns dort an den Buden auf dem Eis mit einem heißen Glühwein zu wärmen.

Am **Restaurant „Fährkroog"** muss man vom See weg hoch in Richtung Straße radeln, am Restauranteingang vorbei, und (Achtung!) nach der schilfbedeckten Rundhütte geht die Nordic-Walking-Strecke rechts ab. Jetzt umrundet man rechts herum etwas holperig, vielleicht müssen Sie ein kleines Stück schieben, die drei Berge, welche dem Ort **Dreibergen** seinen Namen gaben. Auf diesen Hügeln stand im Mittelalter eine Ritterburg.

Auf kleinen Stichwegen gelangt man manchmal an den See. Dort endet der Weg oft an einem kleinen Steg, von dem aus ganz Mutige baden gehen könnten. Am **Campingplatz Oeltjen** mit dem **Café „Hüer Hus"** vorbei folgen wir weiter aufmerksam der Nordic Walking Route.

Im **Jagdhaus Eiden**, einem der schönsten Fachwerkhäuser des Ammerlands, befindet sich außer dem Hotel und Restaurant mit eigenem Anleger und privatem Strand auch die **Spielbank Bad Zwischenahn**, das Casino. Im **Apicius**, dem Feinschmecker-Restaurant nebenan, kann man dann das erspielte Geld gleich wieder ausgeben. Beim Zwischenahner Segelclub muss man achtgeben, dass man nicht links am Parkplatz des Clubs weiterfährt, sondern rechts zum Eingang und dann kurz vor diesem links in den Weg einbiegt. An der nächsten Weggabelung rollen wir rechts zum See und weiter an diesem entlang. Dann finden wir unsere Ausschilderung der Nordic Walking Route wieder.

Um die Reha-Klinik herum radeln wir am **Strandcafé** vorbei an den See zurück und weiter durch den **Kurpark**. Hier empfehlen wir, falls sie mit

dem Rad unterwegs sind, abzusteigen, um die anderen Gäste nicht zu stören. Links befindet sich die **Mühle** von Bad Zwischenahn. Sie ist Teil des seit 1910 bestehenden **Freilichtmuseums Bad Zwischenahn**, welches insgesamt aus 14 Häusern mit Nebengebäuden besteht. Neben Bauernhaus, Scheune, Heuerhaus und Schmiede gehört u. a. auch der Spieker (Speicher) dazu, welcher dem Aalrestaurant **Gaststätte Ammerländer Bauernhaus** seinen Namen gab. Ein Besuch im **Spieker** ist eigentlich ein „Muss" bei einem Aufenthalt in Bad Zwischenahn (Reservierungen unter Tel.: 04403-2324). Frisch geräucherten Aal der Aalräucherei Bruns isst man hier, am besten nur mit Schwarzbrot. Den Gästen, die zum ersten Mal da sind, wird gezeigt, wie man dem ganzen Aal fachmännisch die Haut abzieht, um ihn dann mit den Händen zu fassen und genüsslich abzunagen. Zur Freude der Gäste werden die Hände anschließend mit Korn gewaschen, um das Aalfett zu entfernen. Zur Verdauung des Aalfetts im Magen gibt es den Ammerländer Löffeltrunk im Zinnlöffel, den Trinkspruch können Sie sich ja schon einmal vorher einprägen. Und die hochdeutsche Übersetzung gibt es von den Kellnern schmunzelnd dazu.

**Ick seh di!** (Ich seh' dich!) - **Dat freit mi!** (Das freut mich!)
**Ick sup di to.** (Ich proste dir zu.) - **Dat do!** (Das tue!)
**Prost! - Prost!**
**Ick heb di tosapen.** (Ich hab' dir zugeprostet/zugetrunken.)
**Hest'n Rechten drapen!** (Hast' den Richtigen getroffen).

Alternativ zu diesem Weg über die **Uferpromenade** können Sie auch parallel dazu den Weg durch die Geschäftsstraße nehmen und dort durch die Läden bummeln oder in den Restaurants einkehren.
Unser Weg führt im großen Bogen um das Hansen's Restaurant im Alten Kurhaus mit dem Rosengarten herum, ein wunderschön restauriertes Haus, welches nicht nur abends bei gemütlicher Beleuchtung sehr einladend ausschaut. Bei der Kirche verlassen wir unsere Nordic Walking Route, fahren über den Platz mit dem riesigen **Wels** zur Hauptstraße vor, der wir ein Stück um die Ecke folgen müssen, um schließlich rechts zum Schwimmbad und unserem Stellplatz abzubiegen.

Wie schon so oft zieht es uns am Abend noch einmal an den See. Ein kurzer Spaziergang, und wir sitzen ein bisschen wehmütig auf einer Bank im Kurgarten und schauen auf das schwarze Wasser, in dem sich der Mond spiegelt. Hier endet unsere 10. Tour, das Ende unserer Reise rückt näher. Morgen starten wir zu der 11. und letzten Etappe, welche uns zu unserem Startpunkt nach Schüttorf zurückführen wird. Jetzt aber genießen wir noch einen Moment die frische Luft und, Sie wissen es bereits, atmen ein paar Male tief durch.

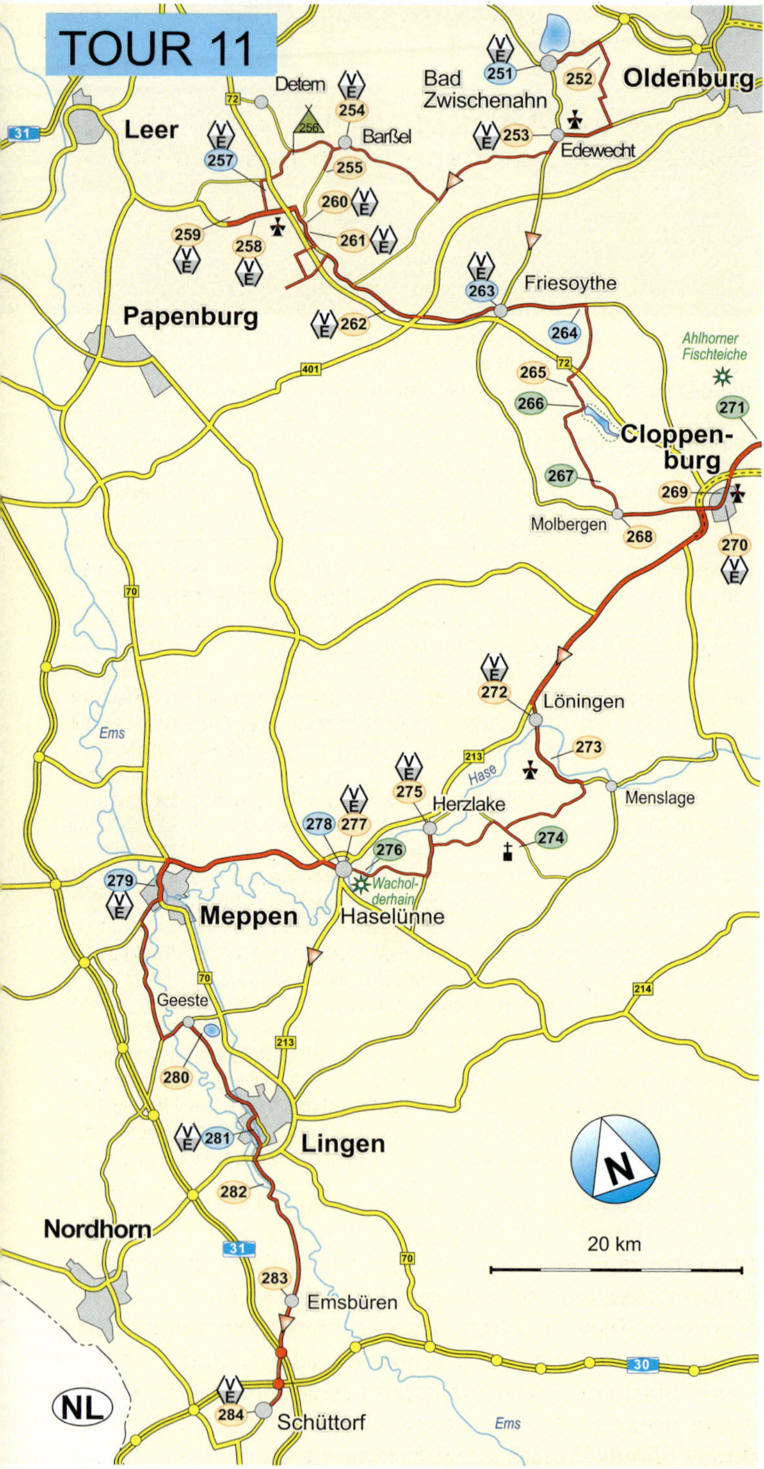
TOUR 11
Detern
Bad Zwischenahn
Oldenburg
Leer
Barßel
Edewecht
Papenburg
Friesoythe
Ahlhorner Fischteiche
Cloppen-burg
Molbergen
Löningen
Ems
Hase
Menslage
Herzlake
Wacholderhain
Meppen
Haselünne
Geeste
Lingen
Nordhorn
Emsbüren
NL
Schüttorf
20 km
N
251
252
253
254
255
256
257
258
259
260
261
262
263
264
265
266
267
268
269
270
271
272
273
274
275
276
277
278
279
280
281
282
283
284
31
72
401
70
213
214
30

## TOUR 11 (ca. 270 km / 10 Tage)

### Bad Zwischenahn - Barßel - Cloppenburg - Haselünne - Meppen - Lingen - Schüttorf

| | |
|---|---|
| **Freie Übernachtung:** | Bad Zwischenahn, Elisabethfehn, Friesoythe, Bösel, Thülsfelder Talsperre, Dwergte, Mollbergen, Cloppenburg, Lastrup, Börstel, Herzlake, Haselünne, Geeste, Lingen, Emsbüren, Schüttorf. |
| **Campingplätze:** | Elisabethfehn. |
| **Ver-/Entsorgung:** | Edewecht, Barßel, Idafehn, Rhauderfehn, Strücklingen, Scharrel, Friesoythe, Cloppenburg, Löningen, Herzlake, Haselünne, Meppen, Lingen, Schüttorf. |
| **Baden:** | Idafehn, Friesoythe, Thülsfelder Talsperre, Freibad Haselünne, Emsbad Meppen, Speicherbecken Geeste, Linus Lingen, Freibad Schüttorf. |
| **Besichtigen:** | Aalräucherei Friedrich Bruns Bad Zwischenahn, Moormuseum Elisabethfehn, Johanniterkapelle Bokelesch, Postgeschichtliches Museum Friesoythe, Tier- und Freizeitpark Thüle, Thülsfelder Talsperre, Museumsdorf Cloppenburg, Stift Börstel, Torfwerk Herzlake, Kornbrennereien Haselünne, Meppen, Emslandmuseum Lingen, Fa. Emsflower und Heimathof Emsbüren, Schüttorf. |
| **Wandern/Fahrradtour:** | Thülsfelder Talsperre, Ahlhorner Fischteiche, Umrundung Hahnenmoor, Wacholderhain Haselünne. |
| **Essen:** | „To'n Smoortaal" (Aalräucherei Bruns) Bad Zwischenahn, „Café am Siel" Rhauderfehn, „Strücklinger Hof" Strücklingen, „Schutemühle" bei Löningen, „Torfwerkcafé" bei Herzlake, Café „Theo-Lingen-Haus" und Landgasthof „Elberger Schlipse" Lingen, Frühstücksbufett Emsflower Emsbüren, Ice-Bar Schüttorf. |

Haben Sie in Ihrem WOMO auch so eine Kiste, in der Sie alle Urlaubsandenken und Mitbringsel verstauen?
In unserer Kiste sind inzwischen schon viele Dinge zusammengekommen, ein Stück Torf aus der Grafschaft Bentheim, niederländischer Käse, Ostfriesentee, eine Boßelkugel, Muscheln, Storchenfedern aus der Wesermarsch, Fährtickets, diverse Eintrittskarten, USB-Sticks mit über tausend Fotos,

Ammerländer Schinken, und ab jetzt ist noch ein Bad Zwischenahner Räucheraal darin. Den haben wir soeben aus der **Aalräucherei Bruns** geholt, die außer dem leckeren Mittagstisch (11-15 Uhr) auch einen Stellplatz für uns bereithält. Um dorthin zu gelangen, muss man sich in Bad Zwischenahn Richtung OLDENBURG halten. An der Einfahrt zur Firma „Rügenwalder Mühle" vorbei biegt man bei der nächsten Gelegenheit rechts ab. Hier an der Ecke sind der Fischverkauf (mit Versand) sowie das Bistro der Aalräucherei (geöffnet montags bis freitags 9:30-18 Uhr, samstags 9-15 Uhr und sonntags 11-14 Uhr, Fischgerichte-Mittagstisch).
Fährt man die Straße weiter, gelangt man zu den Firmengebäuden, der Produktionshalle und dem Parkplatz davor, auf dem WOMOs über Nacht stehen können.

### (252) WOMO-Stellplatz: Aalräucherei Bruns

**GPS:** N 53°10'40.0" E 08°04'07.7"; Feldlinie. **Max. WOMOs:** 3.

**Ausstattung/Lage:** gepflastert, straßennah / Ortsrand.
**Zufahrt:** Aus Bad Zwischenahn auf der Oldenburgerstraße Richtung Oldenburg bis zum Bistro „To'n Smoortaal", dort rechts Richtung Kayhauserfeld abbiegen, nach ca. 600 m auf der Straße „Feldlinie" rechts.
**Sonstiges:** Räucheraal-Geruch, Erwerb von Fisch möglich, Führungen durch den Betrieb.

### Besichtigung derAalräucherei

Die Firma Bruns bietet einstündige Besichtigungen ihrer Räucherei an, für mindestens acht Personen, kostenlos bei anschließendem Imbiss, ansonsten für 3 EUR pro Person. Die Termine werden individuell festgelegt. Sind Sie weniger als 8 Personen, können Sie sich einer Gruppe anschließen. Fragen Sie einfach unter Tel.: 04403-938614 oder im Firmenbüro am Stellplatz nach.
Die Besichtigungstour beginnt in einem extra für Besuchergruppen eingerichteten Raum der Firma mit einer Erläuterung eines Mitarbeiters und einem kurzen Film über die Arbeitsabläufe in der Räucherei. Dabei erfährt man, dass der Aal zum Laichen nach Mittelame-

rika schwimmt, dort stirbt und die Nachkommen, die 2 mm kleinen Weidenblattlarven, sich in drei Jahren nach Europa treiben lassen, wo sie in Spanien und Frankreich als Glasaale gefangen und verkauft werden. In den Aalmästereien erreichen sie in spätestens zwei Jahren schon ein Gewicht von 300-400 g, mit dem sie geschlachtet werden können.
Die Aalräucherei Bruns bezieht ihren schlachtreifen Aal aus den Niederlanden, jährlich ca. 120 t, und verarbeitet ihn hier weiter, ebenso 120 t Zuchtlachs, der aus Norwegen geliefert wird.
Auch im Zwischenahner Meer gibt es immer noch Aale, die allerdings für den Mengen-Bedarf dieser großen Räucherei niemals ausreichen würden. Die **Fischerei Rabben** auf der anderen Seite des Zwischenahner Meeres räuchert als inzwischen einziger Betrieb seit 350 Jahren selbst gefangene Aale aus dem Zwischenahner Meer, sehr traditionsbewusst in uralten Räucheröfen. Man kann diese Firma ebenfalls besichtigen (Anmeldungen und Infos unter Tel.: 04403-8342 oder www.fischrei-rabben.de, Führungen, auch für Einzelpersonen).
Wir verlassen den Raum für einen Rundgang durch die Produktionsräume, bestaunen die riesigen Räucheröfen und die Maschinen zum Schlachten und Ausnehmen der Fische. Die Führung endet mit einer Aalverkostung und natürlich einem Löffeltrunk.
Wenig später bringen wir, immer noch beeindruckt von der riesigen Menge Räucheraal, die diese Traditionsfirma jährlich produziert, den leckeren Rauchgeruch mit ins WOMO und können die Kinder beruhigen. Wir haben so nebenbei gelernt, dass der Aal, entgegen allen Gerüchten, kein Aasfresser ist. Und, dass man ihn nicht züchten kann, obwohl er einer der ältesten Fische der Welt ist, schon seit mehreren Mio. Jahren in unveränderter Form.

Vom Stellplatz geht es immer geradeaus Richtung PETERSFELD. Nach 1200 m, in einer Linkskurve, schwenken wir rechts in den Birkenweg. Wir lassen die letzten bewundernden Blicke über die endlosen Gehölzreihen der Baumschulen schweifen, bevor wir das Ammerland verlassen. An der T-Kreuzung biegen wir rechts auf den Portsloger Damm und an der nächsten Kreuzung in die Alpenrosenstraße. Inzwischen mischen sich bereits Torfabbaufelder zwischen die letzten Rhododendronanpflanzungen.

An der großen Hauptstraße geht es rechts auf dem Jeddeloher Damm weiter. In EDEWECHT biegen wir an der letzten Ampelkreuzung nach FRIESOYTHE ab. In entgegengesetzter Richtung findet man die **Kokermühle**, einen Nachbau dieses Windmühlentyps, dessen Original wir später im Museumsdorf Cloppenburg zu Gesicht bekommen werden. Rollt man an der Ampel aber geradeaus, landet man direkt auf dem WOMO-Stellplatz neben dem Rathaus.

**(253)**
**WOMO-Stellplatz: Edewecht**

**GPS:** N 53°07'43.1" E 07°58'52.7"; Rathausstraße.
**Max. WOMOs:** >10.
**Ausstattung/Lage:** Gebühr, V+E, Strom, Müllentsorgung, beleuchtet, schattig, Einkaufsmärkte in der Nähe / im Ort.
**Zufahrt:** Aus Richtung Petersfeld an der letzten Ampelkreuzung in Edewecht zum Rathaus geradeaus.

Wir staunen über die vielen Einkaufsmärkte in diesem sonst eher nüchternen Ort, in dem sich, wie wir beim Weiterfahren feststellen, die Fa. Meica niedergelassen hat.
An der Ampelkreuzung hinter der star-Tanke rollen wir rechts auf die L 829 und auf dieser hinein ins **Saterland**, der Heimat der kleinsten in Deutschland anerkannten Sprachminderheit, der **Saterfriesen**. Diese stammen von den Ostfriesen ab und haben sich bis heute die alte Friesische Sprache bewahrt. So kommt es, dass wir überall auf eine zweisprachige Ausschilderung treffen, auch die Ortsschilder zeigen den Saterfriesischen Namen der Gemeinden mit an.
Zur Veranschaulichung der Sprache hier ein kurzes Beispiel, obwohl sich der Sinn dieses Sprichwortes, nimmt man es wörtlich, ausnahmsweise mal nicht auf uns Wohnmobilisten übertragen lässt. „Die like Wai is die bääste."-„Der gerade Weg ist der beste."
Vorbei an der Mühle mit Gasthof in Westerscheps biegen wir nach HARKEBRÜGGE links in die Kortenmoorstraße ein. Am Kreisverkehr in Harkebrügge geht unsere Tour Richtung BARßEL weiter.
In Harkebrügge selbst finden wir, wenn wir bei der Apotheke links in die Straße „Zum Walde" fahren und nach der Brücke rechts abbiegen, auf der linken Seite den **Barfußpark** (geöffnet von Mai bis Mitte Oktober mittwochs und donnerstags 12-18 Uhr, freitags bis sonntags 10-18 Uhr, Eintritt, www.barfusspark-harkebruegge.de). Hier können die Besucher an 40 Stationen barfuß durch den Wald gehen und das Gefühl von unterschiedlichen Materiealien unter den Füßen erleben. Zusätzlich gibt es 25 Info-Tafeln mit Wissenswertem über den Wald. Barfußlaufen soll gut für die Gesundheit sein, Stress abbauen, den Halteapparat der Füße und das Herz-Kreislaufsystem stärken und die Verbindung zur Natur herstellen. Warum also nicht einmal ausprobieren?!

**(254) WOMO-Stellplatz: Barßel**

**GPS:** N 53°10'05.1" E 07°44'00.5". **Max. WOMOs:** >10.
**Ausstattung/Lage:** Gebühr, V+E, Strom, zweiteilig (Waldwiese und Hafen), WC, Dusche, Waschmaschine, Trockner, Paddel- und Pedalstation / im Ort.
**Zufahrt:** In Barßel der Ausschilderung zum WOMO-Stellplatz folgen.

Der Stellplatz in Barßel ist unter den Wohnmobilfahrern aufgrund seiner Lage direkt am Hafen der Soeste sehr beliebt und deshalb auch immer gut besucht. Der Leuchtturm gegenüber ist eine Nachbildung des Leuchtturms „Roter Sand" in der Außenweser vor der Insel Wangerooge. Aber auch vom 12 m hohen Aussichtsturm am Stellplatz kann man sich einen prima Überblick über die Umgebung mit den schönen Wanderwegen am Deich entlang verschaffen. Die Wasserwege rund um Barßel sind ohne Schleusen mit der Nordsee verbunden, der Tidenhub beträgt hier immerhin noch 90 cm.
Weiter geht die Fahrt am Barßeler Hallenbad vorbei Richtung ELISABETHFEHN und dort nach der Brücke links zum **Moor- und Fehnmuseum** im 1896 erbauten ehemaligen Kanalwärterhaus, in dem die Geschichte des Moores und Torfabbaus mit viel Liebe zum Detail dargestellt wird. Auf dem Freigelände bestaunen wir eine große Anzahl von Torfgroßgeräten und haben viel Spaß beim Moortreten im Moorlehrgarten.

In der Teestube müssen sie unbedingt die typischen Bookweitenpannkooken „Jan Hinnerks" (Buchweizenpfannkuchen mit Mettwurst, Speck und Sirup) probieren, und auch der nach einem alten Familienrezept des ortsansässigen Apothekers hergestellte Mooro-Likör aus dem Museumslädchen wartet auf Ihre Verkostung. Öffnungszeiten des Museums: April bis Oktober dienstags bis sonntags 10-18 Uhr, Eintritt, Teestube samstags- und sonntagsnachmittags, www. fehnmuseum.de.

### (255) WOMO-Stellplatz: Elisabethfehn

**GPS:** N 53°09'05.7" E 07°42'42.5"; Oldenburger Straße. **Max. WOMOs:** 2.
**Ausstattung/Lage:** gebührenfrei, Museumsparkplatz, gepflastert, beleuchtet, Mülleimer, Café anbei / im Ort.
**Zufahrt:** Nach der Brücke in Elisabethfehn links zum Moor- und Fehnmuseum fahren, gleich auf der rechten Seite ist die Einfahrt zum Museumsparkplatz.

Zurück in Barßel verlassen wir auf der Straße am Stellplatz vorbei den Ort und biegen ein paar Minuten später bei der Ausschilderung zum WOMO-Stellplatz in die Klosterstraße ein. Nachdem wir den Elisabethfehnkanal überquert haben, finden wir den Stellplatz hinter dem Campingplatz links.

**(256) WOMO-Campingplatz-Tipp:**
**Orts- und Verschönerungsverein Elisabethfehn e. V.**

**GPS:** N 53°10'04.9" E 07°40'45.1"; Waldstraße 2.
**Ausstattung/Lage:** Komplettausstattung, 22 WOMO-Stellplätze, Pool, Kiosk, Spielplatz / außerorts.
**Kontakt, Buchung und Infos über Öffnungszeiten und Preise:**
Heinz Rhauderwiek, Tel.: 04499-1202, www.elisabethfehn-camping.de.
**Zufahrt:** Siehe Text.

Daran vorbei geht die Straße über die **Sagter Ems**, die bis ins 19. Jh. hinein der einzige Weg ins von Mooren umgebene Saterland war, ein Handelsweg mit Häfen und Werften und regem Schiffsverkehr. Heute ist sie ein Freizeitparadies für Angler und Wassersportler.
Kurz vor der Kreuzung, an der wir geradeaus Richtung Holterfehn fahren, finden wir in Bokelesch links die kleine, kulturhistorisch sehr wertvolle, 600 Jahre alte **Johanniterkapelle** des ehemaligen Klosters des Johanniter-Ritter-Ordens, die außer mittwochs täglich zu besichtigen ist.

Es wird Zeit für eine Abkühlung, die wir bei einem Bad im **Idasee** in Idafehn finden. Der 10 ha große Baggersee bietet neben Strand und Gastronomie u. a. eine Wasserskiseilbahn mit Wakeboardfunpark und einen Wanderweg rund um den See für eine aktive Freizeitgestaltung.

## (257) WOMO-Badeplatz: Idafehn

**GPS:** N 53°09'18.7" E 07°38'32.9"; Oldenburger Straße. **Max. WOMOs:** 2.
**Ausstattung/Lage:** Gebühr, Wiese, Stellplatz am CP, Ausstattung CP, V+E, Strom, Badesee / im Ort.
**Zufahrt:** Nach der Johanniterkapelle in Holterfehn geradeaus, unter der B72 hindurch, nach 300m links in Straße „Idafehn Nord" abbiegen, nach 400m ist links der Stellplatz.

Weiter auf der Hauptstraße nach Idafehn/Rhauderfehn und nun kurz wieder in Ostfriesland, im Overledingerland, können Sie vor der Mühle rechts nach WESTRHAUDERFEHN abbiegen. Anhand der Ausschilderungen finden Sie auch dort einen sehr beliebten Wohnmobilstellplatz, den manche Gäste allein wegen der Versorgung mit schmackhaften selbst gebackenen Kuchen und Torten im Eisenbahnwaggon nebenan aufsuchen. Ein paar Kilometer weiter gibt es noch einen idyllisch gelegenen Stellplatz an einer Paddel- und Pedalstation.

## (258) WOMO-Stellplatz: Ostrhauderfehn

**GPS:** N 53°08'17.9" E 07°37'23.9"; Liebigstraße. **Max. WOMOs:** 32.
**Ausstattung/Lage:** Gebühr, V+E, Strom, asphaltiert, Pavillon, Dusche, WC, Müllentsorgung / im Ort.
**Zufahrt:** Vor der Mühle rechts Richtung Westrhauderfehn abbiegen, den Ausschilderungen zum WOMO-Stellplatz folgen.

### (259) WOMO-Stellplatz: Westrhauderfehn

**GPS:** N 53°08'18.7" E 07°35'16.3"; Am Siel. **Max. WOMOs:** >10.
**Ausstattung/Lage:** Gebühr, V+E, Strom, Wiese, beleuchtet, Paddelbootverleih, „Café am Siel" / Ortsrand.
**Zufahrt:** Vor der Mühle rechts Richtung Westrhauderfehn abbiegen, auf der B 438 Richtung Leer, am Kreisverkehr geradeaus, vor Klappbrücke rechts am Kanal entlang bis zur Paddel- und Pedalstation fahren, auf deren Gelände sich die WOMO-Stellplätze befinden.
**Kontakt:** Dieter Anneken, Tel.: 04952-921441 oder 0174-9937338.

Wir rollen an der Kreuzung bei der Mühle jedoch links nach STRÜCKLINGEN (saterländisch: Struckeltje). Die Strecke führt uns unter der B 72 hindurch zu einem Kreisverkehr, den wir an der 1. Ausfahrt verlassen, um die zwei schönen und idyllisch an der Sagter Ems gelegenen Stellplätze zu erreichen.

### (260) WOMO-Stellplatz: Strücklingen 1 - Strücklinger Hof

**GPS:** N 53°07'41.4" E 07°40'08.6"; Hauptstraße. **Max. WOMOs:** >10.
**Ausstattung/Lage:** Gebühr, V+E, Strom, Wiese, Mülleimer, Picknickbänke, WC, Dusche, Grillplatz und -hütte, Paddel- und Pedalstation, Restaurant „Strücklinger Hof" / im Ort.
**Zufahrt:** Gleich nach dem Ortseingangsschild links „Strücklinger Hof", an linker Seite nach hinten durchfahren, um das Gebäude herum, dort direkt an Sagter Ems sind die Stellplätze.
**Kontakt:** www.struecklinger-hof.de.

**(261) WOMO-Stellplatz: Strücklingen 2 - Sagter Ems**

**GPS:** N 53°07'17.2" E 07°40'05.1"; Hauptstraße. **Max. WOMOs:** >10.
**Ausstattung/Lage:** Gebühr, V+E, Strom, Wiese, Mülleimer, Picknickbänke, WC, Dusche, Grillkota, Waschmaschine, Trockner, E-Bike-Vermietung / außerorts.
**Zufahrt:** Durch Strücklingen hindurch fahren, vorbei an St.-Georgs-Kirche, gleich hinter dem Ortsausgangsschild ist links der Stellplatz.
**Kontakt:** Tel.: 0157-34441988.

Unsere Tour führt vorbei am **Motodrom Ramsloh**, wo einer Wettfahrt mit den kleinen Karts nichts im Wege stehen sollte. Bei Wettkampflaune und Regenwetter besteht die Möglichkeit, in Ramsloh den Kreisverkehr an der um 1900 erbauten, neugotischen St.-Jakobus-Kirche an der 2. Ausfahrt zu verlassen und danach bei der ersten Möglichkeit rechts zum **Kart-Sport-Centrum** in die Industriestraße einzubiegen, wo Indoor-Karting angeboten wird.

In Ramsloh schwenken wir nach der Feuerwehr rechts in den Fordeweg, um gleich bei der zweiten Möglichkeit links abzubiegen. Rechts sind nun die acht riesigen Masten der Marinefunksendestelle Rhauderfehn zu sehen, welche hier nur „Die Türme" genannt werden. Sie gehören zu den höchsten militärisch genutzten Bauwerken Westeuropas und stehen mit 352,8 m an fünfter Stelle der höchsten Bauwerke Deutschlands. Die Masten sind in einer Entfernung von mehr als 30 km zu sehen. Die Signale dieses NATO-Längstwellensenders sind weltweit und bis zu einer Wassertiefe von 30 m zu empfangen.

An der T-Kreuzung rechts, am Torfwerk vorbei erreichen wir den „Treffpunkt Moorgut" auf der linken Seite, von wo aus die **Moorbahn „Seelter Moorkieker"** ihre Fahrt durch das Saterländer Westermoor aufnimmt (www.moorfahrten.de).
Wieder zurück auf der Moorgutstraße, am Torfwerk vorbei, schaukeln wir rechts über die schmalen Schienen der Moorbahn und passieren den grünen Wellblechunterstand der Modell-Flieger-Gruppe Ostrhauderfehn e. V.
In RAMSLOH lohnt kurz vor den Bahnschienen ein Halt bei Garten Janssen mit schönem Ausstellungsgelände und Mini-ZOO.

Den Kreisverkehr nach den Bahnschienen verlassen wir an der 1. Ausfahrt und rollen Richtung SCHARREL (Skäddel), wo wir am **Maiglöckchensee** einen feinen WOMO-Stellplatz vorfinden.

## (262) WOMO-Stellplatz: Scharrel

**GPS:** N 53°04'13.8" E 07°41'53.2"; Am Sportplatz. **Max. WOMOs:** 25.
**Ausstattung/Lage:** Gebühr, V+E, Strom, Wiese, Mülleimer, WC, Dusche, Waschmaschine, Trockner, Grillhütte, Rundweg um den Maiglöckchensee / im Ort.
**Zufahrt:** In Scharrel ist der WOMO-Stellplatz ausgeschildert.

Nachdem wir Scharrel verlassen haben, bringt uns die Hauptstraße rechts nach Sedelsberg und weiter über die B 401 hinweg über den **Küstenkanal**, der 70 km langen Verbindung der Weser bei Elsfleth mit der Ems bei Dörpen (die dort zum Dortmund-Ems-Kanal ausgebaut wurde).
Wir nehmen nicht die B 72, sondern lassen uns durch die Eichenallee immer dem Verlauf des Kanals folgend nach FRIESOYTHE führen. Wenn man in Friesoythe am Kreisverkehr geradeaus fährt, erreicht man das, nach der Eisen-Stadt Friesoythe benannte, Hallenbad **aquaferrum** (geöffnet montags bis freitags 6-8 Uhr und 14-22 Uhr, samstags und sonntags 10-22 Uhr, Eintritt, www.aquaferrum.de) mit den Stellplätzen für Wohnmobile davor.
Aus Raseneisenerz und Schwarztorf gewann man in Friesoythe schon im Mittelalter Eisenerz, welches man zu schmiedebarem Eisen verhüttete. Friesoythe ist die nördlichste deutsche Stadt im „Ring der Europäischen Schmiedestädte".

## (263) WOMO-Badeplatz: Friesoythe

**GPS:** N 53°00'40.8" E 07°51'42.4"; Thüler Straße. **Max. WOMOs:** 5.
**Ausstattung/Lage:** gebührenfrei, V+E, Strom, gepflastert, leicht schräg, Mülleimer, beleuchtet / im Ort.
**Zufahrt:** Siehe Text.

Hält man sich am Kreisverkehr links, gelangt man in das Stadtzentrum. Gegenüber der großen katholischen **St. Marienkirche**, befindet sich im Haus mit dem Glockenspiel das **Postgeschichtliche Museum**, welches man nach vorheriger Terminvereinbarung (Tel.: 04491-3434 oder 1442) besichtigen kann (kleines Museum für Liebhaber). An der Kreuzung links kommt man zur **Alten Wassermühle** mit dem Kulturzentrum, einem Informations-Zentrum für regenerative Energien.

Am Ortsende von Friesoythe folgen wir der Ausschilderung nach BÖSEL und dort zum kleinen **Hallenbad** (Öffnungszeiten zu erfragen unter Tel.: 04494-922897, geringer Eintritt).

**(264) WOMO-Badeplatz: Bösel**

**GPS:** N 53°00'19.2" E 07°57'35.0"; Jahnstraße. **Max. WOMOs:** 3.
**Ausstattung/Lage:** gebührenfrei, gepflastert, Mülleimer / im Ort.
**Zufahrt:** In Bösel von der Friesoyther Straße rechts in die Jahnstraße abbiegen.

Aus Bösel hinaus überqueren wir die B 72 und fahren nach Ausschilderung zur **Thülsfelder Talsperre**. Der **Tier- und Freizeitpark Thüle**, ein bunter, quirliger Vergnügungspark (geöffnet April bis Oktober 9-18 Uhr, im März nur am Wochenende, Eintritt, www.tier-undfreizeitpark.de) ist besonders in den Ferien ein beliebtes Ausflugsziel für Familien mit kleineren Kindern. Einmal den Eintritt bezahlt, kann man sich den ganzen Tag im Park aufhalten, alle Fahrgeschäfte nutzen und im ZOO spazieren gehen.

Auf der großen Parkplatzwiese nach dem Eingang zum Park haben wir uns früher, als unsere Kinder noch klein waren, so manches Mal mit Freunden getroffen, im Park amüsiert und anschließend hier übernachtet, als die totale Ruhe nach dem großen Ansturm einkehrte.

**(265) WOMO-Badeplatz: Tier- und Freizeitpark Thüle**

**GPS:** N 52°57'17.5" E 07°55'09.1"; Über dem Worberg. **Max. WOMOs:** >10.
**Ausstattung/Lage:** gebührenfrei, Wiese, sonnig / außerorts.
**Zufahrt:** Von der B 72 Ausfahrt nach Middelsten Thüle, nach 700 m links in die Straße „Über dem Worberg", geradeaus bis zum letzten Parkplatz hinten rechts.

An den Parkplätzen vorbei führt eine Pflasterstraße aus Middelsten Thüle heraus. Der folgende Parkplatz Talsperre Nord/ Kletterwald bietet ideale WOMO-Plätze, um den **Kletterwald** zu besuchen oder zu Fuß oder mit dem Rad die Gegend rund um den Staudamm der Thülsfelder Talsperre zu erkunden.

### (266) WOMO-Wanderparkplatz: Thülsfelder Talsperre

**GPS:** N 52°56'23.1" E 07°55'28.3"; Thülsfelder Straße. **Max. WOMOs:** >5.
**Ausstattung/Lage:** gebührenfrei (max. 24 h), Wiese, Picknickbänke, teilweise schattig, ruhig / außerorts.
**Zufahrt:** Vom Stellplatz (265) ca.2,3 km weiter auf den Straße „Über dem Worberg" fahren, dann rechts auf den Parkplatz.
**Sonstiges:** idealer Ausgangspunkt für Rundtour um den See, Kletterwald.

### Fahrradtour rund um die Thülsfelder Talsperre

(11 km, 1-1,5 Stunden mit dem Rad, ca. 3 Stunden zu Fuß)

Wir haben die Tour mit dem Rad gemacht, sind aber auch schon einige Male um den Stausee gelaufen. Falls Sie keine Lust auf eine manchmal schon etwas beschwerliche Geländefahrt haben, empfehlen wir Ihnen diese Tour als Wanderung. Außerdem hat man dann viel mehr Zeit, die schöne Natur wahrzunehmen.
Vom Stellplatz aus finden wir den Zuweg zur Talsperre am **Kletterwald Nord** (geöffnet in den Ferien täglich mind. 10-18:30 Uhr, außerhalb der Ferien von April bis Oktober nur am Wochenende, Eintritt, www.kletterwald-nord.de) rechts hinter der Übersichtskarte, an der man sich vorab über die Wegstrecke, am Katzenberg vorbei und durch die hohe Timpe und den Thülswald zurück, informieren kann.

Stausee der Thülsfelder Talsperre

Wir wählen den orange gestrichelten Weg rund um die Talsperre. Am Kletterwald halten wir uns links, fahren auf den gepflasterten Deichweg hoch und folgen diesem. Rechts geht es zweimal zu Badestellen ab, an der zweiten folgen wir dem Weg hinunter am Strand vorbei. Nun hört der bequeme Pflasterweg auf, ein holpriger Weg über hervorspringende Baumwurzeln und sandigen Waldboden beginnt. Bergauf, bergab strampeln wir bis zur Brücke über den See. Kurz nach der Brückenüberquerung geht es auf dem naturbelassenen Weg zum **Schafstall** rechts weiter. Der wunderbar violett blühende Heideteppich entschädigt uns für die mühevolle Fahrt durch den Sandboden des welligen Geländes. Hier muss man sich einfach Zeit für eine Rast nehmen.
Das kurze Stück auf dem befestigten Weg reicht uns nicht für eine Erholung, schon geht es wieder rechts ab Richtung Schafstall. Keuchend kommen wir am Schafstall an, gerochen haben wir ihn schon vorher. Hier sind die Schafe, die auf den umliegenden Deichen weiden, untergebracht. Nach einem kurzen Stück über Wiese führt unser Weg auf den Deich, auf dem wir nun bequem bis zur Staumauer zurückradeln können. Ab hier ist unser Stellplatz, der Wanderparkplatz Nord, ausgeschildert.

Bei der Parkplatzausfahrt halten wir uns immer rechts, biegen an der T-Kreuzung nach NEUMARKHAUSEN ab, dann links nach MOLBERGEN. Über den glatten Asphalt gleitend lassen wir das Naherholungsgebiet um die Talsperre hinter uns. In DWERGTE findet man einen schönen Übernachtungsplatz, wenn man den unscheinbaren Ausschilderungen links zum Wanderparkplatz am **Waldlehr- und Erlebnispfad „Dwergter Sand"** folgt.

### (267) WOMO-Wanderparkplatz: Dwergte

**GPS:** N 52°53'20.9" E 07°54'55.2"; Große Tredde. **Max. WOMOs:** 3.
**Ausstattung/Lage:** gebührenfrei, ruhig, Wiese, tagsüber Pkw-Wanderparkplatz, Abenteuerspielplatz in der Nähe mit Schutzhütte und Mülleimer / im Ort.
**Zufahrt:** In Dwergte links in die „Große Tredde" fahren, dann 750 m bis zum Wanderparkplatz.
**Sonstiges:** Waldlehrpfad, Rundwanderweg „Dwergter Sand" (3,5 km) mit Picknickplätzen.

Auf der Hauptstraße mit dem **„Debbelers Hofcafé"** haben wir Dwergte verlassen und fahren links nach Molbergen (Stellplatz für drei WOMOs rechts an der Cloppenburger Straße [**268:** N 52°51'24.8" E 07°55'36.2"]), ab dort Richtung CLOPPENBURG.
An der zweiten Ampel in Cloppenburg schwenken wir beim Schützenhaus links in die Kirchhofstraße. Bei der nächsten Ampel muss man links in die Lange Straße abbiegen, um den Wegweisern zum Museumsdorf folgen zu können, auf dessem Parkplatz wir unseren nächsten Übernachtungsplatz finden.

### (269) WOMO-Stellplatz: Cloppenburg 1 - Museumsdorf

**GPS:** N 52°51'09.9" E 08°03'16.7"; Bether Straße. **Max. WOMOs:** 10.

**Ausstattung/Lage:** gebührenfrei, gepflastert, Mülleimer, schattig, nach Schließung des Parks ruhig, stadtnah / im Ort.
**Zufahrt:** Siehe Text, den Ausschilderungen zum Museumsdorf folgen, hintere Reihen auf dem Parkplatz sind für WOMOs ausgezeichnet.

## Museumsdorf Cloppenburg

Für den Besuch des 1934 gegründeten 15 ha großen **Niedersächsischen Freilichtmuseums Museumsdorf Cloppenburg** (geöffnet März bis Oktober 9-18 Uhr, November bis Februar 9-16:30 Uhr, Hunde erlaubt, Eintritt, www.museumsdorf.de) können Sie getrost einen Tag einplanen. Über 50 wieder aufgebaute Originalgebäude verschiedener Zeitepochen zwischen dem 16. und 20. Jh., Bauernhäuser und -höfe, Mühle, Schule, Kirche und mehr, laden zur Besichtigung ein. Beeindruckend, welch' für die damalige Zeit reiche Ausstattung einige riesige Gutsherrenhöfe hatten. In manchen Häusern kann man Handwerkern bei ihrer Arbeit zusehen, in der Bäckerei gibt es Schwarzbrot nach altem Rezept. Auch ein Restaurant ist vorhanden, wir empfehlen allerdings einen Picknickkorb.

### (270) WOMO-Stellplatz: Cloppenburg 2 - Stadtpark

**GPS:** N 52°50'37.7" E 08°02'43.0"; Hagenweg. **Max. WOMOs:** 9.
**Ausstattung/Lage:** Gebühr, V+E, Strom, gepflastert, Mülleimer / im Ort.
**Zufahrt:** Vom Stellplatz (269) links schwenken, an der 2. Ampel links in die Hagenstraße, am Soeste-Bad vorbei nach 250 m rechts in den Hagenweg einbiegen, Parkplatz nach 100 m auf der rechten Seite.
**Sonstiges:** Eingang in die Fußgängerzone.

Vom Stellplatz am Museumsdorf schwenken wir rechts und ziehen zügig auf der B 213 Richtung Ahlhorn bis zum Abzweig zu den Fischteichen (**Teichwirtschaft Ahlhorn**).

Auf dem geraden Asphaltband durch den Wald bilden wir uns ein, schon den Duft der frischen Räucherforellen wahrnehmen zu können. Folglich beschleichen uns ein Hungergefühl und die Vorfreude auf ein leckeres Abendmahl. Der Verkaufsladen und die Räucherei sind ausgeschildert (auch Karpfen, Aal und Wildfleisch im saisonalen Angebot, geöffnet donnerstags 14-16 Uhr und freitags 9-12 Uhr und 14-16 Uhr, 24-Stunden-Räucherfischautomat, www.teichwirtschaft-ahlhorn.de).

**(271) WOMO-Wanderparkplatz: Ahlhorner Fischteiche**

**GPS:** N 52°55'27.6" E 08°08'19.6"; Am Karpfen. **Max. WOMOs:** 2-3.
**Ausstattung/Lage:** gebührenfrei, im Wald, einsam, Schotter, Picknickbänke, Übersichtskarte für Wanderungen um die Fischteiche / außerorts.
**Zufahrt:** Auf der B 213 Richtung Ahlhorn, Abzweig zu den Fischteichen, geradeaus auf Wanderparkplatz, 500 m weiter (rechts halten) ist der Fischteichehof.

Auf der B 213 geht es nun zurück in entgegengesetzter Richtung, an Cloppenburg vorbei, Richtung Lingen. Ca. 25 km hinter Cloppenburg biegen wir nach LÖNINGEN-Nord ab, fahren in die Stadt hinein und halten uns am Kreisverkehr geradeaus. Wenn man am Reisebüro rechts schwenkt, gelangt man am ALDI vorbei zum WOMO-Stellplatz auf der linken Seite.

### (272) WOMO-Stellplatz: Löningen

**GPS:** N 52°43'54.2" E 07°45'26.6"; Angelbecker Straße. **Max. WOMOs:** >10.
**Ausstattung/Lage:** Gebühr, V+E, Strom (Anmeldung und Schlüssel für Stromkasten bei der Tourist-Info), Dusche und WC in nahem Freibad), gepflastert, stadtnah, Spielplatz, Altglasentsorgung / im Ort.
**Zufahrt:** Siehe Text, rechts am Reisebüro in die Tabbenstraße, 350m bis zum Stellplatz.
**Sonstiges:** samstags Disco in der Nähe, Lärmbelästigung möglich.

Bei der Ausfahrt vom Stellplatz halten wir uns links und fahren über die Große Hase Richtung WINKUM zum **Hof am Kolk**. Wenn Sie Ferien auf dem Bauernhof mögen und ein wahres Paradies für Kinder suchen, dann ist dies genau das Richtige für Sie. Ponyreiten, Abenteuerspielplatz, Heuspielscheune, Fußballscheune, Kettcars, alles was das Kinderherz begehrt, findet man hier. Das Gelände um den privaten Hof, auf dem auch Zelte aufgeschlagen werden und Ferienwohnungen eingerichtet sind, darf frei genutzt werden. Ein Hofverkauf versorgt mit Eiern, Marmelade, Käse, Honig und vielem mehr, im Kneippbecken und in der Sauna kann man seiner Gesundheit etwas Gutes tun.

### (273) WOMO-Stellplatz: Hof am Kolk

**GPS:** N 52°43'08.7" E 07°46'10.1"; Gänhauk. **Max. WOMOs:** 2-3.
**Ausstattung/Lage:** Gebühr, Wasser, Strom (Anmeldung und Schlüssel für Stromkasten bei der Tourist-Info), Dusche und WC, Sauna, Wiese vor Geräteschеune, ganzjährig, Ausgangspunkt für Fahrradtouren ins Hasetal, www.hof-am-kolk.de / außerorts.
**Zufahrt:** Von der Angelbecker Straße nach 1,5km zum Hof am Kolk abbiegen.

Auf der Hauptstraße ziehen wir weiter Richtung WINKUM. In HUCKELRIEDEN führt uns der Wegweiser zur **Schutemühle** mit dem Heimathaus, in dem sich ein **Café** befindet (geöffnet Mai bis Mitte Oktober nachmittags außer montags und dienstags, übrige Zeit freitags bis sonntags nachmittags).

In Löningen gab es einst elf Wind- und Wassermühlen, wovon die Schutenmühle die einzige erhaltenswerte war. Die ehemalige Erdholländer-Windmühle des Bauern Erich Schute (daher „Schutemühle") wurde ca. 1760 erbaut, war bis 1953 in Betrieb, wurde 1993 bis 1995 restauriert und beherbergt heute das Standesamt von Löningen. Sie befindet sich am Rundweg „Historischer Pfad" (90 Minuten mit dem Fahrrad), der neben dem Backhaus ausgeschildert ist.

Nach diesem Abstecher rollen wir auf der Hauptstraße, durch ein Stück Birkenallee bis Winkum, danach schaukeln wir auf enger Straße weiter über die Kleine Hase und rechts nach HAHNENMOOR. 7,8 km weiter müssen wir links nach BÖRSTEL abbiegen, da wir das dortige Stift besichtigen möchten.

### (274) WOMO-Stellplatz: Stift Börstel

**GPS:** N 52°39'00.7" E 07°41'50.2"; Börsteler Straße. **Max. WOMOs:** 2-3.
**Ausstattung/Lage:** gebührenfrei, Schotterrasen, straßennah, leicht uneben / außerorts.
**Zufahrt:** Von Hahnenmoor kommend auf der Straße nach Börstel an der rechten Straßenseite.
**Sonstiges:** gegenüber Wanderparkplatz, Einstieg in ein größeres Wandergebiet.

### Stift Börstel

1244 wurde hier das Zisterzienserinnenkloster Rosental gegründet. Die Klosterkirche baute man 1251-1273. Mit der Reformation wurde das Kloster zum freiweltlichen Stift, worin Frauen ein verantwortliches, unabhängiges christliches Leben führen konnten. Bis heute ist dies hier Tradition. Junge Frauen führen für eine bestimmte Zeit ein Leben weitab von Trubel und Hektik und kommen zur Ruhe. Eine Stunde Fußweg ist es bis zur nächsten Siedlung. Hinter zwei 700 Jahre alten Linden versteckt sich die Stiftskirche St. Marien zu Börstel. Samstags, sonntags und feiertags werden von April bis Oktober Führungen angeboten. Zum Abschluss unserer Besichtigung schlendern wir durch den stillen Kreuzgang und suchen noch im Wald das kleine, von den Stiftsfrauen angelegte Labyrinth auf, bevor wir gemütlich zum WOMO zurückschlendern.

Ein Stück geht unser Weg die Straße wieder zurück, dann fahren wir weiter Richtung HERZLAKE. Dabei überqueren wir die Grenze zum Emsland - die Straße wird glatter.
Nach 550 m lassen wir uns von der unauffälligen Ausschilderung zum **Torfwerk-Café** ([N 52°39'26.4" E 07°38'40.2"], Grafelder Straße, geöffnet Ostern bis Ende Oktober freitags bis sonntags 14-18 Uhr) nach links führen. Die Flickenstraße beansprucht unsere Stoßdämpfer. Unterwegs lesen wir die Beschilderung des wiedervernässten **Hahnenmoores**, dann sehen wir schon von Weitem die Maschinenhalle des **Torfwerks**. In diesem Werk wurde 1957-1988 der abgebaute Torf verarbeitet. Nachdem das Gebiet unter Naturschutz gestellt wurde, war die Schließung die Konsequenz. Jetzt hat man mit der Renaturierung der Torfabbauflächen begonnen.

Wir gehen den am Info-Schild beschriebenen Pfad bis zum **Ausguck**, von dem man auf die herrliche, neu entstehende Moorfläche schauen kann. Im Herbst sind Kraniche von hier aus zu beobachten. Marschiert man weiter und biegt in den zweiten Weg nach rechts, kann man in ca. 2 Stunden das ganze Moor umrunden. Nachdem wir den leckeren, selbst gebackenen Kuchen der Pächterin des Cafés verkostet haben, besichtigen wir die Ausstellung in der Maschinenhalle und die Alte Schule (freier Eintritt, gern gegen Spende). Sonntags werden auf dem Gelände Torfbahnfahrten durchgeführt. Termine für bestimmte Angebote, wie z. B. das Moordiplom oder Führungen durch die Maschinenhalle kann man unter Tel.: 05962-880 erfragen. Vom Torfwerk aus halten wir uns links und folgen schließlich der Ausschilderung nach HERZLAKE. Fährt man dort rechts über die Hase-Brücke und biegt danach rechts zum Sportzentrum ab, gelangt man direkt auf den WOMO-Stellplatz, der sich als ein idealer Ausgangspunkt für Paddeltouren auf der Hase erweist. Unser Tipp: Kombinierte Paddel-/Fahrradtour nach Haselünne und zurück.

**(275) WOMO-Stellplatz: Herzlake**

**GPS:** N 52°40′53.4″ E 07°36′20.8″; Im Mersch. **Max. WOMOs:** >10.
**Ausstattung/Lage:** gebührenfrei (max. 3 Tage), V+E, neben Sportzentrum, vorderer Wiesenteil an der Hase für Wasserwanderer, Bootsanleger, mietbare Grillhütte / im Ort.
**Zufahrt:** Nach der Hasebrücke am Supermarkt rechts abbiegen.
**Sonstiges:** Kanuverleih und Fahrradtransfer unter Tel.: 05961-6555 bzw. 0172-2314062 (Matthias Hegge, www.kanuverleih-hasetal.de).

Wir verlassen Herzlake wieder über die Hase-Brücke und fahren in die Stadt HASELÜNNE, die seit 1451 dem Bund der Hanse angehört und in der alle zwei Jahre (immer die geraden Jahreszahlen) der berühmte Korn- und Hansemarkt abgehalten wird. Dort biegen wir nach dem Campingplatz links zum **Wacholderhain-See**, gegenüber der Bushaltestelle, ab.

**(276) WOMO-Wanderparkplatz: Haselünne 1 - Wacholderhainsee**

**GPS:** N 52°40'09.2" E 07°30'23.0"; Andruper Straße. **Max. WOMOs:** 2-3.
**Ausstattung/Lage:** gebührenfrei, gepflastert, Parkplatz am Rundweg um den Wacholderhainsee / Ortsrand.
**Zufahrt:** 850m nach der Hasebrücke links.

**Rundwanderung zum Wacholderhain und um den See**
(ca. 4,5 km, 1,5 Stunden)

**Wenn ich den See seh, brauch ich kein Meer mehr.**

Der Weg hinter dem Parkplatz führt an eine Kreuzung, an der man sich rechts und gleich wieder links halten muss. Wir gelangen so auf den gepflasterten Weg, auf dem man den See umrunden kann. Diesen könnte man auch mit dem Fahrrad befahren. Nach der kleinen Holzbrücke schwenken wir links in den Wiesenweg ein und gelangen durch ein Gatter in den Wacholderhain und dort zuerst auf eine große Häschenwiese. Der Wacholderhain gehört zu dem Naturschutzgebiet Haselünner Kuhweide und ist ca. 36 ha groß. Damit der Wacholder ungestört wachsen kann, ist eine ständige Beweidung zum Schutz vor Waldbildung notwendig. Durch diese konnten hier über hundert Jahre alte und bis zu sieben Meter hohe Wacholderbüsche entstehen. Am Ende des Weges folgen wir dem Pfad nach rechts an die Umzäunung und stapfen immer an dieser entlang rechts um den Wacholderhain. Dabei umgehen wir vorsichtig eine Herde Wildpferde, die in diesem Areal weidet. Auf dem Deichweg verlassen wir das Gelände wieder durch ein Gatter, nachdem wir schnell an einer

kleinen Herde schottischer Hochlandrinder vorbeigehuscht sind. Der Weg geht außerhalb noch ein paar Meter weiter, bevor er auf eine gepflasterte Wegkreuzung trifft, an der wir uns freuen, den See wieder zu sehen. Wir gehen zunächst geradeaus und an der Weggabelung rechts, um den See weiter auf dem schön gepflasterten Weg zu umrunden. Nach dem Hotel schwenken wir vom See weg und links hoch auf den beleuchteten Pflasterweg, der direkt an unserem Stellplatz endet.

## (277) WOMO-Stellplatz: Haselünne 2 - Am See

**GPS:** N 52°40'19.1" E 07°29'52.5"; Am See. **Max. WOMOs:** 5.
**Ausstattung/Lage:** gebührenfrei, gepflastert, Parkplatz am Rundweg um den Wacholderhainsee, V+E, Mülleimer, Restaurant / im Ort.
**Zufahrt:** Auf der K 208 Richtung Zentrum, links abbiegen in Straße „Am See".

## Besichtigung der Kornbrennereien

Den großen Parkplatz im Stadtzentrum [N 52°40'20.4" E 07°29'19.9"] nutzen wir als Tagesparkplatz für unsere Besichtigungstour durch die Stadt Haselünne, die früher Sitz von 26 Korn-Brennereien gewesen sein soll, von denen man heute nur noch zwei vorfindet, Heydt und Rosche. Die **Firma Berentzen** hat zwar noch ihr Stammhaus hier, führt viele Besuchergruppen durch das Brennereimuseum (öffentliche Führungen jeden Samstag 10:30 Uhr mit anschließender Verkostung, Eintritt), und in den alten Produktionsräumen werden diverse Partys veranstaltet. 75 % der Firmenanteile wurden jedoch an einen Finanzinvestor verkauft, und dieser hat die gesamte Produktion ins niedersächsische Minden verlegt. Hier in Haselünne herrscht nun gespenstische Ruhe in den einst so belebten Räumen und dem Innenhof, der vielen aus der früheren Fernsehwerbung noch bekannt sein dürfte. Von der, damals in Haselünne sehr engagierten Familie Berentzen, ist heute kein Mitglied mehr in der Firma. Unser Geheimtipp ist die Besichtigung der **Edel-Kornbrennerei Jos. Rosche**. Dieses Familienunternehmen ist Haselünnes älteste Kornbrennerei und hat seinen Sitz seit 1792 hier. Die Familie Rosche setzt damals wie heute auf reinste Qualität und ist ein Mitbegründer des Bundes deutscher Edelkorn-Brenner, in dem außer der Firma Rosche nur noch drei weitere deutsche Brennereien vertreten sind und die strengen Qualitätskriterien erfüllen.
Auf eigenen Feldern der Familie in Haselünne wird der Weizen angebaut, der Rohstoff für den späteren Korn. Haselünner Wasser, ausschließliche eigene Produktion des Feindestillats sowie Mischung und Abfüllung im eigenen Betrieb sichern die edle Qualität und führen dazu, dass die

Autorengespräch mit dem Chef Josef Rosche (rechts)

Marke Rosche nicht, wie viele andere ehemals bekannte Marken, ihren Kern, ihr Herz und ihre Seele verliert - so Hans Strüwing, der Senior-Brenner seit 1972.

Bei unserem Besuch ist es eher Zufall, dass Herr Rosche persönlich die Gäste durch seine Firma führt. Ausgesprochen sympathisch und bodenständig lernen wir ihn kennen, wie er, nicht ohne Stolz auf seine Mitarbeiter und das gemeinsame Qualitätsprodukt, die Brennvorgänge erläutert und nach interessanten Ausführungen über die einzelnen Produkte seiner Firma in der **Korn-Academie** Kostproben ausschenkt. Besonders beeindruckt uns die Natur- und Heimatverbundenheit, die von gemeinsamen Aktivitäten, wie jährliche Korn-Erlebnisfahrradtouren in die Natur und Teilnahme an Veranstaltungen in seinem Heimatort bis zur Abfüllung der Spirituosen in wieder verwertbare Pfandflaschen reicht. Gemeinsam mit Mitgliedern des Herzlaker Schützenvereins machte uns diese Führung viel Vergnügen. Wir können sie nur weiterempfehlen (Führungen während der folgenden Zeiten: montags bis freitags 10-17 Uhr und samstags 10-13 Uhr, Anmeldungen unter Tel.: 05961-94550, www.rosche.de).

Der Vollständigkeit halber nennen wir Ihnen nun noch die zweite Haselünner Brennerei, die natürlich auch Betriebsführungen anbietet. Es ist die **Private Kornbrennerei H. Heydt**, ebenfalls ein bekannter deutscher Spirituosen-Hersteller. Empfohlen werden Führungen während der Produktionstage Montag bis Donnerstag von 9-12 Uhr und 13-16 Uhr. Die Führung durch diese moderne Großbrennerei dauert 90 Minuten und endet mit einer Verkostung plus Probierpaket (Anmeldungen im Internet unter www.heydt.de.

Mit einer Flasche edlen Weizenkorns vervollständigen wir unsere Mitbringsel-Kiste und wollen sie für diesen Urlaub damit schließen. Falls Sie nach der Verkostung der reinen Hochprozentigen noch einen stadtnahen Stellplatz suchen, finden Sie diesen am Freibad (Öffnungszeiten unter www.haselünne.de), welches an unserer weiteren Tourstrecke liegt. Vom zentralen Stadtparkplatz halten wir uns links und dann rechts auf der B 213 Richtung LINGEN.

### (278) WOMO-Badeplatz: Haselünne 3 - Freibad

**GPS:** N 52°40'04.2" E 07°28'56.6"; Lingener Straße. **Max. WOMOs:** 5.
**Ausstattung/Lage:** gebührenfrei, gepflastert, Spielplatz, Bänke / im Ort.
**Zufahrt:** Von der Innenstadt Richtung Lingen fahren, nach der Hasebrücke rechts zum Freibad abbiegen.

1 km nach dem Ortsausgangsschild setzen wir die Fahrt nach rechts Richtung Meppen fort. Auf der B 402 rollen wir schließlich entlang der Bahnschienen Meppen entgegen. An der Ampel folgen wir der Straße der Megalitkultur nach links, in Meppen an der Pauluskirche vorbei Richtung Stadtmitte. Nach der Brücke über die Hase schwenken wir rechts in die Straße „Nagelshof" zum Schwimmbad (Öffnungszeiten unter www.emsbad.de, Eintritt) und den WOMO-Stellplätzen hinter den Parkplätzen für die Schwimmbadbesucher.

### (279) WOMO-Badeplatz: Meppen

**GPS:** N 52°41'27.4" E 07°17'04.7"; Lingener Straße. **Max. WOMOs:** 8.
**Ausstattung/Lage:** Gebühr (inkl. 1x freier Eintritt ins Schwimmbad für eine Person, V+E, gepflastert, parzelliert, Ausweichplätze auf nahem CP / im Ort.
**Zufahrt:** Siehe Text.

Ihren Stadtrundgang durch die Festungsstadt Meppen beginnen Sie am besten, wenn sie vom Stellplatz kommend über die Ampel vorn links, dann über den Parkplatz gegenüber diagonal bis zum Wall gehen, um dort hinüber in die Stadt zu gelangen. Links beginnt dann die Fußgängerzone, die Sie zum **Rathaus** am Marktplatz und der **Tourist-Information** gegenüber bringt.

Dort erhalten wir ein Stadtrundgangsheft als Erläuterung zum **Rundweg TIMs Pättken** (**T**ourist **I**nformation **M**eppen+**Pättken**=ausgetretener Pfad), auf welchem wir mit Plaketten im Straßenpflaster und auf den Wegweisern zu 26 zentralen Sehenswürdigkeiten der Stadt geleitet werden.

1360 wurde hier am Zusammenfluss der Flüsse Hase und Ems die erste Siedlung gegründet, welche sich später zu einer recht bedeutenden Festungsstadt entwickelte. Heute ist Meppen mit seinen fast 35.000 Einwohnern eine Behördenstadt und Kreisstadt des zweitgrößten Landkreises der BRD, des Landkreises Emsland.

Auf unserem Rundgang erfahren wir viel Interessantes zur Geschichte der Stadt. Das historische **Rathaus** wurde 1408 aus Findlingen gebaut, hat eine Holztreppe, die zum Eingang führt und einen wunderschönen Renaissance-Giebel. Hinter dem Rathaus ist das **Stadthaus**, der Sitz der Verwaltung, mit der **Supraporte**, der Haupteingangstür mit ihrem kunstvoll geschnitzten Relief.

Ebenfalls sehenswert sind die **Probsteikirche**, die 1743-1746 erbaute **Gymnasialkirche**, das **Zeughaus** und das **Stadtmuseum**. Mit einem Spaziergang zur **Höltingmühle** und der **Koppelschleuse**, welche 1824-1828 für die Schiffe gebaut wurde, welche aus den umliegenden Kanälen den Höhenunterschied von 4 m zur Hase überwinden wollten, beenden wir unseren Rundgang durch Meppen. Zurück zum WOMO gehen wir aber erst, nachdem wir unseren müden Füßen im **Kneippgarten** und auf dem Barfußpfad (bei der Koppelschleuse) ein wenig Entspannung geschenkt haben.

Höltingmühle Meppen an der Mündung der Hase in den Dortmund-Ems-Kanal

Vom Stellplatz kommend wenden wir uns an der Ampel links Richtung Coevorden/Twist/A 31 und an der 1. Ampel nach dem Ortsausgangsschild links Richtung GROß HESEPE.

In Groß Hesepe lohnt ein Besuch der **Coppenrath-Schulbäckerei** mit Knusperlädchen direkt an der Straße mit passendem Parkplatz einige Meter weiter bei einem Supermarkt. Wir füllen hier unseren WOMO-Kühlschrank mit Aufbackbrötchen und leckerer Torte aus dem Sonderverkauf auf (www.coppenraths-knusperlaedchen.de).

An der T-Kreuzung geht es nun Richtung GEESTE und dort angekommen die 1. Straße rechts zum Speicherbecken.

## (280) WOMO-Stellplatz: Geeste Speicherbecken

**GPS:** N 52°35'36.8" E 07°16'25.2"; Biener Straße. **Max. WOMOs:** >10.

**Ausstattung/Lage:** gebührenfrei (max. 24 h), Schotterwiese, teilweise unter Bäumen, Mülleimer, tagsüber WC, Information, in der Nähe während der Saison Restaurant / außerorts.

**Zufahrt:** Aus Richtung Geeste auf der Straße nach Biene links zum Speicherbecken abbiegen, auf gleicher Straße nach 500 m weiterer gepflasterter WOMO-Parkplatz auf der linken Seite.

**Sonstiges:** am Kühlwasserbecken des KKW Lingen (Bademöglichkeit, Wasser entstammt der Ems als Kühlwasserreservoir zur Sicherstellung des Betriebs des KKW), gepflasterter Radweg um das Speicherbecken, Surfschule, Segelklub, Tauchschule.

In BIENE biegen wir beim Stoppschild rechts und bei der nächsten Möglichkeit links ab. Vielleicht riechen Sie hier auch schon die Erdöl-Raffinerie, welche gleich nach dem Ort zum Vorschein kommt?
Im Kreisverkehr geht die Fahrt nach LINGEN weiter. Am Dortmund-Ems-Kanal entlang rollen wir in die **Stadt der Kivelinge**, nach Lingen, hinein.

**Kivelinge** nennen sich die Mitglieder eines Lingener Junggesellenvereins, welchen es schon seit dem Jahr 1372 gibt. Damals kämpften der Graf von Tecklenburg und der Bischof von Münster um die Eroberung der Festung Lingen. Erst durch das letzte Aufgebot Lingener Männer, es waren nur noch junge und unverheiratete verfügbar, konnten die Angriffe abgewehrt werden. Kiveling ist die Verkleinerungsform von „kiven", was „kämpfen" bzw. „streiten" heißt. Kivelinge sind also kleine Kämpfer. Heute sind die Kivelinge in einem Heimatverein organisiert, beteiligen sich an sozialen und kulturellen Projekten der Stadt und setzen sich für den Erhalt der Heimatkultur ein. Voraussetzungen für die Aufnahme in die Kivelinge: Die Jungen müssen ein Mindestalter von 16 Jahren haben und unverheiratet sein.

Am ersten Kreisverkehr fahren wir geradeaus und am zweiten Kreisverkehr nehmen wir die erste Ausfahrt. Wenn man an der nächsten Ampel rechts und nach der Emsbrücke links abbiegt, gelangt man zum WOMO-Stellplatz am Stadion und **Schwimmbad Linus** (geöffnet montags bis freitags 6:30-8 Uhr und 9-22 Uhr, samstags 9-22 Uhr, sonntags 9-20 Uhr, Sauna, im Sommer Freibad, Eintritt, www.linus-lingen.de). Dabei registrieren wir schon links die Fußgängerbrücke über den Dortmund-Ems-Kanal, die wir uns für unseren Stadtrundgang merken.

### (281) WOMO-Badeplatz: Lingen

**GPS:** N 52°31'06.7" E 07°18'21.7"; Teichstraße. **Max. WOMOs:** >10.
**Ausstattung/Lage:** Gebühr, V+E, Strom, Schotter bzw. Rasengittersteine, teilweise unter Bäumen / im Ort.
**Zufahrt:** Siehe Text, Schwimmbad Linus ist ausgeschildert.
**Sonstiges:** am Stadion, Fußgängerbrücke auf die andere Seite des Dortmund-Ems-Kanals zur Innenstadt, Bistro im Schwimmbad.

## Lingen

Da es heute regnet, wie an kaum einem anderen Tag unserer Reise, beschließen wir, uns nicht lange unter freiem Himmel aufzuhalten. Ein Besuch des **Emsland-Museums**, in welchem die Geschichte des südlichen Emslandes sowie der Stadt Lingen dargestellt ist (geöffnet dienstags bis sonntags 14:30-17:30 Uhr, Eintritt), bietet sich an. Dazu stapfen wir zunächst die ca. 200 m bis zur Brücke, überqueren den **Dortmund-Ems-Kanal** und sind erstaunt, wie schnell wir die historische Innenstadt Lingens erreichen, in der sich links hinter dem **Marktplatz** mit dem historischen **Rathaus**, gegenüber der katholischen Kirche das Museum befindet. Es öffnet erst in einer Stunde, und wir überbrücken die Zeit in einem Bäckerei-Café im **Theo-Lingen-Haus** am Markt. In diesem Haus wurde Theo Lingens Vater geboren. Während unseres Besuchs erfahren wir, dass Theo Lingen nur das Pseudonym für Theo Schmitz ist. Lingen nannte er sich tatsächlich nach der Geburtsstadt des Vaters. Nach der folgenden ausgiebigen Museumsbesichtigung beeilen wir uns auf dem Rückweg und verbringen den Rest des Tages im wirklich schönen **Linus-Bad** am Stellplatz.

Lingener Marktplatz bei Sonne

Am Linus vorbei halten wir uns zweimal links und biegen an der Ampel rechts in die Lindenstraße ab. Vor der Emsbrücke schwenken wir links in die Straße „Zwischen den Brücken“. Weiter geht die Fahrt links über die Brücke über den Dortmund-Ems-Kanal und dann rechts auf die L 40 (Schüttorfer Straße), immer entlang des Kanals.

Von den drei Kühltürmen, die man auf der linken Seite sehen kann, gehören zwei zu einem Erdgaskraftwerk und der dritte, der größte, zum Kernkraftwerk Lingen.

Von der folgenden Brücke werfen wir rechts einen kurzen Blick auf die Insel Hanekenfähr. Fast hätten wir das Schild nach rechts zum **Landgasthof „Elberger Schlipse“** übersehen.

## (282) WOMO-Stellplatz: Landgasthof „Ellberger Schlipse"

**GPS:** N 52°28'03.6" E 07°17'59.9"; Elbergen 1. **Max. WOMOs:** >10.
**Ausstattung/Lage:** Gebühr, V+E, Strom, Wiese hinter Gasthof, ganzjährig, Verzehr in der Gaststätte gern gesehen / außerorts.
**Kontakt:** Tel.: 0591-2449, www.landgasthof-elbergerschlipse.de.
**Zufahrt:** Nach der Emsbrücke rechts am Jachthafen in die Straße „Elbergen" einschwenken, unauffällige Ausschilderung, nach der kleinen Brücke rechts halten.

Bevor wir weiterfahren, schauen wir uns den kleinen Ems-Wasserfall an, den man auf dem Stellplatz hören und über den Garten des Gasthofes erreichen kann.

Zurück auf der Hauptstraße geht unsere Tour rechts weiter nach EMSBÜREN. Da wir aufgrund unserer WOMO-Höhe nicht unter der nächsten Brücke durchfahren können (Begrenzung auf 3,20 m), umfahren wir diese, indem wir kurz davor an der Ampel rechts abbiegen (kein Grund erkennbar für die Beschränkung auf 3,5 t), uns an der Kreuzung links halten, die Bahngleise überqueren und schließlich wieder rechts auf die Straße abbiegen, die uns nach Emsbüren führt.
In Emsbüren folgen wir der Ausschilderung zur **Fa. Emsflower** nach links. Bei der Abbiegemöglichkeit zur Autobahn fahren wir schräg links in die Liudgeristraße. Gleich auf der rechten Seite, auf dem Galgenberg, befindet sich der **Heimathof** mit seinem sehenswerten Heilkräutergarten (geöffnet Mai bis September täglich 14-18 Uhr, Eintritt 2 EUR).

**(283) WOMO-Stellplatz: Emsbüren Kirmeswiese**

**GPS:** N 52°23′13.9″ E 07°17′31.9″; Ludgeristraße. **Max. WOMOs:** >5.
**Ausstattung/Lage:** gebührenfrei, Wiese, leicht schräg, gegenüber dem Eingang zum Heimathof / Ortsrand.
**Zufahrt:** In Emsbüren schräg gegenüber der Zufahrt zur Autobahn einschwenken, siehe Text.

Glück muss man haben. Gerade heute findet die jährliche Kräuterweihe statt. Für diesen Anlass wurde extra der alte Steinbackofen im Backhaus angeheizt und wir können ein leckes Stück Butterkuchen abstauben. Im Heilkräutergarten bekommen wir noch ein Rezept für die Herstellung von Hustensaft. Die nächste Erkältung wird bestimmt kommen.

Zurück an der Kreuzung nehmen wir jetzt den Abzweig zur Autobahn schräg gegenüber. Hier ist SCHÜTTORF schon ausgeschildert, und uns wird klar, dass das Ende der Reise näher rückt.

Riesige Gewächshausreihen weisen uns den Weg zur **Fa. Emsflower** (geöffnet: täglich 10-18 Uhr, Eintritt), zu deren Parkplatz wir einbiegen, nachdem wir den mit bunten Blumen bepflanzten Kreisverkehr fast einmal umrunden.

Emsflower ist einer von Europas größten Betrieben, in welchem Beet- und Balkonpflanzen gezogen werden. Das niederländische Unternehmen wurde 1954 gegründet und produziert außer in Emsbüren noch an drei Standorten in den Niederlanden sowie in Tansania.

Hier in Emsbüren arbeiten 200 Beschäftigte in Gewächshäusern auf einer Fläche von 53 ha. Vom Besucherzentrum aus kann man bei der Produktion zusehen, durch den Tropengarten und das Schaugewächshaus schlendern oder sich im Restaurant stärken. Für die Kinder gibt es einen Indoorspielplatz und für die Eltern ein Gartencenter, in welchem außer den hier produzierten Pflanzen noch zahlreiche Dekorationsartikel und Geräte für Haus und Garten angeboten werden.

Schüttorfer Riese

Noch völlig berauscht von Blumendüften und -farben und erstaunt über die Gemüseaufzucht auf Steinwolle nehmen wir, mit unserem inzwischen mit diversen Pflanzen bestückten WOMO, die dritte Kreisverkehr-Ausfahrt nach Schüttorf. Die Straße führt uns zweimal über die Autobahnen des Schüttorfer Kreuzes.

In Schüttorf an der 1. Ampelkreuzung, an der wir links Richtung Hallenbad abbiegen, treffen wir auf den Verlauf unserer Tour zu Beginn der Reise. Können Sie sich noch daran erinnern? Wir kamen damals von gegenüber und schwenkten rechts ab.

Am Hallenbad vorbei gelangen wir zur nächsten Ampel, an der wir rechts abbiegen. Vorn kann man die **Evangelisch-reformierte Kirche St. Laurentius** mit ihrem 81 m hohen Turm sehen, der ihr den Namen **„Schüttorfer Riese“** gab. An der Ampel nach der Brücke muss man in die Graf-Egbert-Straße links einbiegen, um das **Freibad** (geöffnet Mitte Mai bis Mitte September montags bis freitags 6:30-8:30 Uhr und 14-19 Uhr, samstags und sonntags 8-19 Uhr, in den Ferien verlängerte Öffnungszeiten, geringer Eintritt) zu erreichen. Hier ist der wirklich letzte Stellplatz unserer Tour, vielleicht nicht der schönste, aber auf jeden Fall ein günstiger Ausgangspunkt, um über die Autobahnen die Heimreise anzutreten.

### (284) WOMO-Stellplatz: Schüttorf

**GPS:** N 52°19′16.5″ E 07°13′38.1″; Graf-Egbert-Straße. **Max. WOMOs:** >10.
**Ausstattung/Lage:** gebührenfrei (max. 3 Tage), V+E beim Freibad (kostenfrei, blaue Tür neben den Toiletten, März bis Oktober 8-20 Uhr), WC, gepflastert, zentrumsnah, hinter dem Vechte-Deich / im Ort.
**Zufahrt:** Nach der Vechtebrücke links zum Freibad abbiegen.

Schüttrupper Blauer (Arbeitsjacke), Skulptur Blaufärber, als Erinnerung an das 1770 in der Schüttorfer Textilindustrie eingeführte Blaufärben

Schüttorf ist die älteste Stadt des Landkreises Grafschaft Bentheim (seit 1295 Stadtrecht) und ist mit Bad Bentheim das historische Herz der Grafschaft. Hier regierten in früherer Zeit die Grafen von Bentheim, und Händler ließen sich nieder, um vom Verkauf des Bentheimer Sandsteins zu profitieren. Die vielen Fachwerkhäuser weisen schon auf die Nähe zu Westfalen (Münsterland) hin. Bevor unsere Reise zu Ende geht, besichtigen wir noch den schönen Ortskern von Schüttorf mit seiner **Fürstlichen Wassermühle** von 1914, der **Kirchschule**, der großen Kirche und dem **Rathaus**, an dem wir die 68 cm lange **Schüttorfer Elle** entdecken.

Man sagt, sie sei die größte **Ice-Bar** der Welt. Wenn Sie im wahrsten Sinne des Wortes cool sein wollen und dieses 300 m² große und 6 m hohe Kältekabinett aus 3500 Eisblöcken mit einem Gewicht von 320 t erleben möchten, können Sie das beim Besuch der weithin bekannten **Disco INDEX** (Industriestraße 10, donnerstags ab 17 Uhr, samstags ab 22 Uhr, Eintritt).
Die Wände und die gesamte Inneneinrichtung der Bar sind aus Eis. Lassen Sie sich die Cocktails im Eisglas bei -6 °C schmecken.
Wir ziehen bei diesem Wetter den Genuss der letzten Sonnenstrahlen, die am Abend doch noch unter den Wolken hervorblinzeln vor und verbringen einen ruhigen Urlaubsabschlussabend. Unsere gemeinsame Zeit ist jetzt vorbei. Ja, auch wir sind ein wenig traurig.

Sie wollen noch gar nicht nach Hause, finden es schön hier und möchten noch eine Weile in dieser Region im Nordwesten Deutschlands, zwischen Ems, Weser und Elbe, zwischen der Grafschaft Bentheim und der Nordsee bleiben?
Das ging uns an einem herrlichen Frühlingstag vor mehr als 20 Jahren genauso - und wir sind hier geblieben. Für immer, denn Heimat ist dort, wo man sich wohlfühlt.
Vielleicht treffen wir uns mal. Wir freuen uns auf Sie,
in Ostfriesland und umzu.
Herzlichst
Ihre Peter und Anja Schuberth

## BOßELN

Weiße Entfernungsmarkierungen fallen uns auf vielen Straßen in Ostfriesland auf. Diese Meterangaben findet man häufig an Boßelstrecken.
Boßeln ist eine regionale Volkssportart in Ostfriesland, die sich hier großer Beliebtheit erfreut.
Ursprünglich hat sich das Boßeln aus dem sogenannten Klootschießen entwickelt. Zur Verteidigung gedachte getrocknete Lehmklumpen wurden über die Äcker geworfen. Später ersetzte man sie zu sportlichen Vergleichen durch Holzkugeln, in die zur Gewichtserhöhung Blei gegossen wurde. Im Laufe der Zeit entwickelte sich daraus die Mannschaftssportart des Straßenboßelns. Hierbei messen sich auf bestimmten Wegen und Straßen jeweils zwei Mannschaften. Früher mit Pockholzkugeln, heute meist mit Kugeln aus Kunststoff, geht es für beide Mannschaften darum, eine vorab festgelegte Strecke mit so wenig Würfen wie möglich zu absolvieren. Dabei sind die Kenntnis der Wegstrecke und die Wurftechnik für die Spieler besonders wichtig. Mit kräftigem Anlauf, großem Geschick und Genauigkeit bei der, dem Kegelwurf gleichenden Wurftechnik lassen sich die besten Ergebnisse erzielen. Jährlich werden in den einzelnen Ligen in Ostfriesland die Meisterschaften ausgespielt.

Aber auch im Familien-, Freundes- und Kollegenkreis wird geboßelt. Typischerweise im Winter sind die Gruppen unterwegs, Groß und Klein, mit Bollerwagen für die wärmenden Getränke. Frische Luft und Bewegung machen hungrig, so wird jeder Boßelausflug mit einer Einkehr in ein Gasthaus und einem zünftigen Grünkohlessen beendet, wobei man sich viel Zeit nimmt, um über den ostfriesischen Nationalsport zu fachsimpeln.

## FAHRRADFAHREN

Das Fahrrad mit auf Reisen zu nehmen, ist für uns schon fast selbstverständlich. In der von uns bereisten Region gehört das Rad einfach dazu. Uns erwartet entlang der deutsch-niederländischen Grenze und an der Küste Ostfrieslands ein dichtes, gut ausgebautes Radwegenetz mit hervorragender Beschilderung. Deichwege, Warften, uralte, oft schiefe Kirchen, weite Moorgebiete oder unendliche Kanäle laden zu ausgedehnten Radtouren ein. Wir haben versucht, Ihnen einige Vorschläge zu erarbeiten.
Damit Sie stets sicher unterwegs sind, achten Sie bitte auf die Verkehrstüchtigkeit Ihres Rades, auch die Anzahl der Fahrer mit Helm nimmt deutlich zu. Haben Sie schon ein Elektrofahrrad? Der Einzug moderner Technik ermöglicht es Ihnen, Ihren Aktionsradius erheblich zu

vergrößern und den, in Ostfriesland meist vorhandenen Gegenwind aus westlichen Richtungen zu vernachlässigen. Bei vielen Radhändlern in der Region kann man sich ein solches Elektrofahrrad mittlerweile ausleihen.
Als detailliertes Kartenmaterial für Ihre Radtouren können wir Ihnen die beiden Karten des ADFC aus dem Bielefelder Verlag (BVA) empfehlen: „Ostfriesland Emsland", Maßstab 1:150.000, ISBN-13: 978-3870733612 und „Ostfriesland", Maßstab 1:75.000, ISBN-13: 978-3870734121.

## GEZEITEN

Ebbe und Flut prägen das Erscheinungsbild der Küste an der Nordsee. Dabei wird der periodische Wechsel des Wasserstandes als Tide (Gezeiten) bezeichnet. Der Zeitraum des ablaufenden Wassers bis zum Niedrigwasser heißt Ebbe, die Zeit des auflaufenden Wassers bis zum Hoch- wasser Flut. Alle 6 Stunden und 12 Minuten wechseln die Gezeiten, d. h. je zweimal am Tag ist Ebbe und je zweimal am Tag ist Flut. Die Gezeiten haben eine sehr große Bedeutung für die Menschen an der Küste und einen enormen Einfluss auf das Leben im Küstenbereich. Viele Fährlinien oder Aktivitäten (z. B. Wattwanderungen) sind von den Gezeiten abhängig, die entlang der Küste unterschiedlich stark und zu unterschiedlichen Zeiten auftreten. Auch bei Ihren individuellen Unternehmungen dürfen Sie die Tide nicht außer Acht lassen.

Einerseits ist es nützlich, über die Badezeiten Kenntnis zu haben. Andererseits kann ein Spaziergang ins Watt (auch in relativer Strandnähe) ohne Blick in den Gezeitenkalender lebensgefährlich sein!
Bitte informieren Sie sich deshalb rechtzeitig bei Touristinformationen, Fährlinien oder im Internet unter
www.bsh.de/de/Meeresdaten/Vorhersagen/Gezeiten.

## HAUSTIERE

Ostfriesland ist eine wohnmobilfreundliche Reiseregion, in der auch Ihr Haustier willkommen ist. Sie werden die weite Natur abseits gefährlicher Straßen schätzen, in der sich nicht nur Ihr Hund austoben kann. Wie zu Hause so auch im Urlaub, sollten Tierbesitzer für Sauberkeit sorgen und die Hinterlassenschaften Ihres Hundes beseitigen. Oft finden Sie Hundekottütenspender dafür.
Im Wattenmeer sind Hunde teilweise verboten. Schon ein Vogel oder ein Kaninchen kann den natürlichen Jagdinstinkt wecken. In den ausgewiesenen Ruhe- und Zwischenzonen des Nationalparks Wattenmeer sind Hunde grundsätzlich anzuleinen. Während der Brutzeit der Vögel vom 1. April bis zum 31. Juli jeden Jahres müssen Hunde in den Brutgebieten der Zwischenzone auf den markierten Wegen bleiben.
Auf Wattwanderungen dürfen Sie Ihren Hund mitführen. Ob sie ihm das Laufen über manchmal sehr weichen Boden mit scharfkantigen Muscheln oder über die lange Distanz zumuten wollen oder können, entscheiden Sie bitte selbst. Da weidende Schafe Hunde instinktiv als Bedrohung betrachten, dürfen Sie Ihren Vierbeiner grundsätzlich nicht mit auf den Deich nehmen, auch nicht angeleint.
Ostfriesland ist eine landwirtschaftlich geprägte Region. Im Notfall finden Sie hier immer qualifizierte veterinärmedizinische Hilfe.

## KARTENMATERIAL

Zur besseren Orientierung sind unseren Touren Übersichtskarten vorangestellt. Für eine detaillierte Planung Ihrer Reise empfehlen wir Ihnen folgende Karten aus dem Verlag Freytag-Berndt (gibts beide über den WOMO-Verlag):
„Niedersachsen, Bremen", Maßstab 1:200.000",
ISBN-13: 978-3707901672 und
„Niederlande" 1:300.000", ISBN-13: 978-3707903140.

## KURBEITRÄGE

In vielen Orten entlang unserer Reiseroute müssen zusammen mit den Übernachtungsgebühren Kurbeiträge entrichtet werden. Diese dienen in der Regel der Finanzierung der Tourismusinfrastruktur. Zunächst erst einmal unangenehm erscheinend, dienen diese Abgaben jedoch nicht zuletzt dem Urlauber selbst. Achten Sie also beim „Parkscheinziehen" unbedingt auf den evtluell kleinen Anhang am Ticket mit dem von Ihnen entrichteten Kurbeitrag, und nutzen Sie die hiermit verbundenen Vorteile. Mit dieser Quittung erhalten Sie oft nicht unerhebliche Vergünstigungen in Schwimmbädern, Museen oder bei Transportunternehmen.
Einen besonderen Service bietet der „Urlauberbus" in der Region zwischen Ems und Jade. Für nur 2 EUR können Übernachtungsgäste diese Region per Bus erkunden. Das Angebot gilt je Richtung und Person auf allen 220 Buslinien (4900 Haltestellen) im Verkehrsverbund Ems-Jade (umfasst die Landkreise Aurich, Friesland, Leer und Wittmund sowie die Stadtgebiete von Emden und Wilhelmshaven) und des Landkreises Ammerland vom 15. März bis 31. Oktober täglich ab 9:00 Uhr. Näheres hierzu erfahren Sie unter Tel.: 04941-93377 bzw. www.urlauberbus.de.

## NIEDERLANDE

Da einige unserer Touren Sie auf Abstecher in die Niederlande entführen, möchten wir hier ein paar kurze Anmerkungen machen, die für Ihre Reise beachtenswert sind.
Obwohl man es kaum noch wahrnimmt, man überquert die deutsche Grenze und reist in ein fremdes EU-Land ein. In den Niederlanden besteht für alle Personen ab 14 Jahren eine Identifikationspflicht, d. h. mitreisende Kinder brauchen einen gültigen Ausweis mit Passfoto (Personalausweis bzw. Reisepass).
Haustiere dürfen nur einreisen, wenn sie vorschriftsmäßig gegen Tollwut geimpft und gechipt/tätowiert sind und die Besitzer den gültigen EU-Heimtierausweis mitführen.
Die Preise in den Niederlanden entsprechen in etwa denen in Deutschland, günstiger sind Fisch, Obst, Gemüse und Blumen auf den Märkten, Kaffee, Arzneimittel und Getränke in Dosen (da pfandfrei), teurer sind Fleisch, Kraftstoffe, Drogerieartikel, Spirituosen und Tabakwaren.
Wissenswertes zum Thema Verständigung können Sie unter dem Stichwort SPRACHE finden, zum Thema Währung unter dem Stichwort ZAHLUNGSMITTEL.

## REISEZEIT

Eine Reise mit dem Wohnmobil nach Ostfriesland kann zu jeder Jahreszeit reizvoll sein. Durch die geografische Nähe zur Nordsee sind die Temperaturen hier recht ausgewogen. Die Wassermassen der See dienen als riesiger Latentwärmespeicher. So sind die Winter recht mild und feucht. Die Sommermonate empfinden wir als angenehm warm, aber nicht zu heiß.
An der Küste der Nordsee und auf den ostfriesischen Inseln weht der Wind öfter und stärker als im Binnenland. Aus diesem Grund gehört eine Wind-

lenkmatte zur Grundausrüstung unseres Wohnmobiles. Es ist einfach herrlich auf dem Deich zu stehen, sich kräftig durchpusten zu lassen und dabei zu spüren, wir der Herbststurm mit dem Lenkdrachen spielt.
In jeder Jahreszeit zieht es uns in den Nordwesten Niedersachsens. Im Frühjahr genießen wir die länger werdenden Tage und sonnengelb blühende Rapsfelder, der Sommer lockt uns zum Baden auf die Inseln mit ihren einmaligen weißen Sandstränden, der Herbst bezaubert die Urlauber mit warmen Farben, die in der früh untergehenden Sonne besonders schön leuchten und Nebelbänken am Morgen, über die nur noch die Köpfe der Kühe hinwegschauen, und im Winter sollten Sie Ihre Schlittschuhe zum „Schöfeln" dabei haben. Dieses unvergessliche Erlebnis, mit Schlittschuhen über zugefrorene Kanäle zu gleiten, ist leider in den letzten Jahren immer seltener möglich gewesen. Hier holt uns vielleicht der Klimawandel ein. Die Frostperioden sind nicht mehr so lang und tief.

Zwei gute Möglichkeiten zum Schlittschuhlaufen bieten sich bei entsprechendem Wetter entlang unserer Tour in Neermoor bei Leer und in Bagband, wo einfach Wiesenflächen bei Minus-Graden unter Wasser gesetzt werden und relativ schnell zufrieren. Bei länger anhaltendem Frost werden die zugefrorenen Kanäle und (sehr selten) auch das Zwischenahner Meer für das Betreten freigegeben. Haben Sie Glück und sind gerade zu dieser Zeit hier, nutzen Sie diese Möglichkeiten. Sie werden begeistert sein. In den Niederlanden fanden wir spezielle Eislauf-Plätze und Eisstadien, auch da hat das Schöfeln lange Tradition und ist ein Volkssport geworden.

Viele Betreiber von Wohnmobilstellplätzen haben sich in der letzten Zeit verstärkt darum bemüht, ein ganzjähriges Angebot an Stromversorgungen und entsprechend befestigten Stellplätzen zu schaffen. Damit wird dem Wohnmobilisten die Möglichkeit geschaffen, in jeder Jahreszeit diese schöne Region zu bereisen.
Erfahrungsgemäß ist jedoch die Menge der WOMO-Urlauber im Sommer, besonders in Ferienzeiten (und ganz besonders während der Ferien in Niedersachsen und NRW) und an den Brückentagswochenenden am höchsten. Die absolute Spitze des Urlauberandrangs an der ostfriesischen Nordseeküste wird regelmäßig am Osterwochenende erreicht. Dann müssen sie mit vollen Stellplätzen rechnen, was die Freude an der ersten Ausfahrt im Jahr mit dem Wohnmobil aber nicht trüben dürfte.

## SERVICE RUND UMS FAHRZEUG

Sicherlich wünschen wir uns alle einen pannen- und unfallfreien Urlaub. Für den hoffentlich nicht eintretenden Notfall haben wir jedoch die wichtigsten Telefon-Nummern herausgesucht.
Im Notfall ist die **112** die Europa-Notrufnummer, unter der Sie, auch mit dem Handy, automatisch mit der nächsten Rettungsleitstelle verbunden werden.
Bei einer Autopanne oder einem Defekt hat sich bei uns die Mitgliedschaft in einem Automobilklub ausgezahlt.
ADAC: 0180 2222222 (Inland), +49 89 222222 (Ausland), 222222 (mobil)
AvD: 0800 9909909 (Inland), +49 69 6606-600 (Ausland)
Hier können Sie sich zur nächstgelegenen Vertragswerkstatt vermitteln lassen.

Entlang unserer Route haben wir für Sie einige Adressen und Kontaktdaten von Wohnmobilwerkstätten ohne Wertung und Anspruch auf Vollständigkeit zusammengestellt.
Dulle Mobile, 49733 Haren-Wesuwe, An der Autobahn 12, Tel.: 05935-999590, Caravan Center, 26802 Moormerland, Wankelstraße 14, Tel.: 04954-6888, Freizeitmobile von der Kammer, 26452 Sande, Huntestraße 1, Tel.: 04422-991050,
Fassbender Caravaning, 26125 Oldenburg, Wilhelmshavener Heerstraße 323, Tel.: 0441-2050380,
Rauert Reisemobile, 26655 Westerstede-Moorburg, Vosskamp 5, Tel.: 04488-861800.

## SPRACHE

Plattdeutsch wurde kürzlich in einer Meinungsumfrage zum zweit-beliebtesten deutschen Dialekt gewählt. Anfangs noch ungewohnt fürs Ohr, werden Sie sich im Verlauf der Reise ins Plattdeutsche hineinhören. Seien Sie nicht böse, wenn Sie von Einheimischen zuerst auf Plattdeutsch angesprochen werden. Vor allem die älteren Ostfriesen sprechen ausschließlich platt, Hochdeutsch ist für sie fast eine Fremdsprache. Sie fühlen sich wohler mit ihrem „Platt", es schafft eine vertrautere Atmosphäre. So ist es auch zu erklären, dass in den Behörden, in Arztpraxen und Geschäften immer Mitarbeiter eingestellt werden, die „Platt proten".
Bei der Verständigung mit den Niederländern haben die Ostfriesen keine Probleme, das Niederländisch ähnelt in der Aussprache dem Plattdeutsch sehr. In der Niederlande werden Sie auch mit Hochdeutsch überall zurechtkommen, es erstaunt uns immer wieder, wie gut Niederländer jeden Alters der deutschen Sprache mächtig sind. Trotzdem freuen sie sich sehr über ein paar Worte ihrer Muttersprache. Nachfolgend haben wir hier einige wenige nützliche Vokabeln für sie zusammengestellt und gleich die plattdeutschen „Übersetzungen" hinten angefügt.

| **Hochdeutsch** | **Niederländisch** | **Plattdeutsch (ostfriesisch)** |
|---|---|---|
| Hallo. | Hoi/hallo. | Hallo/Moin. |
| Guten Tag! | Goden dag! | Moin. |
| Guten Abend! | Goden avond! | 'n Avend mit 'n anner!/Moin. |
| Auf Wiedersehen. | Tot ziens/dag. | Tschüß. |
| Guten Appetit! | Smakelijk (eten)! | Smakelk Eten!/Mahltied! |
| Bitte (sehr). | Sie: alstublieft, du: alsjeblieft | as jo blievt (wörtl.: sei so gut) |
| Danke (sehr). | bedankt/dankjewel | Besten Dank. |
| ja | ja | ja |
| nein | nee | nee |
| gern | graag | dar neet för |
| Wohnmobil | camper | Wohnmobil, Camper |
| Wohnwagen | caravan | Wohnwagen |
| Auto | auto | Auto |
| Fahrrad | fiets | Radd |
| Radeln/Fahrradfahren | fietsen | raddfahren |
| Fahrradweg | fietspad | Raddfahrpadd |
| Autobahn | snelweg | Autobahn |
| Straße | straat | Straat |
| Stadt | stad | Stadt |
| Dorf | dorp | Dörp |
| kaufen | kopen | kopen |
| einkaufen | inkopen, winkelen | inkopen |
| Können Sie mir bitte helfen? | Kunt u mij alstublieft helpen? | Kannst me helpen (as jo blievt)? |
| Campingplatz | camping(plaats) | Campingplats |

## VER- UND ENTSORGUNG

Der Nordwesten Niedersachsens ist, wie schon erwähnt, ein beliebtes Urlaubsgebiet und daher inzwischen auch für Wohnmobiltouristen gut erschlossen. Ein flächendeckendes Netz mit Ver- und Entsorgungseinrichtungen macht es dem Wohnmobilisten leicht, sich mit frischem Wasser zu versorgen und sein Grauwasser bzw. den Inhalt der Toilettenkassette nicht nur umweltgerecht, sondern auch für Nicht-WOMO-Urlauber akzeptabel zu entsorgen. Wie sie bestimmt bemerken werden, ist gerade Ostfriesland eine Region, in der viel Wert auf Ordnung und Sauberkeit gelegt wird. Die Menschen sind nicht nur stolz auf ihre gepflegten Anwesen und Ortschaften, sie achten auch auf die Reinhaltung ihres Lebensraums, der zum größten Teil aus noch intakter Natur besteht. Umweltschutz spielt hier eine sehr große Rolle. Wir konnten beobachten, dass die Anzahl der Wohnmobilreisenden in der Region in den letzten Jahren sehr zugenommen hat. Dies haben auch die Gemeinden erkannt, sie sehen nun eine Chance für sich, den Tourismus mit neuen Stellplätzen bzw. der Erweiterung des Komforts auf den vorhandenen Stellplätzen anzukurbeln.

Das Bunkern von Wasser ist an Tankstellen, Friedhöfen und offiziellen Stell- bzw. Campingplätzen möglich. Sie werden stets eine gute Trinkwasserqualität vorfinden. Nicht umsonst nehmen die waschechten Ostfriesen „ihr“ Wasser mit in den Urlaub - für „ihren“ Tee versteht sich. Das ostfriesische Wasser ist kalk- und mineralarm, ein Zugeben von Entkalker oder gar das Benutzen von Entkeimungsmitteln ist in der Regel nicht notwendig.

Bewährt haben sich unsererseits für die Wasserversorgung eine 10-Liter-Gießkanne und ein ca. 20 m langer Wasserschlauch mit entsprechenden Adaptern. Für ungewöhnliche Wasserhähne sei an dieser Stelle auf den „Wasserdieb“, einen von Reinhard Schulz entwickelten Fahrradschlauch-Adapter, hingewiesen, den Sie beim WOMO-Verlag erwerben können.

Wir möchten an Ihr Verständnis und Ihre Mitwirkung appellieren: Bitte benutzen Sie stets die V+E-Stationen und hinterlassen Sie diese so, wie Sie sie vorfinden möchten, sauber und ordentlich. Legen Sie bitte großen Wert auf die Sauberhaltung des Trinkwasseranschlusses, benutzen Sie nie den Frischwasserschlauch zum Reinigen des Toilettentanks. Es gibt genug V+E-Stationen, Sie brauchen den Inhalt Ihrer Toilettenkassette nicht in öffentliche WCs zu entsorgen. Tun Sie dies bitte auch nicht. Einheimische und Urlauber tolerieren es nicht. Es führt früher oder später immer zu Einschränkungen der (vor allem nächtlichen) wohnmobilistischen Unabhängigkeit.

Auch das Ablassen des Grauwassers in der freien Natur oder das Losfahren an den Entsorgungsstationen mit offenem Abwassertank wird von Ansässigen nicht geduldet. Auch wenn bei normalem Abwasser ohne Chemikalienbeimischungen aus naturschutzrechtlichen Gründen nichts dagegen spricht, es führt zu Diskussionen, die keinen guten Einfluss auf die zukünftige Entwicklung des Wohnmobiltourismus in ganz Deutschland haben. Derzeit gibt es im Nordwesten nur wenige WOMO-Verbote (die direkte Nordseeküste ausgenommen). Durch unser rücksichtsvolles Verhalten und bewusstes Handeln können wir die Entwicklung in eine positive Richtung lenken.

Wallheckenlandschaft bei Bagband

## WALLHECKEN

Auf unserer Reise touren wir durch eine alte Kulturlandschaft, die seit Jahrhunderten landwirtschaftlich genutzt wird. Wallhecken sind wichtige Bestandteile, die diese Landschaft prägen. Es handelt sich hierbei um Wälle, die besonders in Ostfriesland, mit alten, mächtigen Eichen bewachsen sind. Teilweise lassen sich auch Buchen, Eschen, Erlen oder Hainbuchen finden. Die vergleichbaren, Ihnen vielleicht bekannten „Knicks" in Schleswig-Holstein haben aufgrund ihres regelmäßigen Niederschnittes hingegen eher die Form von Hecken.

Ursprünglich wurden Wallhecken als Abgrenzung des wertvollen Acker- und Weidelandes angelegt, als Barriere für Wild oder zum Schutz des eigenen Viehs. Wallhecken verhindern Bodenerosion, schützen vor Wind, speichern Niederschlagswasser, sind Lebensraum und Rückzugsgebiet vieler Tierarten, frieden Felder ein und haben einen Erholungswert für die Menschen. Da es im Nordwesten Niedersachsens nur noch wenige zusammenhängende Waldgebiete gibt, ist der Schutz und Erhalt von Wallhecken dringend notwendig. Nicht nur die Urlauber freuen sich über die parkähnliche Landschaft, die vielerorts zum Verweilen einlädt. Besonders genießen kann man diese während einer Fahrt mit dem Heißluftballon von oben oder ebenerdig mit dem Rad, z. B. auf der Wallheckenerlebnistour rund um Leer. Die Broschüre hierfür erhalten Sie in der Leeraner Touristinformation, Ledastraße 10, Tel.: 0491-91969670.

Interessierte können an jedem ersten Sonntag im Monat 14-17 Uhr das Wallhecken-Umwelt-Zentrum der Stadt Leer, Feldstraße 11 [N 53°15'03.2" E 07°31'09.5"] besichtigen. Inmitten der Wallheckenlandschaft von Leer-Logabirum ist das WUZ gut mit Wohnmobil, Bus oder dem Fahrrad zu erreichen. Hier kann man viel Wissenswertes über Wallhecken erfahren. Für Kinder ist ein großer Erlebnisbereich vorhanden - eine begehbare Wallhecke lädt zum Entdecken ein und an verschiedenen Stationen können Informationen spielerisch abgefragt werden.

## WATTENMEER

Die UNESCO hat das Wattenmeer der Nordsee im Juni 2009 in die Liste des Weltnaturerbes aufgenommen. Mit den westnorwegischen Fjorden, der Serengeti, dem Yellowstone-Nationalpark, Skellig Michael und weiteren Naturwundern steht es somit auf einer Stufe.

Das Wattenmeer ist eine einzigartige, dynamische Naturlandschaft, die als Welterbe der gesamten Menschheit erhalten werden muss.

Es erstreckt sich von der niederländischen Insel Texel bis hinauf nach Sylt. Wind, Gezeiten, große Ströme und kleine Priele, die weite Flächen durchziehen, trocken fallende Strände, Muschelbänke, Salzwiesen und Dünen - das alles macht das Wattenmeer aus. Vom Wattwurm bis zum Zugvogel, nirgendwo auf der Welt gibt es eine derartige Artenvielfalt wattenmeertypischer Pflanzen und Tiere in einem verhältnismäßig klein begrenzten Gebiet.

Vogelinsel Mellum

Entwicklungsgeschichtlich relativ jung (10.000-12.000 Jahre), erzählt das Wattenmeer viel über die Erdgeschichte. Innerhalb weniger Stunden kann man seine Dynamik selbst erleben. Alle gut 6 Stunden verändert sich die Landschaft durch Ebbe und Flut, wie von Geisterhand, durch den Einfluss von Sonne und Mond.
Der Schutz dieser wundervollen Landschaft obliegt uns allen. Beachten Sie bitte das Wegegebot, leinen Sie Ihre Hunde an und respektieren Sie die ausgewiesenen Zonen für verschiedene Freizeitaktivitäten.
Lassen Sie uns zusammen aktiv diese faszinierende Naturlandschaft für nachfolgende Generationen erhalten!

## WINDMÜHLEN

Mühlen beeindrucken als historische Bauten und technische Meisterwerke. Seit jeher werden Mühlen genutzt, um verschiedene Arbeiten zu verrichten. Schon die alten Ägypter nutzten Mühlen, um ihre Felder zu bewässern. Als die Menschen in Ostfriesland sesshaft wurden, benutzten sie Mühlen um ihr Getreide zu zerkleinern und später dazu, das Land zu entwässern. Mühlen sind Zeitzeugen der ostfriesischen Geschichte, interessante Beispiele hierzu haben wir auf unserer Tourstrecke gefunden.

Eine Einteilung der Mühlen ist nach unterschiedlichen Gesichtspunkten möglich. Nach der Art des Antriebes kann man muskel- und motorgetriebene Mühlen, Wasser- und Windmühlen unterscheiden. Technisch interessante Varianten begegnen uns dabei immer wieder, wie die kombinierte Wasser- und Windmühle in Hüven (Tour 3).
Mühlen verrichten verschiedene Arbeiten, so finden wir Getreidemühlen, Sägemühlen, Ölmühlen, Senfmühlen, Wasserschöpfmühlen, Papiermühlen und moderne Mühlen zur Erzeugung von elektrischem Strom (z. B. in Westerholt, siehe Tour 7).
Entlang unserer Route gibt es hauptsächlich Windmühlen und diese wiederum in unterschiedlichen Bauarten: Erdholländer, Galerieholländer, Bockwindmühlen, Kokermühlen, Flotter und Kolbenwindmühlen.

## Stichwortverzeichnis

## Der WOMO®-Knackerschreck

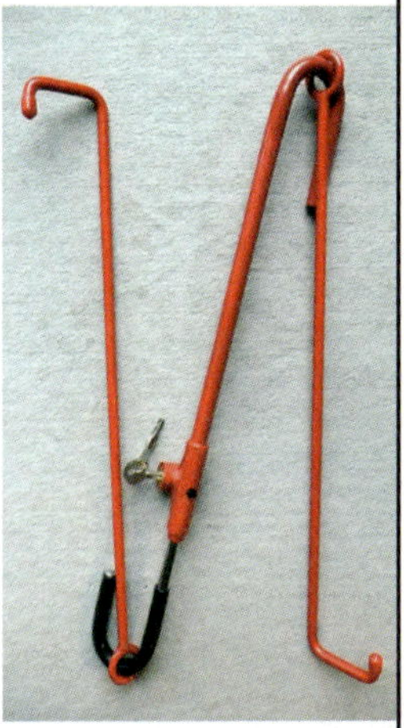

* ist die universelle und **sofort sichtbare Einbruchssperre**.
* Wird einfach in die beiden Türarmlehnen eingehängt, zusammengeschoben und abgeschlossen. (tagsüber unter Einbeziehung des Lenkrades, nachts direkt, somit ist Notstart möglich).
* Passend für Ducato, Peugeot, Renault Master, MB Sprinter und VW (alle Typen).
* Krallen aus 10 mm massivem Stahl, d. h. nahezu unverwüstlich.

**Ab 49,90 € – und nur bei WOMO!**

## Der WOMO®-Aufkleber

* passt mit 14 cm Breite auch auf Ihr Wohnmobil.
* ist das weit sichtbare Symbol für alle WOMO-Freunde.

**0,00 € – und nur bei WOMO!**

## Der WOMO®-Leserservice

Passend zu unseren Reiseführern bieten wir in unserem Online-Buchshop unter **www.womo.de** an:

* Die besten **Autokarten** von Michelin, Freytag & Berndt, Reise-know-how, die garantiert die komplette Reiseroute abdecken.
* Die Kauderwelsch-**Wörterbücher** für jede Sprache unserer Reiseländer.
* Von jedem Reiseland mindestens einen Rother-**Wanderführer** über die schönsten Wanderregionen.
* Eine **GPS-CD** für jeden Reiseführer mit allen Koordinaten zur schnellen Übertragung auf Ihr Navi (Garmin, TomTom, Falk).

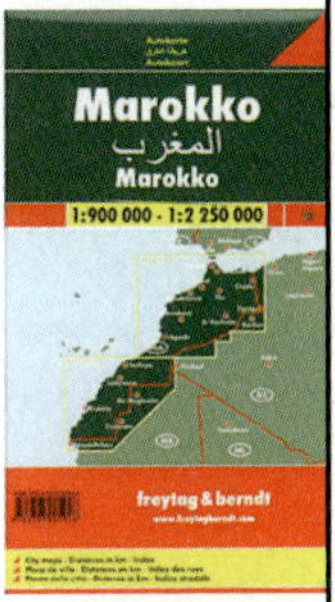

## Info-Blatt für das WOMO-Buch: Ostfriesland '16

(ausgefüllt erhalte ich 10% Info-Honorar auf Buchbestellungen direkt beim Verlag)

Lokalität: Seite: Datum:
(Stellplatz, Campingplatz, Wandertour, Gaststätte, usw.)

unverändert gesperrt/geschlossen folgende Änderungen:

Lokalität: Seite: Datum:
(Stellplatz, Campingplatz, Wandertour, Gaststätte, usw.)

unverändert gesperrt/geschlossen folgende Änderungen:

Lokalität: Seite: Datum:
(Stellplatz, Campingplatz, Wandertour, Gaststätte, usw.)

unverändert gesperrt/geschlossen folgende Änderungen:

Lokalität: Seite: Datum:
(Stellplatz, Campingplatz, Wandertour, Gaststätte, usw.)

unverändert gesperrt/geschlossen folgende Änderungen:

Lokalität: Seite: Datum:
(Stellplatz, Campingplatz, Wandertour, Gaststätte, usw.)

unverändert gesperrt/geschlossen folgende Änderungen:

Lokalität: Seite: Datum:
(Stellplatz, Campingplatz, Wandertour, Gaststätte, usw.)

unverändert gesperrt/geschlossen folgende Änderungen:

Meine Adresse und Tel.-Nummer:

Nur komplett ausgefüllte, zeitnah eingesandte Infoblätter können berücksichtigt werden!

**Wir bestellen zur sofortigen Lieferung:** (Alle Preise in € [D], Preisänderungen vorbehalten)

- ☐ Wohnmobil Handbuch ........ 19,90 €
- ☐ Wohnmobil Kochbuch ........ 12,90 €
- ☐ Heitere WOMO-Geschichten ........ 6,90 €
- ☐ Albanien ........ 19,90 €
- ☐ Allgäu ........ 17,90 €
- ☐ Auvergne ........ 17,90 €
- ☐ Baden-Württemberg ........ 19,90 €
- ☐ Baltikum ........ 20,90 €
- ☐ Bayern (Nordost) ........ 19,90 €
- ☐ Bayern (Südost/Oberbayern) ........ 19,90 €
- ☐ Belgien & Luxemburg ........ 19,90 €
- ☐ Bretagne ........ 18,90 €
- ☐ Burgund ........ 17,90 €
- ☐ Dänemark ........ 19,90 €
- ☐ Elsass ........ 18,90 €
- ☐ England ........ 18,90 €
- ☐ Finnland ........ 18,90 €
- ☐ Franz. Atlantikküste (Nord) ........ 17,90 €
- ☐ Franz. Atlantikküste (Süd) ........ 17,90 €
- ☐ Griechenland ........ 19,90 €
- ☐ Hessen (Norden + Osten) ........ 19,90 €
- ☐ Hessen (Mitte + Süden) ........ 19,90 €
- ☐ Hunsrück/Mosel/Eifel ........ 19,90 €
- ☐ Irland ........ 19,90 €
- ☐ Korsika ........ 17,90 €
- ☐ Latium/Rom/Abruzzen ........ 18,90 €
- ☐ Kroatien / Montenegro ........ 19,90 €
- ☐ Ligurien ........ 17,90 €
- ☐ Loire-Tal/Paris ........ 17,90 €
- ☐ Languedoc/Roussillon ........ 19,90 €
- ☐ Marokko ........ 19,90 €
- ☐ Namibia ........ 19,90 €
- ☐ Neuseeland ........ 24,90 €
- ☐ Niederlande ........ 19,90 €
- ☐ Nord-Frankreich ........ 18,90 €
- ☐ Normandie ........ 17,90 €
- ☐ Norwegen (Nord) ........ 19,90 €
- ☐ Norwegen (Süd) ........ 19,90 €
- ☐ Österreich (Ost) ........ 19,90 €
- ☐ Österreich (West) ........ 18,90 €
- ☐ Ostfriesland ........ 20,90 €
- ☐ Peloponnes ........ 18,90 €
- ☐ Pfalz ........ 19,90 €
- ☐ Piemont/Aosta-Tal ........ 19,90 €
- ☐ Polen (Nord/Masuren) ........ 17,90 €
- ☐ Polen (Süd/Schlesien) ........ 17,90 €
- ☐ Portugal ........ 17,90 €
- ☐ Provence & Côte d'Azur (Ost) ........ 18,90 €
- ☐ Provence & Côte d'Azur (West) ........ 18,90 €
- ☐ Rumänien ........ 19,90 €
- ☐ Pyrenäen ........ 17,90 €
- ☐ Sachsen ........ 19,90 €
- ☐ Sardinien ........ 19,90 €
- ☐ Schleswig-Holstein ........ 19,90 €
- ☐ Schottland ........ 18,90 €
- ☐ Schwarzwald ........ 17,90 €
- ☐ Schweden (Nord) ........ 18,90 €
- ☐ Schweden (Süd) ........ 19,90 €
- ☐ Schweiz (Ost) ........ 19,90 €
- ☐ Schweiz (West) ........ 18,90 €
- ☐ Sizilien ........ 18,90 €
- ☐ Slowenien ........ 17,90 €
- ☐ Spanien (Nord/Atlantik) ........ 19,90 €
- ☐ Spanien (Ost/Katalonien) ........ 18,90 €
- ☐ Spanien (Süd/Andalusien) ........ 17,90 €
- ☐ Südafrika (Krüger NP) ........ 24,90 €
- ☐ Süditalien (Ost/Apulien) ........ 19,90 €
- ☐ Süditalien (West/Kalabrien) ........ 17,90 €
- ☐ Süd-Tirol ........ 18,90 €
- ☐ Thüringen ........ 19,90 €
- ☐ Toskana & Elba ........ 19,90 €
- ☐ Trentino/Gardasee ........ 17,90 €
- ☐ Tschechien ........ 18,90 €
- ☐ Tunesien ........ 17,90 €
- ☐ Türkei (West) ........ 18,90 €
- ☐ Türkei (Mitte-Kappadokien) ........ 17,90 €
- ☐ Umbrien & Marken mit Adria ........ 18,90 €
- ☐ Ungarn ........ 17,90 €
- ☐ Venetien/Friaul ........ 19,90 €
- ☐ Wales ........ 18,90 €

... und jährlich werden's mehr!

* WOMO * * WOMO * * WOMO * * WOMO *

Absender:

Datum Unterschrift

WOMO®-VERLAG
**Versandabteilung**

**Wiesenweg 4-6**

**98634 Mittelsdorf/Rhön**

## DIE REISE- UND ERLEBNISFÜHRER

* Bequeme Touren durchs ganze Urlaubsland.
* Viele Plätzchen für freie Übernachtungen mit GPS.
* Genaue Hinweise auf viele Trinkwasserstellen.
* Die schönsten Badeplätze, die nicht jeder kennt.
* Bergtouren und Spaziergänge für groß und klein.
* Die besten Anreiserouten, Fähren, usw.
* 300 Tipps und Tricks – für Ausrüstung, Reisevorbereitung und Urlaub.
* Ausgefeilte Profipackliste.
* Spezialkarten mit supergenauen Einträge der freien Stellplätze, Trinkwasserstellen und Entsorgung.

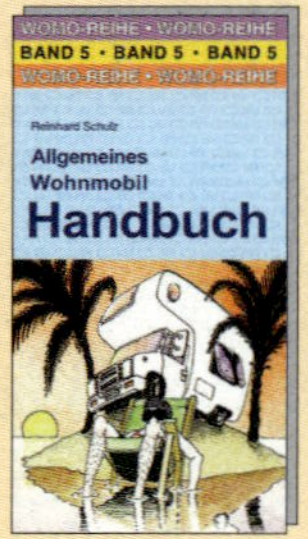


## DAS KOCHBUCH

* Einrichtung der WOMO-Küche.
* Lebensmittel-Grundausstattung.
* Konserven selbst gemacht.
* Backen in der Bratpfanne – Kuchen, Pizza, Brote.
* Viele, viele WOMO-Rezepte für zwei Gasflammen – einfach, schnell und lecker!
* Einkochen im Urlaub.
* Spezialrezepte für den Dampftopf.
* Der WOMO-Pfannenknecht.

## DAS HANDBUCH

* Beratung bei Kauf und Miete.
* Gas-, Wasser-, Elektroinstallation.
* Einrichten des Wohnmobils.
* Tipps & Tricks fürs Wochenende.
* 3200 freie deutsche Stellplätze.
* 700 deutsche Entsorgungsstationen.
* Urlaubsvorbereitung, Profipackliste.
* .Stellplatz-Infos für ganz Europa.
* Wohnmobil und Wintersport.
* Der WOMO-Urlaubspartner-Service.
* Gastankstellen in ganz Europa.

Unsere Bücher erhalten Sie in jeder Buchhandlung oder auf Rechnung direkt vom Verlag. Hier gibt's auch die aktuellen Infos über unsere ständigen Neuerscheinungen. (Versandkosten 1,20 €, ab 10 € portofrei / Ausland 4 €, Preisänderungen vorbehalten).

**24 Std.-Bestell-Telefon: 036946-20691*Fax: 036946-20692**
**Internet: www.womo.de *** eMail: verlag@womo.de**